LES
SIÈGES D'ARRAS.

ARRAS : IMPRIMERIE DE JEAN DEGEORGE.

LES

SIÈGES D'ARRAS,

HISTOIRE

DES EXPÉDITIONS MILITAIRES

DONT CETTE VILLE ET SON TERRITOIRE ONT ÉTÉ LE THÉATRE,

par Achmet d'Héricourt,

MEMBRE DE PLUSIEURS SOCIÉTÉS SAVANTES.

ARRAS,
CHEZ TOPINO LIBRAIRE-ÉDITEUR, RUE St-AUBERT.
—
1844.

AVIS DE L'AUTEUR.

Ce n'est jamais sans un sentiment de crainte que l'auteur se sépare de son livre; mais lorsque, par de nombreux et utiles travaux, il a su conquérir la bienveillance du public, il affronte avec moins d'effroi sa critique. Tel nous ne sommes pas; jeune encore, nous offrons un ouvrage qui a demandé de longues et pénibles recherches, et notre nom est tout-à-fait inconnu.

Nous avons divisé les *Sièges d'Arras* en trois parties embrassant l'histoire militaire de cette ville dans presque toute son étendue. En effet, outre les relations des sièges, surprises et bombardements qu'Arras a supportés et qui forment la première division, outre les notes nombreuses pour éclairer et compléter ce travail, telles que traités, capitulations, etc., nous consacrerons une brochure spéciale à des dissertations plus ou moins étendues, ayant toutes rapport à l'histoire militaire. Nous redirons la manière dont se faisait le guet, à qui appartenait la garde des portes; nous décrirons les fortifications aux diverses époques de notre histoire, et nous étudierons à l'aide de documents puisés dans les archives municipales d'Arras, les statuts et les faits des confréries militaires qui contribuaient à la défense de la place, Archers, Arbalétriers, Canonniers, etc. L'histoire de la Citadelle avait un rapport direct avec le sujet que nous nous étions imposé, nous consacrerons quelques pages à sa monographie. Puissent nos efforts nous mériter un accueil favorable.

LES
SIÈGES D'ARRAS,
HISTOIRE
DES EXPÉDITIONS MILITAIRES

DONT CETTE VILLE ET SON TERRITOIRE ONT ÉTÉ LE THÉATRE,

par Achmet d'Héricourt,

MEMBRE DE PLUSIEURS SOCIÉTÉS SAVANTES.

INTRODUCTION.

Aussi haut qu'on peut pénétrer dans la nuit des temps, à cette époque, où le flambeau de l'histoire ne jette encore qu'une lumière douteuse et incertaine, les Atrébates occupent une noble place parmi les tribus Gauloises. Même avant l'invasion de ce chef Romain, qui voulut se faire de ses lauriers, un marche-pied au trône impérial, ils avaient essuyé des revers (1). Arioviste, prince Germain, avait envahi et

---

(1) Arras, fut d'abord soumis par Ansanorix roi des Saxons, dit d'après le témoignage d'Eusèbe en ses chroniques, Jacques de Guyse dans son hist. de Haynaut; édit. du marquis de Fortia d'Urban, tom. III, pag. 30 et 31.

avait ravagé leur territoire; singulière destinée d'un peuple qui n'a que des défaites à inscrire sur la première page de ses annales militaires. Ce fait est le plus ancien qu'on puisse enregistrer avec quelque certitude; avant cette époque, tout est trouble, tout est confusion. En vain des savants ont consumé leurs veilles à approfondir ces mystères de la science (1), en vain Thierry et Schayes ont laissé des modèles d'érudition et de patientes investigations, nos origines n'en restent pas moins obscures. Sans doute primitivement habité par les Kymris, ce territoire fut un des premiers envahis par les gens du nord, que séduisirent la fertilité du sol et la limpidité des eaux. La nourriture des troupeaux est le premier soin de la tribu, et le voyageur qui a parcouru les déserts du nouveau monde, vous redira l'ardeur des sauvages pour la verte prairie, pour la source pure. C'est là en effet, qu'il faut chercher une idée de l'état primitif de nos cités, c'est là que, par analogie, on doit étudier les mœurs des Barbares qui occupaient ce pays avant la conquête des Romains. Et pouvaient-ils laisser des traces de leur passage, ces hommes qui faisaient retentir les champs de bataille de leurs cris d'espoir, car ils croyaient à l'immortalité de l'âme, et entrevoyaient dans une vie meilleure, la récompense de leur valeur? Rien de plus sauvage que les Cités Gauloises. Des murs de terre entremêlée de poutres forment une vaste enceinte, au milieu de laquelle des cabanes de bois sont disséminées sans ordre et sans aucun plan arrêté, aussi ne nous reste-t-il presque aucun monument de

---

(1) Histoire de la Gaule par Am. Thierry, 3 vol. in-8°.; hist. des Pays-Bas avant et pendant la domination Romaine, par Schayes, 2 vol. in-8°.

ces temps reculés; des temples? ils n'en voulaient pas; leurs divinités étaient trop grandes pour être renfermées dans des enceintes de pierres. Des palais? ils n'en avaient que faire; leur chef n'était-il pas celui qui supportait le mieux la fatigue et les privations? N'avaient-ils pas d'ailleurs, leurs immenses bois sacrés, demeures de leurs prêtres, lieux de leurs assemblées? C'est là qu'ils se réunissaient pour demander la victoire, c'est là qu'ils projetaient de nouvelles expéditions. Le Druide avait parlé, les prisonniers étaient offerts en sacrifice sur les tables de pierre (dolmen) et les guerriers volaient ensuite au combat en proférant de grands cris. Sur quels documents pouvons-nous étudier ces peuples au point de vue militaire? Quelques rares monnaies, quelques fers de lance rouillés, dépouilles long-temps enfouies sous la terre, d'immenses pierres brutes qui bravent depuis dix-huit siècles les ravages du temps, et qui, enfoncées chaque année par leur propre poids, n'en sont pas moins encore pour nous, un sujet d'étonnement (1), tels sont les seuls vestiges qui attestent la puissance des Gaulois, de ces peuples si fiers qui dictèrent leurs conditions au Capitole, et s'enrichirent à Delphes des dépouilles de la Grèce. Mais rien de propre aux Atrébates, aucune conjecture, aucun fait duquel on puisse tirer une induction certaine.

Le premier auteur et par la clarté et par son ordre de date, est C. César; mais ce guerrier qui ne voyait dans la conquête des Gaules qu'un moyen d'asservir sa patrie, n'a laissé, dans

---

(1) Nous avons dans les environs d'Arras, commune d'Ecoivres, deux pierres druidiques connues des archéologues sous le nom de pierres d'Acqs. Ces pierres paraissent réunir la proportion du *Men-hir* (pierre longue).

ses rapides commentaires, qu'une longue énumération de victoires. Il n'a garde d'avouer les dégoûts nombreux qu'il essuya dans ces expéditions, les périls qu'il courut, les défaites qui sans doute aussi vinrent diminuer ses forces. Il écrit pour des Romains, c'est-à-dire pour des hommes qui regardent tout autre peuple comme barbare, et cependant César n'ose taire la valeur de ses ennemis.

Arioviste après avoir, par ses ravages, porté la désolation dans le Nord des Gaules, étendait ses conquêtes au centre, et paraissait ne vouloir fixer aucune barrière à son ambition. D'autre part, les Helvétiens avaient aussi franchi les limites que la nature leur avait assignées, et, du haut des Alpes, s'étaient précipités sur les plaines fertiles des Eduens. César qui venait d'être nommé gouverneur de la Gaule Cisalpine, ayant été appelé au secours de ces peuples, n'eut garde de tarder, et la victoire de Mogte de Broie contraignit les Helvétiens à se retirer. Arioviste restait seul; le chef Romain, après avoir reçu les félicitations de la Gaule, marcha contre lui et ayant évité les embûches qu'on lui avait dressées, l'attaqua vivement et le défit. Le Germain, qui naguères encore faisait peser un joug si lourd sur les Gaules, se refusant à tout arrangement, repassa le Rhin sur une faible barque, et ne survécut que peu de temps à sa honte (1). Mais les Gaulois virent bientôt qu'ils n'avaient fait que changer de maître, et l'amour de la liberté leur mit les armes à la main. Une ligue formidable se forma; quinze mille Atrébates et vingt-cinq mille Morins firent ser-

(1) Arioviste pilla Arras, mais on n'a nul détail sur ce fait; mém. de J. de Guyse, édit. préc., tom. III, pag. 115. Hennebert, hist. d'Artois, tom. I, pag. 103 dit qu'il pénétra par l'Escaut.

ment de mourir plutôt que de reculer et ce serment ils le tinrent, car dans la sanglante bataille livrée sur les bords de la Sambre, les morts amoncelés servaient de ponts pour passer la rivière. De part et d'autre on était animé par la rage du désespoir. Si les Romains eussent été vainqueurs, la Gaule était forcée de se soumettre à leur joug, mais une défaite ruinait à jamais leur puissance ; d'un côté, on combattait pour la liberté, de l'autre, pour la vie, et la victoire restait indécise ; le terrain était défendu pied à pied et des monceaux de guerriers morts ou blessés séparaient les deux armées. Les légionnaires étaient harassés des fatigues qu'ils avaient essuyées dans un pays où ils ne pouvaient marcher que la hache à la main et en se frayant un chemin par le fer et le feu ; César, à cette vue, saisit un bouclier et s'élance au premier rang ; dès-lors la victoire se déclare pour lui et la Gaule et soumise.

Ce serait le lieu de parler du système de défense employé par les anciens Atrébates, de leurs armures, de cette framée avec laquelle les Gaulois portèrent tant de coups victorieux, du bouclier d'osier recouvert de peau, avec lequel ils affrontaient tous les périls ; mais il faudrait pour cela faire l'histoire militaire des Gaules, car on ne trouve dans les documents qui ont rapport à la Gaule Belgique, rien de précis à cet égard (1). César cependant nous a parlé de la bravoure des Morins retirés dans leurs inaccessibles marais, des luttes si terribles qu'il fut obligé d'engager avec eux, et même des défaites que lui et

(1) César dit qu'il trouva sur les côtes de la Bretagne, des peuples originaires du *Belgium*, et Deslyons, dissertation sur le pays des Atrébates, pag. 18, s'appuyant sur le témoignage de Ptolémée, lib. 2, cap. 8, marque que ces peuples étaient des Artésiens, qu'ils s'établirent dans ce qui fut appelé plus tard

ses lieutenans éprouvèrent. Quant aux peuples occupant l'ancien *Nemetacum* (1), ils avaient subi le joug du vainqueur et s'étaient contentés des douces conditions qu'on leur avait imposées. Rien en effet n'était changé pour eux, ils conservaient leurs dieux, leurs privilèges, leurs armes. Un d'entr'eux Comius était chef, ou comme l'on eût dit quelques siècles plus tard, vice-roi. Comius s'était distingué contre les Romains au combat de la Sambre et y avait été fait prisonnier. Mais César, qui voulait à tout prix s'attacher les Gaules, le combla de bienfaits, et peu après le chargea d'une mission délicate dans la Grande-Bretagne (2). Pendant ce temps, il avait

le comté de Barkshire, auprès de la rive droite de la Tamise, (Wallingford a environ 44 milles de Londres). Ce qui prouve que les Atrébates firent aussi des incursions comme les Gaulois du Midi ; mais ceux-ci portaient leurs armes dans des provinces civilisées, et les désastres étaient enregistrés avec soin, ceux du Nord au contraire ne pouvaient qu'attaquer des tribus barbares ; de là le manque de documents sur cette époque reculée.

Les limites de l'Artois ont agité vivement les savants au siècle dernier. MM. Michel et Dumolard publièrent mémoires sur mémoires, lettres sur lettres, pour expliquer un texte de Ptolémée. M. Michel étant venu à mourir, la discussion même ne put être terminée et M. Dumolard adressa à M. Harduin, une nouvelle réponse où, disait-il, il réfutait sans réplique son adversaire. Voy. sur ce sujet Deslyons, ouvr. préc., 2e dissertation.

(1) *Nemetacum*, *Nemetocenna*, Arras : Hirtius nous apprend que César passa deux hivers à *Nemetocenna*, c'est-à-dire, dans ses environs, car les Romains ne tenaient pas garnison dans les villes, mais dans les camps retranchés qui en étaient à portée. Deslyons, diss. 3, pag. 61.

(2) Voyez une excellente notice sur Comius, par le docteur Leglay, édit. de Balderic, pag. 400-402.

choisi le pays des Atrébates pour prendre ses quartiers d'hiver, et l'archéologue peut encore relever les murs triangulaires de ce camp, dans le lieu que plus tard fit retentir la voix pieuse des nobles religieuses d'Étrun (1). Des fouilles faites près de là ont amené la découverte d'une très-grande quantité d'ossements entremêlés de bijoux et de monnaies Romaines; quelques auteurs même, en forçant l'étymologie, prétendent retrouver dans le nom d'un hameau voisin, celui de Drusus; ce chef, l'un des lieutenans de César, commanda plus tard à ces peuples, lorsque Auguste eut réuni l'Empire Romain sous son puissant sceptre impérial (2).

Mais les Gaules ne pouvaient supporter long-temps la loi du vainqueur, il n'était pas jusqu'à Comius, que César s'était plu à combler de faveurs, qu'il avait fait, pour ainsi dire, son confi-

(1) Voyez l'abbé de Fonteau, mém. de l'Académie des inscriptions et belles lettres, tom. 10, pag. 429. Hennebert, histoire d'Artois, tom. 1, pag. 11; notre notice sur Etrun, *Puits Artésien*, tom. 3. Harbaville, mémoire des antiquaires de France, tom. 5, et Mémorial, tom. 1, pag. 123 et 124.

L'abbaye d'Etrun fut fondée en 1085; on dit cependant que ce ne fut qu'un rétablissement et que vers le milieu du IXe siècle, la fille d'un roi de France, nommée Béatrix, vint y établir sa résidence; elle y attira douze nobles filles dont elle fut la première abbesse, mais les Normands portèrent leurs ravages en ce lieu et mirent tout à feu et à sang. C'était un chapitre noble de femmes et pour y être admis, il fallait faire preuve de 8 quartiers de noblesse, 4 paternels et 4 maternels; abrégé chronologique de Cherin, in-18, Paris 1798.

(2) Pont d'Hugy (Drusi), Hennebert, histoire d'Artois, tom. 1, pag. 11. C'est sur ces entrefaites que Claudius envoyé de Rome avec huit légions au secours de Drusus, fit réparer la ville des Morins, Arras, Cambrai, etc. Ann. de Haynaut, par J. de Guyse, tom. III, pag. 438.

dent et son ami, puisqu'il l'envoya par de là les mers préparer la conquête de la Bretagne, et que plus tard, il récompensa ses services en lui abandonnant le pays des Morins ; il n'était pas, disons-nous, jusqu'à Comius qui ne conçût des projets d'affranchissement. Bientôt, profitant de l'éloignement de César, la Gaule secoue le joug ; de toutes parts on court aux armes, les anciens étendards sont relevés, les Atrébates fournissent quatre mille hommes, les Morins cinq mille, et le Vercingetorix, Auvergnat de naissance, homme aussi remarquable par sa bravoure que par ses connaissances militaires, se jette dans Alesia et y attend sans crainte les Romains. La place était forte, située dans une position élevée et presque inaccessible ; de hautes murailles, un fossé large et profond semblaient la rendre imprenable. De plus, une nombreuse armée menaçait les retranchements Romains et les entourait comme d'un immense réseau. Mais que ne peut la fortune de César ? La multitude des Gaulois est repoussée et Alésia, serrée de plus près, est forcée d'ouvrir ses portes au vainqueur. A Rome, vingt jours de prières publiques furent consacrés à remercier le ciel de victoires si éclatantes.

Malgré leur défaite, les Gaules ont encore d'immenses ressources ; à l'assemblée générale, les chefs se comptent et résolvent une nouvelle guerre. Les Bellovaques, qui, au dire de César, surpassaient de beaucoup les autres peuples en gloire militaire, se mettent à la tête de l'entreprise. Les révoltés se divisent en deux corps placés sous les ordres du Bellovaque Corrée et de Comius l'Atrébate. Tous deux agiront séparément ; au moment du péril, ils réuniront leurs armées et ensemble accableront les Romains. Mais ce que les chefs doivent surtout tenter, c'est de couper les communications ennemies, et d'enlever à César ses vivres et ses fourrages. Cependant les Gaulois ne se croient pas encore assez forts, et pendant que Corréc cherche à épuiser les Légions Romaines par une foule d'escarmouches et de petits combats, Comius passe le Rhin et va leur susciter des ennemis jusque parmi les Germains. Il en obtint un secours de cinq cents hommes et des promesses pour l'avenir. Mais là encore les Aigles Romaines furent victorieuses, Comius n'échappa même que par une ruse. Sur le point d'être saisi, il monte sur ses vaisseaux et les Romains, ignorant que la marée est basse, n'osent l'y suivre. Alors la Gaule est entièrement soumise et César peut jouir en paix des fruits de sa glorieuse expédition ; quant à Comius, il a juré une haine implacable à son vainqueur, retiré au fond de la Germanie, il en ramène sans cesse de nouveaux ennemis, et lorsque fatigué de travaux si inutiles et si nombreux, il met fin à la guerre, il s'enfonce dans les forêts, car son œil hautain ne peut s'habituer à voir le Romain victorieux. (Au. de R. 703.)

Cependant le nom de César resta en bénédiction parmi les peuples qu'il avait vaincus, et lorsque son assassinat fut connu dans ce pays, on donna des larmes à celui qui, pendant les dernières années de sa vie, avait consacré tout son temps à guérir les terribles blessures de la guerre. D'ailleurs, l'état des Gaules était prospère ; elles ne payaient qu'un léger tribut et encore était-il déguisé sous le titre d'impôt militaire, les Gaulois jouissaient des plus grandes dignités et leurs troupes se virent mêlées aux légions. Aussi soit affaiblissement ou plutôt crainte, soit véritable attachement, on ne vit aucune révolte parmi ces peuples si remuans et même, lorsque César eut été frappé en plein Sénat, laissant à trois concurrens la pourpre impériale, si on en excepte une révolte chez les Morins facilement réprimée par Carinus, les Gaules restèrent tranquilles, attendant que la bataille d'Actium leur eût donné un maître. (30 ans avant J.-C.) Mais lorsque César-Auguste vainqueur eut mis à leur tête l'ambitieux Licinius, lorsque cet homme eut fait peser son joug cruel et eut accablé ce pays d'impôts et de concussions, un soulèvement eut lieu, terrible par sa violence et par le nombre de ceux qui y prirent part.

L'Empereur instruit des causes de cette rébellion, révoqua Licinius de ses fonctions, mais par une ruse honteuse, cet intendant se jeta aux pieds de son maître et versant dans le trésor les fruits de ses exactions, il se justifia en disant qu'il n'avait eu d'autre but que d'affaiblir les Gaules et d'empêcher ainsi les troubles. Il ne fallut rien moins que l'esprit conciliant de Drusus pour mettre fin à une sédition qui eût pu porter un rude coup à la puissance Romaine. (13 ans avant J.-C.) Ce chef fit bénir la douceur de son administration, et les peuples reconnaissants élevèrent à Auguste un autel, où chaque année, des sacrifices étaient offerts à sa mémoire.

Ce serait à tort que l'on croirait voir enregistrer ici toutes les révoltes partielles des Atrébates soulevés ou par les concussions d'un intendant infidèle ou par un vain caprice (1);

(1) Sous l'Empereur Néron, Annolinus étant venu soumettre la Gaule révoltée n'y put réussir et Pison envoyé à son secours, dévasta entr'autres villes Arras, Térouanne, Amiens, etc., Hugues de Toul, cité par J. de Guyse, tom. IV, pag. 338.

Sous l'empereur Commode, Verric duc de Trèves et Sorric duc des Germains, vinrent assiéger Arras et Térouanne, c'est pendant le siège de cette

nous n'entreprendrons pas non plus de redire les ravages des Bagaudes, les marches triomphales des Empereurs Romains dans un pays dompté à jamais. C'est l'histoire militaire de l'Artois que nous nous sommes proposé d'étudier, et non les folies ridicules des nombreux successeurs de César et d'Auguste. Nos lecteurs savent que parmi ces dissensions de l'Empire, à l'époque où la pourpre impériale était le partage de qui la payait le plus cher, la gloire des Gaulois jeta un brillant et dernier éclat. Mais bientôt la civilisation énerva ces hommes autrefois si courageux, et Rome se vit contrainte de chercher des défenseurs dans les rangs des Barbares. Aux uns, tels que les Burgondes, elle donna des établissements qui firent bénir son nom; à d'autres, elle promit des honneurs, des récompenses, l'entrée au Sénat, le commandement des forces militaires. Le faible Empereur ne gardait pour lui qu'une ombre de puissance et de l'or pour payer les fêtes du peuple Romain. Les Gaulois eussent pu vivre heureux sous un joug éloigné, si l'ambition n'avait élevé plusieurs de leurs chefs sur le trône impérial; alors les Barbares séduits par ces belles et fertiles plaines, passèrent le Rhin, la Meuse et l'Escaut, puis le fer à la main, conquirent un établissement. Le nord des Gaules se rendit aussi célèbre par son industrie et on connaît ce mot de l'Em-

---

ville, que toutes les cités Gauloises se déclarèrent ennemies de l'Empereur Commode; (184) J. de Guyse, tom. V, pag. 49; Hennebert, tom. I, pag. 138; Buzelini, annales lib. I, pag. 7.

Magnus Maximus, qui plus tard se fit proclamer Auguste le 25 août 383, envahit la Gaule inférieure et pilla Térouanne, Arras, Tournai, etc. J. de Guyse, tom. V, pag. 299.

pereur Gallien (1), en apprenant une révolte dans ce pays, *la république n'est-elle pas en sûreté sans les laines des Atrébates.* Les eaux du Crinchon paraissaient douées de précieuses qualités pour la teinture, et long-temps encore les tapisseries fabriquées dans cette ville jouirent d'un grand renom.

Cependant, il approchait le jour où l'Empire Romain devait s'écrouler comme cet immense colosse aux pieds d'argile dont nous parlent les livres saints (2); déjà de rudes coups lui avaient été portés, déjà maintes fois il avait été mutilé, lorsqu'un Barbare, le plus célèbre de tous par ses cruautés qui le firent surnommer le *Fléau de Dieu*, vint fondre sur la Gaule à la tête d'une horde nombreuse de Huns. Attila marquait sa marche triomphale par des ruines et l'on pouvait suivre ses pas aux lueurs de l'incendie. C'est dans les auteurs contemporains qu'il faut chercher les preuves de l'effroi qu'inspira en tous lieux la venue de ce Barbare : les guerres de peuple à peuple cessent, chacun est, pour ainsi dire, dans l'attente du malheur qui doit le frapper; comme un torrent, Attila s'élance, renversant tout ce qui s'oppose à son passage; en vain les Francs situés près de l'Escaut et s'étendant jusqu'aux limites du pays appelé plus tard l'Artois, espèrent que leurs

(1) Ce n'est pas ici le lieu de s'étendre longuement sur les anciennes tapisseries des Atrébates dont personne n'ignore la réputation, et qu'on retrouvait jusque sous la tente d'Attila; nous renvoyons nos lecteurs à un excellent aperçu de M. A. Dinaux, dans ses Trouvères Artésiens, pag. 2 et suivantes. Voyez Warnkœnig, histoire de Flandre, traduite par Gheldolf, tom. I, pag. 117; Des Roches, histoire ancienne des Pays-Bas, pag. 158.

(2) Prophéties de Daniel, et aussi Th. Lavallée, histoire des Français, tom. 1.

travaux de défense les mettront à couvert, ils sont les premiers attaqués, c'est-à-dire, pillés et ravagés, et Arras n'est pas à l'abri du farouche conquérant (1); on a peu de détails sur l'expédition dont cette ville fut victime : ce fut dans sa retraite, après sa défaite dans les plaines de Châlons qu'Attila, excité encore par ce mauvais succès, renversa Beauvais, Amiens, Arras et Cambrai. Les dévastations de ce barbare furent fatales aux Atrébates, en vain le Franc Ricaire, frère selon quelques-uns, de Ragnacaire roi de Cambrai, porta tous ses soins à relever leur ville, espérant s'en servir contre Clovis, il ne put réussir. En effet, à la mort du premier Roi Franc chrétien, dans les quatre parts qu'on fit de ses états, Arras n'est point cité parmi les places fortifiées qui par la loi du sort échurent à Clotaire. Boulogne, Amiens, Térouanne et Tournehem lui faisaient une ceinture de défense ; et parmi ces guerres si acharnées de la première

(1) Au commencement du Ve siècle, Arras, Térouanne et en un mot toute la Gaule-Belgique avaient été ravagés par les Vendes ou Vendales venus des bords de la Baltique. J. de Guyse, tom. VI, pag. 149 ; Chron. mss. de Baudouin an. 411. Cet auteur prétend que Pont-à-Vendin fut ainsi nommé de leur nom ; voyez aussi Hennebert, tom. I, pag. 406, Buzelini, annales pag. 20.

L'an 446, Clodion vint fondre sur les terres des Atrébates, mais il fut repoussé par Majorien et Aëtius, chefs des Romains qui lui enlevèrent son camp. Grégoire de Tours, livre II, chapitre IX, dit cependant, que Clodion étendit ses conquêtes jusqu'à la Somme ; usque Suminam fluvium occupavit.

C'est surtout passim dans les vies de saints de cette époque que l'on trouve la vraie expression de frayeur qu'inspirèrent les ravages d'Attila ; voyez néanmoins Sidoine Apollinaire carmen VII ; Balderici chron. Cam. édit. Leglay, pag. 20. Meyeri annales, fol. 2, édit. d'Anvers 1571, etc., etc.

race, à cette époque où Frédégonde arma de poignards les assassins de Sigebert, le nom d'Arras reste dans l'oubli, et la découverte d'aucun document contemporain ne peut l'en tirer sous le rapport militaire. Mais elle est curieuse l'histoire religieuse de ce monastère qui plus tard devait former la ville, de cette riche abbaye placée sous l'invocation de St-Vaast, premier évêque d'Arras, et défendue par de fortes tours qui la firent dès l'abord surnommer *Château fort* (1.) Et il eut raison celui qui protégea ainsi cette abbaye, car cinq siècles ne s'étaient pas écoulés, qu'on pouvait voir à la lueur de l'incendie, fuyant au loin dans la campagne, les paysans effrayés et poursuivis par d'avides étrangers. C'étaient les Normands que n'épouvantait plus le grand nom de Charlemagne et qui venaient aussi chercher une part dans cet Empire disjoint et près de s'écrouler. Deux mots sur ces peuples.

Il est curieux d'étudier dans les pieux chroniqueurs de ce siècle, l'effroi qu'inspiraient les affreux ravages de ces Barbares (2.)

(1) On a très-peu de notions sur l'ancien *castrum nobiliacum*, M. Terninck, dans un excellent article sur l'archéologie d'Arras, prétend en avoir retrouvé les fondations; voilà le contour qu'il indique; la rue des Teinturiers dans toute sa longueur jusqu'à la rue St-Aubert, cette rue jusqu'à la salle de Concert; depuis ce point jusqu'à la rue de l'Abbaye d'où il rejoint la rue des Teinturiers; voyez le commencement de sa 5me promenade sur la chaussée Brunehaut.

(2) Quibus (Normannis) cuncta ferro et igne depopulantibus, neminem vivere sinentibus, monasteria et cœtera loca sancta evertentibus ; Bolland. acta sanct. febr. tom. I, pag. 809. La frayeur était si grande que dans les prières publiques on redisait à chaque verset : A furore Normannorum, libera nos domine.

Les dissensions qui, à la mort de Charlemagne, avaient éclaté entre ses fils, avaient divisé des forces qui eussent pu à peine, étant réunies, sauver l'Empire (1). D'abord les courses des Normands sont désordonnées, ils n'ont d'autre but que de pil-

(1) Voyez sur le nom et la patrie des Normands, Depping, histoire des expéditions maritimes des Normands, édit. 1844, pag. 391; annales Vedastini an 879, chron. Bavon ap. Pertz ann. 880. Ipérii chronic. p. 532; d'Oudegherst pag. 138 avec la note de Lesbroussart, voyez encore Capefigue, essai sur les invasions des Normands dans les Gaules, Paris 1843; une dissertation de Waestroem sur l'origine et le but des expéditions maritimes des Scandinaves a été insérée dans le recueil des Mémoires de l'académie d'histoire et d'antiquités de Stockholm; Ph. Mouskes dans sa chronique récemment publiée par le baron de Reiffenberg prétend que les Danois (tous les peuples du Nord sont en général au moyen-âge confondus sous le nom générique de Normands) à qui leurs lois permettaient d'avoir huit ou dix femmes, multipliaient tellement qu'il leur fallait bien se répandre en d'autres pays : que les pères ne retenaient près d'eux que les aînés et que les autres allaient chercher fortune ailleurs.

    Si iert coutume, ço dist l'on,
    Que Danois qui paien estoient
    A luxure tant se donnoient
    S'avoient femes V ou VI
    Ou VII ou VIII ou X
    Lues si avoient tant d'enfant
    Que la tière qui bien est grant
    Nes pooit mie gouverner.
    Si leur convenoit sort giétoient
    Li quel des enfans s'en iroient
    Fors de la tière, et conquerroient.
    Mais li aisnés des fius le père,
    Cil demoroit avœc la mère
    Pour detenir leur yretage.

ler et de s'enrichir des biens du vaincu ; leur rage est aveugle, temples, édifices, reliques ou chartes, monumens pieux et profanes, ils livrent tout aux flammes et paraissent être de nouveaux *fléaux de Dieu*. On redit avec horreur que ces Barbares n'ont de respect, ni pour les prières du prêtre, ni pour les larmes de la veuve, ni pour les caresses de l'orphelin, et les bruits les plus absurdes circulent sur leur compte. Cependant jusqu'à la fin du neuvième siècle, Arras et son territoire avaient été à l'abri de leurs ravages. Louis II de Germanie, secondé par Baudouin II comte de Flandre, a surpris leurs bataillons innombrables sur les bords de l'Escaut; ils allaient descendre ce fleuve, emportant avec eux leur riche pillage, mais surpris à l'improviste, ils sont défaits et laissent cinq mille des leurs sur le champ de bataille. Cet échec n'a servi qu'à les irriter davantage, ils reviennent plus furieux et jurent de laver leur affront dans des flots de sang; villes et monastères deviennent la proie des flammes, les églises s'écroulent avec fracas, et les fidèles sont écrasés sous leurs décombres. Alors les Atrébates se sont émus, et, transportés d'un saint zèle, ils ont pris les reliques de St-Vaast, se sont retirés avec elles à Beauvais dont les habitans se sont empressés de leur ouvrir un sûr asile. Il était temps, car les Normands approchaient et bientôt la ville entière fut en proie à leur fureur dévastatrice (1), la cathédrale elle-même fut ren-

---

(1) Une première tentative avait eu lieu contre Arras en 881 à la fin de février, Atrebatas veniunt, urbemque cœdibus et rapinis funestant. Annales bened. tom. III, pag. 229. L'abbaye de St-Vaast à cette époque n'était nullement défendue, pas même par des murailles ; nec locus monasterii munitus,

versée, cette pieuse basilique élevée avec tant de peines par les soins de St-Vaast. Pendant un grand nombre d'années (dix ou douze ans), Arras fut complètement désert, ce qui n'empêcha point les Normands de venir achever de le ruiner, tout fut renversé et il ne resta guère que l'église de St.-Vaast entourée de décombres. Le mont St-Eloy, où s'étaient retirés de pieux hermites, eut à souffrir des mêmes ravages; leurs demeures furent détruites de fond en comble, des ronces et des épines envahirent le lieu saint et ce ne fut que long-temps après qu'un miraculeux hasard fit retrouver le tombeau de St-Vindicien (1.) Cependant la fureur des Normands parut s'adoucir au contact de la civilisation, et bientôt on put voir qu'ils cherchaient moins à s'enrichir de pillage, qu'à conquérir un établissement; d'ailleurs, au milieu de cette France si désolée, il s'était trouvé un homme puissant qui, par sa belle défense de Paris, leur avait appris qu'ils pouvaient être vaincus (2.) Déjà Charles, que sa débonnaire faiblesse fit surnommer le Simple, leur avait fait offrir le pays de Flandre; mais alors on n'y voyait pas ces belles

murisve circumsœptus est; ouv. préc. pag. 230. Nec saltem vallo circumdatus; boll. acta sanctorum féb., tom. I, pag. 809.

(1) Gall. christ. tom. III, col. 426. Chrom. mss. de St-Eloy attribuée à Levaillant, n°. 1111 de la bibl. d'Arras, pag. 5. Gazet, hist. eccl. des Pays-Bas, édit. d'Arras, pag. 181.

(2) Eudes qui plus tard fut couronné, voy. le poème d'Abbon; Lutetia a Normannis obsessa. Boriamy, mém. sur les sièges de Paris par les Normands, tom. XVII des mém. de l'Académie des inscriptions, Depping, ouvrage précité, pag. 215.

plaines qui font aujourd'hui sa richesse ; des marais profonds jetés au milieu de grands bois, des communications sans cesse rompues, soit par les torrens, soit par la négligence, rendaient l'aspect de la Flandre assez triste; les Normands l'avaient pillée en tous sens, en avaient renversé les monastères et s'étaient ainsi aliéné les habitans. En outre, ils avaient appris, près de Wimille, à redouter les comtes de Flandre et de Boulogne : aussi leur chef Rollon n'eut garde d'accepter ces conditions; il obtint en échange les fertiles campagnes de la Neustrie et lui donna de son peuple le nom de Normandie. Pendant ce temps, Arras, calme et paisible, voyait chaque jour de nouveaux habitans relever ses ruines. C'est alors que Dodilo qui occupait le siége épiscopal de Cambrai, Dodilo qui avait été d'abord abbé de St-Vaast, songea à aller rechercher les restes de ce patron vénéré. Ce fut une vraie fête pour les Artésiens; on se pressait en foule sur les traces de l'évêque et l'affluence augmenta encore lorsqu'on apprit comment dans un incendie qui avait consumé les chartes et les autres papiers du monastère, les reliques n'avaient souffert aucun dommage et les flammes n'avaient osé toucher ces pieux ossemens. Honoré, qui était alors évêque de Beauvais, ne voulut pas résister à ces pèlerins et leur remit les reliques de St-Vaast; ils prirent ensuite le chemin du monastère, faisant entendre des cantiques d'actions de graces. Ce fut le 15 juillet 893 que le corps de ce saint reprit possession de l'abbaye à laquelle il avait donné son nom (1.)

(1) Annales benedictini, tom. III, pag. 286 et 287, vit. S[ti] Vedasti, VI feb. passim et surtout hist. translationis S. Vedasti Bellovacum, dein Atrebatum, Boll. acta sanct. febr. tom. I, pag. 809.

Mais Arras devait être le théâtre de nombreux malheurs produits par ses sièges; le fils de St-Everard, comte de cette ville, Raoul le pieux, abbé de St-Vaast, étant venu à mourir, Baudouin, comte de Flandre, s'empara de ce monastère. Alors Odo ou Eudes, qui avait mérité la couronne par son héroïque défense de Paris contre les Normands, vint assiéger l'abbaye (895.) Eudes avait juré de rendre la royauté forte et puissante et de mettre un frein aux empiètemens sans cesse renaissans des grands vassaux; mais les murailles étaient hautes, Baudouin était un puissant seigneur qui ne paraissait pas disposé à se laisser enlever cette riche proie ; peut-être Eudes lui-même se repentait de sa témérité, lorsque les hommes d'armes n'osant diriger leurs traits sur la tente royale, demandèrent à traiter. Eudes alla s'agenouiller près du tombeau de St-Vaast, puis ayant entendu les députés de Baudouin, il leur remit ce monastère et retira ses troupes du *castrum nobiliacum* (1.)

Deux ans plus tard, lorsque le Nord fidèle au sang de Charlemagne, sans tenir compte de la bravoure d'Eudes ni des services qu'il avait rendus à la Gaule Franke, se déclara en faveur de Charles-le-Simple, le comte de Flandre et Raoul de Cambrai brillèrent parmi les seigneurs qui embrassèrent ce parti. Raoul ayant été tué (2), Baudouin roula dans son esprit des

(1) Les Frères de Ste-Marthe Gall. christ. III, col. 377, donnent pour successeur à Rodulphus S. Fulcon, et disent que Fulcon fut mis à mort par le parti de Baudouin-le-Chauve comte de Flandre, ils ne parlent pas de la venue d'Eudes à Arras. Voyez Devienne, hist. d'Artois, tom. I, pag. 141.

(2) Par Herbert comte de Vermandois; ce Raoul est celui
        Qui taille fer fu clames por sa fieror.
Rom. de Raoul de Cambrai, édit. Edw. Le Glay, pag. I.

projets de vengeance contre le comte de Vermandois son meurtrier ; en vain la paix est signée et Charles reconnu seul roi, en vain Herbert lui-même se distingue par sa fidélité, Baudouin ne peut apaiser sa bouillante colère (1) et c'est dans le sang qu'il veut étancher sa soif haineuse. Il court en effet aux armes, pénètre dans le Vermandois et tout d'abord enlève la ville de Péronne. Mais bientôt Charles-le-Simple, cédant aux sollicitations d'Herbert qui était alors possesseur de ce comté, déclare la guerre à Baudouin et à la tête des troupes royales vient assiéger St-Omer et Arras. Ces deux villes furent prises (2) et Charles en fit don à Foulques, archevêque de Rheims. Baudouin dut céder, il eut encore la douleur de voir accorder à ce même prélat, la riche et puissante abbaye de St.-Vaast qu'il avait si long-temps convoitée; aussi il jura de se venger. Foulques, craignant peut-être le voisinage d'un ennemi aussi redoutable, échangea Arras et son monastère contre l'abbaye de St.-Médard de Soissons, possédée par Althmar, et ce dernier prit le titre de comte des Atrébates. Baudouin, désespérant d'atteindre l'homme que protégeait la faveur royale, le

(1) Edw. Le Glay dans son hist. des comtes de Flandre, tom. I, pag. 57 et suiv. a adopté d'après Rich. hist. ap. Pertz, V 574, une version différente.

(2) Les annales de St.-Vaast (an 899) ne parlent que du château de St-Vaast pris par Baudouin et repris par Charles-le-Simple; mais Flodoard, livre 4, chap. 10, y joint l'abbaye du même nom ; accidit autem ut abbatiam S. Vedasti quam Balduinus comes tenebat, cum Atrebatensi Castro rex Carolus pro infidelitate Balduini ab eo auferret, et édit. de Guizot, pag. 529, voyez aussi d'Oudegherst chap. 23, note 2, édit. de Lesbroussart, pag. 141, tom I.

fit frapper dans l'ombre, par un nommé Winemare (1) et rentra ainsi dans la possession d'un fief considérable et qu'il avait vivement regretté. Charles en effet, après avoir pleuré un ami fidèle et proféré de vaines menaces contre les meurtriers, n'osant attaquer ouvertement le puissant comte de Flandre (2), poussa la pusillanimité jusqu'à l'enrichir des dépouilles du malheureux Foulques. Sur ces entrefaites, les Normands envahirent de nouveau le territoire d'Arras, mais leur fureur dévastatrice épargna la ville capitale et les troupes du comte de Ponthieu abaissèrent bientôt leur orgueil.

Les comtes de Flandre s'étaient toujours montrés les plus fermes soutiens des descendans Karlins et avaient même versé en plusieurs rencontres leur sang pour la défense des princes légitimes. Cependant lorsque le vieil Arnoul fut descendu dans la tombe, laissant ses vastes états aux mains débiles de son petit-fils Arnoul nommé le jeune pour le distinguer de son aïeul, la guerre éclata entre la Gaule Franke et le pays de Flandre. Lothaire qui occupait alors le trône, s'était fatigué du rôle

---

(1) Winemare et ses complices Everard et Ratfroid furent excommuniés par Hervé, successeur de Foulques, et un châtiment divin et terrible suivit, car Winemare fut saisi d'un mal affreux dont il faut lire les rigueurs dans les relations contemporaines. Voyez sur ce fait Flodoard, édit. précitée, pag. 530 Edw. Le Glay ouvrage précité, pag. 61 et suiv.; cet auteur est celui qui jusqu'ici a publié la relation la plus complète de ce criminel évènement.

(2) Meyeri annales an. 901; dès l'an 899 Baudouin avait paru se réconcilier avec Herbert, selon les annales de St-Vaast, Adèle fut même fiancée avec Arnoul de Flandre, mais cette paix ne fut pas sincère et le poignard d'Alduin débarrassa le comte de Flandre du meurtrier de son frère.

tranquille et honteux que lui laissait jouer la féodalité et dans un rêve de bouillante jeunesse, avait voulu rendre à la royauté sa suprématie. Quel contraste en effet! ici, un roi ayant à peine une ville en propre, et là, un enfant commandant à des cités déjà puissantes, à de nombreuses et riches abbayes. Oublieux des services rendus, Lothaire envahit les marches de Flandre; et Arras, l'abbaye de St-Vaast, le château même furent forcés de reconnaître sa loi (1.) Mais ce n'est pas à cette ville seule qu'il arrête son courroux, il s'élance sur les rives de la Scarpe et entre partout en vainqueur. Douai même ne put l'arrêter et il ravagea toute la contrée jusqu'à la Lys. Ses succès furent si rapides que l'Empereur s'en émut, et qu'il envoya Charles, duc de Lorraine, protéger la ville de Cambrai. Charles était le frère du roi, mais comme le domaine royal était de trop peu d'importance pour pouvoir être partagé, il avait offert son épée à l'Empereur et de nombreux bienfaits en avaient fait un de ses plus fidèles serviteurs. Alors seulement Lothaire pensa à se retirer, et Arnoul reprit peu après les villes dont il avait été dépouillé. Ces choses se passèrent vers l'an 965 (2.)

(1) Irruens Lotharius rex possessiones illius (Arnulphi) abbatias scilicet S^{ti} Amandi, S^{ti} que Vedasti cum castello..... cum omni occupatione invasit Bald. lib. I cap. XCIX, édit. Le Glay, pag. 157, Oudeghersl pag. 180 et 182, not. 1. Le président Hénaut dit que cette agression eut lieu parce qu'Arnoul refusa l'hommage, ce fait est erroné.

(2) Flodoard, édit. précitée, la chronique de St-Martin de Tournai et celle de Baldéric 966; Chronicon Elnonense ap. recueil de chroniques belges, tom. 2, pag. 14.

Quelques années plus tard, Lothaire étant mort, et son fils Louis V ne lui ayant survécu qu'un an, de vifs démêlés éclatèrent dans la Gaule Franke pour recueillir le faible héritage royal. Charles de Lorraine faisait valoir les droits du sang et s'appuyant sur les armes de l'Empire, redemandait la couronne ; mais il y avait long-temps que les puissans comtes de Paris avaient jeté sur elle un regard d'envie ; déjà deux d'entr'eux Eudes et Raoul, avaient osé s'en emparer, mais ces tentatives avaient été vaines, et ils n'avaient pu en assurer dans leur famille le libre héritage. Hugues-Capet crut l'occasion favorable, il montra Charles devenu étranger puisqu'il avait reçu les bienfaits de l'Empereur et se fit saluer roi. On sait la fin de ce drame ; Charles trahi fut saisi pendant son sommeil et jeté dans la forte tour d'Orléans. Quant au comte de Flandre, soit qu'il eût voulu se venger des secours que le comte de Paris avait prêtés à Lothaire dans la guerre précédente, soit reconnaissance pour les services que lui avait rendus le prince Lorrain, soit enfin fidélité au sang Karlin, il refusa de rendre hommage au nouveau roi. Hugues, voulant soumettre ce puissant vassal, s'empara d'Arras, ravagea le territoire de Béthune et tout l'Artois. Quelques auteurs prétendent même qu'il étendit sa domination jusqu'à Douai. Arnoul, mieux conscillé, reconnut Hugues-Capet pour roi, et Richard de Normandie fut le médiateur. A cette condition, il obtint de rentrer dans les places qui lui avaient été enlevées (989) (1).

---

(1) Quelques auteurs et entr'autres d'Oudegherst en ses annales, chap. 33, nient la venue de Hugues-Capet en Flandre, ce fait est cependant assuré d'une manière trop précise par des écrivains dignes de foi pour qu'on puisse le met-

Nous avons terminé l'énumération de toutes les tentatives dirigées contre Arras. Les documens nous manquent, sans cela, nous eussions parlé des fortifications de cette ville, des murailles du *castrum nobiliacum*, des moyens de défense employés. Nous n'aurions pu procéder que par analogie, et notre travail n'aurait plus eu le mérite d'une rigoureuse exactitude, but que nous nous sommes proposé et vers lequel tendront tous nos efforts.

---

tre en doute ; hic (hugo) adversum Flandrensem Arnulphum sibi militare renuentem, arma movens, cum validâ manu hostilicâ Atrebatum illi abstulit et cuncta municipia quœ citra flumen quod vocabatur Lis tenebat, etc., rec. des hist. de Fr. tom. 10, pag. 184. Meyeri annales fol. 21 (1571.) Buzelini annales, pag. 147, de Locre, pag. 167, Le Glay, hist. précitée, pag. 135, Hennebert, 171. Devienne, tom. I. pag. 169. Duchesne, hist. de la maison de Béthune, pag. 76.

I.

1198.

La guerre avec l'Angleterre avait éclaté et l'on pouvait prévoir déjà les désastres qu'occasionnerait cette sanglante rivalité. Philippe II n'avait pu pardonner à Richard, que sa bravoure avait fait surnommer *Cœur-de-Lion*, de s'être distingué en Palestine par un grand nombre de hauts faits, et de l'avoir ainsi éclipsé ! Un autre point de division étaient ces belles propriétés qu'Eléonore avait portées à l'Angleterre, après son divorce scandaleux, et sur lesquelles Philippe avait jeté plus d'un regard envieux. Placé, pour ainsi dire, entre ces deux puissans rivaux, le comte de Flandre les voyait tour-à-tour rechercher son alliance ; vassal du roi de France, peut-être eut-il penché pour ce pays devenu attrayant par ses fêtes chevaleresques, mais les bonnes villes qui échangeaient avec l'Angleterre leurs produits, ne pouvaient se résoudre à voir leur commerce interrompu et peut-être ruiné à jamais (1) ; le comte de Flandre était donc plus porté vers l'alliance Anglaise ; il finit même par y accéder. Deux mots sur l'état de l'Artois à cette époque.

Philippe, avant de recevoir dans l'église de St-Denys l'onction royale, avait épousé à Bapaume Isabelle de Hainaut, nièce du comte de Flandre, Philippe d'Alsace. Ce prince n'avait point vu sans un secret contentement le roi de France rechercher son alliance et avait donné pour dot à sa nièce Arras, St-Omer, Aire, Hesdin, Bapaume, Lens, la suzeraineté de Boulogne, Guînes, Lillers, Ardres, etc., enfin ce qui forma plus tard le comté d'Artois (2.) En vain le peuple de ces villes avait murmuré ; Arras éprouvait quelques peines à se séparer de la Flandre, pays de franchise et de liberté (3) pour passer sous la domination française que l'on savait être moins douce. Et il le prouva dans la guerre qui ne tarda pas à éclater entre l'oncle et le neveu au sujet du Vermandois et du renvoi d'Isabelle que Philippe avait répudiée ; cependant cette division ne fut pas de longue durée, mais il était resté des semences de discorde, et la moindre étincelle eut suffi pour la rallumer. Philippe d'Alsace étant mort sans enfans, son comté fut le partage

(1) Propterea quòd hic ab ora maritima haud satis adhuc munita gravius immineret ; Meyeri annales, édit. 1561, folio 61.

(2) Gill. Mont. chron. ap. J. de G. XII, 238 ; Locrii chron. pag. 339.

(3) Ex quibus quidem nuptiis gravissimum Flandria accepit vulnus ; Meyeri annales édit. préc. folio 52 v° voyez Marchantius, Locrii chronicon, Buzelini annales, pag. 248 et la plupart des chroniqueurs Flamands.

de Baudouin le courageux, époux de Marguerite d'Alsace, et enfin de son fils Baudouin IX. Ce comte, dans toute la force de l'âge et de la raison, ne vit pas sans un vif sentiment de regret l'Artois qu'il regardait comme lui revenant par droit d'héritage (1), occupé par les Français. Les choses en étaient là, lorsque Philippe et Richard sollicitèrent son alliance; le comte de Flandre, forcé par les murmures des Flamands, accepta les offres avantageuses du roi Anglais (2). Par ce traité, tous deux s'engageaient sur leur âme et conscience à ne faire ni paix ni trêve avec le roi de France, sans la volonté et l'assentiment de son allié, et ce pacte devait durer non-seulement en temps de guerre, mais à perpétuité entre eux et leurs héritiers (3); les principaux barons d'Angleterre, les seigneurs de Flandre et de Hainaut souscrivirent cette charte, et on se prépara à la guerre. Les chances étaient favorables à Richard; il s'était réconcilié avec le comte de Toulouse en lui faisant épouser sa sœur Jeanne, veuve de Guillaume le bon roi de Sicile, à qui il donna pour dot le comté d'Agen; plusieurs sei-

(1) Dans une assemblée générale tenue à Lille, le comte de Flandre institua le comte Baudouin de Hainaut et Marguerite sa femme, ses héritiers propres et naturels, et leur assura par serment le comté de Flandre, attendu la mort de Mathieu comte de Boulogne et celle de Pierre son frère, Gilb. Mont. chron. ap. J. de G., XII, 228 Le Glay, hist. des comtes de Flandre, tom. I, pag. 377.

(2) Balduinus tum ea spe inductus (l'espoir de recouvrer l'Artois), tum Richardi regis partim minis territus, partim promissis ac auro presenti pellectus animatus que. Meyeri annales folio 61.

(3) Rymeri Fœdera, etc., 1, 67.

gneurs Français avaient aussi pris son parti ; on citait parmi eux le comte de Champagne, le duc de Bretagne et Renaud de Dammartin devenu comte de Boulogne par son mariage avec l'héritière de ce comté. Philippe-Auguste avait puissamment contribué à lui faire contracter cette alliance, mais l'esprit ambitieux de Renaud l'affranchit bientôt de toute reconnaissance; il devint même l'un des plus violens ennemis de la France (1).

Cependant avant d'en venir à des mesures violentes, le comte de Flandre envoya une députation redemander à Philippe, Arras et son territoire, prétendant qu'il gardait cette ville à tort, et que Philippe d'Alsace n'avait pas eu le droit d'aliéner les terres de son comté. Baudouin ne put rien obtenir : aussitôt il traversa le Tournaisis qui se déclara neutre, s'empara de Péronne, de Roye ; fondant ensuite sur l'Artois, il força Aire à ouvrir ses portes et vint mettre le siège devant St-Omer où il opéra sa jonction avec Baudouin comte de Guînes et son fils (2.) Le roi, occupé ailleurs, ne put secourir cette place et

---

(1) P. Daniel hist. de France, édit. d'Amsterdam 1720, tom II, pag. 637.

La chr. de Flandre publiée par Denis Sauvage, donne p. 20 les causes suivantes à la trahison de Renaud : Un jour aduint que li roys estoit à St-Pol, avec ses barons, commencea le comte Hugues de St-Pol à parler au comte Regnaud de Boulongne, tant que le comte de St-Pol laissa le poing aler et le ferit au visage, tellement qu'il en feit le sang saillir ; et le comte Regnaud sacqua un coutel, et en cuida ferir le comte de St-Pol, mais le roy et les barons de France alerent entre deux et tantost monta le comte Regnaud et se départit de la cour.

(2) Meyer dit que Guillaume de Béthune se joignit à eux, mais la chronique de Flandre précitée, le montre fidèle au roi; Meyeri annales folio 61, chron. de Fl. pag. 20. Duchesne, hist. de la maison de Béthune, pag. 170.

l'abandonna à son sort. Les Audomarois, après avoir beaucoup souffert de la famine, se rendirent enfin. Baudouin ravagea les places voisines, s'avança vers Arras et vint l'attaquer du côté de l'Orient (1.)

Cette place était forte et bien défendue, mais on savait son peu d'attachement pour les Français; on disait même que dans les premières guerres qui avaient éclaté entre Philippe-Auguste et Philippe d'Alsace, n'osant ouvertement prendre le parti de ce dernier, elle lui avait fourni des secours, avec d'autant plus d'ardeur qu'elle était *la principale cité de Flandre, la capitale de tout le pays et l'unique résidence du gouvernement* (2.) Ces raisons et l'importance de la ville placée comme première frontière du royaume de France, engagèrent Philippe à tout sacrifier pour sauver Arras; en vain il est attaqué du côté de la Normandie, en vain ses ennemis le pressent sur les bords de la Loire, il se met à la tête des troupes royales et vient attaquer le comte de Flandre. Baudouin n'osa soutenir le choc, il leva le siège et s'enfonça dans les marais qui alors rendaient encore ce comté presque inexpugnable.

On connaît la fin de cette guerre; on sait comment Phi-

---

(1) Hennebert, hist. d'Artois, liv. VI, 293.

C'est-à-dire vers la porte du Maître Adam, il est probable d'après cette indication que les efforts de Baudouin furent principalement dirigés contre la cité.

(2) Guill. le Bret. trad. de Guizot, pag. 42. Lesbroussart dans les notes des annales de d'Oudegherst, tom. II, pag. 29 dit, d'après la chronique d'Auchin, que Baudouin leva le siège d'Arras, dès le second jour.

lippe s'engagea imprudemment à la poursuite du vassal rebelle, comment enfin le comte de Flandre se rendit médiateur entre Richard d'Angleterre et Philippe-Auguste et leur fit signer une trève d'un an entre Gaillon et Andelys (1.)

Telle fut depuis l'an mil, la première tentative faite contre Arras et dont on puisse fixer la date avec précision. Le flambeau de l'histoire ne jette encore qu'une lueur bien faible : personne n'ignore en effet que Baudouin assiégea Arras (2), que Philippe vint le défendre; mais quelles furent les actions d'éclat par lesquelles Baudouin signala sa venue sous les murs de cette ville, quel fut son système d'attaque, nous sommes réduits aux conjectures. On aurait cependant une fausse idée des sièges entrepris aux douzième et treizième siècles, si on voulait les comparer aux tentatives violentes qui eurent lieu plus tard; presque toujours on procédait par circonvallation, la place était cernée, des tours de bois défendaient les assiégeans de toute attaque extérieure, et la ville ne se rendait souvent que réduite à la plus cruelle famine (3.)

(1) Cette trève expirée, les deux rois et le comte de Flandre recoururent aux armes; voyez tous les historiens de France et particulièrement Gaillard hist. de la rivalité de la France et de l'Angleterre, tom. I, pag. 367; Petitot, mémoires tom. IV, précis des guerres entre la France et l'Angleterre, pag. 43. Capefigue, histoire de Philippe-Auguste, édit. Charpentier, tom. I, pag. 282, etc., etc.

(2) J. de Guyse prétend même que Baudouin s'empara du château d'Arras..... Palmam atque castrum Attrebatas *(sic)*, ac omnia illa recuperavit; édit. Fortia d'Urban, tom. XIII, pag. 240.

(3) Voyez pour exemple le siège de St-Omer décrit par Lambert d'Ardres, hist. com. Ghisnensium, rec. des hist. de France, tom. XVIII, pag. 585.

Quoiqu'il en soit, si, dominant notre sujet, nous nous posons en froid observateur de ces temps passés, nous aurons de grands noms, mais aussi de tristes études. C'est, par-dessus tous, Philippe-Auguste attirant sur lui l'envie des grands vassaux qui voient avec surprise le roi franchir les limites de l'île de France. Quel est en effet le soutien de Philippe, quels sont ses défenseurs ? vous chercheriez en vain près de lui ses fiers et puissans feudataires, tous sont dans le camp ennemi, mais, ce qui fait sa force, ce sont les milices des villes à qui il a mis les armes à la main, et qui combattront, car elles savent que le jour où le roi serait renversé, elles n'auraient plus de défenseurs contre les exactions des nobles leurs voisins. Fouillez en effet les annales de ce règne, et vous verrez ces milices prêter à la royauté l'appui le plus ferme et le plus constant jusqu'à ce qu'elles l'aient fait triompher dans les plaines de Bouvines car il y a dans cette guerre plus que la rivalité du comte Ferrand et de Philippe-Auguste, c'est la lutte des grands feudataires contre le roi et les communes; les derniers triomphèrent et la noblesse reçut ce premier coup, la première des nombreuses blessures qui devaient achever sa ruine dans les défaites de Poitiers, de Crécy, d'Azincourt et de Nicopolis, dans les cages de fer de Louis XI, dans les bastilles de Richelieu et sous la hache du bourreau révolutionnaire. Car ce serait à tort qu'on voudrait exagérer l'importance de Philippe, il fut l'homme de son siècle, et son plus grand mérite est d'avoir su profiter des circonstances (1.)

(1) Il serait trop long d'énumérer ici tous les historiens qui traitent de ce roi, renvoyons seulement nos lecteurs aux ouvrages de Capefigue, Michelet, Gaillard et autres que nous avons cités dans ce récit.

C'est encore Baudouin dont la fin si glorieuse et si romanesque est restée un mystère, Baudouin qui, par sa bravoure, mérita d'être revêtu de la pourpre et d'être salué Empereur de Constantinople; perdu, égaré au milieu d'une défaite sans qu'on puisse retrouver ses traces, Baudouin le chevalier du XIIIe siècle avec ses nobles qualités, son insouciance, partant pour la terre sainte sans songer à l'état de son comté, au voisinage d'un roi envahisseur. Voilà ce que le moraliste peut voir dans le tableau dont nous n'avons esquissé à la hâte que les traits principaux (1.) Il peut encore en effet étudier Richard le glorieux Cœur-de-Lion, usant les dernières années d'une vie si brillante dans une guerre d'escarmouches, jusqu'au moment où la flèche inconnue d'un archer vienne le renverser dans les fossés d'un obscur château (2), Richard qui laisse à son successeur des finances en désordre, un royaume plein de fermentation et une guerre de cent ans avec la France; et enfin Arnoul de Guînes dont Baudouin croit ne pouvoir récompenser la bravoure qu'en lui abandonnant les tonneaux d'or et d'argent dont Richard a voulu payer les frais de la guerre (3.)

Toutes grandes figures de ce siècle et que nous regrettons de quitter si promptement.

(1) Leglay, hist. des comtes de Flandre, tom. I, Warnkœnig, etc., etc.

(2) Au château de Chaluz, voyez sur cet évènement Guillaume-le-Breton, Philippéïde chant. 5.

(3) Voy. Lamb. d'Ard., rec. des hist. de Fr. tom. XVIII, pag. 585.

II.

1414.

Jean, que la postérité a décoré du surnom de Sans-Peur, avait succédé à son père Philippe dans le duché de Bourgogne, les comtés de Flandre et d'Artois, et en même temps aux droits de régence, dans un royaume livré, pour ainsi dire, à l'anarchie, entre les mains de trois concurrents ; on connaît cette page désastreuse de l'histoire de France, on sait comment une apparition soudaine dans la forêt du Mans troubla la raison de Charles VI, lorsqu'au grand déplaisir de ses oncles, il portait la guerre en Bretagne ; on se rappelle aussi cette mascarade, où le roi faillit devenir la proie des flammes et ne fut sauvé que par la courageuse présence d'esprit de la duchesse de Berry. Alors tout avait été bouleversé : les ministres du sage roi Charles V furent pour la seconde fois expulsés, et les *Marmousets*, ainsi qu'on les appelait avec dérision, n'eurent que le temps de s'enfuir. Les ducs de Bourgogne et de Berry s'étaient partagé la régence au préjudice du duc d'Orléans, jeune homme insouciant qui ne voyait dans la royauté qu'un moyen d'avoir toujours de l'argent, des chevaux et des femmes, et à celui d'Isabeau de Bavière, dont l'infame conduite a eu assez de renom pour que nous ne soyons pas obligé d'en soulever ici le voile. Mais à la mort de Philippe de Bourgogne, l'un ruiné par ses folles prodigalités et l'autre appuyant celui qu'elle avait choisi pour son éphémère amant, firent valoir leurs droits, et les seigneurs applaudirent celui qu'ils regardaient comme leur chef, dont ils vantaient les mœurs chevaleresques, la galanterie et la magnificence.

A cette nouvelle, Jean revint en toute hâte de la Flandre, et tandis que son rival pillait le trésor, ruinait les bourgeois et les déshonorait de toutes manières, le duc de Bourgogne se retirait dans les halles, applaudissait aux lazzis de la multitude, et lui racontait comment on la dépouillait; puis lorsqu'il fut question d'établir une nouvelle taille, il dit hautement, de manière à être entendu des huissiers et de la populace qui encombrait les alentours de la Chambre du Conseil, qu'il entendait s'opposer de toutes ses forces au malheur de la France, et il quitta l'assemblée. La foule se porta contre les palais de Louis d'Orléans et d'Isabeau de Bavière et, ceux-ci effrayés s'enfuirent précipitamment; Jean-Sans-Peur fut nommé le père du peuple et son sauveur. Peu après, une armée s'étant avancée contre Paris, Jean hésita, puis étant sorti des murs de cette ville, il fit la paix avec son rival, et partagea la même hostie; le lendemain 23 novembre 1407, l'infortuné duc d'Orléans tombait assassiné sous les poignards de Raoul d'Octonville et de ses compagnons; et tandis qu'on informait, les meurtriers se retirèrent en Flandre. Alors Jean-Sans-Peur déclara que lui seul avait dirigé le bras qui avait frappé un prince du sang, et Jean Petit, docteur en Sorbonne prononça un discours apologique, à la suite duquel Charles VI, cette ombre de roi, déclara qu'il ne conservait contre le duc de Bourgogne aucune déplaisance de la mort de son frère. Les larmes de la belle et infortunée Valentine n'ayant rien obtenu, le duc d'Orléans s'allia à la riche et puissante famille des Armagnacs, s'attacha par le traité de Gien les ducs de Bretagne, de Bourbon et de Berry, jaloux du pouvoir tyrannique du duc de Bourgogne, et s'avança à la tête d'une armée nombreuse. Jean vainqueur à Hasbain des Liégeois révoltés, se hâta d'accourir à Paris où il fut reçu aux acclamations de la multitude, et arma les écorcheurs et les bouchers qui se rendirent célèbres par leurs excès, sous le nom de Cabochiens. Pour se procurer l'argent nécessaire à la guerre, Jean mit à mort Montagu et confisqua à son profit les immenses richesses de ce dévoué serviteur. C'était ainsi qu'on observait la paix signée à Chartres en 1409; les deux ennemis s'y étaient embrassés en se jurant oubli et amitié. Puis quand ses préparatifs furent faits, Jean déploya l'oriflamme, déclara les Armagnacs ennemis de l'Etat, arbora le drapeau bleu avec la croix de St-André et la Fleur-de-Lys, alla prendre à l'hôtel St-Paul un pauvre fou abandonné de tous, de sa femme même, et montra ce simulacre de roi au peuple qu'il rencontra sur son passage. Mais au moment où l'on allait en venir aux mains, Charles VI recouvra sa raison, demanda que signifiaient ce bruit, ces armées en bataille, et il retourna à Paris, après avoir fait jurer la paix de Bourges aux deux partis accourus à ses pieds.

Il était facile de prévoir que cette trêve ne serait pas mieux observée que les précédentes ; bientôt la guerre recommença avec une nouvelle violence, et cette fois l'Artois en devint le théâtre. Bapaume fut la première ville assiégée ; Jean qui craignait les milices des bonnes villes (1), (déjà une fois elles étaient cause qu'il avait dû lever le siège de Paris), voulant leur faire voir qu'il ne se défendait qu'à la dernière extrêmité, abandonna Bapaume à son malheureux sort. L'armée royale y trouva quelques réfugiés Bourguignons et Anglais et les fit exécuter sur l'heure ; elle se tourna ensuite vers Arras et vint assiéger cette place.

Jean avait réuni toutes ses forces sur ce point : depuis deux ans on y avait augmenté les fortifications, on en avait élevé de nouvelles au dehors, et on les avait protégées par de grosses chaînes ; des autres côtés, d'énormes barrières et de larges fossés défendaient l'approche de la ville. Sur ces remparts, ces tours et ces murailles, on avait réuni toute l'artillerie déjà redoutable alors et qui devait se couvrir d'une nouvelle gloire. Sa principale force consistait dans les nouveaux canons à main ; c'était un tuyau de fer chargé de balles et de plomb, et dont la bouche, sortant par les créneaux, vomissait une quantité de projectiles qui portaient l'épouvante et la mort dans les rangs des assaillants. Les arquebuses firent aussi beaucoup de tort à l'armée royale (2.) On n'avait rien épargné pour la défense ; sans égard

(1) Les habitans d'Arras ne voulaient pas de guerre, Jean les surprit et jeta dans leur ville une forte garnison. P. Daniel hist. de Fr., tom. III, pag. 865. (Edit. d'Amsterdam 1720.)

(2) « C'est dans la relation de ce siège, que l'on voit pour la première fois

aux plaintes des habitans du faubourg de Ronville, l'un des mieux bâtis, on y avait porté la flamme : le couvent de la Thieuloye, les églises des Cordeliers et des Jacobins ne furent point épargnés (1.) De plus, par ordre du gouverneur, il fut publié

» une mention bien expresse de l'usage des arquebuses, dont l'historien parle
» en ces termes : les assiégés firent une continuelle décharge de grosses bal-
» les de plomb, qu'ils tiraient avec des tuyaux de fer par plus de deux cents
» ouvertures qu'ils avaient faites dans les murailles et qui causèrent la mort
» à beaucoup de gens. Ces armes furent alors appelées des *canons à main* parce
» que les autres canons étaient déjà depuis long-temps en usage. » Daniel hist. de Fr. tom. 3 pag. 865. Le c^{te} d'Artois fit boucher tous les puits qui approchaient trop les murailles tant dedans que dehors la ville, manusc. de M. Leroulx du Chatelet cités par M. de la Fons, b^{on} de Melicocq, une cité Picarde pag. 267. Voy. aussi Hennebert, hist. d'Artois, tom. III pag. 281 ; de Barante, hist. des ducs de Bourgogne (édit 1842) tom. II pag. 383.

(1) Chr. d'Enguerrand de Monstrelet, dite du Panthéon pag. 340 ; mém. de St.-Remy même édit. pag. 373 ; Ferr. Locr. chr. Belg. pag. 498.

Les religieuses de la Thieuloye furent reçues au faubourg Saint-Sauveur par la comtesse Mahaut le 22 juillet 1324 ; ce couvent avait été détruit en 1370 par les Anglais ; voyez plus bas chap. complémentaire des sièges d'Arras, et le P. Ignace mém. t. II pag. 730 ; les religieuses de la Thieuloye reconstruisirent leur couvent au même endroit ; le P. Ignace dict.

Les frères mineurs ou cordeliers s'établirent à Arras en 1228 sous l'Episcopat de Pons : Gallia Christ, t. III fol° 331. Les cordeliers jouissaient de l'exemption de toutes les fermes imposées sur la ville, on leur accorda même de faire entrer chez eux chaque année pour leur provision 14 muids de vin sans payer aucun droit, le P. Ignace suppl. aux mém. pag. 72. L'église et le réfectoire des Dominicains furent aussi détruits comme les autres, on les reconstruisit en 1452. Les frères prêcheurs ou Dominicains furent admis au fau-

à son de trompe que tous bourgeois et habitans de la ville, de quelque état et condition qu'ils fussent, ayant femmes et enfans eussent à quitter Arras avec leurs biens excepté les vivres, et les conduisissent dans n'importe quelle cité ou quel château dépendant du duc de Bourgogne à leur choix ; que de plus tout homme d'armes et bourgeois qui devait concourir à la défense eut à se pourvoir de vivres pour au moins quatre mois. Cet ordre fut fidèlement exécuté et les bouches inutiles quittèrent la place : Lille, Douai, Béthune et Aire ouvrirent leurs portes et les reçurent à bras ouverts.

La garnison d'Arras était forte ; le 31 mai de cette année (1414), le duc de Bourgogne en considération des bons et agréa-

---

bourg Saint Sauveur vers le milieu du 13e siècle sous l'évêque Asson : Gallia Christ ; t. III, col. 331 ; le P. Ignace, mém. t. II, pag. 734 ; ils furent aussi appelés de bonne nouvelle à cause de Notre-Dame de Bonne-Nouvelle. L'église de Dieu et de M. St-Dominique, dit le S^r d'Aubrometz dans l'épitaphier de ce couvent « église conventuelle des pères et frères religieux prêcheurs et prédica-
» teurs du lieu dit communément de Bonne-Nouvelle, est située sur le grand
» Riez au lieu de plaisance ou passe-temps des bourgeois, manants et habitans de
» la ville d'Arras en Artois et ce directement sur le chemin dudit Arras à la
» ville de Cambrai. »

Les Carmes chaussés ou grands Carmes avaient été reçus vers 1260 au faubourg de Saint-Sauveur. (Gall. Christ. tom. III. col. 333.) Leur église fut bâtie en 1263 par les nombreuses aumônes des fidèles. Leur couvent ayant été également détruit en 1414, les Carmes eurent pour refuge l'hôpital de Mingoval où ils restèrent jusqu'à la paix signée entre Charles VI, roi de France, et Jean, duc de Bourgogne. Ils rebâtirent leur couvent dans le même faubourg Saint-Sauveur, près des fossés de la ville. (Le P. Ignace, mémoire tom. II, pag. 279.)

bles services que lui avait rendus son Chambellan, le Seigneur de Beauffort, surnommé à la belle Barbe, l'avait établi capitaine de la ville, avec le pouvoir de faire tout ce qui serait utile à sa défense (1.) Le gouverneur était Guillaume de Bonnières. Mais celui qui avait le commandement général et dont le nom se trouve plus souvent, est Jean de Luxem-

Il y avait encore dans ce faubourg les Trinitaires, les Augustines, etc. L'année précédente, le 10 septembre, les religieux du mont St.-Eloy avaient obtenu de Jean de Bourgogne, c^{te} d'Artois, « la faculté de fermer et entourer » leur monastère de fortes murailles accompagnées de tours en guise de bastions, » pour résister au ravagement des ennemis ; en reconnaissance de quoi toutes » et quantes fois que le prélat dudit lieu viendrait à mourir, lesdits religieux » se rendirent obligés de faire présent au prince d'une lance blanche ferrée et » accommodée comme il convient. » (Manuscrits de M. Leroulx du Chatelet, cités par M. de la Fons, baron de Melicocq, une cité Picarde, pag. 267). Ces défenses servirent sans nul doute à protéger cette abbaye contre les ravages des troupes royales.

(1) Les provisions données à Philippe de Beauffort portent : « qu'il sera chargé » de mettre et tenir en la ville tel nombre de gendarmes qu'il jugera expédient, » de faire assembler les sujets, manans et habitans d'icelle, d'empêcher les pil- » leries et dommages, tant dans la ville qu'aux environs, de visiter la ville, de » la garnir de murs, de guérites et fossés, de démolir et d'abattre les murs qu'il » trouverait convenable, les maisons qui pourraient nuire tant dans la ville que » dans les faubourgs, de faire marcher les arbalétriers et archers tout ainsi que » pourrait faire le gouverneur, de garder l'une des portes de la ville et de la » faire ouvrir quand il serait nécessaire. Données à Arras le dernier jour de » mai, l'an de grace mil IIIIe quatorze. » (Arch. municip. reg. aux mém. fol. 42 v° et 43.) De Vienne, papiers de M. de Beauffort. Hist. d'Artois, 3e partie, pag. 33 : de Beauffort prêta le serment entre les mains du magistrat le 1er juin de cette année. (Reg. mém. de la ville d'Arras, fol. 42.)

bourg, neveu du comte de St-Pol et Chambellan du duc de Bourgogne (1.) Il avait avec lui et à sa charge trois cent trente-deux payes (2), mais, comme il était encore jeune, on lui avait adjoint plusieurs Conseillers, tous Chevaliers capables de le guider. On remarquait parmi eux, les sires de Ront et de Beauffort dont nous avons déjà parlé, avec 43 payes, de Noyelles dit le Blanc Chevalier, avec 69. Entre les autres Seigneurs, qui étaient accourus pour recueillir gloire et honneur, se distinguèrent Guillaume de Grantson, le sire de Vienne, etc. On comptait sur les remparts de la ville et sur ceux de la Cité six cents hommes d'armes, un aussi grand nombre d'archers et plusieurs Anglais avec leurs suites. L'armée royale était forte de plus de deux cent mille hommes; on voyait parmi les chefs, outre le roi et son fils aîné le duc d'Aquitaine, les ducs d'Orléans, de Bourbon, de Bar et de Bavière, les comtes des Vertus,

---

(1) Jean de Luxembourg comte de Ligni, chevalier de la Toison-d'Or, était le 3e fils de Jean de Luxembourg et de Mahaut de Chatillon. Il épousa Jeanne de Béthune vicomtesse de Meaux et mourut en 1440 sans laisser de postérité. Dict. de Moreri, tom. 6, pag. 517 (édit. 1759). Duchesne, hist. général de la mais. de Béthune, pag. 340. Le P. Anselme, hist. généal. de Fr. (édit. en 9 vol,) t. 3, pag. 725.

Le duc de Bourgogne l'avait fait précédemment son chambellan le 18 mai 1413 par lettres données à Arras et lui avait assigné 200 fr. par mois, outre les droits et profits attachés à cet office. D. Plancher, hist. de Bourgogne, tom. 3, pag. 416.

(2) On appelait ainsi les soldats soudoyés pour les distinguer des volontaires. Paye vient de paga, pacare; voy. Glossaire de du Cange; voyez aussi supplément au Glossaire de la langue Romane par Roquefort, pag. 236.

d'Alençon, de Richemont, de Vendôme, d'Auxerre, de la Marche, de Marle, d'Eu et de Roussy, l'archevêque de Sens, l'évêque de Laon et le comte d'Armagnac. L'avant-garde forte de trois mille hommes d'armes, non compris les gens de trait, était conduite par le connétable Charles d'Albret (1.)

Le roi quitta Bapaume, après y avoir laissé messire Gastelin du Bos avec une forte garnison. Il vint ensuite fixer son camp à Wailly près Arras, en passant par Wancourt. La tente royale était non loin des ruines d'un ancien château des Templiers (2), un peu au-dessus du faubourg Ronville; le duc d'Aquitaine avait établi ses quartiers près de là, tant pour se rapprocher de son père, que pour ne point trop espacer ses forces. Afin de se protéger contre les attaques du dehors, l'armée royale fortifia les villages d'Avesne-le-Comte et de Villers-Châtel. Quant au duc de Bourbon, il s'était porté avec l'avant-garde

---

(1) Charles Ier du nom sire d'Albret etc., fut pourvu de la charge de connétable le 7 fév. 1401 après la mort du connétable de Sancerre. Il fut démis de cet office en 1411 par la faction Bourguignonne et ne fut rétabli qu'après la mort du comte de St-Pol, le P. Auselme, tom. 6, pag. 205 et 206. Mlle Dupont, édit. de P. de Fenin, pag. 45, not. 1, croit qu'il le fut plus tôt. Charles d'Albret fut tué à la bataille d'Azincourt où il commandait l'avant-garde.

(2) La maison du Temple était dans le faubourg de Ronville, à droite du grand chemin d'Arras à Bapaume, sur la hauteur ou sont à présent situés des moulins; les biens des chevaliers du Temple passèrent après la suppression de l'ordre aux religieux de l'hôpital de St-Jean-de-Jérusalem, le P. Ignace, dict. Les Templiers avaient été reçus au faubourg de Ronville dans la dernière moitié du XIIIe siècle sous l'épiscopat de Pierre II, Gall. christ. tom. III, col. 332.

au faubourg Beaudimont (1) et s'y était retranché : l'arrière-garde, où l'on voyait le farouche duc d'Armagnac, s'était retirée vers Bellemotte, et de ce côté il se fit de beaux faits d'armes ; d'ailleurs ils furent fréquens durant ce siège. En vain les troupes royales croyaient avoir entouré la ville et la cité d'une barrière impénétrable ; souvent les portes s'ouvraient et les assiégés fondaient à l'improviste sur les agresseurs et ramenaient de nombreux prisonniers. Les troupes royales étaient à peine campées que les assiégés sortirent par la porte Ronville tous à cheval, et attaquèrent vivement; le soir venu ils traînaient à leur suite soixante prisonniers et un riche butin (2.) Les habitans firent pendant la durée de ce siège un grand nombre de sorties, d'abord à cheval, puis vers la fin à pied, car ils avaient perdu leurs chevaux. Au dire de tous les chroniqueurs contemporains, les bourgeois tirèrent toujours profit et avantage de ces diverses attaques. Ils firent plus de deux cent quarante prisonniers ; quant aux morts, ils restèrent dans les fossés, et furent nombreux, mais personne ne put les compter.

L'escarmouche la plus vive eut lieu du côté de Bellemotte, où

---

(1) On trouve dans les registres mém. arc. munic. fol. 28, une lettre de Jehan duc de Bourgogne, etc., adressée à Guillaume de Bonnière, par laquelle il lui mande de faire démolir les murs, masures et murailles estant ès faubourgs aux lieux dits de Baudimont, Miolens (Méaulens), pouvoir maître Adam, et de boucher avec ces décombres toutes les caves, mines, boves, celliers, fossés, fontaines, etc., datée de Cambrai le 6 octobre 1414.

(2) Chron. de Monstrelet édit. précitée. Hennebert, ouv. préc. pag. 283, etc., etc.

commandait le duc d'Armagnac (1.) Ce chef avait espéré s'emparer par surprise de la ville, et il avait, entre la poterne d'Arras et Bellemotte, fait engager un corps nombreux, sur une planche où ses hommes ne pouvaient marcher que l'un après l'autre; déjà cent vingt à cent quarante avaient franchi cet endroit périlleux, mais les bourgeois avaient suivi leurs mouvemens et ouvrant soudain la Poterne, ils se précipitèrent sur eux et les firent reculer ; mais lorsque les Français virent qu'ils ne pouvaient espérer échapper par la planche à une mort certaine, ils revinrent au combat avec l'ardeur du désespoir et culbutèrent à leur tour les assiégés. Un moment on craignit que vainqueurs et vaincus ne se précipitassent ensemble dans la ville. Alors un homme d'armes, nommé Perceval-le-Grand (2), s'élance au premier rang et ranimant par ses discours et ses actions le courage des Artésiens, les ramène au combat. Cette fois ils eurent l'avantage, les Français furent repoussés jusque dans la rivière ; le lendemain on en retira quinze à vingt

(1) Bernard VIII d'Armagnac qui fut plus tard connétable de France, avait marié sa fille au duc d'Orléans; il joua un grand rôle dans ces guerres civiles; voy. sa biographie dans l'ouvrage de Michaud, tom. 2. pag. 229 (nouv. édit.)

(2) Perceval le grand qui « estoit a Messire Jean de Luxembourg » (P. de Fenin, édit. de Mlle Dupont, pag. 47) était capitaine de la ville de Roye en Vermandois, au mois de décembre 1419, lorsqu'elle fut prise par les Armagnacs.

Le lendemain le duc de Bourbon demanda qu'on lui permit d'enterrer ceux qui s'étaient noyés, Jean de Luxembourg le lui accorda à la condition qu'il aurait les corps de ceux de la ville et les « harnois de ceux qui estoient morts. » P. de Fenin, édit. préc., pag. 48 et not. 1.

tout armés. Mais les assiégés avaient aussi éprouvé de grandes pertes, Beaugois de la Beuvrière, le bâtard de Bellay, le bâtard d'Ambrines et autres gentilshommes de Bourgogne étaient restés au pouvoir des Armagnacs.

Le château de Bellemotte était une des forteresses les mieux défendues du pays d'Artois. La duchesse Marguerite, veuve de Philippe-le-Bon duc de Bourgogne, comte de Flandre et d'Artois, en avait fait sa résidence ordinaire. La conservation de ce poste importait beaucoup aux assiégés ; cette forteresse en effet protégeait leurs sorties, et ses hommes d'armes dominant les troupes Françaises y portaient souvent le désordre. Le duc d'Armagnac réunit tous ses efforts pour s'en emparer, mais Florent d'Ancre et Simon de Behaignon que le duc y avait laissés, n'en étaient plus à leur coup d'essai ; la résistance de la forteresse fut égale à l'acharnement des assaillans et elle ne fut point prise (1.) D'ailleurs les chefs apportaient la plus grande vigilance, et un homme d'armes Jehan Rose, ayant été soupçonné d'avoir reçu de l'argent pour livrer le château, fut incontinent jeté dans les fers ; ses biens furent également confisqués.

Les assiégeans faisaient des courses dans tout le pays d'Artois, ils allèrent même jusqu'à St-Pol et incendièrent les faubourgs de la ville. Le comte Walerand qui se parait encore du titre de Connétable (2), y était alors ; mais soit qu'il traitât dans

---

(1) Arx Bellœ-Mottœ, ubi prœcipua semper dimicatio, invicta permasit. Meyeri annales, édit. 1580, pag. 279 ; Harbaville, mémorial hist. et archéol. tom. I, pag. 120.

(2) Walerand de Luxembourg comte de St-Pol et de Ligny, Châtelain de

ce moment avec le roi, soit crainte d'être défait, il défendit à ses gens de sortir. En vain les Français s'approchèrent des murs, et lui reprochèrent sa trahison et sa lâcheté; en vain ils se répandirent dans les campagnes mettant tout à feu et à sang, Walerand persista dans sa résolution. Bien plus, un de ses gens d'armes ayant tué un Français, il en parut irrité et lui en témoigna son mécontentement. Une autre fois les troupes royales s'avancèrent jusqu'à Hesdin et Lucheux, mais les garnisons composées en grande partie de seigneurs Bourguignons, leur coururent sus, les repoussèrent vivement, leur reprirent une partie du butin et firent même un grand nombre de prisonniers.

De leur côté, les troupes Bourguignonnes ne restaient pas inactives; de Douai, de Lens et d'autres places où elles s'étaient retirées, elles fondaient à l'improviste sur les fourrageurs de l'armée royale, et occasionnaient de grands dommages. D'autres fois elles étendaient leurs courses jusqu'à Amiens, Corbie, Péronne et nuisaient grandement aux Français. Parmi les chefs les plus redoutables, on citait Philippe de Saveuse, Louis de Wargnies, Lamon de Lannoy et par-dessus tous Hector de Saveuse qui par ses exploits, acquit une très-grande renommée et justifia les faveurs que le duc lui accorda.

Une si belle et si nombreuse assemblée de chevaliers ne pouvait exister sans que quelques-uns d'entre eux ne cherchassent à s'illustrer par quelques beaux faits d'armes; la ville d'Arras

---

Lille, etc., fut nommé connétable de France à la place du sire d'Albret démis de cet office par la faction Bourguignonne; le P. Anselme, tom. 6, pag. 223. Il mourut peu après.

en vit plusieurs à cette époque. Un des plus remarquables fut la joûte de Jean de Neufchatel sire de Montagu, seigneur Bourguignon, et du comte d'Eu (1), qui par sa vaillance avait mérité de recevoir du duc de Bourbon l'accolade de chevalier. Les conditions du combat avaient été réglées à l'avance; tous deux étaient armés de haches, de dagues et d'épées; le sire de Montagu, renfermé dans une mine, devait en sortir malgré les efforts du comte d'Eu; au vainqueur revenait un beau diamant de cent écus. Mais le comte d'Eu était jeune et plein d'ardeur, il fit vaillamment son devoir, et le sire de Montagu fut contraint de s'avouer vaincu; il envoya au comte d'Eu un diamant pour en faire présent à sa dame (2.)

Une autre fois, profitant d'un moment où le siège paraissait se ralentir, quatre seigneurs Français joûtèrent contre le même nombre de chevaliers Bourguignons; le combat eut lieu entre Lens et Arras, et un grand nombre de seigneurs des deux partis y assistèrent, après avoir obtenu des saufs-conduits du roi de France et du duc Jean. Par les conditions proclamées à l'avance, chaque chevalier pouvait se servir des armes qu'il voudrait, les lances seulement devaient être de même longueur; aussi Cottebrune, le chef des Bourguignons qui s'était adjoint trois Portugais de l'hôtel du duc, en avait fait apporter deux grosses garnies des plus beaux fers qu'on eut pu voir. Cottebrune était

---

(1) Charles d'Artois, comte d'Eu, fait prisonnier à la bataille d'Azincourt, à l'âge de 21 à 22 ans, resta vingt-trois ans en Angleterre : il mourut le 25 juillet 1472, not. de Mlle Dupont, édit. de P. de Fenin, pag. 48.

(2) Mém. de St-Remy, édit. du Panthéon, pag. 374 et 375, annuaire du Pas-de-Calais, 1844, pag. 62. Noblesse et chevalerie, par Roger, pag. 64.

de haute taille, mais quand il apprit que le chef des Français était le bâtard de Bourbon, encore fort jeune, il refusa courtoisement de se servir de ces armes; les deux champions coururent l'un sur l'autre avec des lances légères et si adroitement que nul ne fut blessé. Alardin de Monsay leur succéda; il devait combattre contre un des chevaliers Portugais : Alardin était monté sur un superbe cheval que le duc de Guyenne avait reçu en cadeau du duc Louis de Bavière; faisant d'abord preuve d'adresse et de légèreté, il désarma son adversaire jusqu'à quatre fois de suite, mais le Portugais ayant repris du champ, dirigea sa lance contre le coursier d'Alardin avec tant de force, que tous deux furent renversés. La troisième course fut fournie par un écuyer du duc de Bourbon nommé Virennes; la joûte fut rude, cinq fois ils coururent l'un contre l'autre et le combat restait incertain, mais enfin le chevalier Portugais entama l'armure de Virennes et lui démit l'épaule gauche. Le quatrième chevalier Français était Congnet aussi de l'hôtel de Bourbon; les champions firent des prodiges de valeur, au point que c'était merveille à voir : frappé d'un coup de lance, le cheval du Portugais fut renversé si violemment qu'il se rompit le cou en tombant et mourut; mais ce seigneur ne s'avoua pas vaincu, il dirigea sa lance avec tant de force et d'adresse qu'il faussa l'armure de Congnet, après avoir percé la selle et lui fit une blessure si grave que du côté Bourguignon on cria qu'il était tué (1.) Après ces faits d'armes, on se rendit dans des pavillons dressés à l'avance, on se mit à table et les joyeux propos retentirent de toutes parts; des deux côtés on

---

(1) Lefebvre de St-Remy dit cependant qu'il n'en mourut pas d'un mois.

avait apporté des viandes et des barils de vin, où l'on puisait abondamment; quant au bâtard de Bourbon et à Cottebrune, ils échangèrent leurs chevaux et leurs armures; on se fit ensuite des présents. Louvelet de Mainquehem, écuyer du duc de Bourgogne offrit aux officiers d'armes du roi le manteau qu'il portait tout chargé de blancs doubles, puis après avoir pris congé les uns des autres, ils se retirèrent chacun de son côté.

Cependant tout faisait présager la paix, les maladies avaient envahi le camp des Français et y causaient d'affreux ravages (1), les convois qu'avaient interceptés les troupes Bourguignonnes y occasionnaient presque la famine. D'un autre côté le duc Jean avait échoué dans une tentative pour la délivrance de la ville. Quatre mille hommes (2) avaient été rassemblés sous les murs de Béthune; les chefs en étaient les sires de Croï, de Fosseux et de Chatillon; cette troupe devait se diriger contre les retranchements du duc de Bourbon, mais Jacques de Brimeu et son frère Aëtis, Louis de Bussi et les autres seigneurs

---

(1) « De laquelle maladie (flux de ventre) étoit ja mort messire Aimé de Sallebruse damoiseau de Commercy et autres infinies personnes. » Monstrelet, pag. 343. Cependant P. de Fenin, édit. Michaud et Poujoulat, pag. 585 dit que messire Amer de Sallebrousse (Aimé de Sallebruse) fut tué « d'un canon qui le férit en la teste. »

(2) Douze cent maistres, cinq cent bons arbalestriers, deux mille soldats tenus dans les communes et mille brigandiniers : hist. de Charles VI, par Le Laboureur, tom. 2, pag. 964.

Jacotin de Brimeu, écuyer, échanson du duc de Bourgogne, parvint cependant à entrer dans la place. Mém. de P. de Fenin, édit. de Mlle Dupont, pag. 49. Ce seigneur mourut en 1451.

envoyés en éclaireurs s'étant laissé surprendre, l'entreprise avait dû être abandonnée; le duc de Bourgogne en avait éprouvé un violent chagrin. Aussi lorsque Marguerite de Hainaut, sa sœur, et Antoine duc de Brabant (1) vinrent au camp des Français présenter de nouvelles conditions, ils virent bien que les esprits étaient disposés à la paix. Ils réunirent surtout leurs efforts pour gagner le duc d'Aquitaine, héritier présomptif de la couronne, et gendre du duc de Bourgogne. Quant à son second frère Jean, duc de Touraine, il avait épousé la fille de la comtesse de Hainaut (2), et paraissait ainsi qu'un grand nombre de seigneurs, las de cette guerre interminable. Charles VI, dans ses rares moments de raison, penchait aussi pour la paix. En vain le parti d'Orléans employa tous les moyens de séduction sur l'esprit

(1) Antoine duc de Brabant était le troisième fils de Philippe-le-Hardi duc de Bourgogne et de Marguerite de Brabant; il fut tué le 25 octobre 1415 en combattant pour la France à la bataille d'Azincourt. Biographie dite de Michaud, nouv. édit., tom. V, pag. 598.

Marguerite était fille de Philippe-le-Hardi et de Marguerite de Brabant; elle s'allia en 1386 à Guillaume de Bavière IVe du nom, comte de Hainaut, Hollande et Zélande, dict. de Moreri, édit. en 10 vol. tom. 2, pag. 183; Guillaume de Bavière, IVe du nom, comte de Hainaut, Hollande et Zélande, mourut à Bouchain le 31 mai 1417. Not. de Mlle Dupont, édit. de P. de Fenin, pag. 8.

(2) Jean de France, duc de Touraine, né le 31 août 1398, avait épousé le 30 juin 1406 Jacqueline de Bavière, fille unique de Guillaume de Bavière et de Marguerite de Bourgogne. Il mourut de poison le 5 avril 1416. Le P. Anselme, tom. I, pag. 114.

de ce faible roi, il ne put rien en obtenir. Il est curieux de lire dans les auteurs contemporains les ruses dont on se servit; un jour que Charles VI encore couché, se divertissait avec les gens de sa maison, un grand seigneur du parti d'Orléans, dont on tait le nom, entra sans bruit dans la chambre, puis soulevant les couvertures du lit, et prenant doucement le roi par le pied, Monseigneur, vous ne dormez pas, dit-il? — Non beau cousin, reprit Charles VI, soyez le bien venu, désirez-vous quelque chose, ou avez-vous appris quelque nouvelle? — Non, Monseigneur, si ce n'est que vos gens disent que le jour qu'il vous plaira faire donner l'assaut, vous entrerez facilement dans la ville de vos ennemis. A quoi le roi répondit que son cousin le duc de Bourgogne accédait à la paix, et voulait bien lui rendre Arras sans assaut. — Comment, Monseigneur, vous voulez avoir paix avec ce faux, ce traître, ce déloyal seigneur qui a fait mourir si malheureusement votre frère. — Le roi chagriné lui répondit : du consentement de mon beau neveu d'Orléans, tout lui a été pardonné. — Hélas! Sire, reprit le seigneur, vous ne verrez plus jamais votre frère; et il allait continuer son discours, lorsque Charles, tout-à-fait irrité, le congédia vivement en ces termes : beau-cousin, allez vous-en, je le verrai au jour du jugement (1.)

Cependant le parti d'Orléans ne perdit pas courage et il agit pour faire repousser les propositions de paix par le conseil qui devait s'assembler le matin même, et auquel devaient assister

---

(1) Hist. de Charles VI par Jean Juvénal des Ursins, édit. Michaud et Poujoulat, pag. 501. De Barante, hist. des ducs de Bourgogne, tom. V, pag. 386.

le roi et les princes du sang; il y éclata de grandes divisions, mais le seigneur du Traignel, chancelier du duc d'Aquitaine, que ce prince avait fait venir, démontra que la paix était nécessaire, que, dans les circonstances présentes, on devait se réunir contre les anciens ennemis du royaume (1), que les Anglais préparaient une entreprise contre la France, que d'ailleurs il n'y avait plus d'argent pour payer les gens d'armes, et que les environs du camp avaient été tellement ravagés qu'on ne pouvait plus se procurer de vivres ni de fourrages. Ce discours produisit un grand effet : aussitôt on introduisit la comtesse de Hainaut et le duc de Brabant, et on leur dit que le roi consentait à traiter ; on rédigea de suite les conditions, et on les envoya sur l'heure au duc de Bourgogne ; ce prince en parut content et la paix fut faite.

Ce traité portait qu'à la supplication du duc de Brabant et des députés des états de Flandre, représentans et procureurs du duc de Bourgogne, le roi pardonnait au duc Jean les infractions qu'il avait commises à la paix de Pontoise, et le recevait en bonne grace et affection, que de son côté Jean remettrait au duc de Guyenne, ou au seigneur qu'il commettrait, les clefs de la ville et cité d'Arras, et aussi celles de toutes les places ou forteresses du royaume de France qui pourraient dé-

---

(1) Pendant le siège d'Arras, les Anglais avaient envoyé une ambassade que le duc de Berry reçut à Paris ; mais comme leurs prétentions étaient très-grandes, qu'ils allaient même jusqu'à dire que leur maître avait des droits à la couronne de France, rien ne fut conclu. Le Laboureur, tom. II, pag. 962. P. Daniel, hist. de Fr. tom. 3, pag. 866. D'ailleurs la trahison avait pénétré dans le camp des Français ; un canonnier de l'armée royale en ayant été soupçonné, se retira dans la ville, ou il fut reçu à bras ouverts.

pendre de lui ; que sans enfeindre cette paix, le roi ou son fils pourrait y mettre baillis, capitaines et autres officiers que bon leur semblerait. Le duc de Bourgogne s'engageait à rendre la forteresse du Crotoy, et à éloigner de sa cour les personnes qui avaient encouru l'indignation du roi et celle du duc de Guyenne. On devait plus tard lui en donner la liste. En un mot les Armagnacs conservaient le pouvoir, et tout faisait prévoir que ce traité ne serait point plus fidèlement exécuté que celui de Chartres sur lequel du reste on s'était appuyé pour en régler les conditions.

Le duc de Brabant, la comtesse de Hainaut et les députés des Etats de Flandre s'engagèrent pour le duc de Bourgogne (1) ; le duc d'Aquitaine, ainsi que plusieurs princes et gens du Conseil du roi, promirent de garder la paix et d'en exécuter les conditions. Charles duc d'Orléans, ayant été appelé à son tour pour prêter le serment, s'inclina profondément et répondit qu'il n'y était pas tenu, puisqu'il n'était venu que pour le service du roi et du duc d'Aquitaine ; alors celui-ci dit : beau cousin, nous vous prions de jurer la paix. — Monseigneur, je ne l'ai point rompue, je ne dois point de serment ; qu'il vous plaise être satisfait. — Requis de nouveau de le prêter, le duc d'Orléans irrité s'écria : Monseigneur, je n'ai rompu la paix, ni ceux de mon conseil ni aucun des miens. Faites venir ceux qui en sont coupables, et, lorsqu'ils auront juré ce traité, je ferai ce que vous voudrez. Alors l'archevêque de Rheims et quelques autres seigneurs, voyant le mécontentement du duc d'Aqui-

---

(1) Les lettres de pouvoir du duc Jean se trouvent dans Le Laboureur, tom. II, pag. 966.

taine, s'approchèrent du duc d'Orléans et lui dirent : Monseigneur, faites ce que Monseigneur d'Aquitaine requiert de vous. Le duc céda, et jura d'entretenir la paix, tout en protestant que le duc de Bourgogne et ses alliés avaient rompu le dernier accord signé à Pontoise.

Le duc de Bourbon voulut faire aussi de longs discours sur le même sujet; mais le duc d'Aquitaine le pria de n'en plus parler, et il fit ainsi que ceux de sa suite ce qu'on lui demandait. Mais quand vint le tour de l'archevêque de Sens, frère de Montagu, ce prélat s'approcha du duc d'Aquitaine et lui dit : Monseigneur, vous rappelez-vous le serment que vous avez prononcé avant notre départ de Paris, en présence de la reine ? — Qu'il n'en soit plus question, reprit le duc d'Aquitaine, nous voulons que la paix soit stable et que vous la juriez. L'archevêque répondit : Monseigneur, puisque c'est votre plaisir, je le ferai; et ce furent les trois seuls seigneurs qui présentèrent quelques observations sur le traité (1.) Alors ceux d'Ar-

(1) L'archevêque de Rheims était Reginald ou Renaud de Chartres, nommé à l'archevêché de Rheims le 23 mars 1413, mort à Tours le 4 avril 1443.

Jean de Montagu, évêque de Sens, était le frère de Jean de Montagu, décapité en 1409 par la faction Bourguignonne. Ce prélat mourut à la bataille d'Azincourt. Il combattait ordinairement « non point, dit Monstrelet, en estat » pontifical, car au lieu de mitre, il portoit ung bacinet en sa teste, pour dal- » matique portoit le haubert dont il estoit vestu, pour chasuble, plates d'acier, » et en lieu de croix portoit une hache. »

Voy. P. de Fenin, édit. de Mlle Dupont, pag. 51 et les notes. Le même ouvrage édit. Michaud, pag. 977. Monstrelet, pag. 345; chron. de Flandre éditée par Denys Sauvage, pag. 231. Nous avons reproduit ce traité dans nos pièces justificatives.

ras, savoir : Jean de Luxembourg et les capitaines de la ville firent également le serment. Et pour que chaque parti eut des sûretés pour l'observance de la paix, il fut convenu qu'à un jour fixé plus tard, la comtesse de Hainaut, le duc de Brabant et les représentants des Etats de Flandre se rendraient à Senlis, et que le roi enverrait en cette ville ses députés munis de pouvoirs suffisants.

Le même jour, 4 septembre, à huit heures du soir, le traité fut publié à son de trompe devant la tente du roi, et l'on y joignit l'ordre exprès d'ôter les marques distinctives de parti, les Armagnacs, l'écharpe blanche et les Bourguignons, la Croix de St-André. Peu après, le comte de Vendôme, grand maître de l'hôtel du roi, reçut l'ordre de prendre possession d'Arras, les bannières de France flottèrent sur les portes, et les habitans firent le serment d'être à l'avenir bons et loyaux sujets de Charles VI. Le comte de Vendôme laissa le seigneur De Quennes, vicomte de Poix pour commander dans cette ville et la tenir sous l'obéissance du roi sauf et réservé le droit du duc de Bourgogne, ainsi que la levée des impôts. Dès le lendemain, 5 septembre, chacun songea à partir ; jamais on ne vit semblable désordre ; le feu prit au logis du duc d'Alençon et eut un si rapide accroissement que ce seigneur put à peine gagner le logis du roi. A cette vue, le comte d'Armagnac fit sonner la trompette et armer l'arrière-garde ; puis, accompagné du duc de Bar il sortit dans le plus bel ordre possible de ses quartiers où il fit mettre le feu, et vint ranger ses troupes en bataille devant les portes de St-Michel et de St-Nicolas. Il craignait, tant on avait peu de confiance au traité nouvellement juré, que l'ennemi ne tentât une sortie. Quant au feu, il fit de si rapides dégâts que le roi, le duc d'Aquitaine et les princes furent obligés de partir au plus vite et d'abandonner leurs prisonniers ainsi que leurs malades dont un grand nombre furent brûlés. Dans ce désordre les Français avaient aussi laissé plusieurs machines de guerre, des tentes, des armures, des pièces de vins; ce que le feu épargna devint le lendemain la proie des Bourguignons; on dit même qu'ils attaquèrent les derrières de l'armée royale et qu'ils revinrent chargés d'un riche butin.

Ce traité ne contenta personne : les Parisiens furent les premiers qui témoignèrent leur mécontentement de ce qu'on ne les avait pas consultés avant de signer la paix; ils se rappelaient avec hauteur qu'ils avaient forcé Philippe VI de chercher un asile derrière les murailles des Templiers ses ennemis, et que plus tard ils avaient obligé le dauphin Charles, qui porta la couronne le cinquième de ce nom, de se couvrir de leur chaperon; mais les temps étaient bien changés, et le duc de Berry qu'ils avaient été trouver, se contenta de leur répondre qu'ils ne devaient pas s'entremettre entre le roi leur seigneur et les membres de sa famille, et qu'il lui était bien permis de faire la paix sans l'avis de personne; que d'ailleurs, les princes pouvaient prendre et déposer les armes à leur gré (1.) Les Parisiens se retirèrent sans mot dire, mais les gens raisonnables n'en déploraient pas moins les malheurs du temps; ils voyaient dans l'avenir le meurtre du duc Jean sur le pont

---

(1) Religieux de St-Denys cité par de Barante, pag. 390.

« Les chaisnes des rues de la ville de Paris avoient esté ostées, et les bastons
» invasibles et deffensables deffendus de porter aulx Parisiens et leurs armures
» ostées. » St-Remy, pag. 367.

de Montereau-Faut-Yonne, et la hauteur des prétentions Anglaises leur faisait vaguement prévoir le honteux traité de Troyes, lors que pour venger le sang de son père, Philippe-le-Bon, duc de Bourgogne, comte de Flandre et d'Artois, fit tomber la couronne de France aux mains de l'étranger (1.)

(1) Pour être complets, nous devons dire que dans ses Trouvères Artésiens, pag. 19, M. Arthur Dinaux prétend que les Bourguignons avaient écrit ce dystique sur leur drapeau :

> Quand les souris mangeront les cats
> Le roi sera seigneur d'Arras.

Nous aurons occasion de revenir sur cette devise que nous croyons postérieure.

III.

1477.

Charles duc de Bourgogne, que sa bouillante ardeur fit surnommer le Téméraire, même par ses contemporains, avait terminé dans les plaines de Nancy son aventureuse carrière. Il n'avait laissé pour lui succéder dans ses vastes états qu'une fille, jeune encore, pauvre enfant qui n'avait même pas un époux pour la protéger contre les empiétemens de ses voisins, contre les révoltes de ses sujets. Marie, tel était le nom de cette princesse aussi belle qu'infortunée, ne put prendre en paix possession de l'héritage paternel. Louis XI, en effet, avait jeté plus d'un regard envieux sur ces plaines si fertiles de l'Artois, de la Bourgogne et de la Flandre ; il savait que la féodalité serait soumise du jour où elle n'aurait plus un chef aussi puissant que l'avaient été Charles-le-Téméraire et son père Philippe-le-Bon. La ruine de la féodalité avait été le mobile de toutes les actions de ce rusé monarque; étudiez-le à Montlhéry, en guerre avec les princes ligués, dans la forte tour de Péronne, prisonnier de Charles-le-Téméraire, à Liége, combattant des alliés qu'il a excités à la révolte : il a échoué, il est vrai, dans ses tentatives, mais il n'en a pas moins retiré profit et avantage, en se rattachant de puissans seigneurs. Déjà en 1475, il avait dirigé une entreprise sur l'Artois et ses troupes sous les ordres du bâtard de Bourbon avaient commis de grands ravages entre Abbeville et Arras. Les habitans de cette ville *pleins de grant orgueil*, forcèrent leurs chefs de sortir contre les troupes royales, qui firent un grand nombre de prisonniers (1.) Les choses en restèrent cependant là, Edouard d'Angleterre, débarqué depuis peu, n'avait rien trouvé de prêt pour la guerre contre

(1) « Le 27e jour de juing audit an (1475) furent boutez les feuz en Artois par
» ledit roy Loys en plusieurs plaches, c'est assavoir Dainville, Habarcq, Agnez,
» Duisans, Mareuil, les Ponts Duisy et autres circonvoisins. Par quoy issirent d'Arras grant nombre de gens d'armes dont les capitaines només sire
» Jacques de St-Pol, le Sr de Contay, le Sr de Carency, M. de Cohem, et
» autres, accompaignés de beaucoup de gens de la ville d'Arras, lesquelz s'en
» allerent à Wailly et de la tirèrent au bosquet de Wagnonlieu, auquel bosquet estoient en embuscade les Franchois jusques au nombre de 800 lances
» ou plus, dont les dessusdits d'Arras furent rencontrés et chassés jusques au
» Pont Duisy et portes d'Arras tout batant, dont plusieurs furent occis et rapportés morts, les autres noyés, les autres navrés et plusieurs prisonniers dont
» sire Jacques de St-Pol, les Srs de Contay, Carency, et autres furent emmenés, etc., etc. » Journal écrit par Dom Gérard Robert, religieux de St-Vaast en l'an 1494 contenant plusieurs faits arrivés de son temps principalement en la ville d'Arras, et en particulier dans ladite abbaye, mss. de la bibl. d'Arras, no. 166, tom. I, fol. 9 vo. Voyez aussi Ph. de Commynes, édit. de Mlle Dupont, tom. I, pag. 327.

les Français, les armées Bourguignonnes étaient en Lorraine, et les villes refusaient d'ouvrir leurs portes ; il accepta avec empressement l'argent que lui offrit Louis XI, à la condition qu'il repasserait la mer et Charles-le-Téméraire fut heureux de signer avec le roi de France, le traité de Picquigny près d'Amiens. Peu après il expirait dans les plaines de Nancy, 5 janvier 1477.

A peine Louis eut-il connu la mort du duc de Bourgogne, et il la sut vite, grace aux postes qu'il avait établies en son royaume (1), qu'il dirigea ses troupes vers le nord. Il s'empara d'abord des villes de la Somme qu'il avait cédées au duc de Bourgogne par le traité d'Arras en 1435. Ces places, à défaut d'héritiers mâles, devaient revenir au roi de France, aussi ne firent-elles aucune difficulté de lui ouvrir leurs portes. L'armée royale se dirigea vers Doullens et envoya sommer Arras de se rendre ; les comtés de Flandre et d'Artois étaient des fiefs féminins, et de temps immémorial les femmes avaient été admises à les gouverner (2) ; Louis n'avait donc pour lui

---

(1) L'édit qui prescrit l'établissement des postes est daté de Doullens le 19 juin 1464 ; mais le service ne fut complètement organisé qu'une dizaine d'années après ; voy. cet édit dans les preuves de Duclos, hist. de Louis XI, tom. 3, pag. 214 ; les relais étaient établis de quatre lieues en quatre lieues ; H. Martin, hist. de France, nouv. édit. tome 8, pag. 135. Voy. sur les postes un article plein de recherches dû à P. Clément dans le dict. de la conversation, tom, 45, pag. 53.

(2) L'Artois avait été donné par Philippe d'Alsace pour dot de sa nièce Isabelle de Hainaut, qui épousa Philippe-Auguste à Bapaume, 1180. A la mort de sa mère, Louis qui devait plus tard porter la couronne le huitième de ce

5.

que le droit de la force. Mais Arras ne pouvait résister longtemps : ses fortifications étaient en mauvais état, et comme le dit Commynes, cette place eut à peine en huit jours rassemblé huit hommes d'armes (1). De plus, dans tout le pays, il ne se trouvait, tant d'infanterie que de cavalerie, qu'environ quinze cents hommes échappés à la dernière bataille et disséminés dans le Hainaut et les environs de Namur. L'effroi était général ; il fut défendu aux chanoines de quitter la ville sous

nom, fut seigneur d'Artois, et c'est sous ce titre qu'il revendiqua l'Angleterre, Voy. l'hist. des ducs de Normandie et des rois d'Angleterre publiée par M. Francisque Michel. Mahaut, fille de Robert II, succéda à son père dans la possession du comté d'Artois à l'exclusion du fils de son frère, de cet autre Robert qui se souilla des trois plus grandes félonies qu'un chevalier put commettre puisqu'il fut faussaire, traître et *envousteur*. On appelle *voust*, dit Robert lui-même à un moine qu'il cherche à séduire, *une imaige de chire que l'en fait pour baptiser, pour grever ceux que l'en welt grever*. — *L'en ne les appelle pas en ces pays voulz*, répliqua le moine, *l'en les appelle manies*. Voy. Mém. pour servir à l'hist. de Robert d'Artois par M. Lancelot, mém. de l'Acad. des inscriptions et belles lettres, tom. 10, pag. 627. Ce fut par les femmes que la Flandre et l'Artois passèrent dans la maison de Bourgogne (mariage de Marguerite de Flandre, fille de Louis de Male et de Philippe-le-Hardi, fils du roi Jean, tige de la maison de Bourgogne, 1369.)

Il serait facile de multiplier ces citations, mais elles suffisent pour prouver que la Flandre et l'Artois étaient des fiefs féminins. On peut du reste voir l'ouvrage de Jean Dauffay, natif de Béthune, et publié en 1693 par le savant Leibnitz ; la bibliothèque d'Arras en conserve deux exemplaires manuscrits que nous avons décrits dans l'*Echo du Monde savant* du 15 février 1844.

(1) « Car je croy que en huict jours ilz n'eussent sceu finer huict hommes
» d'armes. » Mém. de Commynes, édit. de Mlle Dupont, tom. 2, pag. 78.

peine d'être privés des distributions ; ceux mêmes qui en étaient absents reçurent l'ordre d'y rentrer au plus tôt (1).

Adolphe de Clèves, seigneur de Raveinstein et Philippe, de Crévecœur, seigneur d'Esquerdes, chevalier de la Toison-d'Or, qui se trouvaient alors à Arras, demandèrent une entrevue ; l'abbaye du Mont-St-Eloy en fut le théâtre. Cependant des deux côtés on avait peu de confiance dans le résultat de cette conférence, et Louis bâtard de Bourbon, amiral de France, qui commandait l'armée royale, refusa de s'y rendre : il y envoya, pour le remplacer, Philippe de Commynes ; de la part des habitants d'Arras s'y trouvaient plusieurs notables bourgeois et entr'autres Jehan de la Vaquerie, conseiller pensionnaire (2). Commynes leur représenta que sur le refus de se

---

(1) Voyez à ce sujet un très-curieux et très-intéressant manuscrit que le Rév. P. Ignace, capucin, a inséré dans ses œuvres, (add. aux Mém. tom. 2) et qu'on pourrait appeler un inventaire alphabétique de tout ce qui concerne l'histoire de la cathédrale d'Arras ; nous y avons puisé presque tous les documents qui ont rapport au chapitre et nous nous abstiendrons de le citer à l'avenir.

(2) Me. Jean de la Vaquerie, né à Arras, reçu conseiller au parlement de Paris le 12 novembre 1479, 4e président le 30 mai 1480 et enfin premier président le 27 février 1481, mourut au mois de juillet 1497. Voyez sur ce magistrat qui déploya plus tard une si belle fermeté, Blanchard, catal. de tous les conseillers de Paris, L'Hermite Souliers, éloges de tous les premiers présidents du parlement de Paris. Nous avons publié sur La Vaquerie une courte notice insérée dans l'Almanach du Pas-de-Calais, année 1845.

Adolphe de Clèves seigneur de Raveinstein était fils d'Adolphe duc de Clè-

soumettre au roi, Louis XI s'emparerait de leur ville par confiscation, chose qui lui serait facile à cause de leur faiblesse ; il leur fit voir ensuite combien leurs hommes d'armes étaient rares à cause des trois défaites consécutives de Charles-le-Téméraire. La Vaquerie prit alors la parole : il prouva que le comté d'Artois appartenait de plein droit à Marie de Bourgogne, et lui venait en ligne directe de Marguerite de Flandre, femme de Philippe de Bourgogne, frère du sage roi Charles V ; il termina en demandant le maintien de la trève signée entre Louis XI et le duc de Bourgogne. L'assemblée fut ensuite dissoute sans que rien eut été conclu, mais Commynes avait tenté de détacher du parti Bourguignon les plus puissants seigneurs (1) ; il avait répandu l'or et les promesses, et l'on

ves et de Marie de Bourgogne sœur de Philippe-le-Bon. Il mourut le 18 sept. 1492 selon Molinet ou 1493 selon le P. Anselme.

Philippe de Crévecœur, seigneur des Cordes ou d'Esquerdes, gouverneur d'Artois et de Picardie, chevalier de la Toison d'Or, était fils de Jacques de Crévecœur et de Marguerite de la Trémoille dame d'Esquerdes. Après la mort de Charles-le-Téméraire, Louis XI se l'attacha et le nomma maréchal et grand-chambellan de France. Philippe de Crévecœur mourut le 22 avril 1494 à l'âge de 76 ans. On peut voir pour plus de détails notre notice sur les gouverneurs d'Arras.

(1) » Mais la principalle occasion de mon allée ausdictz lieux estoit pour
» parler à aucuns particuliers de ceulx qui estoient là et pour les convertir
» pour le roy : j'en parlay à aucuns qui tost après furent bons serviteurs du
» roy. » Mém. de Commynes, tom. 2, pag. 78, édit. préc. — De Barante. tóm. 7, pag. 271 et 272 (édit 1842.)

verra par la suite que ce n'avait pas été en vain. On apprit bientôt que Louis XI voulait réunir le plus tôt possible à sa couronne les duché et comté de Bourgogne, la Flandre, le Ponthieu, l'Artois, en un mot tout l'héritage du malheureux Charles-le-Téméraire. Il avait écrit aux bonnes villes de son royaume pour obtenir l'argent nécessaire à cette entreprise ; on sut aussi qu'il avait demandé aux états du Languedoc une aide de cent-quatre-vingt-sept mille neuf cent soixante-quinze livres, qu'il allait prendre le commandement de son armée et qu'il avait fait venir un grand nombre de gens d'armes pour conquérir plus sûrement les états qu'il enviait.

Ces nouvelles augmentèrent l'effroi dans Arras : il devint tel qu'on permit aux chanoines d'apporter leurs lits dans la cathédrale et de s'y mettre à l'abri dans quelques endroits sûrs et cachés. Il y avait long-temps que le chapitre entretenait à ses dépens deux hommes pour faire le guet dans le cloître pendant la nuit. La duchesse Marie en fut aussi vivement émue ; son sort était en effet loin d'être heureux : des révoltes nombreuses menaçaient sa puissance, ses finances étaient en mauvais état, et, comme l'avait judicieusement fait observer Commynes, les trois dernières défaites de son père avaient ruiné sa puissance militaire. Elle résolut d'avoir recours au roi Louis XI, et lui envoya à Péronne, au commencement de février, une ambassade composée de nobles, de prélats et de députés des bonnes villes. On y voyait son chancelier Guillaume Hugonet, Guy de Brimeu comte de Mehem seigneur de Humbercourt, Wolfart de Borselem seigneur de La Weer en Hollande, Louis de Bruges seigneur de la Gruthuyse, l'évêque de Tournai, Pierre de Ranchicourt évêque d'Arras, Roland de Wedergraet premier échevin de Gand, Josse de Halewin, fils du bourg-mestre de Bruges et le grand-bailly d'Ypres. Ces seigneurs proposaient de marier la duchesse de Bourgogne au dauphin, de restituer au roi les domaines acquis par les traités conclus sous ce règne et sous celui de Charles VII. Cependant Louis XI n'avait pas pleine et entière confiance dans le succès de ses entreprises, car peu de temps auparavant il avait tiré à part le sire de Commynes et, en lui donnant l'ordre d'aller sur les frontières de Bretagne, il lui dit à voix basse que si l'entreprise de maître Olivier venait à manquer, que si le seigneur d'Esquerdes ne se déclarait point pour lui, il mettrait l'Artois à feu et à sang puis retournerait en Touraine (1). Il n'en fit pas moins ses efforts pour triompher et compta avec raison sur son éloquence, car comme le dit un auteur contemporain, sa parole était si douce que *semblable à la voix de la syrène elle en dormoit ceux qui lui prêtoient l'oreille* (2).

Louis XI avait d'autant plus de facilité que, comme nous l'avons dit, le seigneur d'Humbercourt était Picard de la noble maison de Brimeu, et que le chancelier avait dans le duché de Bourgogne beaucoup de terres dont il désirait garder la

---

(1) Voy. Mém. de Commynes, pag. 87. Maître Olivier devait soulever la Flandre.

(2) » Et en ce-faisant le seigneur d'Esquerdes alla tant de fois parlementer » avec le roy que finalement il se trouva de son parti. » Chron. de Jehan Molinet, tom. 1. fol. 46, mss. de la bibl. d'Arras. — Il tenait là le grand marché des consciences, achetait des hommes, marchandait des villes. Michelet, hist. de France, tome 6, pag. 422.

possession. Il répondit que son intention n'était pas de dépouiller sa filleule, qu'il venait seulement prendre la duchesse Marie, car selon la coutume de France la garde noble d'une vassale mineure appartenait au roi à défaut de proches parents; quant au mariage proposé on devait agiter cette question par la suite. Cette ambassade ne produisit aucun autre résultat ; avant de partir les députés remirent à Louis XI la cité d'Arras et en donnèrent lettres de décharge au seigneur d'Esquerdes. Il est vrai qu'un refus était dérisoire en présence d'une aussi nombreuse armée. Le 3 mars la Cité fut livrée, sauf les réserves de droit, à Guiot Pot, bailli de Vermandois et au sire du Boschage qui en prirent possession au nom du roi avec deux ou trois mille hommes. Le lendemain sur les trois heures après-midi, Louis y fit son entrée : il était accompagné du sire de Beaujeu son gendre, de Pierre Oriole, chancelier de France, de l'amiral de Bourbon et du maréchal de Marles. Il logea chez un simple chanoine nommé Mathieu du Hamel, et pressa aussitôt le siège d'Arras ; des fortifications séparaient la ville et la cité : on y remarquait de larges et de profonds fossés ainsi que de hautes murailles, mais la porte fermait contre la cité. Le roi éleva contre elle des remparts de terre et écrivit à toutes les villes voisines qu'on lui envoyât des pionniers (1) ;

---

(1) » A Nicolas Lefebvre et Baudin Dupré, sergens royaux, la somme » de XVI s. pour salaire d'avoir, au commandement de mes dits seigneurs, » assemblé en icelle ville LX hommes pionniers, pour envoyer devers le roy, » en la ville d'Arras, pour ses affaires. » Pour ce XVIe, *extrait du LIVe registre aux comptes de l'hôtel-de-ville d'Amiens par M. H. Duscvel.*

Philippe de Crévecœur retourna dans la ville et Louis XI attendit que ce seigneur lui en eut ménagé l'entrée.

Il n'en continua pas moins à pousser vigoureusement le siège à tel point que les habitans, réduits à la plus dure extrémité, se virent contraints de recourir à sa clémence. Le 6 mars une ambassade lui fut envoyée ; on y remarquait les seigneurs d'Esquerdes et de Souastre, Jean Lejosne, mayeur de la ville, Louis de Beauffremetz et Guillaume Lefebvre échevins, Clérembaut Couronnel, Antoine Saquespée, licenciés en droit et Jacques Hatton. Ils supplièrent Louis XI de faire suspendre les hostilités et de leur laisser au moins huit jours de trêve. Le roi les reçut avec cette bonhomie qui lui réussit si bien ; il leur répéta qu'il ne voulait point porter préjudice aux droits de sa bonne filleule, et qu'il ne désirait que maintenir sa souveraineté. Il leur dit ensuite qu'il comptait recevoir sous peu Antoine bâtard de Bourgogne, qu'il avait détaché des intérêts de la duchesse, et il ajouta que son intention était de lui faire une brillante réception, puis il les congédia (1).

A Arras un parti nombreux refusait de reconnaître le roi et de lui ouvrir les portes ; il voyait à regret des seigneurs et des riches bourgeois, profitant de l'espèce de trêve qui avait été pro-

---

(1) Arch. municipales et Harduin Mém. sur Arras et l'Artois page 129.

Antoine bâtard de Bourgogne avait été fait prisonnier à la bataille de Nancy et Louis XI avait payé au duc de Lorraine dix mille écus pour sa rançon. Antoine dit le grand bâtard était fils naturel de Philippe-le-Bon duc de Bourgogne et de Jeanne de Grulles. Il obtint plus tard de Charles VIII des lettres de légitimation et la décoration de St-Michel ; il mourut en 1504 à l'age de 83 ans. Voy. Biog. univ. nouv. édit. tom. 2, p. 76.

clamée, quitter la ville et passer du côté des Français. Louis XI les recevait bien, et eux, voyant l'état de détresse auquel Arras était réduit, engagèrent leurs parents, leurs amis à venir les joindre. Un miracle pouvait seul sauver les habitants; aussi le 12 et le 16 de ce mois on fit des processions générales où assistèrent les religieux de St-Vaast et le clergé de toutes les paroisses; on y portait les reliques les plus vénérées, les corps de St-Vaast et de St-Vindicien, toutes les reliques des paroisses. Une messe solennelle fut célébrée à St-Vaast par le prieur de l'abbaye, Pierre Danquesnes. A l'élévation, la sainte Chandelle d'Arras, ce cierge apporté miraculeusement et tellement vénéré que les habitants ne lui donnaient d'autre nom que le *Joyau*, la sainte Chandelle fut allumée et tenue vis-à-vis de l'autel par les officiers de la Confrérie des Ardents (1). Ces prières ne furent point exaucées et l'on dut songer à capituler. Pour tromper le peuple que l'on savait tout

---

(1) Voy. le curieux journal de dom Gérard Robert déjà cité.

La sainte chandelle d'Arras est trop connue pour que nous ayons besoin de nous y arrêter; on sait que, selon la tradition, ce saint cierge fut apporté à deux joueurs d'instrumens, Itier et Pierre Norman, par la Ste-Vierge en personne, pour faire cesser une épidémie qui désolait alors le pays. Quoiqu'il en soit, de nombreux miracles rendirent célèbre la sainte chandelle d'Arras; une chapelle lui fut élevée sur la Petite Place, une confrérie fut instituée et le cierge se conserva ainsi jusqu'à la fin du dernier siècle; l'étui d'argent qui le renfermait et un morceau de cire sont encore dans le trésor de la cathédrale d'Arras. Voy. du reste pour de plus amples détails un manuscrit de la Bibliot. d'Arras écrit au siècle dernier, n° 1113. Tous les auteurs qui se sont occupés de l'histoire d'Artois parlent de cet évènement. Voyez aussi les vers de Jehan Bodel, hist. littéraire de la Fr. tom. 20, pag. 611 et 612.

dévoué aux Bourguignons, les principaux de la ville, ayant à leur tête le cardinal Charles de Bourbon archevêque de Lyon, abbé de St-Vaast, s'abouchèrent au faubourg de Méaulens avec les députés de Louis XI, et le soir le seigneur d'Esquerdes porta au roi les conditions que demandait la ville : elle s'engageait à le recevoir comme seigneur et à lui obéir jusqu'à ce que Marie eût rendu l'hommage qu'elle lui devait, comme à son suzerain ; de plus si cette princesse s'alliait aux Anglais ou contractait un mariage avec un ennemi du roi, les habitants d'Arras promettaient de se séparer d'elle, et de le regarder comme leur légitime seigneur. Louis XI rendit ensuite aux échevins, pour les garder en son nom, les clefs qu'on lui avait présentées (1).

Dès le lendemain le chancelier, le seigneur du Boschage et plusieurs autres Français furent députés pour recevoir le serment des nobles, bourgeois et gens d'église qui étaient dans la ville. Les religieux de St-Vaast les attendaient en chappes et processionnellement à la porte de leur abbaye. Ce fut en effet

---

(1) Voyez aux pièces justificatives la déclaration du roi Louis XI contenant
« qu'ensuite de la remise faite par les gens d'église, nobles, mayeur, eschevins,
« corps et communauté, bourgeois, manans et habitants de la ville d'Arras,
» des clefs d'icelle ville, et la prestation du serment de fidélité par eux faite
» à S. M. il leur a remis, pardonné et aboli tous les crismes et excès qu'ils
» pouvaient avoir commis durant les guerres et divisions qui ont été entre
» sa dite majesté et Charles-le-Hardy duc de Bourgogne ; en conséquence les
» a rétablis dans tous leurs biens, privilèges, franchises, libertés, etc., qu'il
» confirme et ratifie par ladite déclaration, ainsi que les corps de métiers avec
» les statuts et ordonnances qui les concernent. Donnée en la cité d'Arras au
» mois de mars 1476. »

dans l'église de ce monastère qu'eut lieu cette cérémonie. Le cardinal de Lyon conduisait les députés ; il les mena devant l'autel de St-Pierre et ensuite dans le chœur où ils s'agenouillèrent en face du crucifix. Alors les orgues firent retentir la vaste église qui avait déjà vu de si augustes cérémonies, et la voix des religieux entonnant le cantique des réjouissances rendit grâces à Dieu d'avoir préservé la ville de maux inévitables. La cérémonie religieuse se termina par une oraison chantée par le cardinal ; tous les députés se retirèrent ensuite dans les grands salons de l'abbé et le peuple les y suivit. M. le chancelier prit la parole : il dit que le roi Louis XI ne demandait à ceux d'Arras rien d'autre que la paix, qu'il ne réclamait d'eux que de lui être bons sujets, de lui obéir, et qu'à ces conditions ils deviendraient ses bien-aimés. Pour preuve de son affection il promettait d'oublier les outrages dont il avait à se plaindre tant de la part des Artésiens que des habitants d'Arras. Le peuple ayant entendu le discours du chancelier en parut satisfait et se retira en bon ordre. Les commissaires se rendirent ensuite dans la chambre de l'abbé où un dîner leur avait été préparé.

Pendant ce temps le peuple excité par les Bourguignons se répandit dans les rues faisant entendre des menaces, et criant sous les murs du monastère, tue, tue, point de quartier. Il était armé de marteaux de fer qu'il avait enlevés aux maréchaux et en heurtait la grande porte de l'abbaye, disant qu'il voulait pénétrer dans l'appartement où dînaient les commissaires délégués par le roi et les immoler à sa juste colère. L'agitation était grande dans le monastère : on savait l'attachement que les Artésiens portaient à la duchesse, les menées du parti Bourguignon qui perdait à regret une place aussi forte et aussi importante ; on craignait enfin que le peuple ne se portât à des excès, et qu'il ne pût être contenu : on redoutait même le pillage de l'abbaye, la profanation du temple. Ces craintes étaient partagées par les députés du roi, et comme la foule des assiégeants s'augmentait à chaque instant, ils demandèrent à ceux qui les servaient de leur ouvrir le cellier, et s'y cachèrent.

Cependant le seigneur d'Esquerdes qui commandait alors dans la ville se trouvait à l'abbaye de St-Vaast ; des troupes et la milice communale vinrent se ranger sous ses ordres. Le chef des mécontents paraissait être Amand Millon maître des œuvres du duc, de son artillerie et de son armée. On parlementa dans l'église à travers la grille de la chapelle du St-Esprit où le seigneur d'Esquerdes s'était retiré ; la foule, contente des explications qu'elle reçut, s'écoula sans commettre de dégâts, et tout rentra dans le calme. Mais les ambassadeurs, craignant de voir renouveler ces scènes de désordre, partirent dès le lendemain à neuf heures du matin après avoir assisté à une messe basse ; ils furent accompagnés des bourgeois notables de la ville qui les rassuraient autant qu'ils le pouvaient, et leur promettaient qu'il n'y aurait ce dit jour ni trouble, ni confusion (1).

Lorsque le roi de France, et en son absence le seigneur comte

(1) Journal de dom Gérard Robert — Hist. d'Artois par dom Devienne, 3ᵉ partie, pag. 128.—Chroniques de Jean de Troyes, édit. Michaud et Poujoulat, pag. 293 — M. de Barante, hist. des ducs de Bourgogne, tom. 7. pag. 293 raconte aussi ce fait, mais il est tombé dans une grave erreur en indiquant, comme suite de ces troubles, le second siège d'Arras par Louis XI.

C'était dans l'abbaye de St-Vaast qu'avait été signée en 1435 la paix entre

de la ville, se trouve dans la cité, il a droit à une prébende de poisson, laquelle n'avait pas encore été présentée à Louis XI à cause des troubles et divisions que nous venons de redire. Dès que la paix fut signée, le magistrat songea à s'acquitter de cette prébende; il offrit à Louis XI un demi-setier de vin en deux pots de terre, deux pains, une carpe et un brochet dans deux plats de bois; il en agit ainsi parce que la vaisselle restait au prince à qui on la présentait. Le roi fit bon accueil aux députés de la ville et déclara qu'il se contentait que la prébende ne lui fût offerte qu'une fois (1). Il ne parut pas s'inquiéter de l'insulte faite à ses commissaires; bien plus il publia, en faveur des habitants du pays et comté d'Artois qui se mettraient sous son obéissance et en particulier des Arrageois

---

le roi Charles VII et le duc de Bourgogne Philippe-le-Bon. On voyait à cette assemblée, l'une des plus belles et des plus nombreuses que l'on connaisse, le légat du pape, le légat du concile de Bâle alors assemblé, les députés de France et d'Angleterre, et toute la cour de Philippe-le-Bon duc de Bourgogne. Du reste on peut consulter sur ce fait le *Journal de la paix d'Arras faite en l'abbaye royale d'Arras, etc; recueilly par dom Antoine de la Taverne, religieux et grand prévost de la dicte abbaye.* Ce journal, enrichi des notes de Jean Collart, a été publié à Paris chez Jean Billaine, rue St-Jacques, à l'image St-Augustin, MDICLI.

(1) Outre les prébendes réservées aux seuls chanoines, il y avait encore des prébendes laïques possédées par des seigneurs. Ainsi lorsque les rois faisaient leur première entrée dans les églises de Angers, Auxerre, Tours, Lyon, Aix, etc., on leur présentait à la porte, une aumusse qu'ils mettaient sur leur bras, et qu'ils donnaient en sortant à un ecclésiastique avec le droit de requérir la première prébende qui viendrait à vaquer. Voy. le dict. encycl. de Lebas, tom. XI, pag. 507. — Voy. le journal de dom Gérard Robert.

des lettres de pardon de tous les torts qu'ils lui avaient causés, tant avant la mort de Charles-le-Téméraire, que depuis, leur remit les impôts extraordinaires qu'ils n'avaient pas encore payés entièrement, renouvela le serment de conserver leurs privilèges, franchises, libertés, et de n'attenter ni aux us, ni aux coutumes de la ville; il alla même jusqu'à en exempter les habitans du ban et de l'arrière ban et à s'engager de ne leur point envoyer de gens de guerre, à la condition qu'ils n'en recevraient pas non plus d'aucun autre prince (mars et avril 1477.) (1)

Comme on le voit, ces conditions étaient douces: Louis XI réunissait tous ses efforts pour s'attacher les habitants d'Arras; il faisait des aumônes à l'hôpital dit de l'Hôtel-Dieu en Cité, construisait des chapelles, amortissait des terres en faveur du chapître et donnait à l'offertoire de la grand'messe une somme de mille écus d'or pour élever un tabernacle en l'hon-

---

Louis XI avait fait une première entrée en 1464; la ville lui avait envoyé du vin de Beaune contenu en quatre pots d'étain ornés des armes de France avec celles de la ville au-dessous: « le 25 janvier 1464 lui furent présentés par » ladite ville par le premier d'icelle 4 ponchons (*) de vin de Beaune tel et » pareil que on portoient en faisant ledit présent en quatre petits pots d'étain » armoirés des armes de France, etc. » Arch. munic. Rég. mém. fol. 1ᵉʳ. Harduin. Ouv. précité, pag. 55.

(1) Arch. munic. Juridiction, Laye 3, cot. 58, 59 et 60. — Chron. de la ville d'Arras, in-4° très-rare imp. à la fin du siècle dernier, pag. 9. — Harduin ouv. préc. pag 132 — Devienne hist. d'Artois 3ᵉ partie pag. 128.

(*) Le ponchon était un tonneau d'environ deux hectolitres à deux hectolitres et demi selon le lieu d'où provenait le vin.

neur de la Ste-Vierge. C'était, comme nous l'avons dit, chez un chanoine nommé Mathieu du Hamel qu'il avait choisi son logement ; en un mot il ne négligeait aucun moyen de s'attacher ses nouveaux sujets. Ces riches présents, ces offrandes royales, cette bonhomie presque bourgeoise devaient porter d'heureux fruits en Cité, qui après tout relevait de temps immémorial du roi de France. Louis XI en eut bientôt la preuve : parmi les chanoines qu'il n'avait encore pu séduire, bien plus, qu'il soupçonnait être fortement attachés à la maison de Bourgogne, était le doyen Bauduin Le Gay. Louis XI pria le chapitre de venir le trouver en la maison de Mathieu du Hamel ; quand les chanoines furent réunis, il leur exposa ses craintes et leur donna l'ordre de nommer un autre doyen ; il recommanda à leurs suffrages Gilles de Le Val ou Laval, dont le dévouement lui était connu. Les chanoines prièrent le roi de leur permettre de procéder à l'élection selon leurs us et coutumes ; Gilles de Le Val fut nommé doyen quoiqu'il ne fût encore que simple clerc (1).

(1) Ces diverses particularités sont extraites d'un mss. déjà cité et qui a rapport à l'hist. de la cathéd. d'Arras.

Louis XI amortit seize mencaudées de terres situées à Louez et à Duisans.

En 1477 on distribua par ordre du roi à chaque membre du clergé de la cathédrale un écu d'or à titre de gratification.

En 1478 Louis XI confirma un pain à l'Hôtel-Dieu en Cité.—L'Hôtel-Dieu fut fondé pour les malades de la Cité vers 1224 par le chapitre de la cathédrale; on y plaça en 1478 des sœurs hospitalières qui vinrent de La Bassée. La commission administrative des hospices a établi les orphelins dans cet ancien hôpital—hist. de Ste-Angèle par M. Parenty, pag. 289.

Louis XI partit peu après ayant avec lui le seigneur d'Esquerdes qui le servit dès-lors avec fidélité et contribua même grandement à la prise d'Hesdin.

Pendant ce temps, de vives agitations troublaient Arras : de nombreux mécontents y avaient en effet cherché un refuge et excitaient les habitants à violer le dernier traité. Les Arrageois n'y étaient que trop disposés, et leur attachement pour Marie n'avait encore reçu aucune atteinte ; d'ailleurs ils avaient appris les chagrins de cette infortunée princesse, comment les Gantois lui avaient refusé la grace de ses fidèles conseillers, Hugonet et d'Humbercourt (1). Ils s'étaient émus de

La même année il envoya 60 mencauds de blés aux habitants de la Cité pour la conservation d'icelle dans la fidélité à son service. Le mencaud est une mesure de 150 livres, poids d'Arras, qui est de 14 onces, ce qui revient à 131 livres 4 onces, poids de marc.—Hard. ouv. préc. p. 113.

En 1480 Louis XI fonda une chapelle à l'autel de Notre-Dame de l'Aurore.

(1) Voy. journal du tumulte arrivé à Gand en 1476, Bulletins de l'Acad. royale de Bruxelles, VI, 2ᵉ partie, 235, et les notes très-curieuses de Mlle Dupont, édit. de Ph. de Commynes, tom. 2, pag. 120 et suiv.

Un des principaux reproches adressés à Hugonet et à Humbercourt était d'avoir livré à Louis XI la cité d'Arras. Cependant comme le fait très-judicieusement observer M. Gachard, « la convention en vertu de laquelle Louis XI
» occupa la cité d'Arras, œuvre non d'Hugonet et d'Humbercourt en particu-
» lier, mais de l'ambassade dont ils faisaient partie, ne fut pas seulement un
» acte excusable, elle fut encore un acte opportun, un acte conforme à l'in-
» térêt du pays dans la situation désastreuse où il se trouvait alors. C'est là du
» moins le jugement qu'en portèrent les États-Généraux, puisque, après avoir
» entendu le rapport des ambassadeurs, ils chargèrent ceux qu'ils résolurent

ces bruits sinistres, et soit qu'ils aient voulu assurer Marie de leur dévouement, soit, comme le prétendent quelques auteurs, qu'ils n'aient eu d'autre but que de l'avertir du nouveau traité signé avec Louis XI, ils résolurent de lui envoyer une ambassade. Mais ce n'était pas un homme facile à tromper que l'amiral laissé pour commander dans la cité et surveiller les mouvements des Bourgeois. Oudart de Bussy que Louis XI avait presque forcé d'accepter un office de conseiller au parlement, et qui était procureur-général d'Artois, ainsi que Bauduin de Canlers échevin d'Arras, chefs de cette députation, demandèrent des saufs-conduits pour se rendre vers le roi, et l'amiral accueillit leur demande. Les députés résolurent de passer par Lille pour arriver plus promptement. Mais l'amiral fut averti de leur marche et de leurs desseins par un sergent nommé Asset; aussi ils étaient à peine arrivés à Pont-à-Vendin, village situé à une lieue de Lens, qu'ils se virent entourés par des archers à cheval : c'étaient les Français au nombre de quarante à cinquante

» d'envoyer eux-mêmes à Louis XI de le *remercier du délai*, c'est-à-dire de la
» suspension d'armes *par les ditz ambassadeurs, obtenu*, au moyen de la dite
» convention. » Bulletins de l'Académie royale de Bruxelles, VI, 2e part. 345.

D'Humbercourt fut inhumé dans la cathédrale d'Arras ainsi qu'Antoinette de Mailly Rambures son épouse. Leur mausolée formé de pierre bleue était placé au côté gauche du chœur ; il était couvert d'une arcade en pierre blanche fort délicatement travaillée. Il fut élevé aux dépens de la princesse. — Voy. une pièce de vers dans Ph. Meyer citée par de Locre en sa chronique, pag. 537.

Des saluts étaient chantés tous les samedis et les chanoines de stage étaient tenus d'y assister. — Harduin ouv. précité, page 134.

qui s'étaient mis en embuscade dans un petit bois nommé *des Ribauds*. On les conduisit à Hesdin et ils furent tous condamnés à être décapités ; Clérembaut de Couronnel, seigneur de Mernes qui faisait partie de cette ambassade, et que quelques auteurs disent même en être le chef, eut le premier la tête tranchée. Mais lorsque le bourreau eut frappé la quatorzième victime, Olivier, barbier du roi, dans l'espoir de tirer une forte rançon des trois prisonniers qui restaient, en fit cesser l'exécution. Ce ne fut qu'au prix de neuf mille écus d'or que Martin de Saris, beau-frère de Clérembaut, obtint la vie ; il s'en plaignit plus tard à l'empereur Maximilien qui lui permit d'user de représailles à l'égard des Français jusqu'à ce qu'il eût recouvré cette somme (1):

(1) Mém. sur la famille des Couronnel, tom. 1. pag. 393 et suiv. du recueil des documents mss. par Doresmieulx, Arc. munic. d'Arras. — Hist. de Louis XI par le P. Mathieu pag. 323. — Robert, Gaguin, hist. fr. pag. 275.

Il y a plusieurs versions sur cet évènement, les uns disent que les députés allèrent trouver le roi à Hesdin et lui demandèrent la permission de se rendre vers la duchesse Marie, que le roi les laissa d'abord aller, mais qu'ayant appris sur ces entrefaites la révolte des Arrageois, il envoya des troupes après eux et les fit saisir. — Hist. de Marie de Bourgogne imp. à Amsterdam en 1757 pag. 127 et suiv.

Clérembault de Couronnel, écuyer, seigneur de Mernes, eut un fils Robert de Couronnel qui fut avocat général du conseil à son institution en 1530. La famille de Couronnel portait écartelé au 1er et au 4e d'or, à 3 maillets de gueules, 2 et 1, à un filet de sable mis en bande, au 2e et 3e d'argent, à 3 chevrons de gueules. Notes hist. relatives aux offices et aux officiers du conseil d'Artois — Douai, 1843, pag. 19.

Sur ces entrefaites le roi pénétra dans la ville et apprit le supplice des députés Artésiens ; il approuva la cruelle sévérité dont on avait usé à leur égard ; de plus, il voulut que l'on exposât la tête d'Oudart de Bussy et le chaperon d'écarlate fourré de létisse signe de sa dignité ; on y attacha un écriteau où se pouvait lire : *Cy est la tête de maître Oudart de Bussy conseiller du roi en sa cour du parlement de Paris* (1).

A cette nouvelle les Arrageois devinrent furieux ; ils avertirent aussitôt Philippe de Potière, seigneur d'Arsy, que Marie de Bourgogne, ignorant la reddition de leur ville, leur avait donné pour gouverneur. C'était un homme entreprenant que le seigneur d'Arsy, et dès qu'il connut la décision des habitants

---

Guérard Asset, qui récréanta sa bourgeoisie avec sa femme Jeanne Leclercq, 3 septembre 1469, fut plus tard prévôt de Beauquesne. Son petit-fils Pierre-Albert de Naves, seigneur de Naves et de Chiracourt, fut président du conseil provincial d'Artois ; il portait au 1er et au 4e d'or, au lambel à trois pendants de sable, au 2e et au 3e échiqueté d'argent et d'azur : pour cimier un aigle naissant d'or de profil clair et net. — Voyez reg. aux bourgeois de la ville d'Arras (bib. A. Godin) le p. Ignace, dict. tom. 1er, pag. 224 — Arch. du N. de la France, nouv. sér. tom. 3 pag. 144 — Notes historiques sur les offices et officiers du conseil d'Artois, pag. 7.

Il y avait à cette époque des voyages très-fréquents vers la duchesse de Bourgogne ; on peut consulter avec fruit l'extrait du *compte de la ville d'Arras du 1er novemb: 1476 au 31 octob. 1477* que nous avons inséré aux pièces justificatives de notre seconde partie.

(1) Chroniques de Jean de Troyes, édit Michaud et Poujoulat, 1re série, tom. 1 pag. 331. — La *létice, lettice, lettiche*, était une espèce de fourrure grise. Voy. Glossaire de la langue romane de Roquefort, tom. 2 pag. 77.

d'Arras, il se mit aussitôt en mesure de venir à leur secours, Salezar et le seigneur de Vergy devaient le seconder ; il avait sous ses ordres plus de quinze cents hommes, et tout faisait espérer que cette entreprise aurait une heureuse issue. Les bourgeois de Douai fiers et arrogants les forcèrent de partir en plein midi ; ils comptaient sur le courage de ces chefs, sur la valeur des troupes. Mais Jean de Daillon seigneur du Lude avait suivi leurs mouvements, et il marcha à leur rencontre à la tête des troupes Françaises qui se trouvaient dans la cité. Il avait avec lui le seigneur Jehan du Fou, conseiller et chambellan du roi, capitaine de Cherbourg, premier échanson de Louis XI, et des soldats nombreux et bien disciplinés, parmi lesquels on remarquait les gens d'André de Laval, seigneur de Laheac, amiral et maréchal de France. L'action eut lieu au faubourg St-Sauveur (16 avril 1477) : l'église des Carmes, le couvent de la Thieuloye devinrent la proie des flammes, ainsi que plusieurs bâtiments qui en étaient proches.

Malgré leurs efforts ; les Bourguignons furent battus ; on leur fit plus de quatre cents prisonniers, parmi lesquels on voyait les seigneurs de Vergy, de Bours, d'Estrées et d'Auby (1) ;

---

(1) Guillaume de Vergy, seigneur dudit lieu fut resserré dans une étroite prison, mais ce supplice ne fit qu'affermir sa fidélité ; en vain Louis XI lui fit les offres les plus séduisantes, rien ne put ébranler la fermeté du captif. Enfin après un an d'une dure captivité sa mère eut la permission de l'embrasser, elle obtint peu après sa délivrance. — Hist. de Marie de Bourgogne, pag. 123 et 124.

La famille de Bours est originaire de l'Artois ; elle tire son nom d'un village

quant au gouverneur d'Arsy il sut se faire jour à travers les troupes Françaises et pénétra dans la ville. Le soir quelques Bourguignons allèrent à la rencontre de Salezar qui s'était retiré dans le bois de Mofflaines et l'aidèrent à entrer dans Arras.

Après avoir prêté serment en présence du magistrat comme gouverneur, d'Arsy apporta tous ses soins à mettre cette place à l'abri des attaques de Louis XI. Les échevins n'étaient pas

---

situé au canton d'Heuchin, et où l'on voit encore quelques restes d'un château-fort bâti au XIIIe siècle. Les seigneurs de Bours portaient *de gueules à une bande de vair*. Nous avons parlé plus haut du combat en champ clos de Maillotin de Bours contre Hector de Flavy.

La famille d'Estrées originaire de Picardie a fourni plusieurs grands officiers de la couronne, plusieurs maréchaux de France et deux grands maîtres de l'artillerie (Jean et Antoine, 1550-1569) : elle portait *d'argent, fretté de sable au chef d'or chargé de trois merlettes de sable*.

J'ignore quel est le seigneur d'Auby dont parlent Molinet et Harduin, je pense que c'est plutôt le seigneur d'Auxy. Cette terre est située sur les confins du Pas-de-Calais. Jean IVe du nom, sire et baron d'Auxy gouverneur du Ponthieu fut pourvu en 1461 de l'office de maître des arbalétriers. Il ne laissa qu'une fille qui hérita de tous ses biens, mais il eut deux fils naturels, Jean et Antoine. — Voy. le p. Anselme, hist. des grands officiers de la couronne, tom. 8, pag. 103. — Moréri, dict. des grands hommes, tom. 1. pag. 697, édit. 1740.

Il a été publié un feuilleton historique sur cette attaque dans le *Puits Artésien*, tom. 6. pag 445-506, sous ce titre : Le lundi de Pâques — 1477 — par F. Dilly.

en nombre ; les uns avaient été tués, les autres soit crainte du siège, soit attachement à la France, s'étaient retirés dans la cité ; le gouverneur en élut quatre au nom de Marie de Bourgogne, et leur fit jurer fidélité à cette princesse selon les us et coutumes (12 avril 1477) (1). Il s'occupa ensuite des fortifications et y apporta tous ses soins. Mais Louis XI savait la révolte d'Arras ; il en avait été grandement irrité, et était promptement revenu dans la cité. Voulant se faire craindre, il signala son retour par des supplices nombreux ; un grand nombre de prisonniers, faits dans les précédents combats et surtout ceux pris dans la dernière tentative par du Lude, eurent la tête tranchée avec une doloire de tonnelier. Dans le même temps il poussait le siège avec vigueur ; mais c'était en vain que l'artillerie renversait les fortifications, qu'en une nuit une seule pièce de canon, que Molinet appelle le chien d'Orléans, avait fait une brèche considérable, que l'armée royale était abondamment fournie de vivres et de munitions, rien ne pouvait abaisser l'orgueil des bourgeois. Du haut de leurs remparts ils insultaient les Français de la voix et du geste ; par représailles aux supplices de Louis XI, ils élevèrent de nombreux gibets et les ornèrent de banderolles à la croix blanche : c'était le signe distinctif des Français (2). L'artillerie royale tirait incessamment de nuit comme de jour ; plusieurs fois le feu faillit prendre à la ville ; la voûte de la nef de l'église de Saint-

(1) Archives municipales, rég. au renouvellement de la loi f° 248. v°.

(2) Voy. tous les chroniqueurs et les historiens qui ont parlé de cet évènement. Il y en eut même qui par dérision se montraient du haut des murs dans

Vaast fut même percée par les projectiles ; les Français dirigeaient leurs coups vers la tour, vers le portail, vers le clocher, en un mot contre les points élevés, espérant ainsi écraser leurs ennemis sous les ruines de ces édifices (1) ; c'était une guerre

l'état de nudité le plus indécent — Harduin page 141. — Ils avaient écrit au-dessus d'une porte :

> Quand les souris mangeront les chats
> Le roi sera seigneur d'Arras ;
> Quand la mer qui est grande et lée (*)
> Sera, à la St-Jean, gelée
> On verra par-dessus la glace.
> Sortir ceux d'Arras de la place. (De Barante tom. 7 pag. 296.)

Le peuple d'Arras haïssait Louis XI et le nommait le roi bossu. (Une cité picarde au moyen-âge par Al. de la Fons baron de Mélicocq, pag. 245.)

(1) « Le vingtième jour d'avril audit an, on jettoit journellement engiens de
» cité dedans Arras, furent jettés plusieurs mortiers en plusieurs lieux, en espé-
» cial en l'enclos de St-Vaast, tant sur le corps de l'église dont la voulte de le nef
» fut perchié, et fut grand dommage, dont le roy le fit refaire, comme il aperra
» cy après : de rechef chéyrent sur le dortoir et en plusieurs autres lieux jus-
» ques au nombre de 14 ; dont les aucuns avoient 52 pous de tour ; mais par la
» grâce de Dieu il n'y eut nulluy bleschié ; et jettoient tant de nuict comme de
» jour incessamment serpentines contre la tour, le clocquier et le portail. Et
» dura la dite division jusqu'au neuvième jour de may ensuivant. Auquel jour
» fut trouvé appointement et accord entre le roy et ceux de la ville.

» Le premier jour de may fut bruslée la maison de Demoncourt par un logis
» des gens d'armes, là où furent bruslés 8 chevaux, aucuns paiges et plusieurs
» richesses. » Journal de dom Gérard Robert déjà cité.

(*) Lée, c'est-à-dire large.

à outrance. Mais enfin, lorsque leurs fortifications eurent été détruites, lorsqu'une porte et une partie des remparts eurent été entièrement renversées, lorsque la brèche fut si grande que de la cité on pouvait voir l'intérieur de la ville, les habitants durent céder. D'ailleurs le seigneur d'Esquerdes avait conservé de nombreuses intelligences dans la place, et il était facile de voir que l'ennemi était informé des projets des bourgeois. La ville, réduite à cette extrémité, envoya vers le roi le prier de prendre en pitié son malheureux sort; Louis, dit-on, se laissa persuader par l'éloquence des députés; il permit aux gens d'armes de sortir avec armes et bagages et accorda aux habitants des lettres d'abolition. Le roi, y disait-on, ayant égard aux humbles supplications des habitants, et attribuant leur dernière révolte à des conseils pernicieux, étant de plus touché du malheureux sort du pauvre peuple, *remet, quitte, pardonne et abolit tous les maléfices, meurtres, brûlemens de maisons, larcins, pilleries, rebellions, désobéissance, hostilités, invasions et tous autres crimes de lèse-majeté et autres,* et ce, ajoutait-il, « en considération tant des sujets qui nous sont
» restés fidèles lors de la dernière révolte que pour l'honneur
» et révérence de Dieu notre créateur et de la glorieuse vierge
» Marie, aux mains de laquelle, et de son bénoit cher enfant,
» nous avons mis notre personne, notre couronne, notre
» royaume et la conduite des affaires d'icelui. » Mais il voulut pénétrer dans la ville à cheval et par la brèche. Dès la veille on avait envoyé à Arras plusieurs gens d'armes avec leurs chefs, sans doute pour prévenir tout complot qui aurait pu être formé contre la sûreté de Louis XI. Ce prince fit son entrée dès le lendemain et vint directement à l'église de St-

Vaast ; selon l'usage on lui offrit l'eau bénite : il la refusa et s'agenouilla dans le chœur devant les reliques du saint patron. La veille au soir à l'heure du souper, des religieux les avaient préparées, bien en hâte et sans les prières d'usage, à cause de la prompte arrivée du roi ; on lui offrit de les baiser, mais il ne voulut pas, et demanda la collecte pour accomplir sa dévotion. Lorsqu'il eût fini sa prière, et elle ne fut pas longue, ainsi que le remarque un religieux de St-Vaast, témoin de ces cérémonies, il sortit du chœur par la porte qui se trouvait en face des orgues. Se tournant vers le prieur et les religieux il leur dit qu'ils ne ressemblaient point à leurs devanciers, et qu'ils n'étaient pas aussi attachés qu'eux au roi ; ce pendant ils devaient se rappeler que leur monastère avait été fondé par les rois de France. Il sortit ensuite, monta à cheval sur la place de St-Vaast, et se tournant une dernière fois vers le prieur, il promit néanmoins de faire du bien à l'abbaye.

Louis XI se dirigea vers le Petit-Marché, le peuple était silencieux ; quelques enfants, effrayés des menaces que proféraient les hommes d'armes criaient seuls *Noël*. Le roi remarqua cette froideur et en fit l'observation aux personnes qui étaient près de lui. Cependant lorsqu'il fut arrivé en face de la sainte-chandelle il se tourna vers le peuple et lui dit : *Bonnes gens vous m'avez été rudes, mais je vous pardonne, si vous m'êtes bons sujets je vous serai bon seigneur* (1). Le petit bailli et plu-

---

(1) Voy. le journal de dom Gérard.

On peut voir aussi une petite chronique à laquelle l'auteur a donné une forme dramatique. — *Album artésien*, pag. 29.

sieurs autres, qu'on regardait généralement comme mutins, furent nominativement compris dans ce pardon. Le roi partit ensuite et retourna en cité chez Pierre du Hamel. Il est vrai que peu après les supplices commencèrent ; Louis XI, excité par le seigneur du Lude, en fit dresser les appareils, et s'informa de ceux qui pendant le siège lui avaient été le plus contraire. Pierrechon du Châtel fut accusé par ses envieux, et eut la tête tranchée ; un arbalétrier avait dirigé son arme contre le roi ; un boucher avait arrêté son bras et lui seul avait sauvé Louis XI ; l'arbalétrier fut puni de la même peine. On prétend qu'en présence de l'échafaud les Français offrirent aux condamnés leur grace à la condition de crier vive le roi, et qu'ils s'y refusèrent avec une louable obstination (1). Bientôt aussi des exils nombreux éloignèrent les bourgeois les plus hostiles.

Alors du Lude, que Louis XI avait nommé gouverneur d'Arras, se rendit à l'hôtel-de-ville où il avait assemblé le magistrat ; il s'engagea d'abord à punir les exactions et les désordres dont ses soldats pourraient se rendre coupables, exalta la bonté d'un prince, qui, après tant d'affronts et de si nombreux outrages, avait sauvé cette place d'un pillage certain ; il termina son discours en demandant au nom du roi un prêt de soixante mille écus pour payer les frais de la guerre. En

---

(1) .... Ut quidam ob perfidiam in regem capite damnati, cum securim cervici districtam unico evadere verbo potuissent, mori pertinaciter maluerint, quam dicere, vivat rex. R. Gaguini hist. Francor. lib. X pag. 275, Francfort 1577.

vain les échevins représentèrent que le trésor était vide, que la ville avait dû déjà contracter des emprunts et vendre des rentes, du Lude persista dans sa demande. Louis XI se contenta cependant d'un prêt de quarante mille écus (12 mai) (1). Le peuple avait grandement murmuré ; le roi, soit qu'il voulût faire taire ces plaintes, soit autre motif, ne tarda guères à restituer cette somme ; il y affecta un impôt sur le vin qui passait les rivières de Somme et d'Oise. Deux forteresses bâties, l'une près la porte St-Michel au bout de la Grande-Place (8 février 1478), l'autre en Cité au-dessus du couvent des Clarisses, l'assurèrent de la fidélité des habitans d'Arras. Il donna l'ordre aussi d'apporter les chaînes de la ville, ainsi que les armures que les bourgeois avaient pour leur défense. Voulant s'attacher le seigneur de Bours, il lui donna cinquante-cinq de ces grosses chaînes de fer (2). De plus il ordonna de détruire le rempart qui protégeait la ville contre la Cité, et en fit élever un autre à l'autre bord du fossé (3).

L'abbaye de St-Vaast souffrit aussi de ces travaux et deux

---

(1) Arch. munic. — Rég. Mém. 9 fol. 122. V°

(2) Une cité picarde par Al. de la Fons, pag. 245.

(3) Il écrivit aux bourgeois d'Abbeville le 30 juin suivant : « Très chers
» et bien amés, nous vous prions que incontinent ces lettres veues et toutes
» autres choses arrière mises, vous nous veuillez envoyer le nombre de cin-
» quante bons pionniers et manouvriers garnis chacun de pics, pelles et tran-
» ches et paiez pour trois sepmaines pour parachever de démolir et abattre les
» murailles et terres de la ville d'Arras à l'endroit de ceste cité, et nous les

cents pionniers y furent logés (1). Les religieux furent taxés à huit mille écus pour leur part dans le prêt de la ville ; alors ils représentèrent que, vu le malheur des temps, ils n'avaient de quoi fournir cette somme, et que d'ailleurs ils ne pouvaient l'accorder sans le consentement du cardinal de Lyon qui était chargé d'administrer leur église. M. du Lude ne voulut pas écouter ces doléances, et il en fut fort mécontent. Le prieur Danquesne fut privé de ses fonctions et exilé de la ville ; de

» envoiez par deux hommes bien entendus et diligens pour les faire besoigner,
» qui auront charge desdits cinquante hommes c'est assavoir chacun de
» XXV et commectez l'un desdits deux, ou autre tel que adviserez, a faire leur
» paiement jour par jour, car s'ils estoient paiez tout à une foiz on ne les
» pourroit tenir, et en ce ne nous veuillez faillir sur tout le plaisir et service que
» nous desirez faire. Donne a la cité d'Arras le XXXe jour de juing. — Loys. »

(Extrait des lettres et bulletins des armées de Louis XI adressés aux officiers municipaux d'Abbeville, par Louandre, page 16.)

(1) « Le 29e jour de septembre furent logés à St-Vaast par fourieres et au-
» trement 200 pionniers, piarons, en grant confusion et pauvreté, gens méchans,
» plains de poux, anchieux et povres gens venus par commandement du roy et
» par contrainte, dont les angars du préau, la barberie, la salle emprès le
» cloitre et capitre, capiteau et mesme les salles de M. l'abbé furent plains d'é-
» trains pour loger iceux. » Journal de dom Gérard.

Ces gens là n'avaient aucun scrupule de se livrer au pillage des biens d'église, car dans un seul jour l'abbaye de St-Vaast perdit, dans deux censes qu'elle avait près d'Arras, vingt et une gerbes de blé.

« Le jour St-Bernabé audit an 1478, furent logés à St-Vaast 300 pionniers et firent autant desroy que ceux dessusdits ; avec lesquels étoient des gens de cheval. » Ibid.

Wignacourt, prévôt de l'abbaye, ne tarda guères à partager le même sort ; l'exil frappa neuf des principaux religieux. Quelques jours après (13 juin), M. du Lude ordonna à Jehan Le Wattier, premier clerc du buffet de St-Vaast, de lui porter les registres où étaient inscrites les rentes viagères et les ventes depuis 1464 jusqu'à 1477 ; il fut en outre décidé que pour subvenir aux huit cents écus auxquels elle avait été imposée, l'abbaye donnerait cent marcs de vaisselle, ce qui eut lieu. Ensuite M. du Lude conduisit avec lui un religieux de la Touraine, pour être vicaire-général, de par le roi, pour et au nom du cardinal de Lyon.

Louis XI reprit dès-lors son rôle de douce bonhomie, et s'efforça de ramener à lui les habitans. A du Lude il substitua, pour le gouvernement de la ville, Guillaume de Cérisay protonotaire du roi et greffier du parlement de Paris (6 mai 1477) ; il donna enfin cet office (juillet de la même année) à Antoine de Crévecœur, seigneur de Thiennes, et frère de Philippe d'Esquerdes ; il prorogea d'un mois la confiscation des biens des habitans qui s'étaient retirés sous la domination de ses ennemis, et renouvela la promesse de ne leur faire aucun mal, s'ils revenaient à lui. Pour que le magistrat ne fût plus inquiété à l'avenir, il approuva sa conduite et son administration, il exempta la ville d'Arras pour six ans de l'impôt, dit l'ancienne composition d'Artois, se fit voir au peuple, suivit, dans les processions publiques le St-Sacrement avec un flambeau, en un mot employa tous les moyens de s'attacher les habitans (1) ; il donna à l'abbaye de St-Vaast un cierge de cire

---

(1) Harduin. Mém. Passim. — Reg. Mém. Passim.

pesant 151 livres, fit nettoyer l'église de ce monastère, lui accorda le tonlieu, et surtout ne négligea aucune promesse (1). Ce fut en vain, et un jour que Louis XI comptait, au sein de la paix et à la faveur d'une trêve, surprendre la ville de Douai, les Arrageois avertirent les habitants de se tenir sur leurs gardes, et les Français échouèrent. Alors le roi furieux résolut de se venger; il chassa des ville et cité d'Arras tous les habitans, sans égard au sexe ni à l'âge. Les archers et les arbalé-

Le roi se trouvait à Arras à l'entrée du roi de Portugal par la porte Méaulens (1er juillet 1477). Le magistrat s'était porté à la porte, mais par ordre de Louis XI il se retira à l'abbaye de St-Vaast, l'y complimenta, et lui présenta *deux ponchons de vin de Bone, l'un de vermeil, l'aultre blancq*. Rég. Mém. fol. 125, v°.

A la procession qui eut lieu le 16 mai de cette année, et où il porta un flambeau, les principaux seigneurs accompagnaient le St-Sacrement; ses archers, du moins un grand nombre d'entre eux, portaient des flambeaux, les échevins avaient ajouté des liserées de soie blanche aux ceintures de leurs robes. — Reg. mém. fol. 132, v°. — Harduin. Mém. pag. 153 et 154.

(1) Il serait trop long d'enregistrer ici les nombreux présens que fit Louis XI à l'abbaye de Saint-Vaast, ses offrandes, ses cadeaux; seulement comme les études de beaucoup de nos lecteurs se sont tournées vers l'archéologie, nous croyons utile de reproduire ici un court extrait du journal de dom Gérard, qui contient de curieux détails sur la restauration de l'église qui, on se le rappelle, avait souffert du siège. « Le dixième jour de juillet en la présence dudit Jehan Dupuich, vicaire, et plusieurs religieux de l'église tant profès que étrangers Franchois lesquels estoient venus paravant plusieurs fois par le moyen dudit vicaire, fut marchandé par Me Amand Millon jadis maistre de œuvres du duc Charles et à présent servant le roy en même cas tant pour la réparation de St-Pierre comme de l'église St-Vaast, laquelle avoit estoit rom-

triers crurent pouvoir rester, mais un an ne s'était pas encore écoulé qu'ils recevaient également l'ordre de s'exiler (19 mai 1479), et cette terrible ordonnance atteignit également les religieux de St.-Vaast. Charles de Bourbon donnait l'exemple du vice et de la débauche ; les religieux osèrent porter des plaintes (1) ; dès-lors, on les représenta comme des ennemis de la France, et ils furent chassés d'Arras. Pour repeupler ces murs déserts, Louis XI donna l'ordre à ses lieutenants d'y envoyer des colons de toute la France, et pour arrêter autant que possible la ruine du commerce, il fit venir des marchands de

puc en aucuns lieu par engiens jettés de la cité comme dessus est fait mention ; à plusieurs machons, aussy aux carpentiers pour hourder ès lieux dessus dicts, dont le hourdage de St-Pierre monta à 24 l. et ces machons pour tous réparer de leur mestier 26 l., les dessus dits carpentiers pour hourder en le nef de le grant église depuis le pavement jusqu'à la voulte en haut au milieu de la dite nef pour refaire une ogive rompue par les dits engiens, dont fut payé 76 l. à machons et carpentiers ; moyennant et ce qu'il livra le bas dudit hourdage aux machons, pour le fachon de la dite ogive 36 l. et tout ce fait par le commandement du roy. »

(1) « S'ensuit le libelle diffamatoire baillé au roi. »

« Plaise au roy nostre sr faire raison et justice au cardinal de Bourbon
» des religieux de St-Vaast plus de 10,000 fr. et icelles sommes quietées et
» laissyées es mains desdits religieux pour convertir à l'utilité de la dite église
» et du service divin : ce nonobstant lesdits religieux en ont autrement usé
» dudit argent ; car ils ont employé en leurs plaisirs et dissolutions et ont presté
» au feu duc de Bourgogne et en ont mis ses gens d'armes et saudoyers pour
» faire guerre au roy, en ont racheptéplusieurs prisonniers Bourguignons des
» mains des gens dudit seigneur et donné à aucuns pour laissier le parti dudit

Normandie, de Toulouse, mais le coup était porté, et *Franchise*, c'était le nom donné à cette nouvelle ville, ne fit que végéter (1).

Tel est l'acte de sévérité par lequel Louis XI crut devoir punir les révoltes des Artésiens, et qui a rendu son nom si impopulaire dans cette province.

» s⁣ʳ et estoient contraires en plusieurs autres façons inutiles, et d'autre part
» ont vendu plus de mille livres de rente sur la dite église sans le bon plaisir
» dudit sʳ fondateur ne du dit cardinal leur prélat et administrateur ; parquoy
» la dite église est pauvre. » Journal de Gérard Robert.

(1) Voy. Harduin, ouv. préc. et nos pièces justificatives où nous avons mis l'analyse de tous les actes émanés de Louis XI.

IV.

1492.

Arras avait été réuni à la France par le traité signé dans ses murs, au mois de février 1483. La mort de Marie de Bourgogne (1) avait en effet rendu plus faciles les conditions de l'accord. Par cet acte, Maximilien consentait au mariage du dau-

---

(1) Au mois de mars 1481 (V. S.) étant à la chasse avec Maximilien, dans les environs de Bruges, Marie fit une chute de cheval, des suites de laquelle elle mourut au bout de trois semaines. Voy. sur cet évènement la notice sur Maximilien de M. Leglay, page 4 — De Barante, tom. 8, pag. 117 et en général tous les chroniqueurs de l'époque.

Marie de Bourgogne fut enterrée à Bruges près de Charles-le-Téméraire son père; on prétend que Louis XV étant dans cette ville en 1745 dit en voyant ces tombeaux : Voilà le berceau de toutes nos guerres. Dumées, annales Belgiques, page 10.

phin et de sa fille Marguerite d'Autriche, qui était à peine âgée de deux ans, et qui devait être élevée à la cour de France. Elle apportait en dot entr'autres terres les comtés de Bourgogne et d'Artois; seulement Louis XI promettait que ce dernier, excepté la ville de St-Omer, pour laquelle il y aurait des articles à part, serait gouverné selon ses droits, us, coutumes et privilèges, sous la main et le nom de monseigneur le dauphin, et sous le bail de Mlle d'Autriche. Quant à ce qui regardait Arras, le traité stipulait que le roi serait prié de ne pas l'exclure de ces avantages (1). Cependant les habitans de cette ville, qui s'étaient retirés dans les états de l'archiduc ou ailleurs, pourraient revenir et y continuer leur commerce sans être inquiétés. Arras, Lens, Aire, Bapaume, Béthune, les

(1) Ce traité se trouve imprimé dans le recueil des traités par Léonard, tome 1er page 276-290 ; dans le p. Daniel, hist. de France, tome 4, pag. 406 édit. d'Amsterdam, 1720 ; dans de Barante, tome 8, pag. 150, etc., etc. ; — Les députés du roi de France étaient Philippe de Crévecœur, seigneur d'Esquerdes, Olivier Quateman ou Coetman, conseiller et chambellan du roi, et son lieutenant en la ville de Franchise alors Arras, Jean Guérin, maître d'hôtel du roi, et Jean de la Vacquerie, dont nous avons déjà parlé, à qui Louis XI venait de donner la charge de 1er président du parlement de Paris, vacante par la mort du premier président Jean le Boulanger.

Les députés de France allèrent à Gand recevoir le serment par lequel Maximilien jura d'observer la paix d'Arras. Voy. sur Marguerite d'Autriche une excellente notice due à M. Leglay, archiviste général du département du Nord, et imprimée à la suite de la correspondance de l'empereur Maximilien 1er et de Marguerite d'Autriche, 2 vol. in-8°. Paris chez Renouard 1839. Quelques exemplaires de cette notice ont été tirés à part.

villages qui en dépendaient, la châtellenie de Lillers, et leurs enclaves devaient être exemptés de l'aide ordinaire d'Artois, et l'on ne pouvait d'ici à douze ans leur imposer de nouvelles charges. Les religieux d'Anchin et de St-Vaast rentraient paisiblement dans tous leurs biens.

Louis XI avait complètement échoué dans ses tentatives de former de Franchise une nouvelle ville plus opulente et plus puissante que l'ancienne. Le commerce d'Arras était à jamais ruiné ; plus de ces magnifiques tapisseries qui servaient à payer la rançon des princes, plus de ces draps si beaux qu'on pouvait admirer jusque sur les foires de Champagne (1). Aussi le nom de Français était en horreur à ces bourgeois jadis si riches ; ils se redisaient avec regret combien ils avaient été heureux sous la domination Bourguignonne, la rappelaient de leurs vœux, et ne voulaient voir dans Maximilien que le comte de Flandre et d'Artois. En vain à la mort de Louis XI une vive réaction s'était fait sentir, en vain Charles VIII lui-même était revenu sur les actes de son père, et dans le désir de se rattacher une ville qui lui était si utile pour défendre ses frontières, il avait autorisé, par lettres-patentes du 13 janvier

---

(1) Archives historiques du département de l'Aube par A. Vallet de Viriville, pag. 322.

Nous avons déjà parlé des anciennes tapisseries d'Arras page 18. En 1396, le fils aîné de Louis de Mâle, comte de Flandre et d'Artois, ayant été pris en Palestine par les Sarrasins, on envoya à Bajazet une magnifique tenture de haute-lisse, fabriquée à Arras, et ce noble présent fut estimé si haut par le chef des infidèles, qu'il rendit la liberté au prince sans exiger d'autre rançon. Locrii chronicon, page 489, et les auteurs que nous avons déjà cités.

1484, les anciens habitants d'Arras à reprendre leurs biens partout où ils les trouveraient ; il était permis aux usurpateurs de rester à Arras ou de se retirer en France ; les bourgeois n'avaient pas tenu compte de ces sacrifices, et ils n'en soupiraient pas moins après le moment où ils pourraient rentrer sous la domination Bourguignonne (1).

Sur ces entrefaites, une ruse grossière ayant fait tomber St-Omer au pouvoir de Maximilien (1489), les habitans d'Arras résolurent, pour arriver au même but, d'employer un strata-

---

(1) Philippe de Crévecœur, chambellan du roi, son sénéchal et gouverneur d'Artois, fut commis pour entériner ces lettres, dont il dressa procès-verbal le 7 mai 1484. « Après que les conseillers, argentiers, procureur et autres ser-
» vants à la chambre dudit eschevinage et conseil de la ville furent par nous en
» la présence, à la nomination et du consentement des dits échevins nommés
» et eslus, nous duement informés que les autres officiers estoient à la disposi-
» tion de la dite ville réintégrames en la présence des dits eschevins tous ceux
» qui lors estoient vivants, lesquels au jour du partement de la dite ville avoient
» office par achat ou autrement d'icelle, et qui estoient vivants, en leurs dits
» offices et aux offices dont les possesseurs estoient allés de vie à trespas, qui
» estoient au don et disposition de la dite ville, quelque don ou vendition
» qu'en eussent fait les eschevins ménagers de France durant le temps qu'ils
» ont demeuré et regenté l'eschevinage, en annulant les dits dons, nous, en la
» présence et du consentement desdits eschevins, y pourveismes par don et au-
» trement selon le contenu ès dites lettres, nous les avons entérinés et entéri-
» nons, déclarant que puis ores en avant iceux impétrans jouiront de tout l'ef-
» fet des dites lettres, tout ainsi que le dit seigneur le veut et mande par
» icelles. » Arch. municip. juridiction, Laye 3. Cotté 64. et arc. dép. sect. hist. — Chronique de la ville d'Arras, pag. 39. — Harduin ouv. préc. pag. 177.

gème à peu près semblable (1). Déjà depuis plusieurs années on se préparait à cet évènement : ainsi Jehan de Lobiel, maître serrurier, qui avait la charge de faire les clefs pour les portes de ville, en forgeait, chaque fois qu'on les changeait, ce qui arrivait souvent, une en plus, afin de pouvoir ouvrir à sa guise la porte d'Hagerue, et il en agit ainsi pendant sept à huit ans, sans que rien eût transpiré de ses desseins. Plusieurs fois aussi les conjurés avaient député vers les chefs des troupes Bourguignonnes pour les engager à tenter une surprise ; mais ceux-ci ne paraissaient guères se soucier de livrer une attaque aussi désespérée, car la ville était munie d'une forte garnison, et les fortifications avaient été nouvellement restaurées. M. de Molembais, séduit par les incessantes prières de Denys Mathon, beau-frère de Jehan de Lobiel, et de Jean Le Maire, promit cependant d'en parler au comte de Nassau, gouverneur-général du pays de Flandre ; plus tard il fit dire que le comte de Nassau devait être envoyé à Paris, et qu'il espérait avoir la ville sans compromettre ses troupes dans un coup de main. Une autre fois encore, messire Robert de Melun assembla un grand nombre de puissans seigneurs et gens de guerre, parmi lesquels on voyait François de Haynin, Simon du Chastel,

---

(1) Philippe de Crévecœur s'était emparé, le 28 avril 1487, de la ville de St-Omer, à la faveur d'une nuit obscure ; les Bourguignons la reprirent dans la nuit du 11 février 1489 ; les bourgeois allumèrent une lanterne sur les murs ; les conjurés du dehors répondirent à ce signal en faisant crier un chat ; alors une porte fut livrée aux troupes de Maximilien qui fut ainsi maître de la place. Voy. hist. de la ville de St-Omer par J. de Rheims, pag. 303 — Harbaville. Mém. préc. pag. 239.

seigneur Caurins et autres, et vint tenter de prendre la cité du côté où était situé le moulin, mais quand il en approcha il vit que la rivière était large et profonde, et se retira sans avoir pu mettre ce projet à exécution. Sur ces entrefaites Robert de Melun, ayant appris que Jean de Lobiel avait les doubles clefs des portes de la ville, résolut de s'aboucher avec lui; il envoya à Arras deux affidés sur lesquels il pouvait compter, et Lyon Buirette ainsi que Jehan Beghin avisèrent avec les principaux conjurés au moyen de remettre cette ville sous la puissance Bourguignonne (1).

---

(1) Ces détails sont extraits d'une relation entièrement inédite de ce siège, que nous avons retrouvée dans le curieux manuscrit de Doresmieulx, arch. munic. d'Arras; l'auteur Denys Mathon a pris part à cette attaque, mais il ne fut pas récompensé; de là une haine violente contre Jean Le Maire, dit Grisart, dont il parle souvent en ces termes : *poure homme et mal habillié, vestu d'une robe de frise fort déchirée.*

Le même manuscrit contient tom. 1 pag. 178 une autre relation de cet évènement, mais ce travail n'est plus inédit, car il a été publié dans les bulletins de la société de l'hist. de France, tom. 2 pag. 228 et suiv. par MM. Dusevel et Rigollot qui l'ont extrait d'un manuscrit de la bibliothèque d'Amiens ayant pour titre : *Auchunes choses mémorables advenues en ce pays d'Arthois et nomément en la ville d'Arras et lieux circonvoisins.*

Les archives du N. de la France, anc. série, tom. 3, pag. 404-412 ont donné comme inédite, d'après un manuscrit appartenant à M. Hibon alors avocat général à Douai, une relation de ce siège, mais elle avait déjà été publiée en partie dans la chronique d'Arras préc. pag. 40. — On peut voir encore sur ce sujet Harduin, ouv. préc. pag. 205 et suiv. et Molinet.

Nous nous sommes servi pour ce dernier auteur du mss. n° 594 de la Bibliothèque d'Arras.

Cette affaire devait être conduite par un maçon, dont on ignore le nom, mais la mort l'arrêta dans ses projets. Avant de rendre le dernier soupir, il avait appelé près de son lit ses amis, et leur avait recommandé de ne point négliger son entreprise, disant qu'elle était juste et sainte, et qu'ils auraient des secours du ciel. Les circonstances étaient favorables pour mettre à exécution ce projet : le gouvernement d'Arras venait d'être confié à Jean de Crévecœur, jeune enfant à peine âgé de onze ans ; on lui avait donné, il est vrai, jusqu'à l'âge où il serait capable de gouverner par lui-même, un conseil nommé Jean Cardon ; mais ce chef avait été obligé de faire un voyage à Amiens, et il avait laissé les clefs de la ville à Brison, homme fort négligeant, aimant la bonne chère et la débauche, et peu soucieux des intérêts dont il était chargé.

Le chef des conjurés était Jean Le Maire, autrefois boulanger, et qui, à cause de la blancheur de ses cheveux, peut-être même de son adresse, était surnommé Grisart, (c'est-à-dire Renard.) Il s'était adjoint plusieurs bourgeois, Jean de Lobiel, qui outre son métier de serrurier, avait soin de l'horloge de la ville, un sayetteur, un plafonneur et un peintre de Béthune, nommé Pierre Wartel. Cet homme, dont la profession errante était moins sujette aux soupçons, allait trouver les chefs du parti Bourguignon et les avertissait des projets des conjurés. Quant à Jean Le Maire, il avait gagné l'amitié d'un Français, nommé Chauny, à qui Brison avait abandonné la fermeture des portes, et qui gardait même les clefs de la ville. Grisard fit usage de tout son esprit, et bientôt il eut la confiance de Chauny, qu'il réjouissait de ses plaisanteries et qu'il régalait de son vin. Et ce fut à tel point qu'il pria plusieurs fois Grisard de le remplacer pour la fermeture des portes. Celui-ci remplit d'abord cet office avec la plus grande exactitude ; il craignait de compromettre par son imprudence le succès de son entreprise. Ce qu'il voulait, c'était mettre à exécution le plan du maçon, (1) prendre avec de la cire, de l'argile ou du plomb, l'empreinte des clefs de la ville, et en fabriquer de fausses; peut-être en effet, n'avait-il pas une confiance absolue en celles de Jehan de Lobiel, ou craignait-il que les Français, en s'en emparant, ne ruinassent leurs projets; peut-être aussi le serrurier n'avait-il point parlé à Grisard de ses essais.

Après avoir attendu encore quelque temps, celui-ci persuadé que l'on n'avait pas le moindre soupçon sur son compte, crut le moment favorable ; un soir que Jean Le Maire, reportait les clefs à Chauny, un des conjurés, posté à l'avance s'approcha un verre à la main, et contrefaisant l'homme ivre, l'engagea à se désaltérer avec lui. Grisard fit d'abord quelques efforts pour se débarrasser, puis il finit par céder, dit aux soldats de marcher en avant, et que bientôt il les rejoindrait. Dans une maison voisine tout avait été préparé, et il n'eut qu'à prendre

---

(1) « Aucuns capitaines de la garnison Françaisc avoyent en main les clefs
» des portes de la ville, mais ils estoient assez négligens d'y prendre extrême
» garde, car souvent les bailloient à leurs gens qui les mettoient comme eulx
» en nonchaloir et disoit le dit machon qui ceste ouverture avoit ymaginée que
» se lon pooit avoir les dites clefs et les contrefaire par succession de temps
» moyennant la grâce de Dieu aveuc bonne conduicte et l'adiutoire des prin-
» ces et gens de guerre, l'on parvenroit à si bonne fin que la ville d'Arras,
» chasteau et cité escherroient en l'obéissance du roi des Romains et de M.
» l'archiduc son fils. » Molinet f° 288 v• et 289.

l'empreinte des clefs. Il retourna ensuite vers Chauny qui ne conçut aucun soupçon de ce qui venait de se passer. Quant aux empreintes, Wartel les porta à Douai, et bientôt Grisard essaya les nouvelles clefs, et se convainquit qu'à leur aide on pourrait facilement pénétrer dans Arras. Pour assurer la réussite de leurs projets, les principaux conjurés se mirent sous la protection du ciel, et promirent, s'ils réussissaient, de faire des aumônes aux pauvres, d'aller nu-pieds à Notre-Dame de Hall en Brabant, de ne manger que du pain et de ne boire que de l'eau depuis la réduction de la ville jusqu'à l'accomplissement de leur vœu.

Une des portes le moins bien gardées était celle d'Hagerue située au bout de la rue neuve (1) : elle ne s'ouvrait en effet qu'à de rares intervalles, pour la récolte des foins, ou pour l'entrée du bois de chauffage ; ce fut par là que Grisard résolut de faire pénétrer les Bourguignons. Pierre Wartel fut envoyé vers les troupes de l'archiduc, et il fut décidé que, dans la nuit du 4 au 5 novembre, on tenterait la surprise.

De toutes parts on s'y prépara ; le guet se faisait alors dans la tour de l'église de St-Géry, et celui qui avait la charge de sonner la cloche logeait dans les combles, plus de quarante pieds au-dessus d'elle (2). Lobiel, voulant l'empêcher de don-

---

(1) Maintenant rue des Capucins.

(2) Le beffroi d'Arras était alors en construction ; la première délibération qui ait rapport à cet édifice est du 20ᵉ jour de may l'an mil quatre cent soixante treize : « Messieurs en nombre estant en leur chambre et les quatre commis » aux ouvrages de la dite ville accordèrent à M. le maieur de ceste dicte ville

ner l'éveil, enferma le guetteur et retira la corde qui lui permettait de tirer la cloche sans sortir de sa chambre. Pierre Wartel, de son côté, s'était caché dans une écurie près de la porte d'Hagerue, et y avait surpris le mot d'ordre des Français qui était *St-Georges*. Il en avait ensuite prévenu les autres conjurés; puis, lorsqu'il vit que les soldats du guet étaient occupés à boire, il revint à son poste, ouvrit doucement le guichet, et alla en avertir également Louis de Vaudrey, l'un des plus vaillants capitaines du parti ennemi.

Les troupes Bourguignonnes étaient composées d'environ trois mille cinq cents fantassins et de quatorze cents chevaux ; on y comptait des Suisses, des Allemands et des Flamands en grand nombre. On voyait à leur tête Robert de Melun, Jean

» que le viez bos qui ne se pœult remettre en œuvre venant de le halle de l'ar-
» tillerie et cuirs tanés, et ou le beffroy est encommenchié, laquel salle se met
» jus sera délivré audit M. le maieur et à lui appartenant à cause de la dite
» mairie et nen aura aultre chose que par les dits quatre sera délaissé non di-
» gne d'estre mis en œuvre et par aultre moyen ne aultrement ne le porra
» prendre ; et pareillement lui furent délivrées deux mesures à blé qui estoient
» en la dite cambre parce qu'elles ont été trouvées trop petites. » Arch. munic. — Rég. mém. de 1463 à 1479, f° 89 v° (Note communiquée par M. Forctier, conservateur de ces archives.

Jusqu'à cette époque l'échevinage d'Arras avait sa bancloque dans le clocher St-Géry qui se trouvait commun entre la ville et le clergé de cette paroisse.

Il est cependant question indirectement du beffroy dans une délibération du 3 novembre 1468. Cet édifice ne fut totalement terminé qu'en 1544, comme le témoigne une inscription qui, avant la reconstruction de ce monument, se trouvait dans la chambre du guetteur.

de Melun, Jean de Lannoy seigneur de Mingoval, Pierre de Lannoy seigneur de Fresnoy, Philippe de Belleforières, Philippe de Contay seigneur de Forest, le comte de Schauwemberg, et un grand nombre d'autres officiers distingués. Ces troupes, guidées par Renard de Guemain qui avait une grande connaissance du pays, se dirigèrent de Douai sur Achicourt. Quand ils furent près de la ville, les chefs résolurent de se former en conseil auquel on appela quelques-uns des conjurés qui s'étaient joints à cette expédition, tels que Denys Mathon et Pierre Wartel. Il fut convenu unanimement qu'il fallait s'aboucher avec ceux de l'intérieur de la ville, et principalement avec Jehan de Lobiel qui avait promis de se trouver contre les fortifications. Denys Mathon et quelques autres furent chargés de ce soin ; ils se glissèrent de manière à ne point être aperçus de ceux qui veillaient sur les remparts, et quand ils furent sur le bord du fossé ils jetèrent une pierre ; c'était le signal convenu. Alors Jehan de Lobiel parut et leur dit : J'ai tout entendu, retournez vers les capitaines et ramenez-moi vingt ou vingt-quatre de vos compagnons déterminés pour aller là-haut nous saisir de ceux qui font le guet. Denys Mathon retourna et revint bientôt avec les hommes qu'on lui demandait. Ils s'introduisirent dans l'intérieur des fortifications, en se glissant sous la barrière ; un seul refusa de marcher, mais sa mort assura les conjurés de sa discrétion : Jehan de Lobiel les fit ensuite pénétrer dans la ville, en montant par les côtés de la porte ; ils ne trouvèrent en haut que Jean de St-Pol, le plafonneur, et Jean Grisart, qui leur dit : soyez les bienvenus, mais prenez un peu de patience, j'attends les soldats de la garde de la halle qui doivent faire une dernière ronde, car quatre heures vont sonner ; quand ils paraîtront, nous les égorgerons, en faisant le moins de bruit possible, et nous les précipiterons du haut des remparts. Mais la ronde n'eut pas lieu.

Pendant ce temps, les Allemands, qui, au nombre de cinq cents, se trouvaient avec les Bourguignons, s'ennuyant de rester dans l'inaction, voulaient éveiller ceux de la ville avec leur tambour, et prendre Arras de vive force. C'étaient des gens sans discipline qui ne combattaient guères que dans l'espoir du pillage, aussi eut-on grande peine à les empêcher de mettre leur projet à exécution ; pour plus d'assurance, un de leurs capitaines donna un coup de dague dans le tambour. Sur ces entrefaites Jean de Lobiel vint trouver les conjurés et leur annonça la réussite de leurs plans ; il leur apprit aussi le signal dont il était convenu avec Jean Le Maire, pour les faire avancer en sûreté. Il y avait alors une chanson très répandue qui commençait par ces vers :

> Quelle heure est-il ? Il n'est pas heure.
> Quelle heure est-il ? Il n'est pas jour.
> Marchez la duron, haut la duraine ;
> Marchez la duron, haut la dureau (1).

(1) On n'est pas bien d'accord sur les termes de la chanson ; « Cestuy-cy
» (grisart) faisant du follâtre disant aucune fois le petit motelet de récréation
» à l'un et à l'autre, s'estant accoustumé long-temps auparavant à chanter
» quelques chansons de guerre (comme de ce temps-là ils en faisoyent grande
» profession) avoit entr'autres le plus souvent à la bouche, qu'il chantoit par
» fois tant que la gorge lui pouvoit porter : *Marchez la durie, marchez la du-*
» *ron, durette, marchez la duron, dureau, hau ;* qui estoit le refrein de cha-
» cune ballade (qu'ils appellent) qu'il avoit inventé plus d'un an auparavant,
» pour s'en servir à ceste entreprise, et pour faire marcher les Bourguignons

Quand les conjurés entendaient la voix de Grisard, ils n'avaient rien à craindre; mais lorsqu'il se taisait, ils devaient suspendre leur marche. Les chefs Bourguignons se pressèrent autour de Jean de Lobiel, exaltant le service qu'il rendait à Maximilien, ajoutant qu'aucune faveur ne pourrait le payer. Robert de Melun lui serra même la main, et cet exemple fut suivi par tous les autres chefs.

Cependant ces allées et venues n'avaient pu être si secrètes qu'on n'entendit quelque bruit. Le guetteur de la paroisse St-Maurice envoya prévenir le capitaine Torlemont; ce chef, qui sans doute avait un commandement important en ville, était alors couché; il se contenta de répondre que c'étaient des vachers qui venaient voler les troupeaux des *bonnes gens* de la campagne, et il défendit de sonner l'alarme sans sa permission (1). Alors on entendit la chanson de Grisard; Louis de Vau-

» quand il en seroit temps, servant ce dernier accent de *hau*, quand il oyroit
» quelque chose, ou que la ronde devoit passer, pour les faire faire halte et
» demourer coys. » La grande chronique ancienne et moderne de Hollande, etc., etc..... par Jean-François Lepetit, greffier de Béthune en Artois, tom. 1, pag. 594.

(1) « A la venue des Bourguignons entour de la basse ville, le guet de St-
» Maurice oyant grant murmur advertit ceux de la halle, dont s'en allèrent
» vers le capitaine Torlemont, lui estant en son lict. Il respondit que c'estoient
» vacquiers pour robber les vaches des bonnes gens au village et avoit deffendu
» qu'on ne sonnasse pour effroye sans son congié. » Bulletin de la société de l'hist. de Fr. ann. 1835, tome 2, page 229.

L'église St-Maurice fut bâtie en 1064 dans les jardins dépendants de l'abbaye de St-Vaast — voy. de Locre, ann. 1064 et 1090, pag. 198 et 226.

drey et Robert de Melun, ayant baisé la croix qui formait la garde de leurs épées, donnèrent le signal de la marche; les barrières furent ouvertes, et les troupes Bourguignonnes se répandirent dans Arras, aux cris de ville gagnée, vive Bourgogne! (1) Elles menacèrent le guetteur, s'il faisait le moindre effort pour mettre la cloche en branle, de le précipiter du haut de la tour où il veillait; elles parcoururent ensuite les rues, en déchargeant leurs arquebuses, et au son des tambours. Grand fut l'étonnement des bourgeois quand, entr'ouvrant leurs fenêtres, ils aperçurent la croix de St-André et les bannières Bourguignonnes. Quant à Carquelevant, l'un des chefs Français, il s'enfuit seul de son logis et gagna le fort de St-Michel sans avoir été inquiété.

Les troupes impériales s'étaient rangées sur le Petit-Marché où se trouvaient des vins en grande abondance; Arras était alors en effet l'entrepôt de tous ceux de France que consom-

(1) « .... Et adonc l'horrible son dengiens à pouldre, de gros tamburins,
» trompettes, clarons, cris de gens et de bestes fut tant espouvantable que jamais fut par avant de tonnaire, tempeste, fouldre n'avoit esté oy le semblable ; et brief pour une entrée de bonne ville elle fut angoisseuse, donnant
» terreur incroiable à plusieurs manans de la ville qui de riens ne se doubtoient. Ny avoit si hardi qui osast ouvrir son huis mais devalloient a peu de
» noise leurs fenestres pour regarder cest effroy sans bouter teste avant pour se
» rangier du trait. Aucuns supposoient que cestoit la garnison de la ville qui
» retournoit de courre, mais quant ce merveilleux mot de ville gaignée et de
» vive Bourgoigne fust espandu par les quarfours de Arras et parvenu aux
» oreilles des habitans, aucuns d'iceulx sen desconfirent et fut criet que quiconque volloit tenir le parti de Bourgogne se tirast au marchiel, etc... Molinet mss. n° 594, tome 2, fol. 191. v°.

maient les Pays-Bas (1). Les Allemands toujours indisciplinés quittèrent leurs rangs; ayant enfoncé ces pièces, ils se gorgèrent de vin et répandirent celui qu'ils ne purent boire. Mais ces désordres n'eurent aucun fâcheux résultat; les bourgeois de la ville étaient accourus en armes se joindre aux Bourguignons, et avaient ainsi comblé les vides laissés dans les rangs par ces soldats avides de pillage. Il fut unanimement résolu de se diriger vers la cité dont on comptait s'emparer facilement, car un des habitans avait promis d'en ouvrir la porte. Cependant les troupes impériales durent tenter l'escalade; des piques furent enfoncées dans la muraille, et tandis que les chanoines et les chapelains chantaient matines (2), plus de quinze cents piétons pénétrèrent dans la cité. Quant aux troupes Françaises, elles s'étaient retirées sur la place Notre-Dame, ignorant quel

---

(1) « Les marchans de France avoient lors très bien fourny le marchiet » d'Arras de frians vins, mais sans faire long assau ne demander combien, ils » furent soudainement riflez, espandus et effondrez. — Molinet fol. 291 v°— Chronique d'Arras, pag. 44.

Sur le commerce des vins à Arras voyez l'article 33 de la charte de 1481.

(2) « .... Enfin ils entrèrent dans la cité, tandis que les chanoines et cha- » pelains chantoient les matines, et lors comme ils chantoient l'invitatoire en » leur chœur, la gendarmerie fit son introite (sic) dans l'église, dont iceux fu- » rent merveilleusement étonnés de voir et ouir tels appliquans et ministres, » sans chappes et surplis, et sans robbes, montés au plus haut de lerus formes » tenans en mains des hallebardes et arquebuses, picques et longues broches » au lieu d'encensoir, et finalement du très redoubté nom de Bourgogne et un » très horribles cris qui s'éleva dans la ditte église. » Archives du nord de la France, anc. sér. tome 3, pag. 407.

pouvait être le bruit qui agitait la ville, et la cause pour laquelle le guetteur n'avait point donné l'alarme. Les chefs d'ailleurs étaient loin de soupçonner que les troupes Bourguignonnes eussent déjà envahi Arras, où la veille on avait préparé des fêtes et des réjouissances, car Philippe d'Esquerdes y avait fait parvenir la nouvelle de la conclusion de la paix entre la France et l'Angleterre (1). Les Français surent bientôt le sort qui les attendait quand ils se virent attaqués par les troupes Bourguignonnes. Ils luttèrent pendant quelques instants, mais ils furent forcés de céder, et gagnèrent en courant le fort qui défendait la cité; ils perdirent néanmoins quelques-unes de leurs hommes d'armes.

Sur les neuf heures du matin les chefs Bourguignons firent

---

(1) « Le vendredy auparavant Ponthem, hérault du roi de France, vint annoncer la paix entre la France et l'Angleterre, dont ceux de la ville estoient si épris de joye qu'ils ne pensoient plus à garder leur forteresse, préparoient leur feu de joye, et se disposoient à se divertir le lendemain, mais ils furent bien surpris, et leur joie changea en tristesse au bruit des armes, qu'on entendit de tout costé au milieu de la nuict. » Arch. du N. de la Fr. tome 3, pag. 406.

Il est ici question du traité signé à Etaples entre la France et l'Angleterre. Cet acte, dû en grande partie à Philippe de Crévecœur, stipulait la liberté de commerce entre les deux royaumes, sauf l'observation des lois, statuts et coutumes de chaque contrée. Les alliés des deux partis (Maximilien était celui de Henri VII roi d'Angleterre) pouvaient être compris à leur vouloir dans ce traité qui devait être garanti par les trois États de France et d'Angleterre, etc., etc. Léonard recueil des traités de paix tom. 1. pag. 344. Rymer t. XII pag. 481-506 — P. Daniel, édit. préc. t. 4 pag. 487 — H. Martin hist. de Fr. nouv. édit. tome 8, pag. 267, etc.

publier la défense de quitter les armes jusqu'à ce que les deux châteaux qui tenaient encore eussent été forcés ; sur les douze heures ils se dirigèrent vers celui de la cité, et y conduisirent deux pièces d'artillerie nommées serpentines (1) qui furent mises dans le cimetière de St-Nicaise (2), pour battre la forteresse en face; on plaça aussi une autre pièce appelée *Courtau* (3) dans un jardin derrière ce château, et du premier coup elle en perça les murailles. L'effroi se répandit promptement parmi les Français et ils songèrent à se rendre. Alors parut sur le pont-levis Pierre Vion, qui demanda à parler au chef des

(1) Serpentine, gros canon ; coulevrine dit Roquefort, glossaire de la langue romane, tom. 2 pag. 544. — Serpentin est aussi une pièce d'artillerie qu'on nomme autrement coulevrine — Dict. de Trévoux, tom. 4 col. 1963.

(2) Le cimetière de St-Nicaise, dont on voit encore quelques vestiges, avait été fondé en 1292. Le terrain en avait été donné par un chanoine de la cathédrale d'Arras, nommé Simon de Noyon. — Locrii, chr. Belg. pag. 435.

L'église de St-Nicaise avait été bâtie en 1254 par l'évêque d'Arras J. de Dinant. Dans le XVIe siècle encore, les marguilliers de cette paroisse allaient tous les ans au chapitre le jour de St-Jean-Baptiste (24 juin) pour reconnaître sa juridiction dans leur église, cloître et cimetière, et pour demander la permission d'y laisser mettre des épitaphes. Voyez le manuscrit sur la cathédrale que nous avons déjà cité.

(3) Antoine de Lalain, qui a laissé une relation mss. du voyage fait par Philippe le beau en 1501 et 1503, parle de pièces d'artillerie, qu'il appelle *arquebuses, serpentines, mortiers et courtauts*. Voy. les remarques sur les mémoires de J. Duclercq, édit. de Bruxelles, tom. 1 pag. 44.

8.

troupes Bourguignonnes. Louis de Vaudrey s'avança : capitaine, dit le Français, il y a à peine six semaines que moi et ceux qui sont ici renfermés étions en votre pouvoir, nous n'en avons guères retiré que nos corps, et presque tous nos biens sont restés entre vos mains. Qu'il vous plaise donc recevoir cette forteresse, et nous permettre d'en sortir, saufs nos corps et nos biens. Ces conditions furent acceptées ; on savait en effet que le seigneur d'Esquerdes n'était pas éloigné, et qu'il avait avec lui des gens d'armes nombreux et déterminés.

Le seigneur du Forest monta ensuite à cheval, n'ayant que sa cuirasse et son casque, avec une escorte de trente hommes à peine, il s'élança à travers la ville, suivit la grande rue près le Wez-d'Amain, la rue St-Géry ainsi que les deux places, et agita la main, pour montrer aux Français qu'il voulait parlementer. Carquelevant s'avança sur la muraille au-dessus de la porte qui ouvrait sur le marché ; il avait une robe gris de Rouen, un bec de faucon en la main, et sur sa tête brillait un casque d'un grand éclat. Le seigneur du Forest lui dit : Capitaine, j'ai été autrefois votre prisonnier, et vous m'avez traité avec égard, comme doit le faire un noble homme ; ce soir j'aurai mon tour, et j'agirai de la même manière envers vous. Rendez-vous, je vous en conjure, car vous ne pouvez plus vous défendre. *Ha ! ha !* reprit le chef des Français, *on ne prend point un chat comme moi sans attraper quelques égratignures, retirez-vous ;* et un coup de feu parti de la forteresse atteignit et renversa un nommé Labbé (1) valet de

---

(1) Prinse d'Arras escripte par Denis Maton, passim.

chambre de Robert de Melun.

Sur ces entrefaites les troupes Bourguignonnes revenaient de la cité et débouchaient sur la place de deux côtés différens; les unes avaient en effet suivi les mêmes rues que le seigneur du Forest, tandis que les autres s'étaient avancées par celle de Ste-Croix. Sans se laisser intimider par l'artillerie Française qui grondait sans intervalle, les soldats s'élancèrent dans les fossés et tentèrent l'escalade; une demi-heure après, le château était forcé. Le capitaine Carquelevant, voyant que ses efforts étaient superflus, franchit les murailles et se retira au couvent des Frères mineurs, attendant que la nuit lui permît de tromper la vigilance des Bourguignons. Mais sa fuite avait été observée : Philippe de Belleforières s'empara de lui et son logis lui servit de prison.

On apprit le même jour qu'un capitaine nommé Petit-Gérard, qui était ordinairement à Avesnes-le-Comte, profitant de ce que les troupes Bourguignonnes avaient passé par le territoire d'Oisy, qui était neutre, sans y faire sonner les cloches, s'était emparé d'un riche butin. Cette nouvelle parvint à Arras le matin même par une femme qui vint en toute hâte en avertir le poste de la porte St-Nicolas. Mais un Bourguignon nommé de Habart, ayant réuni environ quatre-vingts cavaliers, alla se mettre en embuscade dans un bois dépendant de l'abbaye du Mont-St-Eloy et y attendit les Français. Il avait fait monter un de ses compagnons sur un chêne élevé afin d'être averti de leur retour; une heure ne s'était pas encore écoulée lorsque la sentinelle donna le signal. De Habart attendit que Petit-Gérard fût à deux ou trois portées d'arbalète; alors les Bourguignons coururent sus à ses troupes, leur firent un grand nombre de prisonniers et reprirent tout le butin (1).

Grand fut le contentement des principaux chefs Bourgui-

(1) « Lors y avoit ung cappitaine nommé Petit-Gérard qui se tenoit à Aves-
» nes-le-Comte, lequel avoit avecq luy environ 40 chevaulx, lequel print occa-
» sion (pour ce que la bende tant de pied comme de cheval la nuyct que nous
» alasmes prendre la dite ville d'Arras passasmes parmy une partie de la terre
» d'Oysy qui estoit neutre sans avoir sonnet les cloches) le dit print ses gens
» et s'en alla courre et piller deux ou trois villaiges de la dite terre, et y leva
» une grosse tracq de bestiaulx, si comme chevaulx, vaches, blancques bestes,
» etc, mais la nuict mesmes que cela se faisoit vint une femme à Arras de ce
» quartier tempre, à la porte St-Nicolay advertir la dite course. Pour ad ce
» pourveoir ung cappitaine nommé ..... de Habart a tout environ IIII$_{xx}$ che-
» vaulx s'en alla attendre les dits Franchois au boys du mont St-Eloy, auquel
» boys le dict cappitaine mist ung homme sur ung quesne qui ni fut point une
» heure qu'il ne veit venir les dits Franchois à tout leur butin et iceux venuz
» si comme à 2 ou 3 gectz d'arc près de noz gens et cuidans estre a saulveté,
» nos gens wydèrent tout à ung cop et chargèrent tellement sur eux, que
» vous eussiez veu soubit bien 30 chevaulx sans maistre par les champz et
» dont il y en eult 10 ou 12 prisonniers, et le butin fut rescoux et en y euit
» ung qui euet ung cop d'espée sur le col de son cabasset, à luy donné par la
» main de ung nommé Petit Richard, duquel cop le dit cabasset avoit bien
» ung quartier de fente, et fut un grand cop, ou le cabasset ne valoit guerres.
» Lequel cabasset fut bien ung mois sur ung drechoir en la chambre de mes-
» sire Robert de Melun pour monstrer le dit cop d'espée qui fut monstré à
» monstre à mainte personne car chacun le alloit veoir. » — Extrait de la prinse
d'Arras par Denis Maton.

Dans le même temps Philippe de Belleforières s'empara de Bapaume, et Ro-
binet Ruffin réduisit la ville et le château de Lens. (Molinet mss. préc. f° 292
v°.)

gnons, lorsqu'ils apprirent qu'Arras était si heureusement retombé en leur pouvoir. Le comte de Nassau se hâta de faire publier dans les villes les plus importantes que, sous peine de hart, nul homme de guerre, manant, en un mot que personne ne fît des courses sur les villages et dépendances des ville et cité d'Arras; défense d'y piller, d'y rançonner, d'y mettre les manants ou habitans à contribution. Ordonnance de les laisser paisiblement labourer, vaquer à leur commerce et exercer leur industrie comme tous autres sujets de la terre, dont étaient seigneurs Maximilien roi des Romains et son fils. Obligation sous les mêmes peines à tous gens de guerre et autres, de quelqu'état et condition qu'ils soient, de leur rendre et restituer, sans pouvoir rien exiger à titre de rançon, rachat, composition ou autrement, les bestiaux, biens, argent, etc., qu'ils leur auraient enlevés depuis le cinq novembre (1.)

---

(1) « Item le 8e jour de novembre audit an 1492 fut publié à la bretesque
» de Lille par M. le comte de Nassau lieutenant du roy des Romains et de M.
» son filz que nulz gens de guerre, subgectz, manans, ne habitans des pays
» de mes dits seigneurs sur paine de hart ne se avanchassent ne ingérassent do-
» resnavant pillier, courir, prendre, renchonner, ne composer aucuns ma-
» nans et habitans des villages et lieux campêtres des bailliages et de l'obéis-
» sance de la ville et cité d'Arras, mais comme subgectz et tenans le party de
» mes dits seigneurs les laissent paisiblement labourer, aller, venir et conver-
» ser en leurs négociations et affaires comme les aultres subgectz de mes dits
» seigneurs. En oultre fut commandé, et sur le hart, que toutte gens de guerre
» et aultres de quelque estat qu'ilz fuissent s'ilz avoient prins tant bestiaulx,
» vaches ou aultres biens comme corps des hommes sur les dictz subgectz et
» manans depuis le 5e jour du dit mois de novembre qu'ils les rendissent et

Néanmoins Arras n'avait pu être remis au pouvoir des Bourguignons sans souffrir quelques dommages. Ainsi le monastère des Carmes, qui se trouvait au faubourg St-Nicolas, fut brûlé et totalement détruit (1). Les chefs n'avaient pu empêcher tout pillage, et quelques-uns des plus riches de la ville en avaient été victimes. Roland de Chable, receveur général des aides d'Artois, s'était enfui au premier bruit ; on trouva chez lui dix ou douze mille livres qu'il tenait en réserve pour payer les gens d'armes. Jehan Gosson, lieutenant d'Arras, dont nous avons parlé au commencement de ce récit, fut saisi dans son lit. Il fut très effrayé, surtout lorsqu'il vit près de lui un nommé Chrétien, autrefois sergent de la ville, qui avait été cassé de cette charge à cause de sa mauvaise conduite, et qui s'était retiré à Douai. Gosson lui donna de l'or pour avoir la vie sauve,

» restituassent, sans en nulle fachon exiger ne prendre argent par fourme de
» ranchon, rachapt, composition, ne autrement que ce soit. » (Extrait de la prinse d'Arras par Denis Maton.) C'est ici que se termine cette relation.

(1) Gazet. hist. eccl. des Pays-Bas, édit. d'Arras pag. 136.

» Ils occupèrent quelque temps l'hôtel de Ste-Aldegonde, appelé depuis *Hoos-*
» *trath,* à titre de louage. Ils achetèrent ensuite un grand cabaret nommé le
» pavillon rue de Ronville. Le magistrat d'Arras s'opposa d'abord à leur éta-
» blissement en cet endroit, voulant qu'ils retournassent au faubourg, mais ils
» fléchirent le magistrat. Ils vinrent à bout d'élever et d'achever leur couvent
» par le crédit et les bienfaits de l'abbaye de St-Vaast. Le portail de leur église
» fut réparé en 1605. Ils acquirent vers ce temps-là une rue qui allait de celle
» de Ronville sur le rempart et les maisons qui étaient sur la droite de cette
» rue. Ils augmentèrent leur jardin par cette acquisition » Le P. Ignace supp. aux mém. page 77.

et Chrétien le conduisit au fort St-Michel. En cité les Allemands en agirent de même : messire Nicole Honoré, receveur de l'évêque d'Arras, perdit environ deux mille livres qui se trouvaient dans sa caisse, ainsi que sa vaisselle, son linge et ses joyaux. Plusieurs chanoines furent fouillés dans l'église, et l'un d'eux se vit enlever une bourse qui contenait plus de cent écus. Ce n'était hélas ! que le prélude de plus grands désordres (1).

Le magistrat et les principaux bourgeois furent convoqués le 7 novembre à l'hôtel-de-ville et y jurèrent fidélité à Maximilien et à l'archiduc ; le lendemain un *Te Deum* solennel fut chanté dans l'église de St-Vaast pour remercier Dieu de cet heureux évènement. On s'occupa ensuite des Français dont Louis XI avait repeuplé la ville ; plusieurs étaient restés après les ordonnances de Charles VIII ; on leur maintint l'autorisation d'y séjourner à l'exception de quelques prêtres et de quelques femmes qui reçurent l'ordre de quitter Arras. Le magistrat leur accorda deux sols tournois pour subsister pendant leur voyage. Il fallut aussi songer à réprimer la licence effrénée des Allemands qui n'avaient jamais caché leur amour du pillage, ni leur désir de mettre la ville à feu et à sang. Philippe de Contay seigneur de Forest, Robert de Melun, Jean de Lannoy, en un mot tous les chefs des troupes Bourguignonnes voyaient que bientôt leur autorité serait méconnue ; ils savaient d'ailleurs que la solde n'était pas régulièrement payée, et ils n'avaient aucune ressource pour répondre aux exigences des Lansquenets. Le 9 novembre on convoqua une assemblée générale ; on y voyait, outre le magistrat,

(1) Extraits passim du journal de dom Gérard Robert.

un grand nombre de nobles, de prêtres, d'officiers de justice et de principaux bourgeois. Il y fut décidé que, pour arrêter les désordres des Allemands, la ville leur avancerait la solde de trois mois. Les capitaines avaient d'abord demandé douze mille livres; ils finirent par se contenter de dix mille, vu l'état de pauvreté d'Arras. Cette somme devait se payer par cotisation; les habitants, l'abbaye de St-Vaast, les trois ordres de la cité, devaient y contribuer. Les chanoines suspendirent dès-lors les distributions et la sonnerie pour les morts. Quant aux chefs, ils donnèrent des lettres de reconnaissance de ce prêt (1); ces lettres furent plus tard confirmées; on

(1) « Item le lendemain jeudi fut en l'église St-Vaast fait et chanté *Te Deum laudamus*, et ce fait reçu par iceux sieurs serment de fidélité par le commun peuple de la dite ville en grand nombre.

» Le dit jour furent par les dits sieurs et capitaines assemblez plusieurs pages, » pegastres, prestres et femmes de la nation de France, de Normandie et aul- » tres lieux qui nestoient du parti et obéissance du roi des Romains et mon- » sieur l'archiduc, et furent mis hors de la dite ville. A chacun desquelz fut » par Jehan Grenet argentier d'icelle ville et par ordenance de messieurs les » eschevins payé et baillé pour partir honestement et pour eulx vivre en alant » en leur quartier deux solz tournois.

» Le vendredy enssuivant iceulx seigneurs capitaines remonstrèrent à mes- » seigneurs les eschevins les affaires des dits gens de guerre et que pour leurs » gaiges soulder convenoit leur faire prest de XII m. livres que depuis ilz di- » minuèrent à dix mil et pour trouver les deniers du dit prest furent assem- » blez les bourgeois et habitans de la dite ville qui, avec messieurs les esche- » vins en nombre en leur chambre de conseil conclurent lever les dits deniers » sur les vieux bourgeois, sur les trois États de la cité et sur l'abbaye de St- » Vaast ainssy qu'en ce cayer et registre de fait est au long couchié pour la re-

assigna même sur les maltôtes le remboursement des deniers prêtés (1).

Cependant la levée de la cotisation se faisait lentement, et les troupes impériales réclamaient à grands cris l'exécution des promesses. Bientôt les Allemands poussèrent plus loin leurs désordres; ils s'en prirent aux Français qui habitaient encore Arras, les accablèrent d'exactions et en mirent plusieurs à mort. Ils finirent par demander que la ville se rachetât par un impôt de cinquante mille livres de quarante gros. La moitié de cette somme n'était même point encore réunie; on distribua vingt deux mille livres aux plus mutins, sans pouvoir arrêter leurs désordres. Le chapitre effrayé pria son évêque, Pierre de Ranchicourt (2), d'aller trouver l'archiduc et de lui expo-

» couvrance duquel prest les dits sieurs et capitaines promirent à mes dits sei-
» gneurs les eschevins faire avoir telles lettres et mendement que bon sembleroit
» à messieurs qu'ils obtendroient du roy des Romains et monsieur l'archiduc
» sur leur domaine, aydes ou autrement qu'il sembleroit pour le mieulx. »
— Arch. munic. Reg. mém. fol. 106 v° et 107.

(1) Harduin, mém, préc. pag. 230.

(2) Pierre de Ranchicourt, fils de Jean seigneur de Ranchicourt chevalier économe de Jean comte de Nevers, protonotaire apostolique du nombre des participans aux droits attachés à cet office, chancelier de l'église d'Amiens, chanoine théologal de celle de Cambrai et archidiacre de Valenciennes, succéda en 1462 à Jean Geoffroy et fut sacré évêque d'Arras à Rome par le pape Pie II. Il fit bâtir et dédia l'église paroissiale de Ranchicourt en 1473, célébra, le 7 juillet 1484, avec beaucoup de solennité la dédicace de l'église d'Arras, et en ordonna l'office chaque année par tout le diocèse, pour le dimanche le plus près de cet anniversaire.

ser les malheurs de la ville, mais les Allemands ne lui en laissèrent pas le temps. Le désordre, en effet, était au comble : une soldatesque effrénée parcourait les rues, et faisait retentir l'air de cris de mort ; d'autres fois elle marquait son passage par des monceaux de ruines, renversant les maisons où on lui refusait de l'argent. Les chefs n'étaient plus écoutés, et les troubles augmentaient encore. Pierre de Ranchicourt, ayant représenté que les demandes des Bourguignons excédaient les ressources des bourgeois, manans et habitans d'Arras, surtout dans ce moment où plusieurs riches marchands de la ville en étaient absents, fut saisi sans qu'on eût égard à son âge, sa piété, ses vertus, ni à l'attachement que le peuple lui portait. On l'enferma d'abord dans la maison de Martin Berthoul, mais il n'y resta que deux nuits, et il fut enfin conduit dans une étroite cellule au-dessus de la porte d'Hagerue.

Pendant ce temps, les Allemands continuaient à piller, et leurs coffres ne pouvaient suffire à renfermer les vaisselles, les joyaux précieux dont ils s'étaient saisis. On ne voyait dans les rues que laquais, tambours, pages, trompettes, valets, chargés d'aiguières d'un grand prix, de tasses d'or et d'argent (1). Une garde sévère veillait jour et nuit sur P. de Ranchicourt, et il n'était pas d'outrages qu'il n'essuyât. Sans le

---

Pierre de Ranchicourt mourut en 1499 et fut enterré derrière le grand autel de la cathédrale.

(1) Arch. du nord de la France, anc. sér. tome 3, page 409 et Molinet fol. 293 — Voy. aussi le journal de dom Gérard Robert.

perdre un instant de vue, les soldats passaient leur temps à boire, où à jouer avec des filles de joie et ne lui épargnaient pas la vue de leurs désordres. Malheur à qui s'approchait d'eux pour porter des secours ou des paroles de consolation à cet infortuné, ils se jetaient sur lui et le frappaient avec violence. Pour apaiser cette soldatesque effrénée, on résolut de venir processionnellement réclamer la grâce de l'évêque. On y voyait le chapitre, le clergé des paroisses, et sept à huit des plus jeunes religieux de St-Vaast. La station eut lieu au bout de la rue d'Hagerue, en face de la maison où était renfermé P. de Ranchicourt. L'archidiacre d'Arras prit la parole et remontra les désordres des gens de guerre, ainsi que les tourments et opprobres dont ils avaient accablé l'évêque et tous les prêtres de la ville. On cria ensuite à haute voix en présence de la foule accourue à cette cérémonie religieuse : « Vengeance » à Dieu contre les dits gens de guerre pour les oppressions » inhumaines par eux faites à tous les suppôts de l'église. »

Les chefs étaient sans force contre ces violences, et peut-être protégeaient-ils leurs soldats, puisqu'eux mêmes profitèrent de ces désordres. Les offices divins ne furent plus célébrés, excepté dans l'abbaye de St-Vaast où l'on disait encore, le matin de bonne heure, une messe basse en l'honneur de Notre-Dame ; les croix et les images, exposées à la piété des fidèles tant dans la ville que dans la cité, furent enlevées, et l'on ordonna un jeûne pour obtenir des secours du ciel. Alors, soit que les Allemands fussent fatigués d'accabler, de leurs mauvais traitements, Pierre de Ranchicourt, soit que la voix des chefs, et entr'autres celle de Philippe de Contay, qui venait d'être nommé gouverneur, et qui avait prêté serment en cette qualité à l'hôtel-de-ville (1) le 16 novembre, eussent repris un peu de force, soit que, comme le prétendent presque tous les auteurs contemporains, les bourgeois se fussent cotisés pour payer la rançon de leur prélat, Pierre de Ranchicourt fut relâché, et ses amis le forcèrent de chercher pendant quelque temps un sûr asile à Douai.

Cependant les soldats Allemands ne furent pas encore satisfaits ; il y eut de nouvelles assemblées où les chefs demandèrent que les bourgeois avançassent l'argent nécessaire à la solde des troupes. En vain ceux-ci représentèrent que, depuis le 5 novembre jusqu'au présent jour (6 décembre), ils avaient essuyé de grandes pertes, ils ne purent en être exempts et durent promettre de compléter les sommes auxquelles ils s'étaient engagés. Les bourgeois se virent contraints d'emprunter, aux églises paroissiales de la ville, l'argenterie qui n'était ni sacrée, ni bénite, et les échevins donnèrent des lettres par lesquelles ils reconnaissaient avoir reçu des marguilliers certaine argenterie, dont suivait la désignation, et promettaient au nom de la ville et communauté d'Arras de rendre, à la volonté des marguilliers ou de leurs successeurs, des objets semblables tant pour le poids que pour la qualité (2).

---

(1) Arch. munic. — Reg. mém. fol. 107 v° — Harduin, ouv. préc. pag. 220 — Voyez aussi plus bas notre notice sur les gouverneurs d'Arras.

(2) « Pour ce que les deniers des deux prests, montant à XXII^m livres,
» qu'il a convenu faire par les habitans de la ville et cité aux capitaines et
» gens de guerre y estans pour le roy notre sire le roy des Romains et monss^r

Vers la même époque on publia à Arras des lettres de Maximilien, par lesquelles ce prince ratifiait, confirmait et

» l'archiduc Philippe son filz, pour le payement de leurs gaiges et souldes (*a*),
» ne povoient satisfaire au dit payement et qu'il en restoit encoires IIII^m V^e
» livres ou environ, pour lequel restant, assiette (*b*) avoit esté faicte sur les
» habitans, qui ne se pooit et sçavoit recœuller hastivement et que à grand
» clameur et regrait du peuple qui est fort usé et traveillé, tant pour la gou-
» verne (*c*) des ditz gens de guerre, qui commença le Ve jour de novembre
» derain passé jusque ce à huy (*d*) comme pour les aultres assiettes des dits
» XXII^m livres, et aussi les pilleries qui ont esté faictes à la réduction et sur-
» prinse de la dite ville et cité, Messieurs les eschevins en nombre ont, eu sur
» ce conseil et adviz, ordené que aux églises paroissiales de la dite ville seront
» empruntez les joyaulx et vaisselle d'argent qui ne sont begnis ne sacrez et
» esquelles ne sont enchassez aultres sanctuaires (*e*) et dignitez (*f*), et que
» des parties que les manegliers (*g*) des dites églises bailleront et délivreront
» leur seront baillées lettres soubz le contreseel du seel aux causes de la dite
» ville pour rendre et restituer cy après ausdites églises, par la dite ville et
» sur les deniers communs d'icelle, lesdits joyaulx et bagues de vaisselle d'ar-
» gent en telles especes, façons et poix qu'elles seront délivrées à la dite ville.

(*a*) Soulde : soldé, paiement. Voy. Glossaire de la langue romane par Roquefort, tom. 2, pag. 574.

(*b*) Assiette, vient de *Assietta*. (*c*) Gouverne : Nourriture ; de gouverner, nourrir. Dict. rom. de Roq. tom. 1, pag. 103. On dit encore en patois faire une bonne gouverne.

(*d*) Dernièrement passé jusqu'aujourd'hui. Huy, huis, etc.; veut dire aujourd'hui. Voyez Roquefort, tom. I, pag. 767.

(*e*) Reliquaire : vase sacré. — (*f*) Choses précieuses.

(*g*) Marguilliers.

approuvait tous les droits, privilèges, franchises, us et coutumes de la ville, tant pour la création et l'élection des échevins,

» Fait le VIe jour de décembre l'an mil IIII^c IIII^{xx} et XII par Messieurs les
» eschevins en nombre assavoir Jehan de Beauffort, Jacques de Loueus, Gas-
» pard Le Borgne, Jehan Grenet, Jehan Boucault, Jehan Caulier, Jacques
» Bertoul et Robert Courcol, eschevins.

» Par les manegliers desquelles églises a esté emprunté les parties qui
» s'enssieut.

» Assavoir deux encenssoirs d'argent pesants ensemble quatre marcs, six
» onces XVIII estrelins et demy (a), baillez par Gracien de Montigny et Phi-
» lippe Bauduyn manegliers de l'église Ste-Marie-Magdelaine avec Jehan Tau-
» vel, Jehan Bonyer dit de le Souyterie, Guillaume Halot et Jehan de Mons-
» treul. »

» Item ung encensoir, deux hanaps (b) et quatre petits potz d'argent pesant
» ensemble six marcs, trois onces, baillez par Jehan Barbau maneglier avec
» maître Simon Le Borgne de l'église St-Jehan-en-Ronville.

(a) Le marc était à Douai de six onces, poids de Paris, « c'est assavoir sept
» calisses de plusieurs fachons et chinq louches à ce servans, pesant au marcq
» de Paris, quatorze mars, trois onches et demi d'argent, portant au marc de
» Douai six onches pour le marcq, dix-neuf mars et onche et demie. » Inventaire de l'église de Nostre-Dame de 1421 cité par Roquefort, suppl. au glos. rom. pag. 59.

Once, onche, etc., seizième partie d'une livre, poids de marc.

L'estellin, estelin ou esterlin était un poids, qu'on pense être de 32 grains, comme l'esterling d'Angleterre. L'estellin est cité dans une ordonnance du roi Jean (1350) concernant la police de Paris. Roquefort, ouv. préc. pag. 540.

(b) Hanap, vase à boire, coupe, tasse, ciboire. — Gloss. de Roquefort. Il était avec ou sans pieds. — Voy. suppl. pag. 180.

statuts, ordonnances de métiers, etc., que tous autres droits qu'Arras avait obtenus de ses prédécesseurs les ducs Philippe,

» Item deux encenssoirs, ung plat à pourchasser l'église (a), une escaffette
» à mettre le sel et deux petits pots à pied pesantz ensemble nœuf marcs, une
» onze, douze estrelins et demy bailliés par Renaud Tirot et Gilles Legrand
» manegliers de l'église St-Géry avecq maistre Martin de Boudart licentié ès
» loix, Jehan Bouchet et Jacques Marchant.

» Item deux demi-lotz (b) à pied, deux encenssoirs, ung demy plat *sic*
» émaillé au fons et deux tasses d'argent pesantz ensemble quatorze marcs iiii
» onces, vii estrelins et demy baillés par Colart Robillart et Jehan Lemaire avec
» Ansel Galiot de l'église de Ste-Croix.

» Item deux encenssoirs et trois hanaps d'argent pesans ensemble vii marcs,
» iv onces, xv estrelins baillez par Laurent Dauchel, Toussaint d'Arleux et
» Marcq Roussin manegliers de l'église St-Nicolas sur les fossez.

» Item ung encenssoir pesant xxi onces, vi estrelins baillé par Charles de
» Furnes, Nicaise du Quesnes manegliers de l'église St-Maurice avecques Guil-
» laume Dupont et Pierre de Gauchin.

» Ausquels manegliers devant nomez ont esté baillez les acquitz par l'ordon-
» nance de mes dits sieurs les eschevins pour restituer cy après aus dites églises

(a) Plateau dont on se servait pour faire la quête; on appelle encore dans les campagnes *pourcha*, le confrère des trépassés qui est chargé de ce soin.

(b) Le lot était une mesure équivalente à deux pots de Paris. — Glossaire de Roquefort, tom. 2, pag. 98. Le lot d'Arras qui fut nommé plus tard pot de lot ou simplement pot, était une mesure équivalente à 2 litres 12 centilitres.

Le lot de Douai, le plus grand de tous ceux de la Flandre employés pour la bierre, était de 128 pouces de roi cubes, et celui pour le vin de 107 poūces. Suppl. pag. 206.

Charles, et autres comtes et comtesses d'Artois (1). De plus il nomma, 12 janvier 1493, Jean Le Maire mayeur de la ville

» les dits joyaux et vaisselles d'argent comme déclaré est cy-devant del'un des-
» quelz acquitz la déclaration s'ensieut qui ont esté faict, expédiez et signez
» du saing manuel de Baudrain Muette, fils de Florent Muette greffier de
» la dite ville et seellez...... du contre seel du seel aux causes.

» Nous eschevins de la ville d'Arras avo"s receu en prest de Charles de Fur-
» nes et Nicaise du Quesne manegliers avecq Guillaume Dupont et Pierre de
» Gauchain de l'église paroissiale St-Maurice en la dite ville ung encenssoir
» d'argent pesant xxi onces et vi estrelins pour secourir à certains grandz af-
» faires survenus à la dite ville, lequel encenssoir du poids dessus dit nous
» promettons au nom de la dite ville et des derniers communs d'icelle faire
» rendre et restituer aus dits manegliers ou leurs successeurs pour la dite
» église et au prouffit d'icelle à la volente des dits manegliers ou du dit por-
» teur. Tesmoing le contre seel du seel aux causes de la dite cy mis le 9ᵉ jour
» de décembre l'an mil IIIIᶜ IIIIˣˣ et XII ainsi signé B. Muette.

» Et semblables acquits ont été baillés aux manegliers devant nomez des
» autres églises en la forme dessus dite et selon les joyaux et vaisselles dessus
» déclarez. » Arch. munic. Rég. mémorial, fol. CVIII.

(1) « Avons par la délibération de haut et puissant prince notre très-cher et
» très-amé cousin et lieutenant général le duc de Saxen, de notre très-cher et
» féal chevalier et chancelier le sieur de Champuans et de Sorre et des gens de
» notre grand conseil, gréé, loué, confirmé, ratifié et approuvé, gréons, louons,
» confirmons, ratifions et approuvons de grâce spéciale par ces présentes tous
» et quelconques droits, priviléges, autorités, prérogatives, libertés, franchi-
» ses, coutumes, usages et communes observances, tant pour le fait de la créa-
» tion et élection de l'eschevinage de la dite ville, dispositions des offices appar-
» tenans au dit eschevinage, des bans, édits, statuts et ordonnances des métiers
» et états de la dite ville et estaple du vin, et de la sayterie illec que autres à
» eux et leurs prédécesseurs octroiés et accordés, tant par nos dits feus seigneurs

d'Arras. Ce fut du reste le seul de tous les conjurés qui obtint une récompense (1).

» ayeul et père les ducs Philippe et Charles, comme par autres leurs et nos
» prédécesseurs comtes et comtesses d'Artois dont iceux suppliants et leurs
» dits prédécesseurs ont duement jouy et usé, veullans et octroians par ces di-
» tes présentes aux dits supplians que les dits droits, priviléges, prérogatives,
» auctorités, libertés, franchises, coutumes, usages et commune observance,
» etc., etc..... » Charte imprimée, arch. munic. Chron. de la ville d'Arras,
pag. 47. — Les députés que la ville envoya à Maximilien étaient Eustache de
Reutz conseiller pensionnaire de la ville et Robert Courcol, ainsi que Pierre
Caulier échevins : à eux se joignirent deux députations, l'une des religieux de
St-Vaast, et l'autre des États de la cité. Ces trois États, dont chaque ordre
n'était souvent représenté que par une seule personne, étaient l'évêque, le chapitre et le corps des autres habitans de la cité. Harduin, mém. préc. pag. 221.

(1) Arch. mun. reg. mém. de 1484, folio 112. Ces lettres se trouvent imprimées dans Harduin, ouv. préc. pag. 223.

Jean Le Maire était boulanger de son état, et si peu riche, dit Gérard Robert, *qu'il ramonait tous les jours le ruyot devant la porte et sur le pové.* L'an 1504 comme il était déjà avancé en âge, il résigna sa charge de mayeur entre les mains du chancelier de Philippe d'Autriche en faveur de Louis Le Maire son fils, qui, après avoir étudié un certain temps à Paris, assistait aux cours de droit de l'Université de Louvain. On consulta sur ce fait les échevins de la ville, et tous ayant consenti, Louis Le Maire fut nommé mayeur par lettres du 12 janvier 1505. Jean fut néanmoins autorisé à exercer cette charge en cas d'absence ou d'autres empêchemens, mais en 1518, soit qu'il eût perdu son fils, soit toute autre raison, il résigna à Pierre Lallart qui en fut pourvu le 7 mai de la même année. Cependant les occupations du nouveau mayeur ne lui permettant point de consacrer tout son temps aux affaires de la ville, Jean Le Maire exerça de nouveau la charge de mayeur et reçut encore le

Sur ces entrefaites une ruse grossière faillit remettre Arras sous l'obéissance des Français ; d'Esquerdes n'avait vu qu'à regret la capitale de l'Artois reconnaître la puissance Bourguignonne, et il résolut d'employer un stratagème pour rentrer dans cette place. Profitant d'une nuit sombre, il put, sans que les Bourguignons eussent découvert sa marche, gagner le village de Dainville et s'y retrancher. Il avait avec lui trois ou quatre cents lances et quatre mille piétons. Quand le jour fut venu, il

serment des échevins au mois d'octobre 1525. C'est donc à tort que Locrius fixe la date de sa mort en 1509, et Dom Devienne en 1518 (*a*).

Jean Le Maire demeurait rue St-Géry près de la petite place nommée maintenant des Etats. On mit sur la porte principale de sa maison une pierre blanche carrée, placée sous une petite voûte, et représentant la surprise d'Arras de 1492. On y voyait sous une porte de ville un prince à cheval à la tête de quelques troupes et Grisard qui les faisait entrer. Ce petit monument dura jus-

(*a*) A partir du 31 octobre 1505 on trouve l'observation suivante :

Loys le Maire, maieur par don fait de par le roy de Castille notre prince.

Jehan Le Maire, lieutenant de M° Loys son fils. C'est Jehan Le Maire qui reçut le serment des échevins.

Le 31 octobre 1510, il est dit : maieur, maistre Loys le Maire fils de Jehan Le Maire par don de Mons' et résignation à lui faite par son dit père. En 1512 Jehan Le Maire reçut le serment des échevins en l'absence de son fils.

Le 31 octobre 1518 Jehan le Maire, commis au s' Pierre Lallart, reçut le serment des échevins et il en fut de même jusqu'en 1524.

En 1526 Pierre Lallart reçut le serment. Arch. municip. registre au renouvellement de la loi ; Passim.

envoya en cité un de ses soldats, dont il avait su apprécier l'adresse. Le *petit abbé*, car tel était le nom qu'on lui donnait, était Bourguignon, et connaissait plusieurs des hommes d'armes de Louis de Vaudrey; il leur dit qu'il avait le projet d'embrasser leur parti, et prêta le serment d'être bon et loyal sujet du roi des Romains et de l'archiduc son fils. S'adressant alors aux chefs, il ajouta qu'il connaissait plusieurs seigneurs

qu'en 1701 à l'époque où cette maison fut démolie pour la construction des Etats d'Artois. Jean Le Maire fut enterré dans l'église de St-Jean-en-Ronville au haut de la nef près du chœur. Son épitaphe fut placée au dernier pilier de cette nef à l'endroit où fut plus tard la chaire. L'épitaphe était de pierre blanche sur laquelle on voyait un homme couché et les vers suivants qu'un poète d'Arras nommé Poisson consacra à la louange *de Grisard* :

> Asservit patriam qui nobis mole sub ipsa
> Confectum senio sic tumulavit honor.
> Expulit Attrebato gallos sine cæde superbos,
> Nestora nec graii sic habuere suum.
> Carmine plus fecit pugna quam mille cohortes
> Oppida principibus restituitque suis.
> Ultima stat propius conjux non morte dirempta
> Perpetuus functos associavit amor
> Corpora et ossa jacent, vivit, sed fama perennis,
> Grisardum et Bellam tu, deus, adde polis.

En 1668 le marquis de Montpezat fit briser cette épitaphe sous le prétexte qu'elle n'était pas à la louange de la nation Française, quoique, comme le remarque le P. Ignace « depuis vingt-huit ans qu'Arras était à la France, » trois gouverneurs avant lui, aussi zélés pour la gloire du roi, et aussi por- » tés pour l'honneur du nom Français que pouvait l'être le marquis de Mont- » pezat aient toujours toléré et laissé subsister cette épitaphe. »

originaires de la Picardie qui avaient l'intention de suivre son exemple, que le duc de Beaufort entre autres était sur le point de se retirer dans la ville et d'y faire entrer sa vaisselle et ses bijoux. C'est pourquoi il demanda qu'on lui confiât six hommes, pour les conduire vers le seigneur de Beaufort, s'engageant à l'introduire en cité avec un *sommier* (1) chargé de vaisselle. Cette dernière considération séduisit les chefs et ils donnèrent au *petit-abbé* six hommes à son choix, espérant bientôt se gorger d'un riche butin.

A quelque distance d'Arras se trouvait le seigneur d'Esquerdes ; aussi l'étonnement des compagnons du *petit-abbé* fut grand, ainsi que leur effroi. Mais le seigneur d'Esquerdes leur expliqua doucement son projet, et leur montra deux coffres, pleins de fausse vaisselle, dont il avait besoin pour conduire sa ruse à bonne fin. Il obligea ensuite les six Bourguignons de jurer fidélité au roi de France, et leur fit promettre de l'aider de tout leur pouvoir pour surprendre Arras (2).

(1) *Palefroi* indiquait l'animal choisi *pour chevaucher à l'aise de son cors* ; le *destrier* était un grand cheval de combat ; le *roncin* portait les fardeaux : sur le *sommier* on mettait les coffres et le bagage. — Du Cange, et la France au temps des croisades par le v[te] de Vaublanc, (Paris 1844), tom. 2, pag. 16 et 17.

(2) La relation publiée dans les bulletins de l'hist. de France (documents hist. orig.) indique une autre ruse. « Le maréchal d'Esquerdes, estant adverti » de la prinse d'Arras et des chasteaulx, vint avecq quelqu'armée par nuict au » cartier de *Dinville* et *Roenville*, faingnant avoir la vassal du roi des Ro- » mains, par son maistre d'hostel pour amuser les portiers, cependant qu'il » y avait deux mille piedtons à Hochette, et le reste du camp à Dinville et à » Beneville ; mais le dit maistre d'hostel fut examiné entre deux fermetures et

Sur les neuf heures du soir les conjurés se mirent en marche ; ils avaient avec eux la maîtresse du *petit-abbé*, fille rusée s'il en fut, et qui devait passer pour un des pages du seigneur de Beaufort. Les Bourguignons portaient sur leurs épaules de grandes caisses et conduisaient des chevaux chargés de vaisselle et de quelques sacs de poudre, car le projet des conjurés était de mettre le feu à divers quartiers de la ville, afin de diviser les habitants. D'Esquerdes, ne voulant négliger aucune précaution, avait gardé près de lui deux des transfuges, pour répondre de la fidélité de leurs compagnons. D'abord cette entreprise parut réussir ; le *petit-abbé* réveilla le guet en criant : Voici le chevalier Artésien qui approche, nous conduisons même sa vaisselle, faites ouvrir la porte, que nous la mettions en sûreté. Ph. de Crévecœur suivait à peu de distance. On obéit aux transfuges Bourguignons, et la ruse des Français allait réussir, lorsque l'un des complices s'écria : Fermez, fermez la porte en toute hâte, à la trahison, le seigneur d'Esquerdes est à deux pas de nous. Aussitôt la barrière fut refermée, et l'alarme se répandit promptement dans la ville; les bourgeois prirent les armes et coururent sur les remparts. Mais d'Esquerdes, voyant que sa ruse était découverte, s'était retiré. Quant aux soldats du guet, habitués depuis long-temps au pillage, ils se précipitèrent sur le prétendu bagage du seigneur de Beaufort, espérant y trouver un riche butin, mais ils n'eurent que de

» fut trouvé que ce n'estoit qu'espiant guy recepvoit argent, tellement qu'on
» crya incontinent *alarme*, à telle effect que les Franchois perdirent leur
» peine. » — Tome 2, page 231.

M. Dusevel pense que Beneville est Berneville, au canton de Beaumetz.

la vaisselle de faible valeur et des hardes peu importantes. Ils se vengèrent sur le *Petit-Abbé :* les soldats Allemands s'en saisirent, le décapitèrent et traînèrent ses membres dans les rues de la ville. Le même sort était réservé à sa maîtresse, mais elle parvint à l'éviter, car elle déclara qu'elle était enceinte (1).

Cependant les Allemands devenaient de plus en plus exigeants, et adressaient chaque jour de nouvelles demandes au magistrat, au chapitre, à l'abbaye de St-Vaast. Les chefs eux-mêmes n'osaient réprimer les désordres de leurs hommes d'armes dans la crainte d'être victimes de l'insubordination. Et les soldats Allemands non seulement exigeaient de grandes sommes d'argent, mais encore mettaient tout en œuvre pour tracasser les habitants. Ainsi ces mêmes hommes qui avaient enlevé à la cathédrale deux calices d'or et quarante-quatre d'argent, un grand christ, couvert de plaques du même métal, cinq piliers également d'argent provenant des libéralités de Louis XI, ces mêmes hommes qu'on avait vu profaner les vases sacrés, qui avaient parcouru les rues de la ville couverts de chapes et d'autres ornements (2), refusèrent de recevoir des

---

(1) Voyez dans les chroniques de Molinet le chapitre intitulé : L'essay que fit le seigneur d'Esquerdes pour recouvrer la ville et cité d'Arras. Mss. n°. 594, tom. 2, folio 295, v° et suiv. — Harduin, ouv. préc. pag. 245.

(2) « Et après ils tombèrent dans la cathédrale, se saisirent des reliques,
» encenssoirs, plats d'argent, images, croix, bénitiers, ensemble tout ce qui
» pouvoit servir à l'autel fut saisi, et tomba en leurs mains quarante-six ca-
» lices, dont deux étoient de fin or et les autres d'argent doré, lesquelz avec
» vaisselles, chaînes, ceintures, joyaux et rubis pris çà et là furent fondus et
» mis par lingots, dont il y avoit neuf marcs d'or et dix-huit d'argent, et en

religieux de St-Vaast, pour le paiement de la taxe à laquelle ils avaient été imposés des bassins d'argent, des chandeliers,

» après ils déparèrent l'autel des cinq piliers d'argent que le roi Louis XI avoit
» donné, dont le tombeau de la comtesse Mahault d'Artois avoit été riche-
» ment étoffé et paravant renserré. Non contens de tout cela ils dépendirent
» le crucifix d'icelle église revêtu de plaques d'argent, lui otèrent les riches
» vêtemens......

» Les religieux de Saint-Vaast ne souffrirent pas moins que les cha-
» noines, et leur église eut le même sort que la leur ; ils y enlevèrent les reli-
» ques, calices et tout ce dont on pouvoit faire argent, même la riche table
» d'autel, étoffée de pierreries d'admirable et subtile fabricature, et qui tou-
» jours étoit démeurée en son entier pendant que les François étoient maîtres,
» fut brisée, fondue et abbatue, dont le dommage fut plus grand pour la
» forme et pour l'artifice que pour la perte des matériaux. Après qu'ils eurent
» fait toutes ces énormités, dix ou douze s'habillèrent et vestirent de riches
» chappes et ornemens d'église par dérision.

» Mais comme des crimes aussi énormes que tout ce que dessus ne pouvoient
» pas demeurer impunis, les chefs et officiers Allemands, après en avoir fait
» prendre plusieurs, assemblèrent un conseil par lequel trois des plus inso-
» lens furent condamnés à être menés sur la plus haute chambre de leur logis,
» qui étoit sur le grand marché d'Arras, et de sauter par les fenestres sur des
» picques dont on avoit dressé les pointes en haut pour les recevoir et les y
» laisser expirer ; mais aucuns de leurs amis prièrent tellement pour eux tou-
» chant ce nouveau genre de mort dont il n'y avoit pas encore eu d'exemple,
» et afin qu'ils ne souffrissent pas si long-temps, l'on ordonna que sitôt qu'ils
» seroient tombés des bâtimens sur les dites picques, ils seroient d'icelles abat-
» tus et achevés par les hallebardiers qui étoient présents, et ces malheureux
» finirent ainsi leur vie. » Chronique d'Arras, pag. 46. Molinet, Mss. préc.
Harduin, pag. 235. On peut aussi voir dans cet auteur pag. 227 des vers moitié François moitié Latins, que nous n'avons pas cru devoir reproduire ici.

des encensoirs et autre argenterie. Les Allemands ne veulent rien de l'église, dit Robert de Melun, et les moines durent en faire des lingots ; ils y joignirent deux calices d'or pesant chacun trois marcs (1).

Il serait trop long d'enregistrer tous les désordres dont la ville d'Arras eut à souffrir de la part des troupes Allemandes. Les chefs eux-mêmes profitaient de cette anarchie, et Robert de Melun tenta de donner l'administration temporelle et spirituelle de l'abbaye de St-Vaast à son frère François, pour lors étudiant à Orléans. Le titulaire était à cette époque Me Robert Briçonnet, président des enquêtes en parlement et conseiller du roi de France (2) ; Charles de Bourbon, archevêque, cardinal de Lyon était en effet mort depuis quelque temps. Robert de Melun, accompagné de Robert de Marquais, communiqua aux religieux des lettres dans lesquelles Maximilien leur représentait que Briçonnet, tenant le parti des Français, devait être privé de l'administration de l'abbaye, et que François de Melun en était investi. Mais le prévôt répondit au nom de la communauté, que le spirituel ne regardait que le pape ; pour le temporel il promettait d'agir de manière à contenter Robert

---

(1) Journal de Gérard Robert.

(2) Robert Briçonnet, qui plus tard (1493) fut promu à l'archevêché de Reims et fut créé chancelier par lettres-patentes datées de Turin le 30 août 1495, dut son élévation rapide à la faveur dont jouissait son frère Guillaume Briçonnet, plus connu sous le nom de cardinal de St-Malo. Robert mourut à Moulins en Bourbonnais le 3 juin 1497.

Charles de Bourbon était mort en 1488.

de Melun et son frère. Les chefs se retirèrent peu satisfaits de cette réponse (1) (15 février 1493.)

Mais ce n'était pas la ville d'Arras seule qui avait à souffrir des désordres des troupes Allemandes et leurs ravages s'étendirent aussi dans les villages voisins. Ainsi Athies qui avait été concédé à l'abbaye de St-Vaast par le roi Thierry III, et qui depuis lors avait appartenu à ce monastère, fut dévasté et brûlé en grande partie ; à Wanquetin où le chapitre d'Arras possédait plusieurs maisons, ainsi que l'autel, soixante-quinze personnes périrent dans les flammes ; la perte fut estimée à plus de mille livres. Les religieux de St-Vaast jouissaient près d'Arras d'une grande ferme nommée la cense d'Hervin. Jehan Duclercq, oncle de Jacques Duclercq qui nous a laissé une si intéressante chronique, avait relevé les bâtiments détruits pendant le siège de 1414 ; et les avait arrangés pour qu'en cas de peste les religieux pussent s'y retirer. Les Allemands dévastèrent la cense, la démolirent en partie, et forcèrent les serviteurs de l'abbaye d'en conduire en ville le bois sur leur charriots. Dans d'autres endroits ils s'emparaient des filets, pêchaient dans les étangs et enfondraient ensuite les barques qui leur avaient servi (2).

(1) Journal déjà cité de Gérard Robert. François de Melun fut prévôt de Bruges en 1505, puis de St-Omer et de St-Pierre de Lille. Il succéda à l'évêché d'Arras à Nicolas-le-Ruystre le 4 janvier 1509, et passa deux ans plus tard à l'évêché de Thérouanne. C'est lui qui dédia l'église des Annonciades de Béthune en 1517. Gal. christ. nov. édit. tom. 3, col. 346. — Gazet, édit. d'Arras, p. 138. Le p. Anselme, hist. gén. et chron. de la maison royale de France, 3ᵉ édit. tom. 5. pag. 230. Sur Robert de Melun, voy. notre chapitre sur les gouverneurs d'Arras.

(2) Journal de Gérard Robert passim. On peut voir sur Jean Duclerq, de

A Arras c'étaient chaque jour de nouvelles demandes de la part des chefs. Le trois février 1492 (v. s.) jour de St-Blaise, messire Robert de Melun fit venir par devers lui huit échevins, leur représenta qu'il serait bon de fournir aux Allemands du blé et de l'avoine, et leur dit qu'il était à craindre que sans cela ils ne fussent obligés de se nourrir eux et leurs chevaux aux dépens de leurs hôtes. Martin de Baudart, au nom des échevins, représenta alors les malheurs qu'avait déjà essuyés Arras; il ajouta que les habitants étaient ruinés, comme le devait savoir messire de Melun, que du reste pour obvier aux troubles qui pourraient suivre, on livrerait aux Allemands quelques mencauds de blé s'ils voulaient s'en contenter et promettre d'en payer le prix sur leur solde à venir, mais que pour l'avoine c'était de toute impossibilité. Après plusieurs observations de la part de messire Robert de Melun auxquelles répondit le magistrat, il fut convenu que l'on fournirait trois cents mencauds de blé, y compris les trente-quatre mencauds de Darat valet des œuvres, et qui appartenaient à la ville; que pour se procurer le reste on ferait à la *chandelle allumée et à la bretèque* une adjudication des deniers provenant du courtage des vins de la dite ville, et que ce qui manquerait pour fournir ces

---

curieux détails dans le journal de la paix d'Arras par dom Antoine de le Taverne déjà cité, pag. 176 et suiv. Sur Jacques Duclercq consultez l'excellente notice que M. le baron de Reiffenberg a mise en tête des mémoires de cet auteur, dans la nouvelle édition qu'il en a donnée à Bruxelles en 1823. 4 vol. in-8°. Nous avons publié une courte notice sur J. Duclerq dans l'*Almanach du Pas-de-Calais*, 1845.

blés serait pris sur les plus clairs revenus, tels que Maltôte, etc. (1).

Mais ce fut surtout vers la fin de mars qu'il y eût de grands désordres dans Arras. Le 26 de ce mois les chefs des troupes Allemandes demandèrent de nouveaux paiements; il leur fût répondu que les ressources de la ville étaient épuisées, et que ni le chapitre, ni l'abbaye de St-Vaast, ni le magistrat ne pouvaient payer la taxe qu'on leur imposait. Alors les soldats devinrent furieux, saisirent les députés qui étaient allés leur formuler ce refus, et les enfermèrent en divers endroits de l'abbaye de St-Vaast. Jean de Tongres et Jean Benoit furent jetés dans une cave obscure où ils trouvèrent la mort, sans que ni leur âge avancé, ni leur caractère sacré de chanoine eussent touché leurs bourreaux. Enfin la ville s'imposa de nouveau ; on distribua aux troupes Allemandes du pain et du vin, et on parvint à obtenir l'élargissement des prisonniers ; toutefois ils ne recouvrèrent la liberté qu'après avoir juré de reprendre leurs fers si, pour le samedi de Pâques, la ville n'avait trouvé la somme nécessaire pour payer les impositions à laquelle on l'avait soumise. Les Allemands menacèrent d'écarteler ceux qui manqueraient à ce serment (2).

(1) Arch. mun. reg. mémor. fol. 110 v°.

(2) « Le merquedi 26ᵉ jour de mars 1492 avant Pâque à heure de plait mes-
» sieurs furent mandés par les cappitaines Monssieur de Rony, monssieur
» Schamburg et Louis de Vaudrey pour eulx trouver à la quemayne des gens
» de guerre, de pied et de cheval pour répondre à ce que il leur demanderoit.
» Ils, avec ceulx de la cité et chapitre, le alèrent au dit quemaine au dit mar-
» chiet où ils trouvèrent les gens de guerre en armes qui avoient affuté et

Ces soldats indisciplinés ne quittèrent la ville que le 19 septembre (1). Cependant il y avait déjà plusieurs mois que la paix avait été signée à Senlis (13 mai 1493) entre Charles VIII et Maximilien ; le roi de France, en effet, avait hâte de terminer la guerre, car il avait déjà résolu de conquérir le royaume de Naples. Par ce traité, l'Artois et les autres états qui avaient formé la dot de Marguerite (cette princesse était renvoyée à Maximilien son père), devaient être rendus au roi des Romains comme tuteur et *maimbourg* de Philippe son fils, excepté les villes d'Aire, Hesdin et Béthune qui resteraient sous le gouvernement du seigneur d'Esquerdes jusqu'à la majorité de

» apointié les engiens et leur demandèrent à voir et être drechié de leur pai-
» ment pour V mois ausquel fut remoustré les paimens et aultres nécessitez de
» la ville ; néanmointz ils furent constitués prisonniers et mis en lenclos et
» abbéie de St Vaast en icelle où ils furent détenus asses étroitement jusque le
» merquedi enssuivant qu'ils furent appris quils de la ville et cité avoient pro-
» mis payer pour le dit paiment XII^m VIe livres et ce des églises VI^m livres
» qu'ils disoient estre pour le paiment d'ung mois ; furent eslargis jusques le
» samedi nuit de Pasques communaulx, parmi ce que aucuns bourgeois les ra-
» catèrent, afin que ce temps pendant ils firent diligence de fournir les pai-
» mens et en cas de deffault ils retourneroient le dit jour à quoi ils se sont
» submis par serment, et leur a été fait commandement à peine d'être écartelé
» que nul ne se absente. » Arch. mun. Rég. mém. f. 113 v°. — Nous pensons que c'est à tort qu'Harduin dit pag. 231 que les chefs furent emprisonnés.

(1) Il nous eut été facile de consacrer encore quelques pages aux désordres des Allemands, mais nous avons cru en avoir dit assez sur un sujet qui ne se rapportait qu'indirectement à l'histoire des sièges d'Arras. Pour plus de détails nous renvoyons au journal de Gérard Robert, récit intéressant que nous serions heureux de voir publier.

Philippe. Quant au *revenu et au temporel* de la cité d'Arras, il serait délaissé à l'évêque et au chapitre sous le ressort du bailliage d'Amiens. Charles VIII, quoiqu'il eût le pouvoir de disposer de la place de capitaine, la laissait à celui qui l'exerçait, ou à ceux qui pourraient être nommés avant que l'archiduc eut atteint sa majorité. A cette époque le roi de France recouvrait tous ses droits de donner à la cité tel chef et telle garnison qu'il lui plairait. Les ecclésiastiques, nobles, marchands et autres Français, sortis des ville et cité d'Arras depuis le cinq novembre dernier, pouvaient y rentrer librement, reprendre possession de leurs biens et en jouir sans être inquiétés. Les villes d'Arras et de St-Omer apposèrent leurs sceaux à cet acte et garantirent ce traité (1).

(1) Voy. Leonard, recueil des traités de paix, tom. 1 pag. 354. Harduin, ouv. préc. pag. 250.

V.

1597.

C'était une ville riche et puissante qu'Arras, avec sa royale abbaye de St-Vaast, ses nombreux couvents d'hommes et de femmes, ses paroisses et ses hôpitaux (1); de plus elle protégeait

---

(1) Dans les comptes de la ville de 1590-1591, les seuls du xvi⁺ siècle qui existent aux archives départementales, les revenus de la ville étaient de 20,192 livres, 6 sols, 9 deniers, mais les dépenses s'étaient élevées à 22,529 l. 7 s. 5 d., ce qui établissait un déficit de 2,333 livres, 8 deniers.

Arras comptait alors dans ses murs ou dans ses faubourgs six abbayes d'hommes, outre St-Vaast : les Frères mineurs ou Cordeliers transférés en ville en 1524 ; 2°. les Dominicains qui habitaient encore le faubourg de St-Sauveur ; 3°. les Trinitaires ou Religieux de la Rédemption des Captifs, alors au faubourg de Ronville ; 4°. les Carmes-Chaussés ou Grands-Carmes. Voy. page 118 ; 5°. les Capucins nouvellement établis en ville ; l'évêque Mathieu

la Flandre et arrêtait de ce côté les efforts des Français. Aussi les gouverneurs-généraux savaient combien elle leur était utile, et ils apportaient tous leurs soins à la fortifier contre une attaque, et à la préserver d'une surprise. Cependant depuis plus d'un siècle, Arras n'avait pas eu à souffrir des Français, quoique sous les ordres du maréchal Biron, ils eussent commis de grands dégâts, tant à Rivière que dans plusieurs autres villages de l'Artois (1). Sur ces entrefaites une ruse grossière fit tomber Amiens au pouvoir des Espagnols, et cette nouvelle attrista vivement Henri IV. C'est assez faire le roi de France, s'écria-t-il, il est temps de redevenir roi de Navarre, et il s'arracha aux fêtes de la cour, aux plaisirs des bals masqués, aux charmes de sa belle maîtresse pour revêtir sa vieille cuirasse d'Arques et d'Ivry. (2)

Moullart avait consacré leur église en 1595. Cinq monastères de femmes : 1°. les Filles-Dieu ou Béguines (aujourd'hui les Augustines), alors au faubourg de Ronville; 2°. les Filles de la Thieuloye au même faubourg; 3°. les Religieuses dites de Louez-Dieu; 4°. les Clarisses, dont le couvent était en cité; 5°. la maison des Chariotes fondée en 1361 par Jean de Chariot bourgeois d'Arras pour de pauvres veuves. Dix paroisses, outre la Cathédrale : c'étaient celles de St-Géry, St-Aubert, Ste-Croix, St-Jean-en-Ronville, St-Nicolas-sur-les-Fossés, la Chapelette-au-Jardin, St-Etienne, St-Sauveur, St-Nicolas-en-l'Atre et St-Nicaise. Ces deux dernières églises étaient situées dans la cité. Deux hôpitaux : 1°. l'hôpital de St-Jean-en-Lestrée fondé en 1178 par Philippe d'Alsace; 2°. l'Hôtel-Dieu, en cité, 1224.

(1) Harbaville, Mémor., tom. 1er, pag. 179.

(2) Voy. tous les histor. de Fr.; sur les fêtes de cet hiver, on peut consulter avec fruit le journal de Henri IV par P. de l'Estoile, édit. Michaud et Poujoulat, 2e s. tom. 1, 2e part. pag. 220 et suiv.

Il n'entre pas, dans le cadre que nous nous sommes tracé, de redire la prise d'Amiens, la bravoure du gouverneur, les efforts inutiles du cardinal Albert (1). Henri IV entra dans cette place le 25 mars 1597, mais il n'y resta que deux heures, à cause de la maladie contagieuse qui exerçait alors ses ravages dans cette ville.

Le lendemain le roi sortit de son camp, à la tête de dix mille hommes, et se dirigea vers Arras. Il espérait surprendre les habitants pendant leur sommeil, et il avait apporté avec lui des pétards et des fusées qu'il comptait attacher aux portes de Méaulens et de Beaudimont, afin de pénétrer en même temps dans la ville et dans la cité. Son entreprise parut d'abord réussir ; sa

---

(1) Voy. pour le siège d'Amiens l'hist. de cette ville par H. Dusevel, tom. 1, pag. 362, qui du reste a suivi la chronologie fautive de Sully, et a extrait des mémoires de Maximilien de Béthune duc de Sully, mis en ordre avec des remarques par M. L. D.... Londres, 1745, in-4°., tom. 3, pag. 421 une lettre que **Henri IV** aurait écrite à Sully, du camp d'Arras, mais que nous croyons avoir été composée à plaisir. On prépare dans ce moment une histoire de ce siège important. Le gouverneur d'Amiens se nommait Montenegro.

Albert était le 6e fils de Maximilien II ; dès sa jeunesse il fut destiné aux dignités de l'église, et fut nommé, jeune encore, cardinal et archevêque de Tolède. Philippe II, son oncle, l'envoya gouverner le Portugal en 1583, et fut si content de sa conduite qu'il lui donna le gouvernement des Pays-Bas. Bien plus, en 1598, il lui accorda la main de sa fille Isabelle-Claire-Eugénie, et Albert renonça à la pourpre Romaine. Il mourut en 1621 à l'âge de 62 ans.

Les archives du N. de la Fr. ont publié dans les hommes et choses, pag. 301 une lettre de Henri IV à l'archiduc Albert (13 juin 1606) pour prier l'archiduchesse d'être marraine d'un de ses enfants.

marche n'avait pas été observée, et il avait pu s'approcher des murs à la faveur d'une nuit obscure. Il avait partagé ses troupes en cinq corps qui s'étendaient entre les portes d'Amiens et de Beaudimont ; un fort détachement se saisit des pont-levis de Beaudimont et de Méaulens, y attacha des pétards et y mit le feu. Mais l'un d'eux ne joua point comme on l'avait espéré. Les habitants coururent sur les remparts où déjà se trouvaient l'évêque Mathieu Moullart (1) et Charles de Lon-

---

(1) De Vienne, hist. d'Artois, 5ᵉ partie, pag. 68 et l'ordre des abbés du Mont-St-Éloy, mss. préc. pag. 89.

Mathieu Moullart naquit au village de St-Martin-sur-Cojeul de pauvres cultivateurs. Il se livra avec ardeur à l'étude, au point que le célèbre Martin Rythove, qui depuis fut sacré premier évêque d'Ypres, le déclarait son élève le plus instruit. Il fut chargé de faire un cours de théologie à Louvain et prit dans cette Université le grade de licencié. Religieux et abbé de St-Ghislain en Hainaut (1565), Mathieu Moullart fut chargé de missions importantes : c'est ainsi qu'il fut député aux États du Hainaut et qu'il fut envoyé en Espagne en 1571 en qualité de député des provinces Wallonnes des Pays-Bas. Pendant ce voyage, Moullart alla jusqu'à Rome où le pape Grégoire XIII fit ses efforts pour se l'attacher. Ce fut en 1575 que Moullart fut nommé à l'évêché d'Arras pour succéder à Jean Richardot. Il refusa d'accepter avant qu'on l'eût déchargé d'une pension que le dernier évêque avait toujours payé jusque-là au cardinal de Granvelle ancien évêque d'Arras. Il fit son entrée dans cette ville le 1ᵉʳ octobre 1577. Pendant son épiscopat des troubles religieux ensanglantèrent son diocèse, et le forcèrent de chercher ailleurs un sûr asile ; il délégua pour le remplacer Sarrazin, l'illustre abbé de St-Vaast. Mathieu Moullart revint lorsque les troubles furent calmés, et comme nous l'avons vu, il anima les bourgeois par son exemple en 1597. Moullart mourut le 2 juillet 1600 à Bruxelles où il s'était rendu pour une assemblée des Etats. Le testament olographe de Moullart existe aux archives départementales du Pas-de-Calais dans la liasse des

gueval comte de Bucquoy (1). Ainsi encouragés, les bourgeois repoussèrent les Français par de continuelles décharges d'artillerie, car à cette époque les remparts en étaient garnis, surtout ceux qui s'étendaient de la porte St-Michel à celle de Méaulens et ensuite jusqu'à la cité ; d'ailleurs le roi voyant qu'il était découvert se retira aussitôt. Il savait en effet que le cardinal Albert était dans les environs à la tête de ses troupes, et il ne voulait point tenter un siège dont l'issue était douteuse (2).

mariages et testaments de 1596. Il est sur papier et porte le sceau de Mathieu Moullart. Le legs le plus important est celui par lequel il abandonne, pour la changer en séminaire, une maison située à Douai, rue du Pont-de-Pierres. Les armoiries de Mathieu Moullart étaient *d'azur à l'herse d'or et une fasce d'or au chef d'argent, chargé de deux têtes de chevaux bridés de sable;* avec cette devise : *Ardore consentanco.*

(1) At enim et comes Busquoyanus, et civium animi divino freti auxilio ab hujus urbis mœnibus avertère cladem, non nullis hostium ad portam cœsis, qui facta tormento via ingredi certabant, còque simul interempto, qui portæ valùas perfregerat, viamque ulterivs aperire moliebatur. Buzelini annales, Duaci 1624, pag. 615.

Charles-Albert de Longueval, comte de Bucquoy et de Gratz, baron de Vaulx et de Rosemberg, etc.; chevalier de la Toison-d'Or, général de la cavalerie Espagnole aux Pays-Bas, gentilhomme de la chambre de l'empereur et du roi d'Espagne, grand veneur et grand louvetier d'Artois, gouverneur de Hainaut et de Valenciennes, capitaine d'une compagnie d'ordonnance, mourut en 1663.

(2) Il y a plusieurs versions sur ce siège que, pour être complet, nous devons rapporter ici. Hardouin de Perefixe dit en effet :

Au partir d'Amiens, le roi mena son armée jusqu'aux portes d'Arras,

Mais Henri IV n'ayant pu dans sa retraite emporter ses pétards, les habitants d'Arras s'en saisirent, et résolurent d'en

» pour visiter l'archiduc. Il y demeura trois jours en bataille et salua la ville
» de quelques volées de canon ; puis, voyant que rien ne paraissait, il se re-
» tira du côté de la France mal satisfait, disait-il galamment, de la courtoisie
» des Espagnols qui n'avaient pas voulu s'avancer d'un pas pour le recevoir,
» et avaient refusé de mauvaise grace l'honneur qu'il leur faisait. » Edit. de
la soc. reprod. des B. L. pag. 198 et 199.

Philippe Hurault, comte de Cheverny, chancelier de France, dit dans ses mémoires, édit. Michaud et Poujoulat, 1re sér. tom. 10, pag. 554 : « et fai-
» soit (Albert) advancer et retirer son bagage vers Dourlens, où il se retira le
» soir sans autre effet, y laissa ses vivres et le 22 se retira à Arras, ayant tou-
» jours esté poursuivy par Sa Majesté avec son armée et son artillerie jusques
» audit Arras, où mesme il fit tirer vingt-cinq ou trente canonnades pour mar-
» que de son advantage tout entier ; et après ne pouvant faire davantage
» contre son ennemy, qui ne vouloit combattre, s'en revint audit siège d'A-
» miens, etc. »

De Thou dans ses Mémoires, édit. Michaud et Poujoulat, 1re série, tom. XI, pag. 368, marque seulement : « ce prince (Henri IV) qui étoit allé faire
» une course dans l'Artois. »

On lit dans la chronique novenaire de Palma Cayet, édit. Michaud et Poujoulat, 1re série, tom. XII, 1re partie, pag. 772. « Le roy, pensant trouver
» le cardinal d'Austriche vers Dourlens, s'y achemina avec dix-huit pièces de
» canon ; mais il s'estoit retiré vers Arras et en passant avoit seullement jetté
» dedans une partie des meilleurs hommes de son armée, avec des munitions
» et des vivres, et tout ce qui estoit nécessaire pour soutenir un long siège.
» Sa Majesté qui ne vouloit si tost se rembarquer à un siège et principalement
» à cause de la proximité de l'hyver passa outre avec sa cavalerie, infanterie
» et canons, donna aux portes d'Arras, ou estoit encores ledit cardinal avec

faire un trophée commémoratif de leur bravoure. Ce fut dans les salles mêmes de l'hôtel-de-ville qu'il fut élevé ; bien plus un tableau fut peint par Thomas Tieullier *tailleur d'imaiges* et doré par Jehan Varlet, qui reçurent pour leur salaire celui-ci neuf livres, et celui-là six. Ce tableau existe encore au Musée, et attire les regards des visiteurs qui peuvent ainsi juger de l'état

---

» une partie de son armée. Ayant faict tirer vingt-cinq ou trente vollées de
» canon sur cette ville, attendant quelque sortie des Espagnols, voyant qu'ils
» ne paroissoient point, et s'estoient retirez plus avant dans le pays, Sa Ma-
» jesté se retira vers Amiens, etc. »

Sully, le confident et l'ami de Henri IV, se trompe sur la date de cette attaque, car il la place un an avant le siège d'Amiens : il dit en effet en énumérant les défaites qui furent la suite de cette attaque manquée : *car outre la perte d'Amiens qui apparemment en procéda l'année suivante.* Economies royales, édit. Michaud et Poujoulat, 2ᵉ série, tom. 2, pag. 205.

Cette opinion est aussi celle de M. Martin, hist. de Fr. nouv. édit. tom. 11., pag. 531.

Davila, hist. des guerres civiles de France, trad. par Baudoin dit au liv. 15, pag. 1278 : « ce valeureux prince (Henri IV) après avoir remply de terreur
» tout ce pays là, et couru jusques aux murailles d'Arras, s'estoit advisé de-
» puis, qu'il ne pouvoit laisser derrière les places de Picardie, à moins que de
» les exposer à un danger manifeste. »

Plusieurs auteurs Flamands ont passé cette attaque sous silence, et parmi eux nous croyons devoir citer les annales Belgiques de Dumées ; l'histoire des guerres de Flandre par le cardinal Bentivoglio, traduite de l'Italien par M. Loiseau, et l'hist. de l'archiduc Albert, imp. à Cologne chez les héritiers de Corneille Egmond, MDCXCIII.

de la peinture à Arras au seizième siècle (1). Non contents d'en avoir agi ainsi, les habitants d'Arras résolurent d'immortaliser leur belle défense par l'institution d'une procession ; cette

(1) « A Thomas Tieullier tailleur d'imaiges pour la taille et ouvraige d'ung
» tableau de bois par lui livré, mis et appendu en la dite chambre de conseil
» au-dessoubz des pétards délaissez par les Franchois lorsqu'ilz attentèrent
» contre ceste ville le 28ᵉ dudit mois de mars XVᶜ nonante sept a esté paié
» comme appert par quittance dudit Tieullier, la somme de VI livres.

» A Jehan Varlet peintre, pour la peinture et dorure dudit tableau a esté
» paié par aultre mandat la somme de IX livres.

» Plus a esté paié pour une aisselle de huict pied de long et de douze pou-
» ches de large, sur laquelle reposent lesdits pétards, enssamble pour la
» paine et traivail de certain huchier ayant livré la dite aisselle pour l'asseoir
» ensemble lesdits pétard icy XXXII sols, VI deniers. » Arch. munic. Compte des commis aux honneurs pour l'année 1597.

Il existe aux archives départementales un contrat de vente portant le nº 143, dont voici un extrait :

» Comparurent en leurs personnes Thomas Thieullier tailleur d'imaiges et
» Magdelaine Morel sa femme demourans en ceste ville d'Arras, et recognu-
» rent.... etc.... parmi et moiennant douze deniers de denier à Dieu, et pour
» principaux deniers la somme de deux cents flourins, carolus, monnoie d'Ar-
» tois etc.... ils ont par ces présentes vendu, cédé, résigné et transporté etc...
» à Anthoine Lemieure licencié ès loix, etc..... une maison, court, jardin
» et héritage scitués en le grande rue de Sainct-Aubert, tenant à le maison
» de le Baubarde etc. etc......

» Ainsi fait et passé à Arras le 7ᶜ aoust 1609.

» Signés : Thomas Tieullier et Magdelaine Morel. Et comme notaires : De
» Cardevacque et P. Hapiot. »

demande leur fut accordée, et elle fut fixée tous les ans au dimanche le plus près du 28 mars, excepté toutefois lorsque Pâques tombait le dit jour, car alors elle était remise au mardi suivant (1).

(1) « Dud. 2e reg. fol. 279.

» Sur la remonstrance faite au roy notre sire en son conseil privé de la part
» des mayeur et échevins de la ville d'Arras que le 28e du mois de mars de
» cest an 1597 le prince de Bearne en personne et ses trouppes Françoises ses-
» toient inopinement à la minuict venus avec petarts et autres engins attaquer
» tout-à-coup certaine porte d'icelle nommée Miolens et une autre de la Cité-
» lez-Arras, appelez Baudimont, ayant fct tous leurs efforts pour s'emparer
» des dites ville et cité. De quoy il auroit pleu à la bonté divine les délivrer et
» préserver miraculeusement mesme de donner la valeur et force aux habitans
» de les repousser et faire retirer avec leur confusion et ont même fait perte
» de plusieurs dentre eux pourquoy iceux commis et tous les habitans des-
» quelles ville et cité en doivent graces immortelles à Dieu leur conservateur
» et désirent ledit bénéfice estre cognu, publié, et manifesté de père en fils
» et de génération à autre par signes et œuvres de dévotion notamment de
» processions génèralles avec le vénérable St-Sacrement de l'Eucharistie, sup-
» plièrent très humblement que Sa Majesté fuct......... de leur faire expédier
» ses lettres-patentes contenant institution et ordonnance pour toujours de
» faire et célébrer leur procession générale par chacun an des dites ville et
» cité en la manière ordinaire au plus prochain dimanche dudit xxviiie de
» mars, ne fut que le dit dimanche eschut au jour de Pasques auquel cas qui
» ne seroit au mardy seconde festes de Pasques communaux. Sa Majesté ce
» que dessus considéré, et attendu que le tout tend à l'honneur de Dieu et
» actions de grace pour un bénéfice receu de sy remarquable faict, a auto-
» risé et autorise par ceste les dittes annelles processions génèralles quy se fe-
» ront en la dite ville et cité d'Arras en la manière ordinaire au plus prochain

La poésie s'empara aussi de cet évènement, et voici le sonnet que Gilles Surelles bourgeois d'Arras composa à cette occasion (1).

» *Sonnet sur la tentativé que firent les Français pour s'emparer de*
» *la ville d'Arras, aux deux portes de Méaulens et de Beau-*
» *dimont, le vendredy 27 mars 1597, fait et composé la même*
» *année par Gilles Surelles, bourgeois d'Arras, maintenant*
» *défunt.*

—

» Or, dis-moi, Béarnais, toi qui es au comble de la puis-
» sance, qui te pousse à amener tant de chats pour prendre
» dans leurs griffes un rat, lorsque l'Aurore n'avait pas en-
» core chassé les noirs ténèbres de la nuit.

» dimanche du 28e de mars, ne fut que ledit dimanche escheut en jour de Pas-
» que, auquel cas seront icelles processions différées et remises au mardy
» seconde feste de Pasque communaulx ; ordonnant sa dite Majesté à tous qu'il
» appartiendra de..... et se reigler. Fait en Arras le XXe octobre 1579. Paraphé
» et plus bas ainsi signé Le Vasseur. Audit registre estoit escript : Collation fete
» à l'acte original cy-dessus transcript et trouvé concorde par le greffier civil
» de la ville d'Arras soubsigné le XX d'apvril 1639. Tassart de Watelet, con-
» corde. Concorde Ant. Deslions. » Arch. munic. Résolutions et actes les plus
curieux faits au conseil provincial d'Artois, ext. par Deslions, pag. 155 et 156.

(1) *Sonnet sur la tentative que firent les François à la ville d'Arras, et ce à*
deux diverses portes assavoir Miolens et Baudimont, par un vendredy le
27 de mars l'an 1597 faict et composé la mesme année par à présent feu
deffunt Gilles Surelles bourgeois d'Arras.

—

Or dis-moy Biarnois accablé de fortune
Qui t'incite d'amener tant de chatz pour un ra

» Pour un roi très-chrétien, c'est indigne d'employer tant
» de ruses, tant de perfidies. Ah! tu ne gagneras rien contre
» les catholiques, car tout ce que tu fais ne vaut pas une
» prune.

—

» Mais quel profit ont eu tes cohortes Françaises de venir
» rompre nos portes avec leurs pétards et leurs artifices, voire
» même faire couler le sang à flots.

—

» Nous n'avons rien perdu : ils n'ont qu'une souris mâle
» avec sa femelle. Mais nos jeunes rats, avec leurs balles terri-
» bles, les ont forcés de s'enfuir au plus vite. »

Un autre auteur, plus longuement inspiré, a redit cette atta-

De leurs griffes agripper ; encoire qu'Aurora
Navoit chassé dehors le voil de nuict brune.

—

Pour un roy très chrestien cela par trop répugne
D'user tant de larcin, de fraude ou de baras
Envers les catholiques, ha rien ny gaigneras
Car tout ce que tu fais ne vault pas une prune.

—

Mais quel proufit ont eu de Gaulois les cohortes
Avec poudreux pétardz a venir rompre nos portes
Voir en faire emporter d'un massacre le los.

—

Rien du nostre abbatu ils n'ont qu'un sauront malle
Avec une souris, mais de foudreuses balles
Les ont faict le galop prendre nos rattelos.

Archives municip. — Mss. de Doresmieulx, f° 84

que dans un grand nombre de vers latins, dont nous avons traduit le commencement.

« Pendant la nuit les Français tentent de s'emparer par ruse
» des murs d'Arras, mais Dieu fait échouer leur entreprise au-
» dacieuse. Les portes furent brisées et les barrières renversées ;
» pour animer ses soldats le roi se trouvait dans l'enceinte. Au
» bruit qu'il entend, un garde vigilant crie aux armes ; les lam-
» pes sont allumées, les tambours au son bruyant retentissent :
» du haut des tours l'airain gronde. Les bourgeois arrachés au
» sommeil accourent chargés de traits ; le fusil vomit incessam-
» ment des balles, du souffre et du feu. Les bourgeois s'exposent à
» tous les périls pour la défense de leurs autels et de leurs foyers.
» Les Français continuent d'ébranler les barrières ; ils s'en appro-
» chent, s'efforcent de se précipiter par la brèche qu'ils ont faite,
» et de lutter corps à corps avec les habitants : le désir de la con-
» servation anime les uns, tandis que les autres combattent dans
» l'espoir d'un riche butin. Les efforts ne sont pas les mêmes ; la
» valeur arrête l'impétuosité ; les Français ne peuvent pénétrer ;
» les premiers bataillons sont renversés. Le plus brave, le plus
» agile, se précipite avant les autres, et frappé mord la pous-
» sière. Les Dieux doublent les forces des assiégés, et leur por-
» tent secours, non pas ceux d'Illion qu'inventa Homère, mais le
» Dieu des armées ; il agit intérieurement sur les cœurs, les rem-
» plit d'une vertu cachée, et rend la vigueur aux membres fa-
» tigués. Frappés d'étonnement les Français songent enfin à
» fuir, et déjà a lui le jour favorable aux bourgeois ; ils se reti-
» rent en bon ordre, craignant d'être blessés dans leur re-
» traite, et regardent avec admiration les barrières brisées,
» les portes enfoncées et leurs serrures forcées, etc. »

L'année suivante (1598) la paix fut signée à Vervins entre la France et l'Espagne; on la publia à Arras le 7 juin (1).

(1) « Le dimanche VII de juing 1598 la paix auroit esté publiée entre les roys d'Espagne et de France, auquel jour furent faictes processions générailles et y porté le St-Sacrement, la Ste-Manne, le chief et corps de St-Vaast, la Ste-Chandelle et plusieurs autres reliquaires ; sy furent faites feuz de joye et aultres plusieurs allégresse. » (Archives départementales — Rég. aux résolutions des assemblées des États d'Artois, 1578-1602, f° 435.

VI.

1640.

Richelieu était arrivé au faîte de la puissance ; le parlement, que le dernier règne avait vu si arrogant, en était réduit à entériner sans discussion les ordonnances et édits royaux ; de plus la création de nouvelles charges, en augmentant les membres de ce corps, diminuait leur crédit. Trois maréchaux de France (1) avaient payé de leurs têtes leur révolte contre le

---

(1) Jean-Baptiste d'Ornano, né à Sisteron en 1561, maréchal de France le 7 avril 1626 et mort à Vincennes, le 9 novembre suivant. On croit que le poison ne fut pas étranger à cette fin précipitée.

Louis de Marillac, comte de Beaumont, gentilhomme ordinaire de la chambre de Henri IV, promu en 1627 à la dignité de maréchal de France, con-

premier ministre ; les calvinistes ne pouvaient plus former un parti politique, et leur dernier chef, le prince de Rohan, par sa belle défense de la Valteline, avait donné des preuves de son attachement au roi et au premier ministre. Dès-lors Richelieu, tranquille à l'intérieur, résolut d'abaisser la maison d'Autriche, et de l'attaquer sur toutes les frontières de la France. De grandes dépenses furent faites, de nombreuses armées furent mises sur pied, et de lourds impôts pesèrent sur le peuple. Mais ce fut pour l'an 1640 (1) que le cardinal réunit tous ses efforts, pour attaquer la puissance Autrichienne du côté des Pays-Bas. Trois armées furent dirigées vers le Nord sous le commandement de trois maréchaux de France : La Meilleraie, nouvellement promu à cette dignité ; Châtillon, dont on connaissait la bravoure ; et de Chaulnes depuis long-temps gouverneur de Picardie (2). Dès le premier janvier 1640, le roi leur écrivit qu'ils eussent à compléter leurs troupes, tant d'in-

damné à mort par des juges vendus au pouvoir, eut la tête tranchée en place de Grève, le 10 mai 1652.

Henri, duc de Montmorency, fut l'un des hommes de guerre les plus vaillants du 17e siècle. Il eut la tête tranchée à Toulouse, au mois d'octobre 1632 à l'âge de 37 ans. Il avait reçu le bâton de maréchal de France en 1630.

(1) Sur les armemens de 1640, voyez la suite du testament politique du cardinal de Richelieu insérée par Griffet dans son hist. de Louis XIII, tom. 3.

(2) Charles de la Porte, duc de la Meilleraie, était petit-fils d'un riche apothicaire de Parthenay en Poitou, et cousin germain de Richelieu. Cependant,

fanterie que de cavalerie, avec zèle et activité, car il voulait, disait-il, mettre ses armées en campagne avant celles des en-

on pense qu'il dut son avancement, autant à son propre mérite qu'à la protection du premier ministre. La Meilleraie se distingua dans les guerres de Piémont, fut nommé grand maître de l'artillerie, après le siège de La Mothe en Lorraine, et servit avec distinction en Bourgogne et dans les Pays-Bas. Il reçut le bâton de maréchal de France en 1639, sur la brèche d'Hesdin. (Voyez à ce sujet le dict. port. des faits et dits mémorables de l'histoire, tom. 2, art. La Meilleraie. Biog. univ. tome 28, page 152.—Hist. du siège d'Hesdin, par Ant. de Ville, Lyon, 1649, in-4°.) La Meilleraie cueillit de nouveaux lauriers au siège d'Arras, continua à se signaler dans les Pays-Bas et dans le Piémont, fut nommé surintendant des finances en 1648, abandonna cette place l'année suivante, et mourut à Paris à l'arsenal, le 8 février 1664 ; il était âgé de 62 ans.

Gaspard de Coligni-Châtillon, né en 1584, se signala d'abord en Hollande contre les Espagnols. Il reçut le bâton de maréchal de France pour avoir livré Aigues-Mortes au roi en 1632. Il prit part aux combats de Savoie, de Flandre et de Picardie (1630-1638). Ce fut lui qui par sa bravoure décida la victoire dans les plaines d'Avains en 1635. Châtillon, ayant été défait à la bataille de la Marsée en 1641, se retira du service ; il mourut en 1646. On lui reproche d'avoir, par sa lenteur et sa négligence, souvent compromis le succès des troupes qu'il commandait.

Honoré d'Albert, connu d'abord sous le nom de *Cadenet*, était frère de Charles-Albert de Luynes, favori de Louis XIII et connétable de France. Honoré fut nommé, successivement et à de courts intervalles, mestre de camp, puis lieutenant-général du gouvernement de Picardie ; il devint maréchal de France en 1619, et fut créé, en 1624, duc de Chaulnes. Cette terre (baronnie de Picardie) lui appartenait comme dot de sa femme, N. d'Ailly. Honoré se distingua en repoussant les Espagnols qui avaient envahi la Picardie, dont il avait été nommé gouverneur en 1633. Dix ans plus tard, il se démit de ce gouvernement, et obtint celui d'Auvergne, qu'il garda jusqu'à sa mort, arrivée en 1649.

nemis (1). Cependant le mois de mai s'était presqu'écoulé sans qu'on sût de quel côté l'armée Française devait se diriger. Le maréchal de la Meilleraie seul s'était avancé sur les bords de la Meuse, pour favoriser les mouvements du prince d'Orange, (2) mais des pluies continuelles l'empêchèrent de rien entreprendre.

Sur ces entrefaites (mai 1640) l'intendant des finances (3) demanda aux maréchaux de Chaulnes et de Châtillon si les for-

---

(1) « A quoy je me promets que vostre entremise et vostre vigilance seront si » utiles, qu'aucun ne manquera de faire son devoir, pour l'exécution de ce » qu'il aura promis ; et que je pourray mettre de si bonne heure mes armées » en campagne, qu'elles y seront long-temps avant celles des ennemis....... A » St-Germain-en-Laye, le premier jour de l'an mil six cent quarante. » Mémoires pour l'histoire du cardinal duc de Richelieu recueillis par le sieur Aubery, advocat au parlement et aux conseils du roy, tom. 4, pag. 460.

(2) Henri-Frédéric de Nassau, surnommé *le père des soldats*, succéda en 1626 à son frère Maurice, dans la principauté d'Orange et dans les charges de la république. Le cardinal de Richelieu lui fit donner en 1637 le titre d'altesse, titre qui fut ratifié par tous les souverains de l'Europe. Henri mourut à La Haye, le 14 mars 1647, à l'âge de 63 ans.

(3) François Sublet, seigneur des Noyers, baron de Dangu, intendant des finances et secrétaire-d'état fut souvent employé par Richelieu dans les affaires les plus importantes. Il mourut en 1645. C'est lui qui fonda l'imprimerie royale dans les galeries du Louvre. Nouv. dict. hist. 4ᵉ édit. Caen 1779, tom. 6, pag. 429.

ces dont ils disposaient suffisaient pour prendre Lillers ou Béthune, et si, recevant un secours de huit à neuf régimens, ils pensaient pouvoir entreprendre le siège d'Aire, de Cambrai ou d'Arras. Dans ce dernier cas M. de Noyers promettait de faire ses efforts pour leur envoyer un secours de quatre cents chevaux, ainsi que des vivres, et le roi devait se rendre à Amiens pour être prêt à les soutenir. Dès le 25 du même mois, les maréchaux répondirent qu'il leur serait facile d'emporter Lillers, qui était peu fortifié, et que les ennemis ne pouvaient défendre sans y travailler long-temps ; qu'ils croyaient également pouvoir s'emparer de Béthune si les armées ennemies étaient occupées ailleurs. Sur la proposition de tenter de plus grandes entreprises, telles que de former le siège de Cambrai, d'Aire ou d'Arras, les maréchaux répondirent qu'ils pensaient la première impossible dans ce moment ; Aire et Arras devaient, à leur avis, être investis par une armée de 20,000 hommes d'infanterie et de six mille cavaliers, pourvu que le prince d'Orange continuât à occuper, dans les Pays-Bas, une partie des forces Espagnoles, que le roi tînt sur pied un corps d'armée du côté de la frontière de Champagne pour surveiller les troupes que Philippe IV avait dans le Luxembourg, ainsi que celles du duc Charles de Lorraine. Les maréchaux appuyaient sur l'utilité de ce corps d'armée qui devait, disaient-ils, protéger les frontières, arrêter les efforts de l'ennemi et empêcher une attaque qui serait préjudiciable à leur entreprise. Pour compléter les 20,000 hommes d'infanterie nécessaires pour former le siège soit d'Aire, soit d'Arras, les maréchaux demandaient qu'on leur envoyât *dix bons régimens*, formant un effectif de huit mille hommes, ainsi que deux mille cinq cents cavaliers, car ils ne pouvaient en compter que trois mille cinq cents, y compris les recrues et les compagnies qui n'étaient pas encore arrivées.

Dès le lendemain, M. de Noyers leur répondit qu'ils eussent à pénétrer au plus tôt dans le pays ennemi et à se diriger vers Béthune, ajoutant que, dans le cas où ils ne pourraient pas s'emparer de cette place, le séjour de leur armée dans l'Artois n'en serait pas moins une puissante diversion en faveur du prince d'Orange. Mais deux jours plus tard (28 mai), le roi écrivit de Soissons qu'il avait résolu le siège d'Arras, et donné l'ordre au maréchal de la Meilleraie de se joindre à eux. Pour que les maréchaux de Chaulnes et de Châtillon pussent attendre ce renfort (le maréchal de la Meilleraie avait avec lui seize régimens d'infanterie et plus de quatre mille chevaux) le roi leur envoya le régiment de cavalerie du comte de Guiche, l'un des meilleurs et des plus forts de ses troupes, ainsi que les compagnies de gendarmes d'Angoulême, de la Trimouille et de Guiche. Quant à la route qu'ils devaient suivre, Louis XIII leur indiquait Pernes et Lillers, afin de pouvoir simuler le siège de Béthune ; il leur recommandait également le plus grand secret puisque la moindre indiscrétion pouvait faire manquer leur entreprise. Le duc de Chaulnes devait lever trois à quatre mille paysans dans son gouvernement pour travailler à la circonvallation de la place, et il était autorisé à employer pour cette levée les trésoriers de France et les élus, ou les seigneurs s'il le jugeait convenable. Le roi terminait en engageant les maréchaux à faire la plus grande diligence pour réunir, dès leur arrivée devant Arras, du pain, du biscuit et des farines, pour subsister pendant un mois ;

en un mot, il ne négligeait aucune des recommandations qu'il croyait utiles à cette entreprise (1).

A la cour, on avait beaucoup de confiance dans ce siège, car les fortifications d'Arras étaient en mauvais état, les contre-escarpes du corps de place n'étaient qu'indiquées, les demi-lunes, qu'on avait commencées, ne pouvaient encore servir à la défense de la place (2), et les assiégés ne devaient espérer de long-temps terminer des travaux aussi importants. De plus, la garnison d'Arras se trouvait diminuée des troupes qu'en avait tirées le comte d'Isembourg, gouverneur d'Artois, pour renforcer Aire, Bapaume et Béthune, places qui lui paraissaient le plus menacées d'une attaque. Le comte était même encore à Béthune lorsque les ennemis investirent Arras, et il ne put y

---

(1) Recueil d'Aubery, préc. tom. 4 pag. 524-531 et nos pièces justificatives.

De plus le roi écrivit aux gouverneurs de Montreuil, Boulogne, Abbeville, Doulens, Corbie, Péronne, etc., etc., de lever dans leurs gouvernements le nombre de paysans qui leur serait prescrit par les maréchaux de Chaulnes et de Châtillon et de les leur envoyer *avec pics, pestes, hoyaux, lochets et autres outils à remuer la terre*. — Rec. d'Aubery, tom. 4, pag. 539.

(2) Archives municip. Rég. mém. fol. XLIV.

Ejus modi erat (Atrebatum urbs), ut præter veterem ac lateritium murum, vix illi quidpiam perfecti operis ad defensionem existeret. Nam mœnia pleris que in locis loricâ tuendo civi, itidemque aggeribus adversus majorum glandium jactus nudata : munimenta veró ad urbem (quæ medias-lunas vulgó appellant) pauca perfecta, nonnulla inchouata, pleraque delineamenta (sic) dumtaxat. *Vera et succincta obsidionis Atrebatensi enarratio, anno* 1640, *pag.* 10 et 11.

11.

rentrer. Mais le premier ministre concevait encore quelques craintes, car il savait l'inimitié que les Arrageois portaient à la France. Le roi d'Espagne avait fait tous ses efforts pour s'attacher une ville dont la population était aussi nombreuse, et qui formait la barrière de ses États du côté du Nord. Il n'avait eu garde de toucher à ces privilèges, dont les bourgeois se montraient si jaloux. En effet on se rappelait encore à Arras le doux et paternel gouvernement des archiducs Albert et Isabelle, et on le comparait à la cruelle sévérité de Louis XI, dont le nom était resté si impopulaire (1).

(1) « Le cardinal de Richelieu ne s'en soucioit pas trop : je crains le nombre
» des habitans de cette ville (dit-il un jour à Puységur, officier de confiance),
» ils sont tous ennemis jurés des François, et plus Espagnols que les Castillans. » Annales belg. de Dumées, pag. 416.

» Arras était regardé imprenable par sa position et ses défenses, surtout par
» l'inimitié que ses habitans portaient à la France. Cet esprit d'une popula-
» tion, d'ailleurs fort nombreuse, semblait pouvoir suppléer à la faiblesse de la
» garnison Espagnole, etc. » Bazin, hist. de France sous Louis XIII, tom. 4,
pag. 219.

« La domination Espagnole fut long-temps regrettée ; elle avait exercé sur
» les lois, comme sur les mœurs, une salutaire influence. Les coutumes locales
» furent révisées ; de bons édits généraux furent rendus (a), l'organisation ju-
» diciaire améliorée. L'administration comprit les besoins du pays. Les scien-
» ces et les lettres fleurirent, des monuments furent élevés, qui témoignent du
» génie d'une nation grave. » Harbaville, Mémorial, tom. 1, pag. 91.

(a) Edit perpétuel ; placards touchant les rentes, les dimes, les banquerou-
tes, la chasse, les monnaies, la conservation des bois, l'usurpation des titres,
l'exportation de la laine et du lin, etc., etc....

L'armée des maréchaux de Châtillon et de Chaulnes s'avança à travers la Picardie, et le quatrième jour de marche elle arriva heureusement à Hesdin, comme les chefs en donnèrent avis à M. de Noyers. Le lendemain elle prit ses logemens à Blangy, le surlendemain à Nédonchel, ce village n'est qu'à huit kilomètres d'Aire, et ensuite elle arriva à Bruay, entre Béthune et St-Pol. Ce lieu était protégé par un château fort dont le grand maître avait recommandé le siège, car il craignait que les Espagnols ne s'en servissent pour leur nuire par la suite. Ce château, pris et détruit en partie (1522) par le duc de Vendôme, avait été reconstruit avec soin et fortifié de manière à arrêter plusieurs jours l'armée ennemie. Mais il n'était alors défendu que par des paysans ; la venue des Français les épouvanta et ils se hâtèrent de livrer cette forteresse. Châtillon y laissa une garnison, des munitions et des vivres pour dix ou douze jours (1). La Meilleraie avait aussi demandé qu'on tentât la prise de Lillers, mais les Espagnols y ayant jeté six cents hommes de troupes Italiennes et Wallonnes, les maréchaux de Chaulnes et de Châtillon n'osèrent l'attaquer, craignant un retard qui leur serait préjudiciable. Ils voulaient d'ailleurs se trouver devant Arras le 13, car La Meilleraie devait

---

(1) « Nous y avons mis garnison d'une compagnie du régiment de Migene, » et d'une autre de celuy de Tot, etc. » Rec. d'Aubery, tom. 4, pag. 553.

On peut lire une description très-complète du château de Bruay, dans les mém. mss. du P. Ignace, tom. 5, pag. 642. On prétend que ce château avait douze tours, cinquante-deux portes et trois cent soixante-cinq fenêtres par allusion aux mois, semaines et jours de l'année.

investir cette place le même jour ; tout réussit comme on l'avait espéré.

L'armée de Châtillon fut celle qu'on aperçut la première sur les hauteurs du mont St-Eloi ; vers les deux heures de l'après-midi, le guetteur sonna l'alarme, mais on crut que c'étaient des fourrageurs. Peu après la cloche fut de nouveau agitée, et le guetteur cria qu'il voyait deux armées, l'une du côté de St-Eloi, et l'autre s'avançant par la route de Cambrai : c'était celle du maréchal de la Meilleraie. A cette nouvelle l'effroi se répandit dans Arras ; le peuple monta sur les remparts, et il acquit bientôt la certitude qu'il était assiégé.

Dès qu'il fut arrivé, La Meilleraie alla au quartier-général des maréchaux de Chaulnes et de Châtillon, et ces officiers s'avancèrent au-devant de lui, ainsi que l'évêque d'Auxerre, qui leur était adjoint pour faire les fonctions d'intendant et de payeur des troupes ; Richelieu avait, en effet, une grande confiance dans ce prélat (1). Ils avisèrent ensemble aux moyens les plus sûrs de resserrer la ville et de l'empêcher de communiquer avec le dehors, et il fut convenu dès le lendemain que les Français travailleraient à la circonvallation de la place. Le maréchal de la Meilleraie établit ses quartiers entre Douai et Cambrai, près des villages de Sailly et de Vitry ; il était protégé par un marais et la rivière de la Scarpe. Il divisa son armée

(1) Hist^r du règne de Louis XIII par Michel Le Vassor, tom. 10, pag. 104. Pierre de Broc, fils de François de Broc, chevalier de la Toison-d'Or, et de Françoise de Montmorency, fut promu à l'évêché d'Auxerre au mois de janvier 1639 ; il mourut le 7 juillet 1671. Voy. Gall. Christ. tom. 12, col. 347 et 348.

en quatre corps et mit en réserve, près de la contrevallation les régimens étrangers à la solde de la France.

Les maréchaux de Châtillon et de Chaulnes, dont le quartier général était à Bray, près du mont St-Eloi, étendirent beaucoup plus leurs lignes; pour fermer entièrement la circonvallation du côté de Doullens, on forma une troisième division composée de six régimens d'infanterie et de deux de cavalerie; le quartier général en fut placé à Wailly. Josias, comte de Rantzau, qui avait déjà donné des preuves multipliées de sa bravoure, en obtint le commandement (1). Ce quartier fut le dernier qu'on fortifia.

(1) Josias, comte de Rantzau, descendait d'une noble famille du Holstein; jeune encore, il entra au service de la Suède, et ne tarda guères à signaler sa valeur. Il accompagna en 1635 Oxenstiern, lorsque ce célèbre diplomate Suédois vint en France au sujet de la guerre dite de trente ans. Louis XIII s'attacha Rantzau en le nommant maréchal de camp et colonel de deux régimens. Ce chef, dès-lors, servit fidèlement la France, et fut l'un de ses officiers les plus distingués. Il eut un œil crevé devant Dôle, capitale de la Franche-Comté, défendit St-Jean-de-Losne avec ardeur, et se trouva au siège d'Arras en 1640 où il perdit une jambe et fut estropié d'une main. — Il serait trop long de rapporter tous les exploits de Rantzau; il reçut le bâton de maréchal de France en 1645 après avoir promis d'abjurer le calvinisme, et mourut le 4 septembre 1650. On ne peut mieux résumer sa vie que par l'épitaphe suivante qui fut faite en son honneur.

> Du corps de Rantzau tu n'as qu'une des parts;
> L'autre moitié resta dans les plaines de Mars.
> Il dispersa partout ses membres et sa gloire,
> Tout abattu qu'il fût, il demeura vainqueur :

Le lendemain les Français travaillèrent à entourer entièrement la ville, et des ponts furent établis sur la Scarpe pour faciliter les communications. Chaque jour aussi arrivaient de nouveaux convois de vivres et de munitions, des canons, en un mot, tout ce qui pouvait être nécessaire à un long siège (1). On força les paysans des villages voisins à venir travailler avec les pionniers Français. En vingt-quatre jours les lignes furent achevées. Elles embrassaient un espace de cinq lieues ; les fossés avaient douze pieds de largeur et dix de profondeur. Sept forts et huit redoutes les protégeaient et étaient eux-mêmes défendus par des fossés de dix-huit

> Son sang fut en cent lieux le prix de sa victoire,
> Et Mars ne lui laissa rien d'entier que le cœur.

On dit en effet qu'il avait été tellement mutilé dans les guerres, qu'il ne lui restait plus qu'un œil, une oreille, un bras et une jambe. Toutes ces brillantes qualités étaient malheureusement compensées par un amour excessif du vin.

Le quartier de Rantzau, écrivait le maréchal de Châtillon, « est composé de
» six régiments d'infanterie, a sçavoir trois de l'armée de Monsieur le ma-
» reschal de la Melleraye, et trois de la nostre, d'un régiment de fuzilliers de
» S. E. et de deux bons régiments de cavalerie, que nous avons donnés de
» nostre costé, à sçavoir la Ferté-Imbaut et Aumont. » Rec. d'Aubery, tom. 4, pag, 560.

(1) M. de Noyers fils, fut envoyé à Doullens pour surveiller les convois. Le cardinal de Richelieu écrivit deux fois (16 et 21 juin) aux maréchaux de Châtillon et de Chaulnes pour leur recommander de faire les escortes plus nombreuses. Voy. passim. le rec. d'Aubery.

pieds de largeur et de douze de profondeur (1). Cependant si, dans le conseil qui avait été tenu le soir même de l'arrivée des maréchaux devant Arras, on avait suivi l'avis des jeunes militaires qui voulaient immédiatement attaquer les faubourgs, il est hors de doute que ce hardi coup de main eût réussi et qu'Arras n'eût pu tenir quinze jours (2).

(1) « Les fossez des lignes estoient larges de douze pieds et profonds de dix, et leur vuidange faisoit un rampart si élevé qu'estant défendu, l'accez en sembloit impossible; les lignes estoient accompagnées de quantité de redoutes et de forts placez avantageusement sur les éminences, dont les fossez estoient larges de dix-huict piedz, et profond de douze. » Les mémorables journées des François par le R. P. Antoine Girard D. L. C. D. J. (de la compagnie de Jésus), pag. 380, édit. in-4°. : il existe de cet ouvrage une autre édit. sans nom d'auteur, format in-12, Paris 1682.

(2) « Recueil des choses plus remarquables faites ès armées du roy très-chrestien et signament en la prinse d'Arras l'an 1640, par M. de Gassion Belgré. » Ce manuscrit se trouve à la bibliothèque de la ville de Boulogne.

Nous ignorions complètement quel était cet auteur, lorsqu'une note extraite du P. Ignace et que nous devons à l'obligeance de M. Parenty, nous a mis sur la voie. On lit en effet dans les mémoires de cet auteur, tom. 8, pag. 454, que le 4 septembre 1645 le maréchal de Gassion, cinq jours après la prise de Béthune et après qu'il se fût rendu maître de St-Venant, *envoya de Gassion Bergeré mestre de camp son frère avec 100 chevaux et quelque infanterie pour attaquer le château* (de Bruay.) Or, Jacques de Gassion, le père du maréchal, maistre des requêtes du roi de Navarre, puis président à mortier au conseil souverain de Béarn en 1583 et conseiller en 1598 eut sept enfans 1°. Jean, marquis de Gassion, procureur-général puis président à mortier au parlement de Navarre en 1628, etc.; 2°. Jacob, seigneur de Bergère, maréchal-des-camps et armées du roi, et lieutenant de la ville et citadelle de Courtrai et pays circonvoisins. Jacob se rendit célèbre par un grand nombre d'actions d'éclat et

Les assiégés ne restaient pas non plus inactifs : d'abord le conseil d'Artois et le magistrat d'Arras se réunirent, et nommèrent un conseil de guerre composé de Jean Le Bailli, de Philippe-Albert de Bonnières de Souastre, chevalier d'honneur, de Jacques Chivot, premier conseiller, de Duflos et de Van-Effen, échevins, et d'Alexandre Lemerchier, procureur de la ville. On leur adjoignit don Eugénio O'Neil, colonel Irlandais, chef de grande expérience, le baron de Wesmaël, le comte de Mechem, le comte de Fauquembergue, Beaumont et plusieurs autres officiers. Cette réunion eut lieu chez Herboult, sergent-major du baron de Wesmaël, alors malade (1). Le conseil d'Ar-

mourut en 1647. Nous le pensons auteur de la relation que nous venons de citer ; 3°. Jean, maréchal de France dont nous parlerons plus bas ; 4°. Pierre qui fut évêque d'Oléron ; 5°. Isaac dont on sait peu de choses et deux filles.

Le même dépôt renferme encore la *description de ce qu'il s'est passé dedans la ville d'Arras durant son siège descript par un des assiégés*. Ce récit, à quelques variantes près, se trouve dans les registres mémoriaux déposés aux archives municipales d'Arras.

(1) Voy. une relation du siège de 1640 intitulée : *La prise d'Arras par Louis XIII roi de France* insérée dans un recueil de pièces historiques manuscrites et imprimées, n°. 11056 de la bibl. d'Arras. — Arch. municip. reg. mém. fol. 44 v°. Le père Ignace a copié ce qui avait rapport à ce siège, et l'a inséré dans son supp. aux mém. pag. 234. — Devienne, hist. d'Artois, 5ᵉ part. pag. 112.

Jean Le Bailli naquit à Arras ; il fut d'abord procureur du roi à la gouvernance de cette ville, entra ensuite au Conseil d'Artois en qualité d'avocat-général au lieu de Pierre-Antoine de Mol (11 février 1623), devint conseil-

tois voulait qu'on fît sortir les bouches inutiles, mais cet avis ne prévalut pas. On résolut de détruire les faubourgs, et les Trinitaires, les Dominicains, les religieuses de la Thieuloye,

ler en 1633, et succéda, 18 septembre 1638, à Charles Laurin dans la présidence de ce conseil. Après la prise d'Arras, il se retira à St-Omer où il continua d'exercer cette charge, jusqu'à ce qu'il fût nommé par le roi d'Espagne conseiller en son conseil privé, par commission du 20 décembre 1640.

Philippe-Albert de Bonnières, chevalier, seigneur de Souastre, gouverneur de Binch, devint chevalier d'honneur au Conseil d'Artois en 1637, en remplacement de M. de Cuinghem de Siracourt, et prêta serment en cette qualité entre les mains du comte d'Isembourg, gouverneur-général de la province. Lorsqu'Arras fut forcé d'ouvrir ses portes, il se retira à St-Omer où il exerça le même office jusqu'à sa mort arrivée au mois de juillet 1653.

Jacques Chivot, né à Aire, était fils de Jacques Chivot, écuyer et de N. Cazier; il fut d'abord échevin d'Arras, puis pourvu d'un office de conseiller, au lieu de Philippe Cornai (20 mars 1626). Lors de la réduction d'Arras, il se retira aussi à St-Omer où il continua ses fonctions, et obtint l'office de président au lieu de Jean Le Bailli (20 juin 1641). Il mourut à St-Omer le 5 avril 1653.

On peut consulter avec fruit, pour plus de détails, l'ouvrage de M. Plouvain. Notes historiques relatives aux offices et aux officiers du Conseil provincial d'Artois. Le Conseil provincial d'Artois avait été établi à Arras par l'empereur Charles-Quint (édit de mai 1530.)

Duflos, Van-Effen et Alexandre Lemerchier avaient été dès le commencement députés par le magistrat avec Willeman et Mulet.

Sir O'Neil, colonel Irlandais, établi commandant à l'exclusion du baron d'Erre gouverneur d'Arras, qui resta néanmoins dans la ville pendant tout le temps de ce siège, nous renvoyons le lecteur à la 3ᵉ partie.

ainsi que les Augustines, durent chercher un refuge en ville. La prévôté de St-Michel, cette pieuse maison fondée, par un abbé de St-Vaast, pour la récréation des frères et pour servir d'asile aux vieillards et infirmes de la communauté, fut également détruite (1). Mais cette mesure, qui était bonne pour

(1) Les trinitaires ou religieux de la Rédemption des Captifs furent reçus au faubourg de St-Vincent (Ronville) en 1219, comme nous l'avons dit plus haut. Après la destruction de ce couvent en 1640, ils louèrent une maison pendant plusieurs années; d'ailleurs les religieux étaient réduits à deux ou trois. Mais en 1655 Denis Cassel de Paris, ayant été nommé ministre, fut le restaurateur de cet ordre; il se logea d'abord dans la rue d'Amiens près de l'église St-Nicaise. Plus tard il bâtit son couvent de l'autre côté de la rue, près des Clarisses et de la chapelle Ste-Anne.

M. l'abbé Mouronval a fait une notice sur les Augustines d'Arras, mais elle est restée manuscrite. Voy. aussi l'hist. de Ste-Angèle par M. l'abbé Parenty, pag. 285 (en note.)

Les Dominicains, dont nous avons déjà parlé pag. 44, furent transférés dans la ville, en vertu de lettres-patentes de Louis XIII (juillet 1641). Ils choisirent la paroisse St-Nicolas-sur-les-Fossés et firent le 9 avril 1642 une transaction avec le curé et les marguilliers de cette paroisse; le magistrat confirma cet accord le 15 juin 1644. Les bâtiments de ce couvent servent maintenant de maison d'arrêt.

Les religieuses dites de la Thieuloye (elles avaient été établies en 1324 par la comtesse Mahaut sur un terrain appartenant à Jean de la Thieuloye) se retirèrent en la ville dans leur refuge, qu'elles abandonnèrent douze ans après, pour occuper un nouveau monastère sur la paroisse de Ste-Croix vis-à-vis une petite place nommée la *Placette des Potiers*.

Quelques auteurs croient que la prévôté de St-Michel fut détruite plus tard.

la défense de la place ne fut pas exécutée avec la fermeté qu'on eût désirée. Les soldats de la garnison, dans le désir de s'enrichir, agirent mollement, et laissèrent debout plusieurs maisons appartenant à de riches habitants. Ils donnaient même des sauvegardes ; ainsi les bourgeois de la ville, ayant un jour reçu l'ordre d'abattre quelques-unes de ces abbayes, durent combattre les soldats au couvent des religieuses de la Thieuloye et perdirent cinq des leurs (1).

Pendant ces dissensions on reçut un paquet cacheté provenant de don Philippe Tellez de Silva qui commandait alors dans la province ; il renfermait une lettre de change de cinquante mille livres à prendre sur le mont-de-piété (2), une commission à

(1) Voy. aux preuves la manière dont Marie de Monchaux, abbesse de la Thieuloye, raconte la démolition de ce couvent.

(2) Dans les registres mémoriaux de l'hôtel-de-ville d'Arras, reg. 1545, fol. 254, 257 et 258, on trouve un placard de Charles-Quint de 1545, portant permission à un certain *Romagnon* de tenir table publique de prêts pour dix ans, à la condition qu'il répondrait de son administration, que le contentieux serait porté devant les juges, que les profits de la vente des gages, après le capital retiré, serait rapporté au receveur de la pauvreté pour être distribué et qu'il ne pourrait exiger que trois liards de la livre de gros par semaine. (Reg. 1576, fol. 18 et 18 v°.)

Une livre de gros valait en Flandre six florins environ, sept livres, dix sols en France ; l'intérêt produisait donc par an presque le quart du capital.

En 1576 il y eut à Arras une nouvelle institution d'usure publique appelée Lombard, mais elle fut abolie quelques années après par lettres de l'archiduc (reg. id. 1576, fol. 237, 240, 241, 242, 243 et 244.) Enfin le 9 janvier 1618 les archiducs Albert et Isabelle donnèrent des lettres portant *Nouvel établis-*

don Eugénio O'Neil pour commander dans la ville, une liste de ceux qui devaient former le conseil de guerre, l'ordre de faire sortir les bouches inutiles, des instructions détaillées, et un chiffre de correspondance.

Le magistrat, de son côté, montrait, pour la défense de la place, un zèle à toute épreuve. Depuis sept heures du matin jusqu'à dix heures du soir, il était assemblé dans la chambre du conseil pour y traiter des affaires de la ville ; des échevins visitaient les fortifications, excitaient les bourgeois à travailler aux remparts, et faisaient étroitement observer les ordonnances de police du conseil de guerre. Deux d'entre eux accompagnaient la garde de nuit pour lui faire mieux remplir son devoir, et assemblaient leurs collègues lorsque la défense de la place le nécessitait (1). Ils étaient aidés dans ces soins par Jean-Baptiste

---

sement de mont-de-piété dans toutes les villes du Brabant, de la Flandre, de l'Artois et du Hainaut, où il y avoit des tables de prêts ou Lombards. Vanceslaüs Cobergher, architecte, qui en avait dressé les plans, se fit accorder par ces mêmes lettres la surintendance générale de tous les monts-de-piété à ériger. Celui d'Arras date de cette époque. Voy. pour plus de détails un mémoire mss. intitulé : Monts-de-Piété (1765), (Archives départementales) provenant des États d'Artois, et dont nous devons la communication à l'obligeance de M. Godin ; le 5ᵉ reg. aux commissions fol. 190 v°. et 390 v°. (mêmes archives) ; le P. Ignace, mss. de la bibl. d'Arras, suppl. aux mém., pag. 154 ; dict. tom. 3, pag. 981 ; add. aux mém. tom. 7, pag. 507.

(1) Voy. à la seconde partie une note extraite des reg. mémoriaux, et trop longue pour être rapportée ici : elle entre dans de grands détails sur les soins que prit le magistrat pour la défense de cette place.

du Val, sieur de Berles, qui pendant toute la durée du siège fit preuve d'une fidélité inaltérable, et rendit de si grands services que l'on s'étonnait qu'il pût résister à tant de veilles, tant de peines et tant de fatigues. La bourgeoisie avait été divisée en trois corps qui se relevaient pour faire le service ; plus tard, on les réduisit en deux bandes. Le zèle des assiégés était si grand que jamais on ne les entendit proférer une plainte, quoiqu'ils fussent presque tous des artisans qui n'attendaient leur existence que de leur travail. Le magistrat d'Arras et le conseil d'Artois, pour se procurer l'argent nécessaire aux travaux de défense, avaient proposé de prendre au poids toutes les argenteries non sacrées des églises et des abbayes, de les fondre en lingots, de se saisir des deniers consignés avec ceux provenant de l'exécution testamentaire de Boudot, évêque d'Arras (1), et de faire par la suite restituer le tout par le roi. Mais J. Le

(1) Boudot (Paul) naquit à Morteau en Franche-Comté vers 1575, et vint jeune encore à Paris; il y fut reçu docteur de Sorbonne en 1604, et y prêcha avec succès. Jean Richardot, qui occupait alors le siège d'Arras, le nomma official de son diocèse, puis chanoine et enfin archidiacre de la cathédrale. Richardot, ayant été transféré à l'évêché de Cambrai, engagea Paul Boudot à le suivre, et le nomma son grand-vicaire et son archidiacre. Les archiducs Albert et Isabelle le choisirent pour être leur prédicateur ordinaire. Paul Boudot fut nommé en 1619 évêque de St-Omer, et en 1626 transféré sur le siège épiscopal d'Arras, dont il prit possession l'année suivante. Il mourut le 16 novembre 1635.

Paul Boudot était remarquable par ses connaissances en théologie et dans les langues anciennes ; il a laissé six ouvrages dont plusieurs ont été imprimés à Arras; on peut en voir la liste dans Foppens, pag. 939 et dans la biog. univ. dite de Michaud, nouv. édit. tom. 5, pag. 190. Paul Boudot fit de riches dons à

Bailli, président du conseil d'Artois, rejeta cette proposition ; peut-être aussi craignait-il de s'aliéner le parti religieux. Cependant il accepta une somme assez forte que les prêtres, les membres du conseil d'Artois, les officiers de la gouvernance, de l'élection et du magistrat d'Arras, ainsi que les principaux bourgeois des ville et cité avaient réunie par avance de ce qu'ils devraient, et pour fournir aux dépenses des premiers travaux. Néanmoins cette somme fut bientôt insuffisante, surtout avec le mauvais vouloir des soldats de la garnison, car ils ne faisaient rien sans exiger aussitôt de l'argent. De plus, on avait formé deux régimens des paysans des villages voisins qu'il fallait également payer, et qui étaient employés à la défense de la place. Alors on avisa un expédient aussi injuste que rigoureux : les principaux bourgeois furent taxés à une forte cotisation, et ils durent la payer sous peine de saisie de leurs biens et personnes, ou de loger des Croates. C'étaient les soldats les plus indisciplinés de la garnison (1). Encore l'avis des bourgeois n'était pas écouté ; ainsi ils avaient en vain demandé qu'on fortifiât la partie de remparts située entre la

la fabrique de la cathédrale d'Arras, *parce que je l'ai reconnue assez dissetteuse*, dit-il dans son testament, ainsi qu'à la pauvreté de la Cité. Il laissa aussi beaucoup de biens pour fonder en Cité un hospice pour les vieux prêtres et curés. Voy. le testament de Paul Boudot aux archives départementales.

(1) Les Croates ou Cravates formaient un corps de cavalerie légère Allemande; on les trouve dans les armées Françaises dès l'année 1636. C'était eux qui poussaient les reconnaissances, éclairaient la marche de l'armée, enlevaient les convois, et engageaient l'action comme tirailleurs. Ils étaient célèbres par leur insubordination et leur amour du pillage.

porte Saint-Michel et le rivage ; elle était en effet la plus faible, car en s'emparant du moulin qui y était situé, les assiégeans pouvaient mettre le fossé à sec (1) ; on avait répondu qu'il valait mieux terminer les travaux déjà commencés, et l'ingénieur Massue dépensait tout l'argent à mettre la cité en état de défense. Ces discordes, comme le remarque avec raison l'un des assiégés, « n'estoient de saison en un temps auquel la
» concorde, union et bonne intelligence debvoient prédominer,
» et qu'un chacun estoit obligé de mettre la main à l'œuvre
» pour s'acquitter courageusement de son debvoir. »

Cependant les assiégeans n'avaient pu fermer entièrement la ville sans être inquiétés dans leurs travaux. D'abord les Espagnols sortirent d'Arleux-en-Gohelle, et se rapprochèrent des lignes Françaises ; ensuite les assiégés, au nombre de trois cents, firent une sortie et vinrent attaquer un poste avancé qui était entre la ville et les retranchements de Rantzau, à St-Nicolas en Méaulens. Ce chef, à la tête d'une partie du régiment d'Espagny, s'avança pour le reprendre. Mais cet officier, si célèbre par son courage, aimait le vin à l'excès, et alors il

---

(1) Il existait près de la porte de Méaulens un moulin dont on a récemment trouvé des vestiges en travaillant au nouveau quai de débarquement ; lors de la construction du bassin nommé le Rivage, le moulin fut reporté au bout du fossé appelé maintenant la Geôle, de l'ancienne prison de ce nom.

Philippe II avait accordé aux échevins en 1575 la permission de rendre la Scarpe navigable jusqu'à Douai. Une ordonnance du 1ᵉʳ novembre 1595 autorise les habitants d'Arras à former le Rivage ou port pour le stationnement des bateaux.

devenait téméraire. Il se logea dans l'église avec fort peu de troupes, de telle sorte que les assiégés, revenant à la charge, le forcèrent de nouveau à se retirer. Rantzau refusa de rendre son épée, quoiqu'il eût le bras cassé d'un coup de mousquet, et qu'il eût reçu une autre blessure à la cuisse. Il ne s'en aperçut pas d'abord, et quatre jours après la gangrène s'y était déclarée. Il fallut procéder à une opération ; les chirurgiens lui coupèrent la cuisse à trois doigts de la hanche. Il est inutile de dire que cela ne l'empêcha point de donner par la suite des preuves multipliées de sa bravoure. Pour chasser les assiégeans du poste avancé, les Français revinrent en grand nombre et repoussèrent les assaillans si vivement, que plusieurs y perdirent leurs cuirasses et leurs pistolets ; Rantzau fut délivré, quatorze ou quinze cavaliers Espagnols furent tués dans leur retraite, et huit autres restèrent au pouvoir des Français.

Le 21, les assiégés tentèrent une nouvelle attaque, et fondirent sur deux compagnies du baron d'Egenfelt qui étaient en armes au-dessus de la rivière vers le chemin qui conduisait au quartier du maréchal de camp de Rantzau ; les Français résistèrent d'abord et firent avec vigueur deux ou trois décharges, mais ils furent contraints de se replier en désordre sur le gros de l'armée. Le maréchal de Châtillon qui commandait ce jour-là n'avait pas encore terminé son dîner ; en entendant cette alarme il monta à cheval, et aussitôt se rallièrent près de lui trois cents cavaliers des régimens de Coislin et de la Claverie. Les gens d'armes du roi et les chevaux-légers de la garde prirent également les armes, à tel point que le maréchal de Châtillon ne sut que faire de tous les cavaliers qui se pressaient à sa suite. Il choisit les chevaux-légers, et leur ordonna de repousser les assiégeans jusque sous la contrescarpe d'Arras. Le duc de Chaulnes se trouva aussi en armes, et le comte de Grand-Pré (1) conduisait les coureurs. Quant aux bourgeois, ils encourageaient les leurs de la voix, mais ils ne tentèrent aucune sortie pour les appuyer. Les Français exécutèrent en tous points les ordres du maréchal de Châtillon, et firent sept à huit prisonniers parmi les gentilshommes qui servaient dans les compagnies Wallonnes.

Dans le même moment, un chef des Croates nommé Ludovic, ayant pris avec lui quatre cents cavaliers, se mit en embuscade dans les bois du Mont-St-Eloi, et tomba sur les fourrageurs des assiégeans du côté où étaient campés les Allemands alliés de la France ; il leur eût causé de grands dommages, mais le colonel de Bouillon et plusieurs officiers à la tête de trois cents chevaux, les chargèrent si rudement qu'ils les rompirent et les poursuivirent plus d'une lieue au-delà des quartiers de l'armée Française, du côté de Lens. Les Croates perdirent cinquante des leurs, dont trente restèrent sur la place ; parmi les vingt autres, qui furent prisonniers, se trouvaient un cornette et le secrétaire de Ludovic ; ce dernier eut même le bras cassé d'un coup de pistolet.

Les Français occupaient la tour de Monchy-le-Preux (2), et y

---

(1) Charles François de Joyeuse, comte de Grand-Pré, mourut en 1680.

(2) Monchy-le-Preux, canton de Vitry. Ce village était tenu en partie de l'abbaye d'Hasnon qui y possédait des biens en vertu d'un diplôme de Charles-le-Chauve, en 877, et pour l'autre partie reconnaissait la juridiction de l'évêque d'Arras ; l'autel avait été accordé à Godescalque en 1152 par le pape

laissaient quelques hommes de garde; mais les Espagnols, craignant que les assiégeans ne retirassent un grand avantage de ce poste, vinrent en grand nombre et repoussèrent les Français ; ils n'osèrent cependant point s'y loger, mais ayant miné la tour, ils la firent sauter avec les quelques soldats qui s'y trouvaient.

Lamboi, l'un des généraux Espagnols, s'était attaché à la suite de l'armée Française, quoiqu'il n'eût avec lui que huit mille hommes, et l'avait harcelée continuellement depuis l'Alsace. Les espions avaient rapporté que son intention était d'empêcher le siège d'Arras, et de s'opposer au passage de la Scarpe ; aussi les Français avaient fait leurs dispositions de manière à le resserrer entre la rivière et les troupes du maréchal de Châtillon. Lamboi prévit cette manœuvre, et alla établir son camp à Sailly (1), à trois petites lieues d'Arras, dans des marais où il était difficile de l'attaquer. De là, il envoyait continuellement des détachemens soit pour pénétrer dans la ville, soit pour arrêter les travaux de circonvallation. Mais jusqu'à ce que les lignes fussent finies, une forte garde veillait chaque nuit. Lamboi, voyant qu'il avait déjà échoué plusieurs fois, et sachant combien il était important de faire entrer un secours

Eugène III. Voy. Locrii chron. Belg. pag. 340. Harbaville, mém. tom. 1, pag. 270.

(1) Il y a plusieurs villages de ce nom dans le département du Pas-de-Calais. Il est ici question de Sailly-en-Ostrevent, canton de Vitry. — On peut voir une intéressante notice sur les sept bonnettes de Sailly (bonnettes veut dire bornes) dans le mém. hist. et archéol. de M. Harbaville, tom. 1, pag. 274 et suiv.

dans la ville, résolut de mettre tout en œuvre pour une attaque décisive. Il prit avec lui deux mille cavaliers, et ses coureurs s'avancèrent jusque dans le camp Français, afin de savoir de quel côté il pourrait plus facilement secourir la place. Les cornettes, sous la conduite du lieutenant-colonel Rab, leur opposèrent une vigoureuse résistance, et les forcèrent de se replier, après avoir perdu beaucoup de monde, et laissé vingt-cinq ou trente des leurs au pouvoir de l'ennemi. Sur ces entrefaites le régiment de cavalerie du maréchal de la Meilleraie poursuivit les fuyards, et tomba dans l'embûche dressée par Lamboi. Néanmoins il se défendit si vaillamment que les Espagnols, quoiqu'ils eussent tué cinq ou six capitaines et un grand nombre d'autres officiers, ne purent jamais l'entamer. Le maréchal de la Meilleraie, ayant appris ce qui se passait, monta à cheval et réunit autour de lui deux mille cinq cents cavaliers avec lesquels il attaqua vivement les Espagnols. Ceux-ci plièrent d'abord, mais quand ils furent en plaine, ils se rallièrent et opposèrent une vigoureuse résistance. Les Français les pressaient sur les flancs, conduits à droite par le maréchal de la Meilleraie, et à gauche par Jean de Gassion et Pierre César du Cambout, marquis de Coislin (1). L'attaque fut rude; les Espagnols renversés furent culbutés sur leurs propres retranchements. Alors l'impétuosité Française ne put être arrêtée; plu-

---

(1) Jean de Gassion, maréchal de France, naquit à Pau en 1609, et fut tué en 1647 au siège de Lens. Il fit ses premières armes en Piémont ainsi que dans la Valteline sous le duc de Rohan et passa ensuite au service de Gustave-Adolphe roi de Suède. Gassion le servit fidèlement jusqu'à ce que la mort eût frappé ce grand capitaine dans les plaines de Lutzen (16 novembre 1632.)

sieurs officiers se précipitèrent à la suite des fuyards avec une bravoure qui leur fut funeste. L'artillerie ennemie, en effet, fit un feu si nourri sur les bords de la rivière, où les hommes étaient dans l'eau jusqu'au ventre, que les Français furent contraints de se retirer après toutefois avoir tué beaucoup de monde, à tel point que les fossés étaient pleins des corps ennemis ; ils emmenaient avec eux quatre cornettes et autant de drapeaux. Mais parmi ceux qui avaient suivi les Espagnols dans les retranchements, Potier, marquis de Gesvres, resta prisonnier ; le vicomte de Bréauté, maître de camp au régiment de Picardie, succomba sous les coups qu'il reçut, et le lieutenant-colonel baron Delain (1) ne dut son salut qu'à

Il revint alors en France où sa réputation l'avait déjà devancé, et se couvrit de gloire surtout dans le Nord de ce pays. On peut consulter pour plus amples détails la notice insérée dans la biog. univ. tom. 16, pag. 535, ainsi que l'hist. du maréchal de Gassion par l'abbé de Pure, 4 vol. in-12, Paris, 1673.

Pierre César du Cambout, marquis de Coislin, baron de Pont-Château et de la Roche-Bernard, colonel général des Suisses et des Grisons, lieutenant-général des armées du roi, mourut le 10 juillet 1643 des blessures qu'il reçut au siège d'Aire. Il n'était âgé que de 28 ans.

(1) Gèvres est une ancienne baronie du Maine qui fut érigée en pairie par mutation du nom de Trêmes, en juillet 1670, en faveur de Léon Potier, duc de Gesvres. Voy. sur les comtes et ducs de Tresmes et Gesvres, pairs de France, le P. Anselme, tom. 4, pag. 769 et suiv.

» Pierre II du nom, sire de Breauté, vicomte heredital de Hotot en Auge,
» mestre de camp au régiment de Picardie, brigadier des armées du roi, se

la vigueur de son cheval; quoiqu'atteint d'un coup de mousquet dont il mourut deux heures après, cet animal s'élança dans la rivière et ramena son maître au milieu des Français (1).

» distingua tellement à l'armée que le maréchal de Basompierre, qui ne pro-
» diguait pas ses louanges, le regardait comme un homme capable de par-
» venir aux premières charges de l'État. » Le gr. dict. hist. de Moréri, édit. de Basle, 1740, tom. 2, pag. 396 et mém. de Bassompierre, édit. Michaud et Poujoulat, 2ᵉ sér. tom. 4, pag. 367.

Il était alors âgé de 28 ans et 8 mois. Un de ses fils Jean-Baptiste Gaston, sire de Bréauté, châtelain de Néville, vicomte hérédital de Hotot, etc., enfant d'honneur du roi Louis XIV, fut également tué aux lignes d'Arras en 1654, lorsqu'il était à peine âgé de 18 ans.

Delain était une terre souveraine en Franche-Comté qui fut érigée en principauté. Elle passa à Réné de Clermont, seigneur de St-George, par son mariage le 25 février 1517 avec Philiberte dame de Delain. Voy. le dict. de la noblesse par La Chesnaye-Desbois, 2ᵉ édit. tom. 4, pag. 629, et tom. 5, p. 540.

(1) Bassompierre, dans ses mémoires, rend ainsi compte de cet évènement :

» Le premier des chefs ennemis qui vint troubler nos travaux, dit-il, ce fut
» Lamboi. M. le maréchal de la Melleraie l'ayant voulu lasser, s'approcha de
» ses retranchemens avec un corps de cavalerie, et poussa quelques Allemands
» sortis pour escarmoucher. Les nôtres, poursuivant les fuyards, donnent in-
» considérément si près du camp de Lamboi, que plusieurs volontaires de
» qualité et quelques principaux officiers y perdirent la vie. » Collect. Michaud et Poujoulat, 2ᵉ série, tom. 6, pag. 367.

Il est curieux de rapprocher de ce récit la relation qu'en donne le cardinal de Richelieu.

Le cardinal-infant (1) savait de quelle importance était pour l'Espagne la conservation d'Arras, aussi résolut-il de mettre tout en œuvre pour appuyer Lamboi et faire entrer un se-

» Les armées du roi, commandées par le maréchal de la Melleraie, eurent » un tel avantage, qu'outre cinq cents chevaux demeurés sur la place, et un » grand nombre de prisonniers, toutes les troupes de Lamboi y furent mises » en désordre. Des officiers et des volontaires entrèrent pêle-mêle dans le » quartier des ennemis, etc. » Hist. du cardinal duc de Richelieu, par le s^r Aubery, tom. 2, pag. 223.

Lamboi ne se regarda point comme découragé et peu après il tenta de jeter de nouveaux secours dans Arras.

» Ce secours » dit une relation *selon l'histoire universelle du temps ou le mercure Français*, insérée dans le suppl. aux recueils du P. Ignace, tom. 2, pag. 597. « Ce secours étoit composé de deux cents officiers réformés qui se » flattoient de passer la nuit parce que la circonvallation n'étoit pas encore » achevée; ils furent découverts, on les attaqua, ils furent poussés jusque » dans une église où le maréchal-de-camp de Rantzau les prit à discrétion. »

(1) Ferdinand, fils de Philippe III roi d'Espagne, naquit le 16 mai 1609; il fut cardinal, archevêque et vice-roi de la Catalogne. Ce prince se distingua en Italie en 1633 et se signala à la bataille de Nordlingen. Il se rendit ensuite dans les Pays-Bas et en obtint le gouvernement général (3 novembre 1634). Cependant Francisco de Mocada, marquis d'Aytone, qui était en possession de cette charge, ne mourut que le 10 août 1635. Ferdinand mourut en 1641 pendant qu'il travaillait à reprendre Arras, dit Moreri, dans son dict.

Richelieu s'exprime ainsi en parlant de lui : « on ne sauroit assez louer le » courage et l'activité du cardinal infant. Durant six semaines, il a toujours » été en campagne, exposé aux injures du temps, aux incommodités et aux

cours dans cette ville. Le duc de Lorraine (1) vint le joindre avec son armée; le comte de Pugnoy, grand-sénéchal de Flandre, lui amena l'arrière-ban et la milice. Don Philippe de Sylva y ajouta douze mille hommes, et Ludovic lui conduisit ses régiments de Croates. Le cardinal-infant, ayant ainsi réuni une armée d'environ trente mille hommes, annonça qu'il allait forcer les retranchements Français. Mais quand il s'en fut approché, il crut qu'il était téméraire de risquer dans une seule attaque le sort de cette place, et il consulta son conseil de guerre. On y remarquait entr'autres chefs, le duc de Lorraine, don Philippe de Sylva, général de l'armée Espagnole, le comte de Bucquoy, général de la cavalerie, don André Cantelmo, maitre de camp général, Lamboi, général des troupes impériales, et Rose, président du conseil d'état. Le duc Charles, Cantelmo et Lamboi voulaient qu'on attaquât aussitôt les lignes avant que les Français eussent terminé la circonvallation. Mais Rose et Sylva furent d'un avis différent. Ils dirent qu'il ne fallait pas dans une seule attaque compromettre une armée dont dépendait la conservation des Pays-Bas, et que le plus prudent était

» fatigues de la guerre. » L'hist. du cardinal duc de Richelieu par Aubery, tom. 2, pag. 226.

(1) Charles III, duc de Lorraine, dont le nom se trouve mêlé à toutes les intrigues de cour du règne de Louis XIII, avait cédé à son frère Nicolas François ses États qu'il ne pouvait plus défendre. Il passa à cette époque (1634) au service de l'empereur, et prit une part très active à cette guerre que sa longueur fit surnommer de 30 ans. Il recouvra une partie de ses États par les traités de 1641 et 1659, en fut de nouveau exhérédé par Louis XIV, et mourut en 1675.

d'affamer les ennemis dans leur camp en coupant tous les convois. En effet, malgré les secours dont nous avons parlé en commençant, les Français ressentaient la famine ; les fantassins n'avaient que deux pains de munition de trois en trois jours, et la cavalerie n'en recevait point ; pendant l'espace de cinq semaines elle vécut d'orge bouillie sans sel ni graisse. Quelques soldats prenaient des épis de blé, les approchaient d'un feu vif pour en brûler le bout, et s'en nourrissaient ; plusieurs écrasaient les grains avec des tuiles et en formaient des galettes. Les chefs eux-mêmes en étaient réduits à ne manger que du mouton ; en outre les assiégeans n'avaient presque plus de boulets de canon, de poudre, ni de balles (1).

Dès qu'on sut à la cour que le cardinal s'approchait des lignes Françaises, M. de Noyers écrivit aux trois maréchaux que leur but était de s'emparer d'Arras, et celui du prince Espagnol de secourir cette ville ; que son propre intérêt l'obligeait à prévenir les murmures des habitans des Pays-Bas en n'oubliant rien de ce qui pouvait contribuer à la délivrance de la capitale de l'Artois. Il ajoutait que s'il était du *désespoir* de l'infant de sauver cette place, il était de la prudence des généraux Français de ne rien risquer qui pût nuire à leur entreprise. Le roi cependant leur permettait de livrer bataille s'ils croyaient pouvoir le faire avec avantage, mais il leur

---

(1) Hist. du règne de Louis XIII par Michel Le Vassor, tom. 10. pag. 110.

» Le deffaut des convois mit la famine en nostre camp ; dans huit jours,
» les fantassins n'avoient que deux pains d'amonition de trois en trois jours,
» et la cavaillerie point pour tout, quy durant l'espace de cinq semaines a

rappelait qu'ils devaient avoir surtout en vue la prise de la ville (1).

Sur ces entrefaites le maréchal de la Meilleraie apprit qu'il lui venait de Péronne un convoi commandé par M. de Leschelle; il résolut d'aller au-devant, et il s'avança jusqu'au village de

» vescu de grain d'orge bouilly avecq de l'eau sans sel et sans gresse. Je vois
» que dans la maison de nos généraulx on ne faisoit bonne chère qu'à boire
» de l'eau et manger ung peu de mouton appresté en trois ou quatre sortes
» pour en diversifier le goût, avecq cela nous n'avions plus presque de bou-
» lets de canon, ny balles, ny poudre, ny mesche. » Recueil par M. de Gas-
» sion-Belgré, mss. de la bibl. pub. de Boulogne. Voy. aussi mém. de M. de
Puységur, tom. 1, pag. 238. Mém. mss. du P. Ignace, tom. 2, pag. 241.

(1) Amiens, 27 juin 1640. Mém. pour l'hist. du cardinal duc de Richelieu par Aubery, tom. 4, pag. 573 et 574.

Peu de temps après (14 juillet), le cardinal leur écrivait d'Amiens :

» Il faudroit être aveugle pour ne pas voir que si les ennemis eussent formé
» le dessein d'attaquer la circonvallation, ils l'auroient fait d'abord. Ils n'y
» peuvent penser maintenant, sans une extravagance inconcevable, qui ne
» convient ni à l'humeur Espagnole, ni à l'état présent des Pays-Bas, dont
» la perte suivroit infailliblement celle d'un combat général. Cela supposé,
» qui ne voit pas que le projet des ennemis, c'est de traverser nos convois ?
» Outre cette raison générale, s'ils se sont postez, comme on dit, à la tête de
» la Canche, ce mouvement est une preuve certaine de leur résolution. Donc
» le principal but que MM. les généraux doivent avoir, et nous de nôtre côté,
» c'est de faire passer un grand convoi qui assure la prise d'Arras, etc. » Mém.
d'Aubery préc. tom. 4, pag. 605 et suiv. Hist. de Louis XIII par Le Vassor, tom. 10, pag. 110 et 111.

Frémicourt (1). Le comte de Bucquoy, ayant su les projets du maréchal de la Meilleraie, alla l'attendre avec deux mille cavaliers. Il avait divisé son armée en cinq corps, dont les quatre premiers étaient composés d'un même nombre de soldats et le dernier contenait le reste du détachement. A la tête du régiment de Richelieu, le comte de Guiche attaqua celui-ci, tandis que Binaut chargeait les premiers. Cependant les Espagnols firent bonne contenance, et même la 3me et la 4me division, ayant enfermé les cavaliers qui devaient soutenir le comte de Guiche et Binaut, conçurent un moment l'espoir d'écraser les Français. Alors de la Meilleraie les prit en flanc, et après une lutte opiniâtre les força de reculer. Néanmoins les Espagnols n'étaient pas rompus, et le comte de Bucquoy, les ayant ralliés au second corps de son armée, les ramena à la charge; mais après un combat assez vif, le maréchal de la Meilleraie les repoussa de nouveau.

Cependant la division, qu'avait attaquée le comte de Guiche, s'était défendue avec valeur; le comte de Bucquoy, ayant formé de toutes ses forces un seul corps, les ramena une troisième fois au combat. La Meilleraie, imitant cette manœuvre réunit aussi toutes les troupes qui avaient déjà combattu, et en donna le commandement aux comtes de Guiche et de Grancey; puis se mettant à la tête d'un corps de réserve qu'il avait jusque-là tenu à l'écart, il attaqua en flanc les Espagnols avec une telle impétuosité que cette fois ils prirent la fuite, et ne purent plus être ralliés. Ils laissèrent plus de 700 des leurs sur le

(1) Ce village, qu'il ne faut pas confondre avec Fresnicourt canton d'Houdain, fait partie du canton de Bapaume.

champ de bataille, et quatre cents prisonniers ; parmi les morts se trouva le lieutenant-colonel comte de Bossu (1) ; le marquis de Varembon mourut des suites de sa blessure ; quant aux Français, les relations contemporaines prétendent qu'ils perdirent 176 cavaliers. Sur ces entrefaites le maréchal, n'ayant pas de nouvelles du convoi qu'il attendait, se retira dans ses lignes où il apprit que les Espagnols avaient défait le régiment de M. Leschelle, et que ce chef, qui n'était accompagné que de cinquante cavaliers et de cent mousquetaires, avait été contraint, pour sauver ces derniers, de dételer les chevaux et d'abandonner le convoi ; néanmoins le marquis de Pisani (2) resta au nombre des morts.

(1) Albert-Maximilien, comte de Bossu, capitaine d'hommes d'armes, était fils de Maximilien de Hennin, baron de Liedekerque, vicomte de Bruxelles, d'Auxy et de Lombeque, etc…. Albert-Maximilien ne laissa pas de postérité. Voy. le P. Anselme, tom. 1, pag. 257.

(2) Charles d'Angennes, marquis de Rambouillet et de Pisani, vidame du Mans, chevalier des ordres du roi, ne laissa qu'une fille, Julie-Lucie d'Angennes, qui épousa le 13 juillet 1645 Charles de Ste-Maure, duc de Montausier, pair de France, etc. Voy. le P. Anselme, hist. généal. de la maison roy. de France, tom. 5, pag. 20. Hist. de Louis XIII par Le Vassor, tom. 10, pag. 113.

Bassompierre, dans ses mémoires, donne une version différente. « Ce qui
» fut cause de faire tenter divers convois, dit-il ; entr'autres le colonel de
» l'Eschelle entreprit d'en amener un par Péronne, et aiant donné avis de son
» dessein, le maréchal de la Melleraie partit avec trois mille chevaux pour
» le venir rencontrer au lieu concerté entr'eux. Mais, comme il s'y achemi-
» noit, il rencontra dans sa marche la bannière de Hainault, que le comte
» de Bucquoy et plusieurs seigneurs avec lui conduisoient, laquelle le ma-

A cette nouvelle la désolation fut grande dans le camp et le désespoir y pénétra ; heureusement on y reçut quelques secours inespérés : ainsi le gouverneur de Doullens, de St-Preuil, envoya un fort convoi qu'il avait fait protéger par quatre mille cavaliers. Cette fois le maréchal de la Meilleraie usa d'un stratagème qui lui réussit ; il chargea de coffres vides trois cents charrettes, et commanda douze mille hommes pour les escorter. Ils devaient partir de Corbie et se diriger vers Arras, de manière toutefois à être aperçus par les Espagnols. Cette ruse eut un plein succès ; le convoi fut poursuivi vigoureusement, mais comme les charrettes n'étaient pas chargées, les Espagnols ne purent jamais les atteindre. Pendant ce temps St-Preuil faisait arriver d'un autre côté cinq cents charrettes pleines de provisions et de munitions, huit mille moutons, cent bœufs et un grand nombre de vaches. Sur ces entrefaites aussi, le gouverneur d'Hesdin, de Bellebrune, envoya au camp Français douze

» réchal attaqua et rompit, non sans grande peine et perte d'hommes. Néan-
» moins elle se retira, et sur le bruit que toute l'armée ennemie avançoit, il
» prit quelques prisonniers de condition et se retira au camp sans le convoi
» que l'on y attendoit impatiemment, lequel fut rencontré par cette bannière
» de Hainault qui le défit, et emmena les denrées qu'il portoit. Cela mit le
» camp en alarme et en grande confusion. » Edit. Michaud et Poujoulat, 2ᵉ sér. tom. 6, pag. 367.

Richelieu, dans sa relation, raconte autrement cet engagement qu'il célèbre à l'égal d'une victoire signalée. « M. le maréchal de la Melleraie, sorti
» du camp avec deux mille cinq cents chevaux, pour assurer un convoy qui
» alloit de Péronne au camp, ayant rencontré le comte de Bucquoy avec des
» forces égales, qui s'avançoient vers Cambray, pour recevoir un autre convoy
» qui passoit de ce lieu à l'armée du cardinal infant. Ces deux corps qui se

cents cavaliers, ayant chacun un sac de farine sur leurs chevaux (1).

Ce fut le 4 juillet que la tranchée fut ouverte devant Arras par le régiment des gardes Françaises, sans qu'on eût d'autre perte à déplorer que la mort de Lucinet, lieutenant-colonel du régiment de Champagne. Le même jour fut attaquée l'église de St-Sauveur, qui était à sept cents pas de la ville ; les assiégés y faisaient la garde à cheval, et sachant combien leur importait la défense de ce point, l'avaient fortifié avec soin. Les gardes-Françaises commencèrent une redoute ; ils furent relevés par le régiment de Grancé et cinq compagnies de gardes Suisses qui reçurent l'ordre de s'emparer des ruines de l'église des Domi-

» rencontrèrent fortuitement, sans qu'aucun eust avis de la marche ny du
» dessein de l'autre, s'affrontèrent avec tant de chaleur, qu'après un combat
» d'une heure et demie, la victoire demeura aux François, si entière qu'outre
» qu'il resta plusieurs personnes de qualité et six cents chevaux des ennemis
» sur la place et grand nombre de prisonniers, tout le reste fut mis en dé-
» route. » Hist. du card. duc de Richelieu, par Aubery, tom. 2, pag. 223 et 224.

(1) Voy. le recueil de M. de Gassion-Belgré.

N. Blondel de Bellebrune, nommé gouverneur d'Hesdin après la prise de cette ville par Louis XIII, 13 juin 1639 et mort en 1657 ne laissa qu'une fille, Isabelle Blondel dite de Joigny, qui épousa François de Harville des Ursins, marquis de Paloiseau, de Doue et de Traînel, gouverneur des villes et citadelles de Charleville et Mont-Olimpe. Le vieil et le nouvel Hesdin par Mondelot, pag. 89 et 90. Le P. Anselme, tom. 9, pag. 124.

Sur St-Preuil, voy. plus bas notre notice sur les gouverneurs d'Arras.

nicains et du couvent des religieuses de la Thieuloye. Au même moment une mine joua si heureusement qu'elle abattit la tour de l'église de St-Sauveur, et bouleversa l'édifice entier, au point que le chœur se trouva comblé de ruines. Au commencement de la nuit, les Suisses firent avancer trente mousquetaires conduits par un sergent et soutenus par cinquante hommes que commandaient Hercule Salis, un enseigne nommé Bucé et Rodolphe de Salis, lieutenant réformé. Pour protéger leurs mouvements, suivait un corps d'environ cent hommes sous les ordres du capitaine Raaz. On visita les ruines du faubourg et on n'y trouva qu'un seul poste où s'étaient retranchés sept mousquetaires Irlandais. Ils soutinrent la première attaque avec courage, déchargèrent à bout portant leurs mousquets et blessèrent plusieurs soldats. Ils se rendirent peu après ; les Français se facilitaient ainsi l'approche des ouvrages avancés qui fortifiaient le faubourg du côté de Cambrai, et n'étaient déjà plus qu'à cent cinquante pas de ceux qui couvraient la porte St-Nicolas (1).

(1) Nous avons si bien commencé nos approches la nuit passée, écrivait le 5 juillet le maréchal de Châtillon à M. de Noyers, « que du costé de celles » de cette armée, qui est au faubourg St-Sauveur à l'advenuë de Cambray, » nous nous sommes rendus maistres de l'église de la paroisse, et contraint » les ennemis ensuite d'abandonner deux cloistres, qui sont assez proches des » murailles de la ville et qui favoriseront beaucoup nos tranchées. Nous avons » reconnu le terrain, par où nous avons à les conduire, qui est beaucoup » meilleur que nous ne croyons. S'il continue à se trouver de mesme, nous » serons bien tost sur le bord de la contrescarpe : et dans quatre jours j'es- » père que nous resserrerons les assiégez de sorte, qu'ils ne pourront faire

Dès le lendemain, 5 juillet, les assiégés tentèrent une sortie ; au nombre de huit à neuf cents, ils attaquèrent le quartier du

» sortie, et s'ils en font entre cy et là, nous nous préparons à les recevoir
» de si bonne façon qu'il ne leur prendra pas envie d'y revenir. Nous avons
» pris à cette église audit faubourg, sept soldats Irlandois, tous hommes choi-
» sis. Et à mesme temps, j'avois fait attaquer du costé du quartier de Rant-
» zau, où commande à présent Monsieur d'Aumont (a), comme nous vous
» avons mandé, une petite église assez détachée de la ville, où il y avoit vingt-
» cinq hommes qui ont esté faits prisonniers. Nous vous les envoyons tous et
» les faisons à cet effet remettre entre les mains de Monsieur de Saint-Preüil,
» avec le capitaine Espagnol prisonnier, dont nous vous avons escrit. » Mém.
d'Aubery, tom. 4, pag. 587.

Deux jours après (7 juillet) le même maréchal écrivit à M. de Noyers : « Pour
» vous continuer de tenir adverty de tout ce qui se passe en ce siège, nous
» vous dirons que la seconde nuit de nos approches nous les avons poussés si
» avant, que nous ne sommes pas à plus de cent cinquante pas de la demi-
» lune, qui couvre la porte de St-Nicolas. Les gardes Suisses, avec le régi-
» ment de Grancé, ont fait cette seconde garde ; en laquelle il ne se trouve
» qu'un lieutenant de blessé, et six ou sept soldats.

» La nuit passée, qui a été la troisième garde, composée du régiment de
» Piedmont et de celuy d'Andelot, on a advancé cinquante pas, et commencé
» une batterie de huit pièces et un corps-de-garde pour l'asseurer, qui sera
» en estat lundy prochain. Monsieur le Grand-Maistre a retardé de mettre son
» canon dans la sienne, pour attendre que la nostre fust faite, afin de saluer
» Messieurs d'Arras à mesme jour et à mesme heure. » Mém. d'Aubery, tom.
4, pag. 589.

(a) Antoine d'Aumont, né en 1601, eut le commandement de l'aile droite à la bataille de Rhétel en 1550, obtint, comme juste récompense de ses services, le bâton de maréchal de France l'année suivante, fut nommé gouverneur de Paris en 1662, et créé duc et pair en 1665. Il mourut à Paris en 1669.

maréchal de la Meilleraie. Mais le baron de Vigean à la tête du régiment de Navarre, s'étant trouvé prêt à combattre dès que la sentinelle eut donné l'alarme, les força de rentrer en ville ; ils laissèrent cinquante des leurs sur le champ de bataille ; les Français ne perdirent que deux hommes qui avaient été tués dès la première décharge.

Sur ces entrefaites l'armée Espagnole avait paru sur les hauteurs du Mont-St-Eloy ; quoique les lignes fussent terminées, l'effroi n'en fut pas moins grand au camp Français. Aussitôt on assembla le conseil dans la tente du maréchal de Châtillon : La Meilleraie voulait sortir des lignes, aller au-devant des ennemis et leur offrir le combat, mais Châtillon fut d'un avis contraire. Il disait que les forces Espagnoles étaient au moins égales à celles dont ils disposaient et que pour aller à leur rencontre, il fallait réunir toutes les troupes. Que pendant ce temps les Espagnols pouvaient jeter du secours dans la place et se retirer sans qu'on puisse les combattre. Si cette manœuvre réussissait, le siège d'Arras devenait impossible et les Français étaient forcés de se retirer honteusement. Il termina en déclarant qu'il ne sortirait pas des lignes sans en avoir reçu l'ordre du roi. Le maréchal de la Meilleraie répondit que, leurs opinions étant différentes, il fallait consulter le conseil, prendre l'avis de M. de Chaulnes ainsi que celui des maîtres-de-camp et se rendre à la majorité. — Quant au maréchal de Chaulnes, reprit Châtillon, je suis persuadé qu'il partagera votre opinion, ainsi que les maîtres-de-camp ici présents, car ils n'oseraient contredire celui qui *est en faveur*. Mais, je vous le répète, je ne sortirai point des lignes sans un ordre exprès du roi. On résolut de soumettre cette dissension au cardinal de Richelieu, qui se trouvait alors à Doullens, et Fabert (1) fut envoyé vers lui. Il rapporta cette réponse : « Je ne suis pas homme de guerre, ni » capable de donner mon avis sur un tel sujet ; je n'ai jamais » trouvé qu'on soit sorti de ses lignes pour combattre les enne- » mis, après avoir été si long-temps à les faire ; le roi vous a » donné à tous trois le commandement de son armée, il vous » en croit capables. Peu lui importe que vous sortiez des lignes » ou que vous n'en sortiez pas ; mais si vous ne prenez point » Arras, vous en répondrez sur vos têtes (2). » A la lecture de cette lettre, les maréchaux furent d'accord de se fortifier dans

(1) Abraham de Fabert, deuxième du nom, entra dans un régiment des gardes à l'âge de 13 ans et demi (1613.) Major au régiment de Rambures, puis aide-de-camp en 1635, Fabert se distingua lors de la retraite de Mayence et aux sièges de Saverne, Landrecies et La Capelle en 1636. Il passa l'année suivante en Piémont, et continua de s'illustrer par sa bravoure. Il reçut le bâton de maréchal de France en 1658 et mourut au mois de mai 1662. Pendant les troubles qui éclatèrent sous le ministère de Mazarin, il suivit le parti de la cour. Dict. de nobl. par M. de la Chesnaye-Desbois, 2ᵉ édit. tom. 6, pag. 224.

(2) Mémoires de Puységur, tom. 1, pag. 233 et suiv. Cependant plusieurs auteurs croient que ce récit est erroné.

» C'est ainsi que cette lettre est rapportée dans les mémoires de Puységur ;
» on ne la trouve point ailleurs, et l'on est surpris d'y voir que le cardinal
» qui donnoit continuellement aux généraux d'armée, non-seulement des avis,
» mais des ordres, avoue si modestement qu'il n'est point *homme de guerre*,
» et qu'il se croit incapable de dire son sentiment sur ce qu'on lui propose.
» La menace de faire couper la tête aux trois maréchaux, s'ils ne prenoient
» point la ville d'Arras, n'est pas moins singulière. On ne lit rien de si dur
» dans les autres lettres qui sont incontestablement de lui. Lorsqu'il presse le
» plus vivement les trois maréchaux de ne rien négliger pour le succès du

13.

leurs lignes, d'avancer contre la ville et de ne combattre qu'à coup sûr. Les Espagnols se retirèrent peu après du côté de St-Pol; on crut même un moment qu'ils se retrancheraient à Aubigny. De là, ils attaquèrent les fourrageurs de l'armée Française et leur causèrent de grands dommages. Fatigué d'éprouver presque chaque jour de nouvelles pertes, le maréchal de la Meilleraie résolut d'y mettre un terme ; le 5 juillet, il prit avec lui douze cents cavaliers armés de faulx et de faucilles. Arrivé près de Douai, il donna l'ordre à une partie de sa troupe de mettre pied à terre, et en cacha le reste. A peine les Français avaient-ils commencé à fourrager que sept escadrons Espagnols, soutenus par un gros corps d'armée, fondirent sur eux, tombèrent dans l'embûche qui leur avait été dressée, et comme ils ne s'attendaient à rien moins qu'à cette attaque, ils furent contraints de s'enfuir en désordre. La Meilleraie, ainsi que les ducs d'Enghien et de Nemours qui l'avaient accompagné, les poursuivirent mais ils ne purent leur faire que douze prisonniers.

Les assiégeants tardèrent peu à s'emparer de la demi-lune de St-Nicolas, et ils s'en servirent pour avancer sous la contrescarpe. Alors cinq bourgeois déterminés résolurent de s'assurer si les travaux des Français étaient bien gardés ; ils allèrent jusqu'au pied de la demi-lune, puis tant avec leurs mousquets qu'à

» siège, il leur parle toujours avec plus de douceur que d'autorité. *Au nom de*
» *Dieu, Messieurs,* leur dit-il, *exécutez ce que dessus, je vous en conjure,* et
» comme je m'oblige à faire valoir vos services, je proteste contre vous tous,
» si vous négligez aucun moyen de vous secourir vous-mêmes. (Lettre du 23
» juillet.) » Hist. du règne de Louis XIII par le P. H. Griffet de la Compagnie
de Jésus, tom. 3, pag. 271.

coups de pierres, forcèrent ceux qui y veillaient à se retirer, et eux-mêmes s'y mirent à l'abri du canon. A la vue de cet acte de bravoure et de l'abandon des travaux avancés, plusieurs autres bourgeois sortirent de la ville, et coururent à leur secours ; en vain les Français faisaient des décharges continuelles, rien ne put arrêter l'impétuosité des assaillans ; ils s'élancèrent contre les assiégeans, renversèrent ceux qui leur opposèrent résistance et les immolèrent impitoyablement. Ceux qui n'avaient plus de munitions jetaient leurs armes, et l'épée à la main se précipitaient dans les retranchements. Des enfants de douze à treize ans combattaient avec une bravoure au-dessus de leur âge (1). Les assiégés profitaient de leurs avantages pour rompre les travaux avancés et remplir la tranchée commencée. Mais sur les dix heures du soir le maréchal de la Meilleraie fit jouer sous la demi-lune une mine qui emporta la pointe de cette fortification, de sorte que les assiégeants purent à leur tour s'y loger, tandis que les soldats Irlandais, sortis pour appuyer les bourgeois, se retiraient avec tant de précipitation qu'ils y laissèrent leurs armes, leurs outils et un peu de poudre.

Les Français, voyant le découragement de leurs ennemis, en profitèrent pour avancer leurs lignes, qui bientôt s'étendirent depuis l'hospice des pestiférés à St-Michel (2), jusqu'au moulin

(1) Feruntque pueros annorum duodecim tredecimve ad certamen è mœnibus concurrisse : quasi fortitudini paternœ reliquias aut collecturos, aut suâ etiam virtute signaturos. Vera et succincta obsidionis Atrebatensis enarratio, pag. 27.

(2) L'hospice des pestiférés était situé près du moulin de Poterne entre le bastion de St-Michel et le Pas de Cheval.

du rivage. Quant aux assiégés ils ne purent mettre aucun obstacle à ces travaux, ni même les inquiéter tant les Français faisaient désormais bonne garde. Aussi la désolation commençait à pénétrer dans la ville, tandis que la discorde augmentait chaque jour entre les bourgeois et les soldats de la garnison. Quatre batteries Françaises tiraient incessamment sur la place et dirigeaient principalement leurs coups contre les monuments les plus élevés, afin d'écraser les assiégés sous leurs ruines ; ainsi le beffroi eut à souffrir de ce siège : les églises elles-mêmes ne furent point respectées, et la chapelle de la Sainte-Chandelle, bâtie près de la pyramide qu'avaient élevée les confrères des Ardents, fut renversée (1). L'artillerie était

(1) « Primes a esté paié à Guillaume et Claude Bracquet pour bois, ardoi-
» ses, thuilles et aultres parties par eux livrez au service de la dite ville et le
» tout employé à la réparation de la halle et maison d'icelle ès endroicts où
» elle avoit esté endommagié par les coups de canon, bombes, pièches tombées
» du beffroy et aultrement au temps du siège, par chinq mandats et six quit-
» tances la somme de 398 florins, 6 sols. »

« A Antoine Hochart plombier de cette ville a pareillement esté paié pour
» la partie de plomb, soudure et aultres aussy par luy livrée quy ont sembla-
» blement esté employé en la réparation des dictes halle et maison de ville
» par billet réduits deux mandatz et deux quittances la somme de 448 florins,
» 12 sols, 3 deniers. » (Archives mun. Comptes des commis aux bonneurs, 1er
octobre 1640 au 1er octobre 1641.)

Jehan Sasquepée, le même qui avait orné la custode d'argent dont nous
avons parlé plus haut, avait construit cette chapelle sans doute sur les ruines

si habilement dirigée qu'elle nuisait beaucoup aux habitans, et cependant personne ne parlait de se rendre, tant les bourgeois craignaient d'être réduits sous la domination Française. Sur ces entrefaites O'Neil, qu'on avait accusé de ne pas appuyer les sorties des assiégés, en proposa une nouvelle pour le 30 de ce mois, promettant de la faire soutenir par les soldats de la garnison.

Cette promesse produisit une grande joie dans la ville, et c'était à qui ferait partie de cette attaque. Au jour indiqué, sur les trois heures du soir, les portes s'ouvrirent, et les bourgeois, armés de mousquets, d'arquebuses et de maillets, se précipitèrent de tous côtés sur les assiégeants. Cinquante mousquetaires Irlandais devaient les accompagner et leur prêter main-forte. Dans ce moment les Français établissaient une batterie dans la demi-lune de St-Nicolas. Ce fut surtout de ce côté que les bourgeois réunirent leurs efforts; les travailleurs ainsi que les Suisses qui les soutenaient furent repoussés et la demi-lune emportée d'assaut. En vain ceux qui étaient commis à la garde des tranchées voisines coururent porter secours à leurs compagnons, ils ne purent résister à l'impétuosité des bourgeois, et ils se retirèrent en désordre. Bien plus, les Suisses épouvantés ne voulaient ni se rallier, ni retourner à la charge, de sorte que les

---

de celle élevée par la comtesse Mahaut. Elle était de forme ogivique et appuyée à la pyramide du côté de la maison rouge. Cette chapelle fut reconstruite en 1656 en forme de dôme et surmontée d'une lanterne et d'une statue.

On peut consulter, pour l'archéologie de la pyramide de la Ste-Chandelle, les promenades sur la chaussée Brunehaut, par A. Terninck, Puits Artésien, tom. 5, page 487; cet ouvrage a été tiré à part.

assiégés remplirent presque toute la tranchée, et s'emparèrent de la demi-lune et des canons qui s'y trouvaient. Alors parut le régiment de Champagne que le maréchal de la Meilleraie avait envoyé aussitôt, quoique le combat n'eut pas lieu dans son quartier. A cette vue les Suisses reprirent courage, et les assaillants se virent à leur tour contraints de céder au nombre ; ils se retirèrent en bon ordre après avoir jonché les environs de la demi-lune des corps de deux cents Français. Quant aux Irlandais, ils ne bougèrent pas de la contrescarpe du fossé où ils s'étaient placés d'abord, disant qu'ils avaient défense d'avancer ; il est cependant probable que si les bourgeois avaient été guidés par un chef expérimenté et soutenus à temps, ils se seraient emparés de la batterie Française, ou du moins en auraient encloué les canons.

Du côté où se trouvaient les troupes du maréchal de la Meilleraie, les assiégeans faisaient de rapides progrès. Cet officier expérimenté creusa un large fossé au pied de la Courtine (1) qui finissait au pas de cheval en face du moulin du

---

(1) On appelle Courtine la partie de muraille ou du rempart qui est entre deux bastions et qui en joint les flancs.

Le bastion est un ouvrage de fortification élevé, soutenu de murailles, de gazon ou de terre battue, et disposé en pointe sur les angles saillans du corps d'une place, avec des faces et des flancs qui se défendent les uns les autres.

La demi-lune, dont nous avons déjà parlé plusieurs fois, est un ouvrage fait en triangle dans les dehors d'une place de guerre, au-devant de la courtine, et servant à en couvrir la contrescarpe et le fossé.

La contrescarpe ou contre-escarpe est la pente du mur extérieur du fossé,

rivage, et fit passer sous un petit pont des mineurs, de manière que les assiégés ne pouvaient leur nuire, ni avec mousquets ni avec piques. Alors ceux-ci, pour arrêter des travaux qui leur étaient si préjudiciables, descendirent, à l'endroit où travaillaient les mineurs, quelques-uns d'entr'eux dans des corbeilles; mais les Français tinrent bon, et après avoir blessé deux de leurs ennemis, les forcèrent de se retirer au plus vite (1). Cependant les assiégés supportaient avec constance les rigueurs d'un siège aussi long, car ils conservaient toujours l'espoir que les Espagnols attaqueraient les lignes ennemies. Bien plus ils bravaient les Français, et sur leurs murailles représentaient des rats et des chats en carton, qu'ils faisaient battre ensemble. Les assiégeants ne savaient ce que signifiait cette allégorie; ils en demandèrent l'explication aux prisonniers, et ceux-ci leur répondirent que les assiégés promettaient ainsi de défendre leur ville à toute extrémité, et de ne la remettre que *quand les rats mangeraient les chats* (2).

celle qui regarde la place; cependant quelquefois ce mot désigne le chemin couvert et son glacis.

Nous avons puisé ces diverses définitions dans le dict. de Nap. Landais comme étant de nature à être plus facilement comprises par la plupart de nos lecteurs.

(1) La prise d'Arras par Louis XIII, ms. n° 11,056 de la bibl. d'Arras. — Relation du siège d'Arras selon l'hist. univ. du temps ou le Mercure Français. Mss. du p. Ignace, supp. aux recueils. G. Z. Archives munic. Reg. mém.

(2) Voy. les relations préc. les mém. mss. du P. Ignace, tom. 2, pag. 165-168; l'*Almanach du Pas-de-Calais*, année 1840, a reproduit pag. 116 deux caricatures curieuses à plus d'un titre.

On sait que les armes de la cité étaient d'azur à la fasce d'argent chargée de trois rats de sable, surmontée d'une mitre d'or.

La famine commençait à se faire sentir de nouveau dans le camp Français, et l'on pouvait craindre qu'elle ne forçât les maréchaux à lever le siège ; chaque jour ils envoyaient les avis les plus pressants au cardinal de Richelieu qui se trouvait à Amiens avec le roi. Ceux-ci comprenant de quelle importance était pour la France la prise d'Arras, résolurent de mettre tout en œuvre pour leur porter secours. Depuis long-temps un nombreux convoi (environ six mille charrettes) était réuni à Doullens sans qu'il eût osé traverser l'armée Espagnole ; du Hallier (1), qui se trouvait alors à Fléville en Lorraine, reçut l'ordre de s'avancer vers Arras pour appuyer les troupes qui assiégeaient cette ville, et cet ordre était si pressant qu'il laissa derrière lui une partie de son bagage. Le bruit courait en effet dans son camp que les maréchaux n'avaient plus de pain ni de munitions, et que, s'ils n'étaient secourus sous quatre jours, ils se verraient contraints de se retirer. Du Hallier opéra sa jonction avec La Ferté-Imbaut (2) qui commandait un camp volant

(1) François de l'Hospital, d'une famille illustre, différente cependant de celle du Chancelier, se distingua par sa valeur, et fut connu d'abord sous le nom de du Hallier. Il commandait l'aile gauche à la bataille de Rocroi, et contribua beaucoup à cette victoire. Mais comme il ne fut jamais le courtisan de Richelieu, il n'obtint le bâton de maréchal qu'en 1643, après la mort de ce ministre. Le cardinal Mazarin, plus heureux que son prédécesseur, sut se l'attacher, et lui donna le gouvernement de Paris en 1649. François de l'Hospital mourut en 1660 ; il était âgé de 77 ans.

(2) Jacque d'Estampes, dit le maréchal de la Ferté-Imbaut, marquis de la Ferté-Imbaut et de Mauny, seigneur de Sallebris, etc., était encore bien jeune lorsqu'il se distingua au siège de Soissons en 1617 et trois ans plus tard au

d'environ quatre mille hommes. Alors Richelieu lui écrivit de conduire de suite le convoi, avec les seize mille hommes qu'il avait rassemblés. On y voyait Saint-Preuil, Hocquincourt, Lénoncourt, maîtres de camp, les ducs de Mercœur et de Beaufort, Cinq-Mars, grand écuyer, favori de Louis XIII, et qui avait la conduite des volontaires. Parmi ceux-ci on distinguait les marquis de Montespan et de Vervins, l'un premier gentilhomme de la chambre, et l'autre premier maître d'hôtel du roi, le comte de Noailles, Brion, premier écuyer du duc d'Orléans, et un grand nombre de seigneurs (1). Le roi avait en effet consenti à rester presque seul à Amiens avec son frère, et avait donné l'ordre à sa garde et aux gentilshommes de sa maison de se joindre aux troupes que commandait du Hallier (2).

combat du Pont de Cé. Il acquit une grande gloire dans le Midi lors des dernières révoltes des calvinistes, passa ensuite en Italie et contribua beaucoup au gain de la bataille d'Avains, en 1635. En un mot il prit part à toutes les guerres de Flandre et obtint (5 janvier 1657) le bâton de maréchal de France comme juste récompense des services qu'il avait rendus à son pays.

Le maréchal de la Ferté-Imbaut mourut en son château de Mauny, près de Rouen, le 20 mai 1668; il était âgé de 78 ans.

(1) Aubery passim et Levassor; sur Hocquincourt et sur le duc d'Enghien voy. le siège de 1654.

(2) « Le convoi étant prêt, le cardinal donna ordre à du Hallier de l'escor-
» ter, mais en même temps le roi lui défendit de s'avancer sans en rien dire
» au ministre. Cette défense étoit fondée sur une crainte qu'avoit le roi que
» du Hallier et le maréchal de la Meilleraye, qui lui devoit venir au-devant,
» étant défaits, les Espagnols n'entrassent dans le royaume, et n'y causassent

Celui-ci réunit dans une plaine (1) près de Doullens toutes les charrettes qui devaient former le convoi. A la nouvelle de ce secours, les maréchaux de la Meilleraie et de

» beaucoup de désordre. Mais il hazardoit ainsi à laisser périr l'armée qui
» assiégeoit Arras, pour épargner le corps que du Hallier commandait. Quand
» Choupes apporta les ordres du cardinal, du Hallier commença à former
» mille difficultés, pour ne point marcher. Mais enfin Choupes lui ayant dit
» qu'il répondroit de sa conduite au cardinal, et qu'il se ressentiroit sur lui
» du mauvais succès du siège, en cas qu'il ne réussit pas, du Hallier se déter-
» mina à obéir plutôt au cardinal qu'au roi, et le convoi arriva heureusement
» dans le camp. Cette résistance de du Hallier, qui avait osé mettre pendant
» quelques temps en balance les ordres du cardinal avec ceux du roi, fut cause
» qu'il ne put obtenir le bâton de maréchal que long-temps après, et le roi
» n'osa pas prendre son parti contre le premier ministre. » La vie du cardinal-duc de Richelieu par M. Leclercq, nouv. édit. tom. 3, pag. 184 et 185.

Voy. une excellente notice sur Jean Leclercq dans les mém. pour servir à l'hist. litt. etc., par Paquot, tom. 17, pag. 1—133.

(1) « Nostre armée renforcée de toute la maison du roi, qui faisoit environ
» quatre mille hommes, et des troupes de la Ferté-Imbaut, monta jusques à
» seize mille. L'artillerie étoit de douze pièces de canon, et le convoi de huit
» mille charrettes chargées de vivres et de munitions. Nous gagnâmes le haut
» de la montagne voisine de Dourlens. Il y a là une plaine. L'armée y fut mise
» en bataille et en ordre de combat. L'artillerie et les charrettes marchoient
» au milieu ; les troupes sur les côtez et une partie à la tête du convoi. »
Mém. du b^{on} de Sirot cités par Michel Le Vassor, ouv. préc. tom. 10, pag. 138.

« Celuy qui sera arrivé le premier à la veuë du camp des ennemis, fera
» signal de cinq coups de canon, redoublez de deux autres coups quelque in-
» tervalle après : et lors qu'il leur sera respondu en la même sorte, chacun

Chaulnes sortirent de leurs lignes et allèrent au-devant de lui ; ils avaient avec eux huit mille hommes de pied, choisis dans chaque régiment, et quatre mille cavaliers. Ils étaient accompagnés du marquis de Coislin, ainsi que de Gassion, maréchaux de camp, des ducs d'Enghien, de Nemours, de Luynes (1) et d'un grand nombre de gentilshommes. Il ne restait au maréchal de Châtillon pour défendre deux tranchées et quatre lieues de circonvallation, que dix à onze mille hommes de pied et trois mille cinq cents cavaliers.

Les Espagnols, ayant su par leurs espions que du Hallier devait partir de Doullens le 2 août, et ayant aussi connaissance des projets du maréchal de la Meilleraie, résolurent de mettre tout en œuvre pour délivrer Arras. Le cardinal-infant assembla de suite son conseil de guerre et le consulta sur le moyen de faire le plus de mal possible aux Français ; deux opinions furent émises. Le duc de Lorraine voulait qu'on attaquât le convoi ; mais don Philippe de Sylva et le président Rose, à qui le comte-duc Olivarez, ministre tout puissant d'Espagne, avait

» marchera de son costé, pour se joindre, et charger tout ce qui pourra s'y » opposer. » Extrait de la résolution dernière des mareschaux de Chaulnes, de Chastillon et de la Melleraie, etc. Mém. d'Aubery, tom. 4, pag. 636.

(1) Louis-Charles d'Albert, duc de Luynes, né à Paris en 1620 et nommé grand fauconnier de France en 1643, était alors mestre de camp d'un régiment. Il abandonna cependant les armes pour se livrer à l'étude, se lia avec de Sacy, d'Arnauld et les solitaires de Port-Royal. Il mourut en 1690. Il est auteur d'un très grand nombre d'ouvrages ascétiques qu'il publia sous le nom de Laval ; on lui doit aussi une traduction des méditations de Descartes.

Charles-Amédée de Savoye, duc de Nemours fut tué en duel (1652) par le duc de Beaufort ; il était âgé de 28 ans.

recommandé de modérer l'ardeur du cardinal-infant, firent résoudre l'attaque des lignes, comme plus sûre et moins dangereuse. Dès le matin, les Espagnols parurent en bataille, et s'approchèrent, jusqu'à la portée du canon, du camp Français. Néanmoins la lenteur de Philippe de Sylva vint encore compromettre une entreprise dont on pouvait regarder le succès comme assuré. Le duc de Lorraine, Lamboi et Cantelmo voulaient en effet attaquer immédiatement la circonvallation par deux côtés différents; mais Philippe de Sylva et Rose s'écrièrent qu'il ne fallait rien précipiter dans cette affaire et qu'ils ne devaient pas se rendre responsables des suites fâcheuses que pouvait avoir la ruine d'une armée dont la conservation du pays dépendait uniquement. Et en effet le cardinal-infant resta en bataille pendant trois ou quatre heures derrière de vieilles constructions (1). Châtillon profita de ce retard pour

(1) Le maréchal de Châtillon avait apporté tous ses soins pour se défendre contre les attaques des ennemis ; il s'était fait aider par les comtes de Guiche et de Grancey et par le marquis de Praslin. « Le comte de Guiche eut le soin
» des troupes du mareschal de la Meilleraye, et le mareschal de Châtillon luy
» donna ordre de se mettre derrière les lignes, qui sont pour garder depuis
» le quartier de Rantzau jusques à celuy de Roquelaure, et tirant sur la main
» gauche vers le quartier-général du mareschal de la Meilleraye. Après avoir
» pourveu les redoutes d'une garde assez médiocre, il ne restoit au comte de
» Guiche, des troupes du mareschal de la Meilleraye, que 4 régiments d'in-
» fanterie et mille chevaux, pour estre en bataille derrière les lignes.

» Le maréchal de Chastillon, ayant visité les gardes de toute la circonvalla-
» tion, et la place d'armes où estoit le comte de Guiche, revint passer le reste
» de la nuit au quartier de Rantzau, en la principale place d'armes, où le s^r

prévenir le maréchal de la Meilleraie que les Espagnols allaient attaquer le camp (1), et qu'il eût à revenir le plus promptement

« d'Anmont estoit, ayant son régiment, celuy de la Ferté-Imbaut et le régi-
» ment de fuzilliers de son éminence, tous sous les armes.

» Il avoit laissé le marquis de Praslin sur la main droite, aux lignes et forts
» depuis la redoute de Vervins, jusques au quartier-général du duc de Chaul-
» nes et de Luynes ; duquel quartier le comte de Grancey devoit prendre soin,
» et des lignes et forts jusques à celuy du mareschal de la Meilleraye.

» Il ne restoit au mareschal de Chastillon qu'un bataillon des gardes, les ré-
» giments de Grancey, Vidame, Beausse, Dandelot, et trois régimens de ca-
» valerie qui pouvaient faire mille chevaux. Il tenoit ce corps là libre et près
» de soy, pour estre en estat de porter secours aux quartiers qui seroient at-
» taquez. » Relation de ce qui s'est passé le deuxiesme août 1640 au camp devant Arras dictée par le mareschal de Chastillon. Mém. pour l'hist. du cardinal duc de Richelieu recueillis par Aubery, tom. 4, pag. 639.

(1) « Dez le poinct du jour il mets toutte son armée en bataille à nostre veue
» et à la porté du canon de noz lignes qu'il trouva si bien garnyes et d'infan-
» terie et de cavaillerie que cela le fit balancher long-temps de quel costé il
» nous attacqueroit ; ou ce que son canon n'estoit pas encore arrivé, et que les
» fascines qu'il luy falloit pour combler nostre fossé n'estoient pas encore pres-
» tes, bref je ne sçay si le bonheur de la France ou son étourdissement en une
» affaire de telle conséquence luy fit retarder cette attacque, car s'il eut donné
» dès qu'il arriva toutes les apparences estoient que son desseing luy eust
» réussy, quoique nous eussions le long de nos lignes veillé toutte la nuit, et
» estions en grande résolution de nous bien deffendre. Ceste intervalle de
» temps nous donna le loisir d'advertir M. le mareschal de la Meilleraye, qui
» renvoya d'abord M. de Gassion à toutte bride avecq deux mille chevaux
» avecq lesquels il se rendit à nostre camp devant que nous fussions attacquez;
» la nouvelle qu'il nous apporta que l'armée de M. du Hallier venoit avecq le
» convoy resjouyt tellement et donna tant de cœur aux gens de guerre que
» nous ne craignismes plus d'être forcez. » Recueil de Gassion Belgré.

qu'il le pourrait. Aussitôt celui-ci donna l'ordre à Gassion de retourner avec deux mille chevaux, et ce chef fit une telle diligence qu'il arriva avant que les Espagnols eussent commencé l'attaque. La nouvelle qu'il répandit que bientôt serait en vue le convoi conduit par du Hallier, ranima l'ardeur des Français.

Le comte de Guiche (1) voulait s'avancer au-devant des ennemis avec quelques escadrons de cavalerie, mais le maréchal de Châtillon répondit qu'il devait avant tout protéger ses lignes. C'est aussi ce que je veux, dit le comte de Guiche, car celui qui attaque est ordinairement le plus fort. Et si vous êtes repoussé, dit le maréchal de Châtillon, qui défendra nos retranchements ? Voyez cette ville, ajouta-t-il en montrant Arras, c'est notre maîtresse, il nous la faut enlever à quelque prix que ce soit, et, pour y arriver, répandre jusqu'à la dernière goutte de notre sang. N'allons donc point chercher l'ennemi, mais attendons-le de pied ferme. Le comte de Guiche devint furieux, et s'écria que la jalousie seule pouvait empêcher le maréchal de suivre un avis favorable, mais qu'il s'en plaindrait au roi. Vous le pouvez, monsieur, reprit Châtillon, ayez seulement la bonté de m'avertir, afin que je m'y trouve. En attendant, retournez à votre poste, et ne le quittez pas (2).

Enfin le cardinal-infant donna l'ordre à cinq escadrons et à quatre bataillons de marcher en avant et d'attaquer le quar-

---

(1) Le comte de Guiche était fils de Jean-François de la Guiche, comte de la Palice, seigneur de St-Géran et maréchal de France mort en 1632.

(2) Michel le Vassor, ouv. préc. d'après les mém. de Pontis, tom. 10, pag. 146 et 147.

tier de Rantzau ; il y joignit six pièces de canon (1). A cette vue le maréchal de Châtillon ordonna au régiment de Grancey, qui était près de lui, d'avancer en toute hâte, et de se jeter ainsi que celui de Guiche, dans le fort avancé dit de Rantzau où commandait Roncherolles (2). Quant au comte de Guiche il devait se rapprocher du maréchal, pour veiller à la défense des lignes, et laisser à Gassion le commandement des troupes que ce chef avait ramenées. L'infanterie Espagnole et Wallonne fit des prodiges de valeur ; les Français de leur côté se défendirent courageusement ; ils repoussèrent deux assauts ; cependant ils durent céder au nombre et furent contraints d'abandonner le fort. Le régiment de Grancey s'avançait alors pour exécuter les ordres qu'il avait reçus du maréchal de Châ-

(1) « Les ennemis voyant nostre contenance, demeurèrent fermes trois ou
» quatre heures durant sans oser s'avancer, estans tousjours derrière les ma-
» zures d'un village ruiné, à la portée du mousquet de nos retranchemens.
» On y tira cent coups de canon, de cinq grosses pièces, qui percèrent les dites
» mazures aysement, et donnèrent dans leurs bataillons. Ils se lassèrent de cela
» à la fin, quittèrent ce poste sur les dix heures, et marchèrent, faisant sem-
» blant de retourner au quartier de Bailleulemont ou de Rivières. Comme ils
» furent vis-à-vis du quartier de Rantzau, ils tournèrent sur leur main droite
» tout court, faisans marcher cinq gros escadrons et quatre bataillons à leur
» teste avec six pièces de canon de vingt-quatre livres de balles. » Relat. dict. par le maréchal de Châtillon. Mém. d'Aubery, tom. 4, pag. 640.

(2) Roncherolles est une terre et seigneurie de la Normandie qui donna son nom à une des plus illustres famille du royaume, et sur laquelle on peut voir de curieuses notes généalogiques dans le dict. généal. héráld. etc. par M. D. L. C. D. B. tom. 3 pag. 193 et suiv.

tillon, mais il ne put rétablir le combat, car il fut en partie culbuté, dans un chemin fangeux et étroit, par ceux qui se retiraient en désordre. On eut pu craindre une déroute plus grande, lorsque le comte de Grancey et Dandelot, (1) fils du maréchal de Châtillon, se portèrent vaillamment en avant, ayant avec eux une partie du régiment de Dandelot, et cent hommes des gardes commandés par Amfreville et Saugeon. Ils reprirent le fort, mais les Espagnols ne se regardèrent point comme battus, revinrent en grand nombre, culbutèrent les Français et se logèrent dans le fort attaqué et défendu avec tant d'acharnement. Puis, voulant profiter de leur victoire, ils s'élancèrent vivement aux barrières du quartier de Rantzau. Mais déjà les Français avaient reformé leurs rangs ; Grancey et d'Aumont, ayant chacun sous ses ordres un régiment, prirent les ennemis en flanc et les forcèrent de se retirer au-delà du fort de Rantzau. Parmi ceux qui se distinguèrent le plus, Châtillon cita les ducs de Mercœur, de Beaufort et de Nemours.

Cependant les Espagnols ne perdirent point encore tout espoir de forcer les lignes Françaises, et déjà ils les attaquaient par le seul endroit de leur circonvallation où l'infanterie ne pouvait être soutenue par la cavalerie, lorsque les marquis de

(1) Jacques de Rouxel de Medavy, comte de Grancey, d'une ancienne maison de Normandie, servit avec gloire tant en Piémont qu'en Flandre et en Lorraine, et obtint le bâton de maréchal de France en 1651. Il mourut en 1680 à l'âge de 78 ans.

Gaspard de Coligni, duc de Châtillon, abjura le calvinisme en 1643, fut lieutenant-général et mourut à Vincennes d'une blessure qu'il avait reçue à l'attaque de Charenton, le 9 février 1649 ; il était âgé de 39 ans.

Coislin et de Varenne (1) s'y portèrent en toute hâte, avec les régiments de Champagne, de Navarre, de Piémont et de Marine, qui étaient allés au-devant du convoi, et qui venaient heureusement de rentrer dans le camp.

Sur ces entrefaites on vit au loin les troupes des maréchaux de Chaulnes, de la Meilleraie et plus loin celles commandées par du Hallier. Le cardinal-infant donna l'ordre de la retraite ; elle s'exécuta avec grand ordre, au point, dit un auteur contemporain, *qu'ilz témoignoient estre extrememment faschez que nous n'allions point à eux* (2), et quand ils se retirèrent vers le

---

(1) Roger de Nagu, marquis de Varenne, lieutenant-général des armées du roi était fils de François de Nagu, baron de Marcé, en faveur duquel Varenne fut érigé en marquisat par lettres du 3 décembre 1618. Voy. dict. généal. hérald. préc. tom. 2, pag. 601 et tom. 3, pag. 414.

(1) Recueil de Gassion Belgré, préc.

Sirot, dans ses mémoires cités par Le Vassor, hist. de Louis XIII, prétend cependant que si on avait suivi les conseils de du Hallier, l'armée Espagnole et surtout les troupes du duc de Lorraine auraient éprouvé de grandes pertes. « Si, dit-il, on eut cru du Hallier, qui conseilloit de faire
» sortir des lignes quatre mille chevaux et deux mille mousquetaires pour les
» appuyer, toutes les troupes qui attaquèrent le camp et le fort de Rantzau se
» seroient retirées avec une extrême peine. Dans leur embarras, elles couroient
» risque d'être défaites. Le duc de Lorraine fut bien heureux de conserver ses
» troupes par la jalousie que la Meilleraye conçut contre du Hallier. Voulant
» s'attribuer tout l'honneur du siège, le maréchal détourna cette entreprise,
» et craignit de donner trop d'avantage à celui qui la proposoit. » Michel le Vassor, tom. 10, pag. 154 et 155.

Châtillon dit dans sa relation :

» Monsieur le Grand arriva un moment après, avec force volontaires de

pont du Gy, ils emmenèrent leurs morts, leurs blessés, et jusqu'à leurs fascines. On évalua leur perte à deux mille hommes (1); celle des Français fut d'environ mille soldats et quatre cents officiers.

Ils s'étaient défendus avec un courage qui tenait du désespoir, et pendant les trois heures que le combat avait duré, ils avaient vaillamment soutenu le choc. Mais les honneurs de la journée furent pour le maréchal de Châtillon (2); il eut en effet

» condition. Si M. le mareschal de Châtillon ne l'eut retenu par prières et son
» autorité mesme, dont il fut contraint de se servir, il vouloit aller donner avec
» la bonne compagnie, qu'il avoit amenée, dans le fort que les Espagnols
» venoient de regaigner. Son arrivée aporta grande joye aux chefs et aux
» troupes, qui avoient esté plus de deux heures entières à soustenir l'effort des
» ennemis. » Mém. d'Aubery, tom. 4, pag. 641.

(1) « Entre lesquels, dit Châtillon, est le comte de Willerval et plusieurs
» autres officiers de condition et gens de marque. » Rel. préc. pag. 642.

La terre de Willerval en Artois avait été érigée en comté par lettres du 28 mai 1612. Cette terre qui se composait « d'un chasteau avec quatre tours en-
» fermé de murailles, et d'un fossé ou sont plusieurs bastiments avecq un droit
» de terrage » fut achetée par Hierosme du Rietz, chevalier et dame Gertrude Lebourgeois sa femme (15 juillet 1697 et 26 juillet 1697.) Au mois d'août 1697 le roi de France donna des lettres confirmatives de l'érection de la terre de Willerval en comté en faveur de M. Charles Hierosme Durietz fils des seigneurs de cette terre. Arch. dép. 11ᵉ reg. aux comm., pag. 1261.

(2) « Affin de rendre justice à ceux qui le méritent, dit Sirot dans ses mé-
» moires, on ne doit pas omettre ici l'adresse d'un canonnier. Il pointa si bien
» trois canons sur une hauteur qu'il prit l'armée Espagnole en flanc; de ma-
» nière qu'ayant tiré l'espace de deux heures, sans que les ennemis fussent
» ébranlez de leurs pertes, ils furent enfin obligez de se retirer. L'arrivée du

son cheval tué d'un coup de canon, et un coup de mousquet lui coupa son baudrier. Bien plus, lorsqu'on vint lui dire que son fils avait été tué, il s'écria : il est bien heureux d'être mort dans une si belle occasion pour le service du roi, et il continua de donner tous ses soins à la défense ; plus tard on apprit que cette nouvelle était fausse, et que Dandelot n'avait été que blessé (1). Moins heureux, Savion lieutenant des gardes resta sur le champ de bataille.

Les assiégés (2) avaient simulé une sortie et s'étaient dirigés

» secours amené par du Hallier leur servit de prétexte. On aima mieux attri-
» buer sa retraite au bonheur des Français qu'à l'habileté du canonnier. » Michel le Vassor, hist. du règ. de Louis XIII, tom. 10, pag. 153 et 154.

(1) Mém. de Puységur, tom. 1, pag. 239.

« Dandelot, dit Châtillon dans son rapport, entrant des premiers dans le
» fort, lorsque nous le regagnasmes, tua un officier Espagnol d'un coup d'es-
» pée ; il y fut blessé légérement à la main, et reçut un grand coup de mous-
» quet sur ses armes. » D'Aubery, tom. 4, pag. 645.

Voy. à la seconde partie les noms de ceux qui se sont le plus distingués.

(2) Les assiégés reprochèrent à Ph. de Sylva d'avoir fait échouer cette entreprise par sa négligence.

« Ceste heure et ce lieu donnèrent grand avantage aux assiégeans : car c'es-
» toit en plein jour et à la plus forte place de tout le siège que don Philippe de
» Sylva fit faire ceste attaque (a). Au lieu de quoy s'il fut venu à l'heure dont il
» avoit tant de fois adverty les bourgeois, il eût sans doute forcé les lines et
» secouru la ville, etc. Toutes ces circonstances que garda don Philippe de
» Sylva pour mettre à exécution ceste entreprise engendra au cœur des bour-

(a) Voy. plus haut pag. 207.

vers le quartier du maréchal de Châtillon ; aussitôt celui-ci donna l'ordre à Puységur de s'y opposer. Ce chef prit avec lui deux régiments d'infanterie, celui de d'Esquasellas (de cavalerie) et un autre étranger. Puis pour imposer par le nombre, il arma tous les vivandiers et les soldats malades qui pouvaient supporter quelques heures de fatigues ; mais les assiégés ne firent aucune attaque sérieuse (1).

Le soir cependant ils signalèrent leur bravoure par une hardiesse qui tenait de la témérité. Luc Beauvois marchand de bois, un autre bourgeois et un Irlandais descendirent dans le fossé à la faveur de la nuit et s'emparèrent de deux mineurs qui travaillaient du côté de St.-Michel. O'Neil eut le tort, du moins on le lui reprocha par la suite, de ne pas les avoir forcés de se joindre aux ouvriers pour détruire les ouvrages des assaillans ; on l'accusa aussi de négligence pour n'avoir percé aucun puits afin de protéger la ville contre l'effet des mines (2).

Dès le lendemain du Hallier conjointement avec les trois maréchaux de France, à qui l'on avait confié le siège d'Arras,

» geois, je ne sçay quel sinistre et mauvais soupçon. Se ressouvenant de ce
» qu'il n'avoit voulu attaquer l'ennemy estant au mont St-Eloy, lorsqu'il lui
» estoit si facile (aussy bien qu'en ceste dernière occasion) et que les plus grands
» de son armée estoyent de cest advis, tellement que plusieurs ne faisoient
» pas scrupule de dire qu'il estoit traître. C'est pourquoy ils prirent ceste al-
» lusion à son nom : *Il secourera la ville s'yl y va.* » La prise d'Arras, etc.
Mss. de la bibl. d'Arras, n° 11,056.

(1) Mém. de Puységur, tom. 1, pag. 239.

(2) La prise d'Arras par Louis XIII roy de France. Devienne, hist. d'Artois, 5ᵉ part. pag. 121 et 122.

firent sommer les habitans de se rendre. Il était représenté dans cette sommation que le secours sur lequel ils devaient compter avait été repoussé la veille à leur vue, qu'eux-mêmes avaient fait toute la résistance possible, que d'ailleurs ils étaient sur le point d'être réduits à l'extrémité. Ils ne pouvaient donc être poussés à se défendre que par l'obstination des gens de guerre qui n'avaient rien à perdre, mais les Français, ne voulant pas user de rigueur, avaient mieux aimé leur envoyer un trompette pour les engager à traiter. Si du reste ils refusaient, ils ne seraient plus reçus par la suite à capitulation et ils étaient menacés de voir exécuter contre leurs personnes et leurs familles tous les actes d'hostilités dont *la rigueur des armes est ordinairement accompagnée* (1).

Cette sommation ne produisit cependant pas l'effet qu'on en

(1) « Sommation de la ville d'Arras de la part des généraux commandant
» les armées du roy, adressante aux gouverneur, mayeur, conseil et habitans
» de la ditte ville, dictée par le mareschal de la Melleraye.

» Votre secours ayant été repoussé hier à votre vue, l'armée étant retirée, et
» de votre part ayant été faite toute la résistance qui se peut faire par des gens
» de bien, vous trouvant en termes d'être bientôt réduits à l'extrémité, et
» voyant qu'il n'y a plus que l'obstination des gens de guerre qui n'ont plus
» rien à perdre qui vous puisse retenir, tous prétextes étant cessés, nous en-
» voyons ce trompette du roi vous déclarer que si vous ne voulez envoyer des
» députés pour traiter de la capitulation, vous n'y serez plus reçus : ains au
» contraire tous les actes d'hostilités que la rigueur des armes peut apporter à
» vos personnes et à vos familles seront exercés. Fait au camp devant Arras,
» ce 3 août 1640. Signé : de Chaulne, Châtillon, la Meilleraye et du Hallier. »
D'Aubery tome 4, pag. 647 et 648. — Le Vassor, tom. 10, pag. 156 et 157.

attendait, et les habitans d'Arras refusèrent de capituler; d'ailleurs ils conservaient encore l'espoir que le cardinal-infant ferait une nouvelle tentative pour venir à leur secours.

La division avait également éclaté au camp des Français; le maréchal de la Meilleraie voulait s'attribuer tout l'honneur du siège d'Arras, et il n'avait pas vu sans dépit du Hallier repousser l'armée Espagnole; il n'en put même retenir cette jalouse exclamation : Je me passerais mon épée au travers du corps si je croyais que vos troupes eussent empêché les ennemis de forcer nos retranchements. Du Hallier céda, d'ailleurs sa présence n'était plus nécessaire au camp; il se retira au quartier des maréchaux de Chaulnes et de Châtillon qui lui témoignèrent combien ils lui étaient reconnaissants de la diligence qu'il avait faite, car sans cela, ajoutèrent-ils, la ville d'Arras courait grand risque d'être secourue par l'armée du cardinal, et d'être ainsi perdue pour le roi; du Hallier partit le 3 août (1).

(1) Sirot cité par le Vassor, tome 10, page 155.

Sur le siège d'Arras de 1640, voyez encore : L'attaque faite par les Espagnols contre le camp devant Arras le 2 août 1640, in-4°.—Relation du combat de Thionville et du siège d'Arras, en 1639 et 1640, par Marc Duncan, sieur de Cerisante, 1640, in-4°. — Relation du combat donné devant Arras, Paris 1640, in-4°.—La prise de la ville d'Arras sur les Espagnols, Paris 1640, in-4° — Relation succincte du siège et de la reddition d'Arras, Paris 1640. On y trouve jointe, dit Lelong, une estampe grotesque concernant le siège de cette ville.—Relation du siège et de la reddition d'Arras, Paris, Cramoisy, 1640, in-4°.—La medesima relatione tradotta dal Francese. D'Aubery dans l'histoire du cardinal de Richelieu, liv. 7, chap. 4. lui attribue cette relation et l'a reproduite en entier, tome 2 page 222 et suiv. Atrebatum expugnatio, carmen

L'abondance revenue dans le camp (1) donna une nouvelle ardeur aux Français; chaque jour en effet, la position des assiégés devenait plus précaire : c'était surtout vers la porte de St-Nicolas, que le maréchal de Châtillon, désireux de se signaler, avait réuni tous ses efforts. Le 6 août il y fit jouer une mine si heureusement qu'elle ouvrit une brèche où pouvaient monter quarante hommes de front, et renversa un des canons qui se trouvaient dans le bastion. Alors les assiégeants jetèrent sur le fossé deux ponts de corde pour joindre leur retranchement à la brèche, et creusèrent un nouveau fourneau (2) de soixante-quatre pieds de profondeur. De plus, le maréchal fit venir de St.-Michel quatre charrettes chargées de quatorze tonneaux de

Petri Hallé Parisis 1641 in-4°. Voy. bibl. hist. de la France par Lelong, 2ᵉ édit. tome 2, pag. 482 et 483. Cet auteur cite encore : Relation de ce qui s'est passé le 2 août (1640) au camp devant Arras, in-4°. — Cette relation manuscrite était conservée dans la bibl. de M. Jardel à Braine; elle a pour auteur le maréchal de Châtillon qui commandait à ce siège avec les maréchaux de Chaulnes et de la Melleraie. Elle contient un détail très-exact de l'action où les Espagnols furent repoussés en voulant jeter du secours dans la ville d'Arras, qui fut prise huit jours après, c'est-à-dire le 10 août 1640. Cette relation a été imprimée par d'Aubery, tome 4, page 638 et suiv. Relation de ce qui s'est passé devant Arras en 1640. Ce document était conservé dans la bib. des missions étrangères. Voy. aussi le plan de ce siège et ce que nous en avons dit à la seconde partie.

(1) Sur ces entrefaites les Français avaient reçu deux nouveaux convois, l'un venant d'Hédin et l'autre de Doullens. D'Aubery, tom. 4, passim.

(2) C'est ainsi que l'on appelle un creu fait en terre et où l'on met de la poudre pour faire sauter une muraille.

poudre : telle était la négligence des soldats de la garnison, que ni ceux placés sur les remparts, ni ceux qui veillaient sur le Pas de Cheval, ne tirèrent sur ce convoi. Berles s'en plaignit à don Eugenio, mais ce chef se contenta de lui répondre qu'il n'y avait rien d'étonnant que des soldats harassés de fatigues s'endormissent, surtout après avoir travaillé toute la nuit.

Pour qu'Arras pût encore tenir quelque temps, il fallait élever un nouveau rempart contre la brèche et unir par une muraille les deux courtines qui se trouvaient de chaque côté ; c'était l'avis des principaux bourgeois et des chefs les plus expérimentés ; mais le gouverneur, insoucieux de la prise de la ville, représenta que ces travaux nécessiteraient de nouvelles dépenses, et qu'on n'aurait point le temps de les terminer. Cependant, comme le remarque un des assiégés, il eut fallu à peine élever 150 toises de maçonnerie. O'Neil se contenta de faire quelques petits travaux insignifiants pour la défense de la place, et qui n'avaient d'autre but que de protéger les soldats qui se trouvaient sur les remparts (1).

(1) « Cependant la brèche augmentoit considérablement, les chefs du conseil
» de guerre au lieu d'employer leurs forces pour prévenir l'assaut en continuant
» de faire travailler à une terrasse élevée de 60 pieds et plus à l'opposite de la
» brèche, se contentèrent de dresser de petits épaulements capables de garantir
» le soldat contre les coups de fusil ; faible secours dans une pareille extrémité.
» Plusieurs étoient d'avis de faire un retranchement et un nouveau rempart
» derrière la terrasse dans l'endroit où la muraille fait un angle. Comme il n'y
» avoit pas trois cents pas de distance entre les deux courtines qui se joignoient
» pour faire la pointe de cet angle, le travail étoit d'autant plus aisé qu'on
» pouvoit sans grande peine aplanir la terrasse et dressser une espèce de nou-
» veau rempart qui auroit arrêté quelque temps le progrès des assiégeants.

Sur ces entrefaites, O'Neil, Bernoult et les autres chefs prévinrent le conseil de guerre qu'il était impossible à la ville de se défendre plus long-temps, et qu'il fallait songer au salut des bourgeois, ainsi qu'à la conservation de leurs femmes et de leurs enfans. Puis dix à douze gentilshommes allèrent trouver le magistrat et l'engagèrent à accepter plutôt une capitulation honorable que d'être réduits aux plus fâcheuses extrémités. Le sergent Bernoult et Terriminil, gouverneur d'Arras, contribuaient par leurs discours à augmenter l'effroi des assiégés. Cependant il n'y eut rien de décidé à cet égard, du moins pour le moment ; seulement O'Neil ouvrit les magasins du roi et distribua aux soldats les munitions qui y étaient contenues. Pour payer les ouvrages entrepris pendant le siège, et solder ce qui était dû aux personnes qui avaient livré des denrées, le conseil de guerre fit vendre le sel, le blé et les autres provisions dont on croyait n'avoir pas besoin. Mais les huissiers du conseil, qui furent chargés de ce soin, agirent avec une négligence qui devint fatale à plusieurs artisans (1).

» Toutefois O'Neil et les autres commandants n'approuvèrent pas cette sup-
» position sous prétexte qu'il n'y avoit point d'argent pour payer les travail-
» leurs, et qu'il y avoit trop peu de temps pour faire un pareil ouvrage. Le
» magistrat et les bourgeois ignoroient pour la plupart le péril et le danger où
» la ville étoit réduite. Ils comptoient toujours sur le secours qu'on leur faisoit
» espérer ; dans cette confiance ils se défendoient avec toute la vigueur dont
» ils étoient capables. » Arch. munic. rég. mém.

(1) « Huissier du conseil, dit de Ferrière, sont ceux dont les fonctions aux
» jours des conseils, sont d'être dans le lieu où ils se tiennent pour en inter-
» dire l'entrée à ceux qui n'ont pas droit d'y assister, et pour exécuter les or-

Enfin le 8 août, les chefs voyant que les négociations avec les Français n'avaient pas encore été entamées, remontrèrent de nouveau au conseil de guerre, ainsi qu'au magistrat, le péril imminent de la ville, disant que c'était une aveugle présomption d'attendre plus long-temps, et que les progrès des assiégeants étaient tels, qu'ils ne répondaient pas que la place pût encore résister vingt-quatre heures, ni même que les soldats osassent se tenir sur la brèche pour la défendre.

A ce discours l'effroi se répandit promptement dans Arras, et l'assemblée se retira en désordre. Cependant quelques bourgeois soutenaient que la brèche n'était pas d'un aussi facile accès qu'on le prétendait, et cherchaient à relever le courage

» dres qui leur sont donnez. » Nouv. introd. à la pratique, etc., 1re édit. tom. 1, pag. 889.

« Il y avait (au conseil d'Artois) un premier huissier et huit autres ordi-
» naires qui résidaient tant en ville qu'en cité. » Notice de l'état ancien et moderne de la province et comté d'Artois par Bultel, second président du conseil d'Artois.

Le premier huissier était alors Martin de Fourmestraux.

On sait qu'Andreas de Fourmestraux ou Fourmentraux, seigneur de Wazières et de Beaupret fut anobli par lettres de Philippe IV roi d'Espagne le 3 novembre 1623, moyennant finance. Jean-André obtint, par lettres du 18 février 1663, la permission de quitter son nom de Fourmestraux pour prendre celui de Wazières.

Armes : *Ecartelé au 1er et 4e d'or à l'aigle éployé à deux têtes de gueules, au 2e et 3e d'or ; un ours rampant au naturel tenant en ses pattes une branche d'arbre courbée et amondée de gueules.* Voy. Leroux, Théâtre de la Noblesse, pages 243, 244 et 327.

de leurs camarades, mais un plus grand nombre ajoutait foi à ce que rapportaient les gens de guerre, et disait qu'il valait mieux sauver les habitans par une capitulation honorable.

Pendant ce temps, J. Le Bailli et le chevalier de Souastre assemblèrent le conseil d'Artois, et lui remontrèrent qu'il était urgent d'aller avec le magistrat consulter O'Neil, et de délibérer avec lui sur ce qu'il était utile de faire dans les circonstances présentes. Cet avis prévalut, et les députés du conseil joints à ceux du magistrat se dirigèrent vers le blocus de St.-Michel. L'abbé de Marœuil, le prévôt de Lauretan, le président du conseil, le sieur de Souastre et le mayeur de la ville assistaient à cette assemblée, dont on avait éloigné quiconque n'était ni du conseil de guerre, ni député (1). Alors le sergent Bernoult prit

---

(1) Les registres mém. indiquent une autre version.

« Pendant ces consultations les dits s^r président et de Souastre vont au con-
» seil d'Artois faire rapport de ce que dessus et remonstrent que sans un mo-
» ment de délay il falloit aller avecq le magistrat vers le maistre de camp pour
» le supplier de vouloir envoyer un tambour vers le sieur grand maistre afin
» de le requérir de cessation d'armes jusques au lendemain huict heures du
» matin ; sur cette proposition faite avecq autant de châleur et terreur que le
» péril estoit grand, le conseil sans perdre de temps se transporte en la maison
» de ville où il trouva le magistrat assemblé comme d'ordinaire il estoit, au-
» quel le dit président donna part du rapport des dits chefs de guerre, con-
» cluant à ce que promptement on alla trouver le dit maistre de camp pour
» faire despêcher vers le dit sieur grand maistre, afin d'esviter au sacre et dé-
» solation de la ville.

» Comme le président achepvoit son discours, voicy le prevost de Nostre-
» Dame Van-Lauretten qui arrive tout en châleur et interrompant le dit prési-

la parole, et représenta l'état de détresse dans lequel se trouvaient les fortifications. Il dit que la brèche était si large que

» dent dict qu'il falloit accélerer l'affaire, et que le péril estoit tel que les dits
» chefs de guerre luy estoient venus assurer et au prélat de Marœuil que si les
» assiégeans donnoient l'assault, infailliblement ils emporteroient la ville, et
» bien qu'il y auroit encore 4,000 hommes d'eslite au-dessus de ce qui estoit,
» ilz ne vouldroient entreprendre de deffendre la bresche ny promettre de ga-
» rantir la ville de pillage et massacre.

» Ce qu'estant confirmé par le dit prélat de Marœuil qui survint lors, la ré-
» solution fut soudainement prise d'aller trouver le dit maistre de camp, au-
» quel effect les députés dudict conseil avecq le corps du magistrat s'estant
» transportez dans le blocus de St-Michel où il estoit, le supplièrent d'entendre
» à une capitulation pour prévenir le saccagement de la dite ville et esviter
» une asseurée effusion de sang de tant de personnes qui avoient tesmoingné
» tant de valeur et de fidélité durant le dict siège.

» Le dict maistre de camp n'avoit encoire donné résolution que voicy les
» abbé de Marœuil, prévôt Lauretten, président, le sieur de Souastre avecq le
» mayeur de la ville qui pressoient de prendre une résolution promptement,
» rapportant que de moment à aultre on venoit asseurer que l'affaire estoit à
» tel terme que les assiégeans se disposoient à l'assault. »

Jacques Du Val, écuyer licencié ès-loix, sieur de Wavrans, récréanta sa bourgeoisie le 7 décembre 1613, par. de St-Jean. Il épousa en 1616 Claire de Bayard-Gantau; il succèda dans l'office de mayeur à son père Nicolas Du Val écuyer, sieur du Natoy, licencié ès-loix, député des États d'Artois qui a obtenu le 21 mars 1592 une sentence de noblesse. Les armes de Du Val sont : d'argent au lion rampant de sable à la bordure engrelée de gueules.

Voy. le reg. des bourgeois ainsi que plusieurs autres documents qui se trouvent dans la bibl. de M. A. Godin, et que nous devons à son obligeance.

La prévôté d'Arras était la 1re dignité de l'ancienne cathédrale après celle

cinquante hommes pouvaient y monter de front, même à cheval, que plusieurs mines se trouvaient prêtes à éclater, du moins il croyait pouvoir l'assurer, et que les remparts s'écrouleraient bientôt de toutes parts. Il ajouta que, réduite à cette extrémité, la ville devait s'attendre à être traitée avec la plus grande sévérité, et qu'elle aurait à souffrir tous les désordres qui affligent une place forcée. Il termina en disant qu'il s'était trouvé à plusieurs sièges, que récemment encore il avait été enfermé dans Bois-le-Duc (1), et qu'il n'avait jamais été réduit à une

de l'évêque ; le roi la conférait dans les derniers siècles ; mais avant la domination Espagnole elle était élective par le chapitre. Elle jouissait dès-lors de la prérogative de primauté après l'évêque. Plusieurs bulles de souverains pontifes en font foi.

Le prévôt avait la 1re stalle au chœur et la plus distinguée ; c'était la place que prenaient les princes régnans ou ceux de leur sang quand ils paraissaient dans la cathédrale. Aussi le prévôt était-il censé tenir la place du roi qu'il ne cédait à personne, pas même au gouverneur de la province dans les cérémonies publiques.

Il était aussi le chef de la justice temporelle du chapitre qui s'exerçait par des jurisconsultes, dont le 1er était appelé *sous-prévôt*, et les autres *hommes de fiefs* du chapitre.

Les prévôts qui se sont succédé depuis le rétablissement du siège d'Arras, ont joui des mêmes prérogatives, à l'exception de celles qui se trouvèrent naturellement supprimées par le fait de la révolution Française.

(*Courrier du Pas-de-Calais du 17 janvier 1841*).

(1) Bois-le-Duc, en Hollandais, S. Hertogenbosch, est une ville de Hollande, chef-lieu de la province de Brabant-Sept. Elle a été fondée en 1184 par Godefroy III, duc de Brabant, sur l'emplacement d'une maison de campagne située au milieu d'un bois où le duc venait chasser, ce qui lui a valu son nom. Bois-le-Duc avait été pris en 1626 par les Hollandais.

telle extrémité ; qu'en conséquence, il croyait le commandant obligé de sauver les bourgeois, qu'il en répondait devant Dieu, et que l'intention du roi d'Espagne ne pouvait être de laisser mourir un aussi grand nombre de sujets fidèles, dont le sang ne lui serait d'aucun avantage.

Ce discours augmenta les craintes que ressentaient déjà un grand nombre des membres de cette assemblée, et il fut immédiatement résolu qu'on prierait le maréchal de la Meilleraie d'accorder une suspension d'armes jusqu'au lendemain à huit heures. On était d'abord convenu d'en charger un trompette, mais sur l'observation d'un capitaine Espagnol du régiment de don Pédro Léon, qui venait d'entrer dans l'assemblée à laquelle il avait droit de se trouver comme membre du conseil de guerre, il fut résolu que pour l'honneur des troupes, il était préférable d'envoyer un tambour de la ville. On retourna ensuite à l'hôtel-de-ville où les chefs de guerre remirent bientôt les passeports et les instructions nécessaires (1).

(1) » Laissez librement passer et repasser ce tambour que Messieurs du ma-
» gistrat des ville et cité d'Arras envoyent à M. le maréchal de la Meilleraye.

» Instruction pour le tambour allant au quartier du mareschal de la Meille-
» raye :

« Il dira de la part du magistrat des ville et cité d'Arras que s'il plaist au-
» dit sieur mareschal de faire une cession d'armes jusques à demain à 8 heures
» du matin, faisant aussi cesser les travaux autour de la mine et ceux du
» costé de toutes les attaques, ils se disposeroyent pendant ce temps de venir
» traicter avec luy, à quoy ils promettent faire correspondre les gens de guerre.
» Fait le 9 d'aoust 1640. La prise d'Arras par Louys 13 roy de France, préc.

Cependant quelques-uns des plus notables, tant ecclésiastiques que nobles et membres du conseil d'Artois, ainsi qu'un grand nombre de conseillers de guerre se réunirent à l'abbaye de St.-Vaast dans le lieu où les Etats tenaient ordinairement leur séance (1) pour convenir des conditions que l'on devait soumettre au maréchal de la Meilleraie. De son côté le magistrat convoqua une partie de la noblesse et quelques avocats. L'assemblée était d'environ soixante personnes. Mais ces allées et venues avaient inquiété la bourgeoisie, et elle pressentait vaguement que l'on traitait de la reddition de la place ; elle en obtint bientôt la certitude, car Pierre Chassé, marchand de soie eut la hardiesse de se glisser dans la réunion dont nous venons de parler, et fut assez heureux pour sortir sans être vu. A sa voix le peuple s'ameuta et pénétra en foule dans cette assemblée. Alors le procureur de ville prit la parole, et parvint à se faire écouter silencieusement. Mais quand il eut fini son discours, le trouble recommença ; les bourgeois, les artisans et les manans criaient qu'il fallait défendre la place, que bien peu de ceux qui opinaient pour la paix avaient été vus sur les remparts et que la brèche n'était pas telle qu'on le disait. Ils reprochaient aussi au magistrat de leur cacher des affaires de cette importance, et protestaient qu'ils aimaient mieux mourir les armes à la main que d'abandonner lâchement leur ville

---

(1) Les États se tenaient en l'abbaye royale de St-Vaast d'Arras. — Bultel, ouv. préc. page 201. — La dernière assemblée générale avait été ouverte à Arras le 20 mai 1640 et renvoyée au 30 juillet ; mais le siège ayant été mis devant cette place, l'assemblée ne put avoir lieu ; depuis 1640 jusqu'en 1677, une partie des États continua à tenir ses séances à St-Omer au couvent des Domicains. Bultel, page 198.

sans avoir livré aucun combat. L'assemblée fut dissoute, mais le peuple se répandit dans les rues, et répéta ses reproches et ses menaces. Les femmes elles-mêmes encourageaient leurs maris, et s'écriaient que si les hommes n'étaient plus assez nombreux pour combattre sur la brèche, elles étaient prêtes à les secourir. Ceux qui parlaient de se rendre, et à leur tête les gens de guerre, cherchaient en vain à modérer cette ardeur et s'irritaient des reproches qu'on leur adressait. L'abbé de Marœuil leur ayant représenté que la bourgeoisie ne voulait que se défendre encore, et que dans ce but elle était prête à s'imposer tous les sacrifices, il lui fut aigrement répondu qu'il parlait de choses qui n'étaient pas de son métier (1).

Sur ces entrefaites deux soldats du régiment de Trembloy apportèrent des lettres du cardinal-infant, par lesquelles ce prince cherchait à rassurer les assiégés. Il leur disait en effet que l'explosion de la mine pouvait être nuisible aux Français, aussi bien que leur être favorable; il se confiait, ajoutait-il, en la bravoure du colonel O'Neil et des autres chefs, espérant qu'ils

---

(1) L'abbé de Marœuil, dont il est ici question, est Jean Paslyart. Ce religieux était chanoine régulier du prieuré royal de St-André près Aire; il fut pendant sept ans coadjuteur de son prédécesseur Bonaventure Lefèvre, et lui succéda en 1622. Paslyart fut pendant plus de 25 ans député ordinaire à la cour de Bruxelles. Ce fut lui qui acheta et fit bâtir près de l'abbaye de St-Vaast le refuge de Marœuil; il augmenta aussi les constructions de ce monastère, mais pendant le siège de 1640 elles furent complètement ruinées, et la communauté fut contrainte de se retirer à Arras. Paslyart mourut en 1656 et fut inhumé dans la chapelle du refuge; on lui mit une épitaphe latine qu'on peut voir dans le Gall.-Christ. Nov. édit. tom. 3, col. 445 et 446.

ne rendraient pas la place quoiqu'il arrivât, et promettant un prompt secours.

Pierre Chassé, dont nous avons déjà parlé plus haut, ayant appris du chevalier de Souastre le contenu de ces lettres en témoigna hautement sa joie ; puis s'adressant à quelques nobles il les avertit de ce qui se passait ; mais ceux-ci n'étaient que trop portés à se rendre, et l'un d'eux, se rappelant le tumulte qui avait déjà eu lieu à l'instigation de ce même Chassé, l'insulta, et lui déchargea son bâton sur la tête d'une manière si violente qu'il en fut brisé (1). Quant à la bourgeoisie, toute dévouée à l'Espagne elle voyait avec regret de semblables discordes, et comprenait que la ville serait bientôt forcée de se rendre. Les chefs de guerre prétendirent ne vouloir plus entendre aucune composition, et s'écrièrent qu'ils aimaient mieux mourir sur la brèche ; mais comme le dit une des relations de ce siège, *ce n'estoit besoin d'estre fort clairvoyant pour remarquer à leurs*

---

(1) « Le sieur Pierre Chassé, duquel nous avons parlé cy-devant, ayant en-
» tendu du sieur de Souastre le contenu de ces dernières lettres de son altèze
» par lesquelles il promettoit le secours, iceluy extremement aise de ces nou-
» velles en fit part au sieur d'Aussymon accompagné du sieur de Crespilly et
» quelques autres ; mais ces nouvelles de secours ne pleurent guères à ces per-
» sonnes qui n'en vouloyent pas et iceluy d'Aussymon se ressouvenant de l'as-
» semblée du peuple causée par ce marchand quatre heures auperavant après
» quelques propos injurieux, et proférant ces mots : vous estes un bougre qui
» suscitez tout le monde à une chose impossible, lui lascha son baston si rude-
» ment sur la tête qu'il en fut brisé. Ce qu'ayant veu plusieurs bourgeois trou-
» vèrent cest affront de dure digestion, et cogneurent aisement que cette no-
» blesse de nouvelle impression n'aspiroit qu'à un remuement. La prise
d'Arras par Louis XIII, préc. »

contenances et façons de faire qu'ils désiroyent estre forcés à rendre la ville.

Sur ces entrefaites le tambour, qui avait été envoyé vers le maréchal de la Meilleraie, rapporta la réponse suivante :

« Le sieur de la Meilleraie, maréchal de France, grand maître de l'artillerie et lieutenant-général des armées du roi, félicite le magistrat de ne point s'abandonner à une ruine complète pour satisfaire les soldats d'Espagne qui la désirent avec autant d'ardeur qu'il met à la prévenir. Il cesse tous travaux et attaques pendant une heure, mais il refusera d'écouter aucune proposition, si pendant ce temps le magistrat d'Arras ne lui envoie douze ôtages choisis parmi les principaux des divers ordres pour traiter de la reddition de cette place. Il aura pour les ôtages tous les égards possibles. Il assure en terminant que le roi son maître traitera les habitans d'Arras, comme ses anciens sujets et voisins pourvu toutefois qu'ils ne se portent pas à de fâcheuses extrémités. Fait au camp le 7 août 1640, et signé : La Meilleraie. » (1)

---

(1) « Le sieur de la Meilleraie, maréchal de France, grand maistre de l'artil-
» lerie et lieutenant-général des armées du roy, laissez passer et repasser ce tam-
» bour-major d'Arras qui s'y en retourne pour dire à Messieurs du magistrat
» de la ville, comme je loue Dieu de quoy il leur a touché le cœur, et qu'ils
» se résouldent à ne s'abandonner à une totale ruine, tant d'eux que de leurs
» familles pour satisfaire à la passion des soldats du party d'Espagne, qui le
» souhaitent autant que nous avons volonté de *l'outer*.

» Que je ne puis faire cesser les travaux et attaquer si présentement et dans
» une heure ils ne m'envoyent douze ostages des principaux de la ville et de
» tous les ordres pour traicter de la reddition de la ville, lesquels seront reçus

A la lecture de cette lettre, les assiégés résolurent d'envoyer au maréchal de la Meilleraie les ôtages qu'il demandait ; il fut aussi décidé qu'on en exigerait en échange, et qu'on réclamerait une prolongation de trêve jusqu'au lendemain à huit heures, ainsi que l'autorisation d'en prévenir le cardinal-infant. Le maréchal souscrivit à toutes ces conditions, excepté à la dernière.

Cependant comme le temps s'écoulait et que les ôtages n'avaient pas encore été conduits au camp Français, un gentilhomme s'avança vers la porte de Méaulens, et s'écria que les maréchaux s'étonnaient fort de ce retard. Il ajouta que la Meilleraie allait mettre le feu aux nouvelles mines puis ordonner l'assaut, et qu'il se déclarait innocent du sang qui allait couler, ainsi que de toutes les cruautés dont Arras aurait à souffrir, et qu'il ne pourrait empêcher. Déjà O'Neil avait envoyé prier le maréchal de la Meilleraie de prolonger jusqu'à trois heures la suspension d'hostilités, alléguant la difficulté de résoudre en si peu de temps des affaires de cette importance. Mais le maréchal fit répondre que si avant douze heures il n'avait pas les ôtages, il n'accéderait plus à aucune proposition des assiégés. Le tambour rapporta de plus qu'il avait vu, sous la terrasse dite des deux moulins, une mine prête à éclater, et que le grand maître l'avait chargé de dire aux assiégés que

» aussy doucement et humainement qu'ils pourroyent souhaiter, les asseurant
» desja de la part du roi mon maistre qu'il traitera ceux de la ville comme ses
» anciens subjets et voisins au cas qu'ils ne se portent pas dans l'extrémité où
» ils sont prêts à tomber. Fait au camp le viie d'aoust 1640, ainsi signé : de la
» Meilleraie. » La prise d'Arras par Louis XIII préc.

si quelques bourgeois désiraient la voir, il la leur montrerait pour qu'ils pussent juger du péril dont ils étaient menacés. A cette nouvelle on se hâta d'envoyer quelques-uns des ôtages ; les autres se rendirent vers les neuf heures du soir au camp et sortirent par la porte de Méaulens. Le maréchal leur demanda les articles de la capitulation ; quand il sut qu'ils ne les avaient pas avec eux, il entra dans une violente colère, et menaça de les frapper de son épée. Cette colère redoubla encore, lorsque vers le milieu de la nuit il vit au haut du beffroi une lumière qu'il prit pour un signal. Il s'écria qu'on se moquait de lui, que le seul but des assiégés était de gagner du temps et d'attendre l'arrivée de l'armée Espagnole, qu'il savait être en route. Les ôtages répondirent le plus doucement possible qu'ils ignoraient le but de cette lumière ; quant aux articles de la capitulation, ils ne les avaient pas apportés parce qu'ils n'étaient point encore entièrement rédigés. Le grand maître se laissa apaiser par leurs protestations et donna l'ordre, au gentilhomme qu'il avait désigné pour servir de contre ôtage, de se rendre en ville. Mais à l'endroit *dit* du *Vert-Blocus*, un capitaine du régiment d'O'Neil, qui commandait dans la demi-lune nommée du *Pré du Chat*, lui cria de se retirer prétendant n'avoir reçu aucun ordre de le laisser pénétrer ; il ajouta que sa consigne était de ne recevoir aucun ôtage venant de la part du maréchal de la Meilleraie.

Lorsque les députés de la ville surent cette nouvelle, ils craignirent que le courroux mal apaisé du grand maître ne se réveillât, et pour prouver leur bonne foi ils le prièrent de permettre à deux d'entr'eux de retourner chercher les articles de la capitulation, car ils pensaient que la rédaction devait en être terminée. Cette demande leur fut accordée : ils choisirent parmi eux Cornaille, chanoine de l'église Cathédrale et Sellier échevin. On leur recommanda de s'informer des raisons pour lesquelles O'Neil avait refusé l'ôtage des Français, ce qui était une maladresse très-grande, puisque c'était ainsi forcer la ville à se rendre. Mais quand Cornaille et Sellier furent arrivés à la porte de Méaulens, ils durent retourner, car le comte de Beaumont les arrêta et leur dit qu'il en agissait ainsi d'après les ordres du colonel O'Neil. Ils ne purent se faire ouvrir la porte de la ville que le lendemain (9 août).

Sur ces entrefaites on apprit que le cardinal-infant approchait à la tête d'une nombreuse armée, et qu'il était décidé cette fois à tout tenter pour forcer les lignes Françaises. Mais les maréchaux eurent le temps d'en prévenir du Hallier, et celui-ci, s'étant avancé en toute hâte à la tête de quinze mille hommes, effraya les Espagnols au point qu'ils n'osèrent risquer le combat ; ce qui fit dire à Richelieu que les articles de la capitulation avaient été signés « en présence de l'armée ennemie rangée en » bataille, à une portée de canon du camp des assiégeans. » On prétend qu'une ruse de Gassion, que Richelieu appelle *une ingénieuse gabatine et un coup d'esprit qui méritoit l'estime des gens du métier*, contribua puissamment à arrêter les efforts des Espagnols. Ayant rencontré quelques coureurs Allemands, Gassion s'écria, après une légère escarmouche : « Que je plains le » malheur de tant de braves gens qui vont s'exposer à la bou- » cherie pour une ville qui s'est rendue hier. » Ces paroles étaient d'accord avec le rapport des espions du cardinal-infant ; ils lui avaient dit en effet qu'ils avaient vu dans le camp Français les députés d'Arras, et qu'on ne tirait plus ni d'un côté, ni de l'autre. Le Vassor à qui nous empruntons ce fait, prétend que les larmes coulèrent des yeux du cardinal-infant (1).

Vers midi, les ôtages retournèrent à Blangy où était le quartier-général du maréchal de la Meilleraie, et l'on convint des articles de la capitulation. Tous les actes d'hostilités qui avaient eu lieu, avant et pendant le siège, étaient à jamais oubliés et pardonnés. La liberté de conscience ne devait être tolérée, ni dans la ville et la cité, ni dans leurs faubourgs et banlieue, mais la religion catholique, apostolique et Romaine était seule maintenue et conservée. De plus le roi serait prié de n'envoyer aucun gouverneur, officier, ou soldat d'une autre croyance. Les Français ne pouvaient transporter hors de la ville et de la cité le saint cierge ni aucune autre relique. Tous les bourgeois et habitans des dites ville et cité présens ou absents, les réfugiés et ceux qui avaient été enfermés dans cette place, quelles que fussent leurs qualités et conditions, ecclésiastiques, officiers du roi d'Espagne, etc... étaient autorisés à y rester encore deux ans sans être inquiétés, pourvu toutefois qu'ils ne fissent rien de contraire au bon ordre de la ville, ni aux intérêts du Roi de France, et après cette époque, en prêtant le serment de lui être bons et fidèles sujets ils pouvaient continuer à y demeurer ou en sortir à leur volonté. A ceux-ci il était permis de jouir de tous les biens qu'ils possédaient et d'en disposer comme ils le jugeaient bon. Libre à eux de les vendre, échanger, aliéner, donner, engager ; libre à eux aussi d'en confier l'administration à qui ils voulaient. Si l'un d'eux venait à mourir hors des ville et cité, sans avoir fait de

(1) Hist. du règ. de Louis XIII, par Michel le Vassor, tom. 10, pag. 157.

donation ni de testament, ses biens retournaient à ses héritiers et plus proches parents. Les ecclésiastiques, bourgeois et habitants d'Arras, qui étaient absents de cette ville ou qui résidaient ailleurs, avaient trois mois pour y revenir avec leurs femmes et leurs enfants ; passé ce temps ils n'avaient plus le droit de jouir des deux ans accordés pour prendre la détermination de sortir d'Arras ou d'y rester. Les bourgeois et habitans des ville et cité, gouvernance et ressort étaient exempts de la gabelle du sel ; pour les autres impôts ils devaient être traités comme les sujets du roi de France, et n'y étaient tenus qu'après la convocation et le consentement des Etats conformément à leurs privilèges (1).

(1) « Les impositions, dit Bultel, qui ont cours dans la province ont toujours été bien différentes de celles qui ont lieu dans les autres provinces du royaume, soit pour le fond, soit pour la forme. Il n'y a dans l'Artois ni taille, ni gabelle, ni papier marqué, ni contrôle, ni petit-scel, ni autre exercice des cinq grosses fermes générales du royaume ; cependant la province par son genre d'imposition et de régie fournit au roi et en droiture à son trésor royal, beaucoup plus, proportion gardée, qu'aucune autre province de pays de tailles et gabelles. » Notice de l'état ancien et moderne de la province et comté d'Artois, pag. 219 et 220.

Voyez, pour plus de détails, cet ouvrage.

En 1300 le revenu de la commune montait à peine à 3,000 livres. Quand les charges publiques nécessitaient de plus grandes dépenses, elles se prélevaient sur les bourgeois ; chacun d'eux apportait aux échevins un *brevet* ou *écretel*, contenant l'état sommier de ses moyens et de ses dettes, et était tenu de jurer par serment que le contenu au brevet était véritable. Voy. arch. munic. laye 11ᵉ cott. 20 et 21. Ce serment se trouve dans le même dépôt dans un manuscrit dit le *livre aux sermens* ; il a été publié dans la chronique d'Arras, pag. 27 : plus tard on imposa par *voie de maltote* sur vin, bière et autres denrées.

Au même titre les nobles et ceux qui possédaient des fiefs dans ces ville, cité et gouvernance étaient exempts du ban et de l'arrière-ban (1). Les bourgeois et habitants ne pouvaient, après avoir prêté serment de fidélité, être envoyés hors d'Arras pour former des colonies. L'évêque, le chapitre, les ecclésiastiques et les religieux, les bénéficiers réguliers ou séculiers, les prêtres, ainsi que le collège des jésuites (2), les cloi-

(1) C'était ainsi qu'on appelait la convocation des vassaux et des arrière-vassaux du prince qui devaient le service militaire à certaines conditions. Voy· Cangii Gloss. Med. atque infimœ Latin, au mot Bannum, et Maillard Cout. d'Artois, édit. in-4° 1704, pag. 463, l'art. 27 de la charte de nouvelle Commune, accordée par Louis XI à la ville d'Arras (juillet 1484).

(2) Il résulte d'un compte-rendu présenté le 3 août 1764 aux chambres assemblées du parlement, par M. Roussel de la Tour, concernant l'administration du collége, *que les soi-disans Jésuites occupaient à Arras*, que antérieurement à leur introduction, Arras avait un collège situé en la *rue des ours*, et que les bâtiments en avaient été acquis par la ville et l'abbaye de St-Vaast. Au mois d'août 1561, on fit venir de Cambrai, Antoine Meyer, pour gouverner le collége, et on lui payait deux cents livres de pension. Il s'adressait pour les réparations de cette maison aux mayeur et échevins, qui par délibération du 4 août 1564 le chargèrent de l'entretien du pavé et du vitrage. Il eut pour successeur Philippe Meyer.

Le magistrat admit les jésuites le 18 juin 1594 pour eux et leurs successeurs, jouir de la maison susdite, ainsi que de la pension de 200 livres, et le 16 juillet suivant, les Jésuites acceptèrent *sous le bon plaisir de Pierre-Claude Aquaviva leur général*.

Voy. pour la réorganisation du collège d'Arras après l'expulsion des jésuites, un édit du roi de France donné à Versailles au mois de septembre 1768.

tres, les hôpitaux, la pauvreté (1), et généralement toute personne, sans considérer ses qualité, dignité, ordre, ou fonction, sans excepter même ceux qui avaient été déjà sous le patronage de la France et qui avaient ensuite obtenu un emploi de sa majesté catholique ou de ses prédécesseurs, restaient et étaient maintenus dans la paisible possession des états, droits, rentes, revenus, dignités, privilèges, franchises, libertés, exemptions, seigneuries, juridictions, collations de prébendes, bénéfices, offices, fonctions, administrations, usages

(1) Le placard de Charles-Quint du mois d'octobre 1531 renferme plusieurs règlements sur différentes matières et établit des bureaux pour le secours des pauvres, sous le nom de Bourse commune.

L'édit, voulant d'abord bannir la mendicité de ces pays, commence, dans un article préliminaire, par défendre de demander l'aumône dans les villes, villages, chemins, « à peine de prison, au pain et à l'eau, à la discrétion de *nos of-*
» *ficiers, juges, gens de lois ou autres personnes qui auront charge de la pré-*
» *sente ordonnance ès-lieux où ce adviendra. Ensuite, pour pourvoir aux be-*
» *soins des pauvres en chacune ville ou village, l'édit ordonne que les charités,*
» *tables des pauvres, hôpitaux, confrairies et autres aumônes seront mis en*
» *une commune bourse pour en faire distribution aux pauvres, à l'advis des*
» *maîtres et gouverneurs d'icelles, tables, confrairies, hôpitaux, ensemble de*
» *ceux que les officiers, gens de loi en chacune ville, paroisse ou village, dépu-*
» *teront et commettront à la conduite de la charité ci-après déclarée, etc.* »

Un autre article veut, que pour recevoir les aumônes dans toutes les églises, « *on dresse des troncs fermés de trois clefs desquelles le curé de la paroisse*
» *aura l'une, les gens de loi une, et la 3ᵉ aux commis à la distribution de la*
» *dite charité, etc....* »

Puis il ordonne un maître d'école pour l'instruction des pauvres enfants etc.; il invite les curés prédicateurs et confesseurs à exhorter les peuples de concourir à cette *œuvre charitable.* (Extrait d'un mémoire sur les bailliages).

quelconques, sans exception, et comme ils en avaient joui jusque-là, sans qu'on y mît obstacle ou empêchement, ni sans qu'on leur causât le moindre dommage. Quant à la prélature des abbayes, il devait y être pourvu en la manière accoutumée. La nomination à l'évêché d'Arras était ratifiée, mais le titulaire était obligé de se faire installer avant un an (1). Le président et les membres du conseil d'Artois, les officiers et les fiscaux jouissaient des immunités, autorités, juridictions, prérogatives et autres droits qui leur avaient été attribués lors de l'érection du conseil (2). Les privilèges, tant généraux que par-

(1) Nicolas du Fief, chanoine et official de Tournai, prévôt de l'église collégiale de Maubeuge, conseiller ecclésiastique du conseil privé de Bruxelles, avait été nommé à l'évêché d'Arras en 1638. Il ne prit pas possession de cet Évêché, quoique la capitulation le lui permit.

Nicolas du Fief mourut à Bruxelles en 1651 et fut enterré dans la cathédrale de Tournai. Du Fief est auteur de *Mélanges sur Tournai*, de l'an 1289 à l'an 1590, in-4°; cet ouvrage est resté manuscrit dans la bibliothèque de Tournai. Il y a une notice sur sa vie en tête de son recueil d'arrêts du grand conseil de Malines, Lille, 1773, in-4°. Voy. bull. de la soc. de l'hist. de France, tome 2, 1835, pag. 479.

(2) Le conseil d'Artois n'était d'abord composé que du gouverneur du pays, un président, deux chevaliers, six conseillers, un avocat, un *procureur fiscaux*, un greffier, un receveur des exploits, quatre huissiers et un chapelain. Chron. de la ville d'Arras, page 13.

Les privilèges du conseil d'Artois ont été ratifiés par déclarations du 15 février 1641 et 16 décembre 1651. Sur les droits du conseil d'Artois « qui, dit » Maillart, réunit en soi tous les droits de juridiction et de ressort, que les juges » royaux de dehors l'Artois y exerçoient avant 1521 » on peut consulter les notes de ce jurisconsulte sur le placard de 1544, édit. préc. pag 118 et suiv.

ticuliers reconnus aux bourgeois (1), leur étaient maintenus en tous points pour eux en jouir par la suite, comme avant le siège; de plus, les députés ordinaires des Etats conservaient leurs charges, honneurs, émoluments et gages (2). Les officiers du roi ou des seigneurs particuliers, en un mot toutes les personnes, quelle que fussent leur qualité et condition, étaient conservés dans leurs offices, avec les mêmes droits et les émoluments dont ils avaient joui jusqu'alors (3).

Aux corps et communautés des métiers de la ville étaient ra-

---

(1) Sur les principales chartes communales de la ville d'Arras, on peut voir une notice succincte due à M. Tailliar et publ. dans les bulletins de la commiss. roy. d'hist. de Belg, tome 8 pag. 158 et suiv.

(2) On appelait députés généraux et ordinaires des Etats d'Artois, des commissaires élus dans l'assemblée générale, qui formaient un bureau permanent à Arras, et qui jouissaient après la dissolution de l'assemblée, et jusqu'à la réunion de la nouvelle, des mêmes droits qu'avaient les Etats, excepté en ce qui concernait la destitution et la nomination des Commissaires particuliers et des Officiers auxquels ils ne pouvaient pourvoir que provisionnellement, et jusqu'à l'assemblée suivante.

(3) Nous avons dit plus haut qu'une partie du conseil d'Artois alla à St-Omer. A cet exemple plusieurs officiers de la gouvernance d'Arras se retirèrent à Béthune immédiatement après le siège et y restèrent jusqu'après la prise de cette place (29 août 1645). Ils allèrent ensuite à Douai où ils exercèrent jusqu'à la réduction de cette ville le 6 juillet 1667 leur juridiction sur ce qui dépendait de cette gouvernance et qui était situé près de Douai et de Cambrai. Voy. Maillart édit. préc. pag. 102.

tifiés les anciens privilèges (1) ; maintien aux propriétaires des rentes dues par les Etats au quartier d'Arras et pour le paiement de ces rentes et d'autres créées pendant cette guerre, les impositions établies dans ce but étaient également maintenues. Toutes les dettes contractées ainsi que les rentes établies sous le nom de Sa Majesté catholique, tant pendant ce siège qu'auparavant, devaient être payées et acquittées des deniers provenant de ses domaines au quartier d'Arras. Toutes celles contractées par les ville et cité devaient l'être des de-

---

(1) Les villes qui renfermaient plusieurs corps de métiers étaient appelées villes de loi. Note de M. Secousse, rec. des ord. des R. de Fr. tome 8 page 358.

L'art. 26 du concordat signé en 1379 qui termina les difficultés qui régnaient entre Marguerite comtesse d'Artois et les échevins est ainsi conçu :

« Pour que la dite ville pût plus planteusement être servie de tous biens,
» vivres et denrées, avisé est, et ainsi veut Madame que toutes bonnes per-
» sonnes qui sçauront gagner et faire métier quelconque puissent venir de-
» meurer en cette ville, et faire exercer leur métier en payant les dettes et
» droitures à Madame et à la ville, ainsi comme les autres habitans d'icelles,
» et sur chacun métier seront ordonnées certaines bonnes personnes, etc. »
arch. municip. laye 1 cot. 39, 40 et 41 et chronique de la ville d'Arras page juridiction 31.

Sur la création de ces offices voy. de curieux détails dans ce dernier ouvrage pag. 32 et 33.

Le 19 juin 1680 le roi de France révoqua les lettres de maîtrise accordées sous différents titres, arch. dép. reg. aux comm. fol. 222 v°.

niers provenant tant de leur domaine (1) que de leurs fortifications (2). Les receveur et argentier (3) de la ville ne pouvaient

(1) Le domaine de la ville était formé de plusieurs droits qu'on lui avait permis de lever sur les habitans pour satisfaire à ses charges propres où a celles qu'on lui imposait. Ces droits portaient principalement sur la consommation et pour en faciliter la perception ils furent affermés.

On trouve en 1391 un receveur particulier pour les domaines d'Arras et de Bapaume; c'était Pierre de Montbertaut; cette charge était occupée en 1393 et 1394 par Jean des Pouletés ; en 1399 Jean de Pressy rendit uniquement compte du domaine d'Arras.

Jusqu'en 1343 les grands baillis avaient fait la recette du domaine du comte d'Artois; en 1303 Ernoul Caffé, bailli d'Arras, rendit compte de la recette générale d'Artois en la chambre des comptes de Lille.

Voy. le mémoire dans lequel on expose les droits dont le grand bailli des ville, cité et gouvernance d'Arras jouit à l'échevinage de cette ville, pag. 4.

En 1407 Charles VI, roi de France, donna des lettres patentes pour l'emploi du revenu de la ville ; il créa un officier pour constater le fait des ouvrages, les présens de vin, et assister aux comptes du domaine, arch. mun. jurid. laye 3 cot. 23.

(2) En 1371 Marguerite, comtesse d'Artois, donna des lettres portant impositions sur plusieurs denrées, pour l'entretien des fortifications de cette place , ce qui ne s'était point fait encore, et qui donna lieu dans la suite aux charges appelées fermes des fortifications, arch. municip. impos. laye 1 cote 9 et chron. de la ville d'Arras pag. 30.

Pour de plus amples détails voy. notre chapitre sur les fortifications.

(3) Les échevins, jusqu'au commencement du 14e siècle, étaient probablement les receveurs des tailles et impôts, mais Louis VIII par sa charte de 1211 voulut que quatre personnes fussent choisies par les échevins pour recevoir

être inquiétés au sujet de leur dépense ni de leur administration pour quelque cause que ce pût être; leurs comptes (1) ne devaient pas être soumis aux officiers du roi, mais vérifiés par les députés ordinaires et le magistrat. Les receveurs des États étaient indemnisés des obligations qu'ils avaient contractées en leurs noms, et dont les Etats avaient profité. On rendait aux bourgeois les biens confisqués pendant la guerre; libre aux paysans (2) et à leurs familles de retourner chez eux

les deniers de la commune, à la charge par eux d'en rendre compte. Par un acte de Robert, de 1300, quiconque voulait être argentier de la ville devait avoir *de vaillant*, plus de 500 livres. Le revenu montait alors à peine à 3,000, taille comprise. (Arch. mun. reg. mém. de 1398 fol. 14, 21 et 28). Ne pouvait accepter l'office d'argentier, à peine de cent livres d'amende, quiconque était sous la dépendance du comte d'Artois ou de son gouverneur, des abbé et religieux de St-Vaast, de l'évêque d'Arras, ni du chapitre (règlement de 1356, arch. mun. jurid. laye 1 cot 60).

(1) On lit dans la chronique d'Arras pag. 32 :

« Les comptes avoient été fort irréguliers jusqu'en 1400, les revenus et les
» dépenses étoient inscrits sur des feuilles de parchemin, cousues les unes aux
» autres et se mettoient en rouleau, sans présentation, clôture et signatures.
» On composa ces comptes en forme de registres, les noms des échevin et argentier, rendant compte, furent mis en tête. L'on reprit dans la clôture les
» noms des personnes auxquelles ils étoient rendus ; et ces comptes étoient
» signés, comme bons et dûment faits par le gouverneur du bailliage d'Arras,
» son lieutenant, le bailli, le procureur général d'Artois, le lieutenant du
» bailli et autres du conseil de Monseigneur le duc de Bourgogne, le mayeur,
» les échevins ayant le gouvernement, les conseillers, le clerc et autres officiers,
» et les bourgeois qui se présentoient en halle de l'échevinage. »

(2) On avait composé des paysans qui s'étaient réfugiés à Arras, deux régi-

et d'emporter leurs outils. Les rentes soussignées par des seigneurs, qu'elles fussent ou non garanties par hypothèque, étaient maintenues dans toute leur force et vigueur; il en était de même de toutes les autres dettes contractées par les bourgeois ou les marchands. N'étaient soumis au logement des gens de guerre les ecclésiastiques, les nobles, les officiers du roi, les échevins en exercice ou sortant de leurs fonctions, les commis aux chartes, etc. Ordre aux soldats logés dans les maisons de se contenter *du logement et des ustensiles* comme l'usage en était en France. Toutes les personnes étrangères ou autres qui possédaient des biens ressortissant, tant médiatement qu'immédiatement du Conseil d'Artois les pouvaient vendre, donner, céder, engager, transporter, soit en totalité, soit en partie, les faire régir et administrer comme ils le voulaient, et cela pendant deux ans, sans que ces ventes, donations, engagements, cessions, transports et administrations pussent être

ments dont les comtes de Fauquembergue et de Beaumont furent faits colonels. Mais, comme les chefs s'étaient laissé corrompre, ils ne formaient qu'un effectif de cent hommes chacun, tandis que la liste que, par ordre du conseil de guerre, avaient dressée Antoine Le Carlier et Dupuich en portait plus de quatre mille.

Ces documents Mss. se trouvent dans la bibliothèque de M. Godin, à la suite d'un Mss. intitulé : Cérémonies, réjouissances, privilèges, touchant les entrées des rois, comtes, cardinaux, princes, etc... enterrements, sièges d'Arras, etc.. extrait des registres de l'hôtel-de-ville, fait au mois de mai 1588 par Jacques Doresmieulx écuyer, conseiller de ville, Hugues de Beaufort, Jean Dubois, écuyer, Antoine Bignon aussi écuyer, tous échevins, continué par Antoine Le Carlier échevin, puis conseiller au conseil d'Artois.

attaqués comme nuls , ni être confisqués pour quelque prétexte que ce fût. Les propriétaires gardaient tous les états inféodés par le roi d'Espagne et autres princes, à la charge d'en payer le relief en cas de mort, et les droits seigneuriaux s'il y avait vente, en un mot aux conditions contenues dans les lettres d'inféodation. Le roi prenait sous sa protection le mont-de-piété, et tout ce qui y était engagé, tel que bagues, joyaux et pierreries, il maintenait les surintendants et les officiers, dans les prérogatives et privilèges qui leur avaient été concédés lors de leur institution et depuis, sans y rien innover, tant sous le rapport des personnes que pour les rentes ou autrement. Les chartes, titres, comptes, papiers et généralement tous les renseignements concernant la ville, le domaine, le conseil, les Etats et le pays d'Artois demeuraient en leurs archives. Les bourgeois qui sortaient d'Arras n'étaient soumis à aucune visite ; on laissait dans les magasins et sur les remparts tous les canons, ainsi que les munitions de guerre et de bouche qui s'y trouvaient. Les généraux de l'armée Française s'engageaient à exécuter de point en point les articles de cette capitulation, et les députés promettaient de leur côté de faire ouvrir aussitôt les portes de la ville, et d'en remettre les clefs entre les mains de tels officiers que les maréchaux y enverraient (1)

(1) « Fait au camp devant Arras le 9ᵉ aoust 1640, signé : Chaulnes, Chastil-
» lon, la Meilleraye, F. Jean de St-André abbé de Marœul, Philippe de Hamel,
» G. de Lauretan, P. Le Bailly, J. Duval, P. Sellier, de Douay, Duflos, Crugeot,
» J. Mullet, Le Mercier, P. Lesoing.

» Le roy ayant vu et lu les articles ci-dessus transcrits accordés par les sieurs

Les soldats de la garnison d'Arras représentés par le comte de Meghe et Bernoult avaient aussi obtenu une capitulation honorable : elle portait que le maître de camp, don Eugenio O'Neil, les capitaines, officiers et gens de guerre, tant de cavalerie que d'infanterie, ainsi que toutes les personnes ecclésiastiques ou séculières, étant à la solde du roi d'Espagne, se retireraient dès le soir dans les dehors de la place ; que dès le lendemain les soldats sortiraient d'Arras avec armes et bagages, mèches allumées et enseignes déployées, comme lorsqu'ils marchaient au combat, et qu'ils emmèneraient avec eux un mortier

» maréchaux de Chaulnes, de Chastillon et de la Meilleraye, lieutenans-géné-
» raux pour Sa Majesté en ses armées d'Artois, aux députés ecclésiastiques, no-
» bles, magistrats, corps et communauté des ville et cité d'Arras, pour la reddition
» d'icelle en son obéissance, Sa Majesté a agréé, approuvé et ratifié, agrée, ap-
» prouve et ratifie les dits articles et tout le contenu en iceux, promet de les te-
» nir fermes et stables de sa part, et de les faire garder, observer et entretenir
» sans permettre qu'il y soit contrevenu en aucune manière, à condition de prê-
» ter présentement par tous les bourgeois et habitans de la dite ville et cité d'Ar-
» ras et gouvernement d'icelle, de quelque qualité qu'ils soient, le serment de
» fidélité dû à Sa Majesté, et de se conduire comme ses bons et fidèles sujets,
» conformément ausdits articles. En témoin de quoy elle a voulu signer la pré-
» sente ratification de sa main, et icelle fait contresigner par moy son con-
» seiller, secrétaire d'État et de commandemens et finances, à Amiens le 12ᵉ
» jour d'août, 1640. Signé Louis, et plus bas Sublet.

» Collationné à l'original reposant aux archives de la dite ville d'Arras, par
» le greffier d'icelle, soussigné,   Bacler.

» A Arras, chez Urbain-César-Duchamp, imprimeur. » Il existe un autre exemplaire de la présente capitulation sortant de l'imprimerie de Gérard de Raismes, à Arras, à l'enseigne de l'Imprimerie, 1640.

16.

et quatre canons, dont deux de quatre livres de balles et deux de six. Ils devaient être conduits à Douai par le plus court chemin en deux jours, ou en un, s'il était possible; deux cents cavaliers Français leur servaient d'escorte, et un officier était commis pour la garde du chef, qui, de son côté, donnerait des ôtages pour la sûreté du convoi. Permis de laisser des meubles, promesse de sûreté et de passeport pour les faire transporter dans la suite, ainsi que les blessés et ceux qui voudraient sortir de la ville, et même un officier était laissé à cette fin. Les prisonniers (1) faits pendant le siège tant d'un côté que de l'autre, étaient mis en liberté, et notamment le duc de Wirtemberg (2). Ceux qui étaient au service de Sa Majesté ca-

(1) « Parmi les prisonniers, qu'on fit à l'ennemi, se trouvait un officier du
» nom de Buffalini, que le sieur Mazarini, son cousin, qui était alors dans
» Amiens, à la suite du roi, demanda pour s'entretenir avec lui d'affaires do-
» mestiques ; cet officier fut traité plus favorablement que n'aurait pu l'être
» un chef d'importance. » Bazin, hist. de France sous Louis XIII, tom. 4, pag.
225.

(2) Wirtemberg en Allemagne fut érigé en duché au mois de juillet 1495, par l'empereur Maximilien.

Plusieurs ducs de ce nom vivaient à l'époque dont nous parlons et se rendirent célèbres par leur bravoure.

1° Everard, duc de Wirtemberg, né au mois de décembre 1614, forcé de sortir de ses États et de se refugier à Strasbourg, reconcilié en 1638 avec l'empereur qui lui rendit une partie de ses domaines, réintégré dans toutes ses possessions en 1648 et mort le 12 juillet 1674.

2° Frédéric duc de Wirtemberg, né le 19 décembre 1615, chevalier de l'ordre de l'éléphant et général de l'infanterie ainsi que de l'artillerie du roi de Danemarck, mort le 24 mars 1682.

tholique, et qui possédaient des biens dans la ville d'Arras, avaient un an pour les vendre par procureur, et, s'ils voulaient y rentrer, ils pouvaient le faire dans les premiers six mois ; dès-lors ils jouissaient des mêmes privilèges que les bourgeois, à la seule condition de prêter serment de fidélité. Libre aux gens de guerre mariés de laisser leurs femmes dans Arras pendant les trois premiers mois pour mettre ordre à leurs affaires. Promesse de ne visiter aucun bagage, et notamment celui du comte d'Isembourg qui devait être transporté en toute sûreté jusqu'à la ville de Douai. Le colonel O'Neil assurait n'avoir caché aucun Français, ni armes, ni munitions. Le butin fait pendant le siège, tel que chevaux, armes, habits, etc., demeurait selon les lois ordinaires de la guerre entre les mains de celui qui l'avait pris ou acheté. Enfin nul soldat ne pouvait être arrêté pour dettes particulières (1).

3° Léopold-Frédéric, duc de Wirtemberg, comte de Montbéliard, né en 1624 et mort en 1662 ; et plusieurs autres dont on peut voir les actions dans le dict. de Moreri, édit de 1740, tom. 6, pag. 1039.

(1) Pour compléter autant que possible ce récit nous devons dire qu'on lit dans la 3ᵉ promenade sur la chaussée Brunehaut par M. Aug. Terninck, pag. 102 la note suivante :

« Il (le village de Ste-Catherine) possédait une église assez belle, que les
» Français firent raser lorsqu'ils vinrent assiéger Arras ; elle avait trois nefs,
» un dôme, surmonté d'un lanterneau, au-dessus du chœur, et un clocher de
» pierre à l'extrémité de la nef principale ; mais comme je l'ai dit, les Fran-
» çais craignirent que les Espagnols, assiégés dans Arras, ne s'emparassent de
» cette église, pour en faire un poste avancé, et ils envoyèrent quelques hom-
» mes qui la firent sauter. »

Nous pensons, quoique M. Terninck n'ait point mis de date à son travail

Cette capitulation fut exécutée en tous points ; le soir même les gens d'armes sortirent de la ville et se logèrent dans les dehors de la place. Le lendemain ils furent conduits à Douai. Cependant ils n'emmenèrent avec eux aucune pièce d'artillerie, car les bourgeois prétendirent qu'elles leur appartenaient. Pour éviter tous désordres, le duc de Chaulnes entra dans Arras à la tête de six régiments. Il se dirigea vers l'église de Notre-Dame où l'évêque d'Auxerre entonna le *Te Deum*, pour remercier Dieu de cette victoire. Ils avaient été prévenus par quelques seigneurs, qui, désireux de voir la ville, s'élancèrent sur les ponts, dont nous avons déjà parlé plus haut, et pénétrèrent par la brèche. Néanmoins on n'eut aucun désordre à déplorer.

Le dix-neuf août le serment de fidélité fut prêté dans le grand réfectoire de St-Vaast par les abbés de Marœuil, du Mont-St-Eloy et de Cercamp (1) députés du chapitre, de l'abbaye de

qu'il a voulu parler ici de 1640. Quoiqu'il en soit, l'église de Ste-Catherine a été détruite pendant les troubles du siècle dernier et reconstruite sous l'empire.

(1) L'abbé de St-Éloi était Jérôme de Warlincourt, élu le 24 avril 1640, mort le 7 février 1651. Il avait succédé à François Doresmieulx auteur d'une vie de St-Vindicien que les Bollandistes ont insérée dans leurs *acta sanctorum* (11 mars).

L'abbé de Cercamp était alors Jean Le Maire. Il avait été nommé par l'infante d'Espagne, gouvernante des Pays-Bas. Mais son amour désordonné du jeu le porta à dilapider les deniers de son abbaye et l'on dut lui donner un coadjuteur.

M. l'abbé Parenty doit prochainement publier une notice sur cette abbaye dont l'histoire est aussi intéressante que peu connue.

St-Vaast et des autres monastères de la ville, par trois conseillers au Conseil d'Artois, les élus (1), les officiers de la gouvernance, par le magistrat (2) et les principaux bourgeois au nom de tous les autres. Le roi de France avait délégué pour cette cérémonie Claude Robelin et Nicolas Bretel, s^r de Grémonville (3) conseiller du roi en ses conseils, intendant de justice, police et finances en Artois, etc. Voici la formule du serment : « En la présence du sieur de St-Preuil, gouverneur,
» nous jurons et promettons au roi très-chrétien de France et de
» Navarre de le bien et fidèlement servir envers et contre tous
» comme le doit faire tout bon et fidèle sujet, et de ne faire,

(1) Les Élus d'Artois, dit Bultel, étaient des juges de priviléges et d'attribution commis par les généraux des aydes pour faciliter le recouvrement des deniers destinés au secours de la nation, notamment à la rançon du roi Jean fait prisonnier de guerre par les Anglais. Notice de l'état ancien et moderne de la province et comté d'Artois pag. 191 et 192.

(2) Les échevins étaient Jean de Mory licentié ès-lois, Antoine Legrand, sieur de Brugalant, Jacques Van-Effen, surintendant général de l'abbaye d'Anchin ; Jacques-Guislain Obert, écuyer, sieur Desmazures ; Antoine Chivot, licent. ès-lois ; Cyprien Duflos, licent. ès-lois ; Alard Postel ; Charles de Douay, sieur de Courvillers ; Jean de Chelers, licent. ès-lois, sieur de Brunemont ; Philippe Sellier, licentié ès-lois ; Jean Crugeot, licent. ès-lois, sieur de Willemant ; Jean Mullet, licentié ès-lois ; Jean Boniface, argentier.

(3) Nicolas Bretel, seigneur de Grémonville, ambassadeur à Rome et à Venise, obtint en sa faveur, l'érection de la seigneurie de Grémonville, en marquisat, par lettres du mois de novembre 1695. Il ne laissa de son mariage avec Anne-Françoise de Lomenie qu'une fille, Elisabeth-Marie, qui par son mariage avec Adrien de Canouville, porta dans cette famille le marquisat de Grémonville. Dict. de la noblesse préc., 2e édit. tom. 3, pag. 162.

» ni permettre qu'il soit fait aucune entreprise contre son ser-
» vice sans en donner avis à Sa Majesté ou à ceux qui com-
» manderont en cette ville et cité d'Arras ; nous jurons et pro-
» mettons tout ce que dessus sur la foi que nous devons à
» Dieu (1). »

Dès que le roi sut la prise d'Arras, il en témoigna une grande joie, et pour montrer l'importance qu'il attachait à la conservation de cette place, il chargea M. des Noyers d'écrire aux maréchaux de Chaulnes, de Châtillon et La Meilleraie d'employer tous les moyens pour la préserver d'une attaque.

» Messieurs, leur disait-il, le roy me commande de vous
» escrire, que pour assurer la prise d'Arras, la première chose
» que Sa Majesté estime devoir estre faite, est de combler
» les tranchées, refaire les dehors, réparer la brêche avec de
» bonnes palissades, à l'abri desquelles on puisse refaire sure-
» ment la muraille, à laquelle on croit qu'il faut travailler, en
» réparant les deffauts qui y ont esté remarquez.

» Il est besoin aussi que vous donniez promptement ordre à
» faire razer la circonvallation, en sorte que les ennemis ne
» s'en puissent jamais servir.

» Cet article est de telle importance, qu'il faut avoir un soin
» particulier de ne pas retomber aux inconvénients qui arri-
» vent d'ordinaire en pareilles occasions, où le contentement
» qu'on a de se voir en possession de ce qu'on désire, fait ou-
» blier les précautions requises pour en asseurer la conqueste.

» Pendant qu'on travaillera a l'exécution de ce que dessus,
» il faut penser tout de bon au-dedans de la ville, ce qui con-

(1) Manuscrit de Doresmieulx précité.

» siste premièrement, à établir une bonne garde, telle que
» vous résoudrez.

» Pourvoyant à la seureté de la place, il faut à même temps
» donner ordre à la police des gens de guerre, en sorte que
» les bourgeois n'en ayent aucun mescontentement : et faut
» faire ce réglement tel, que non-seulement toute la ville le
» sçache, mais que toutes les circonvoisines en soient satisfaites.

» Il faudra disposer Messieurs de la ville par les plus sensez,
» à mettre toutes leurs armes à un magazin public, dont le
» gouverneur aura la clef, jusques à ce qu'ils ayent fait leur
» année de probation dans le service du roy.

» Il sera à propos de leur faire connoistre adroitement, qu'on
» désire plustot cela d'eux, parce que c'est la coustume qui se
» praticque ès villes prises, que par méfiance qu'on ayt de
» leurs personnes.

» Monsieur de Saint-Preuil, qui en est gouverneur, doit
» avoir un soin particulier de traiter ces peuples, réduits de
» nouveau à l'obéissance de Sa Majesté, avec tant de police et
» de douceur, qu'à leur exemple les villes voisines ayent occa-
» sion de se soumettre volontairement à sa domination.

» Il faut aussi sçavoir si la ville est bien remplie de bleds ;
» ce qu'il y a dans les magasins qui estoien du roy d'Espagne ;
» ce qu'il y a de munitions de guerre, afin qu'au mesme temps
» l'on pourvoye à la garnir de toutes choses pour plus d'un an,
» en ordonnant à tous les habitans de s'en munir, chacun en son
» particulier, pour autant de temps.

» Je supplie Messieurs les généraux de me croire entière-
» ment leur très humble et très affectionné serviteur, de Noyers.
» A Amiens, ce onzième aoust 1640. »

Le gouvernement d'Arras venait d'être en effet donné à St-Preuil comme récompense de la belle conduite qu'il avait tenue pendant le siège. Peu après le maréchal de Châtillon resta seul pour commander les troupes Françaises dans l'Artois, et le vingt-et-un septembre il écrivait au prince d'Orange une lettre qui résume parfaitement la situation militaire de cette époque. Il disait en effet :

« Je suis demeuré seul général des armées du roi dans l'Ar-
» tois. Après trois semaines de séjour à Aubigni, bourg situé sur
» la Scarpe, je suis venu depuis deux jours loger à Habarq, (1)
» maison du comte d'Egmont, une lieue plus près d'Arras. Le
» cardinal-infant et le duc Charles de Lorraine sont postez à
» deux lieues de moi, au pied des montagnes de Béthune.
» C'est pour couvrir cette ville et pour m'empêcher de four-
» rager plus avant dans le pays ennemi. J'espère demeurer sur
» la frontière de l'Artois jusques à la fin d'octobre. M. du Hal-
» lier commande un petit corps de six mille hommes de pied
» et de deux mille cinq cents chevaux, à trois lieues de moi
» entre Doullens et mon quartier-général. Il a ordre de se
» joindre à moi lorsque je le jugerai à propos. Des deux armées
» que nous avions devant Arras, il me reste quatorze mille
» hommes de pied et six mille chevaux, sans y comprendre
» cinq mille des uns et huit cens des autres laissez par ordre
» du roi dans la ville conquise. L'armée Espagnole est de seize
» mille hommes de pied et de sept mille chevaux, en y com-

---

(1) Habarcq, canton de Beaumetz-lez-Loges.

Voy. sur cette commune, Harbaville, mém. tom. 1, p. 172, et notice de l'état ancien et moderne de la province et comté d'Artois, pag. 361.

» prenant les troupes du duc de Lorraine, de Lamboi et de
» Beck. Avec toutes ces forces, ils n'ont osé attaquer le moin-
» dre de nos convois conduits à Arras où Sa Majesté fait de
» puissants magazins. Ils entreprirent sur nos fourageurs, il
» y a quelques jours, avec quatre mille chevaux et deux mille
» hommes de pied commandez par Cantelmo. L'embuscade
» était à une lieue et demie de notre quartier, pour couper nos
» fourageurs. Mille chevaux vinrent attaquer Gassion, qui
» avait avec lui sept cens chevaux et autant de mousquetaires
» pour l'escorte du fourage. Il charge les ennemis sans mar-
» chander, les rompt, et les mène battant une demie-lieue du-
» rant jusques auprès de l'embuscade. Ses gens auroient été
» défaits, si je n'eusse envoyé mille chevaux sous la conduite
» des marquis de Coislin et de Praslin (1) qui obligèrent la ca-
» valerie ennemie à se retirer en désordre. Je montai moi-même
» à cheval et fis sonner la retraite, voyant qu'il n'y avoit aucune
» apparence de les suivre plus loin. J'espère de recevoir dans
» un mois l'ordre d'aller en quartiers d'hiver. Cependant nous
» tacherons de vivre aux dépens du pays ennemi. »

(1) Il est ici question de Roger de Choiseul du Plessis Praslin, maréchal de camp et lieutenant du roi en Champagne, qui se trouva à toutes les expéditions militaires du règne de Louis XIII. Il fut tué à la bataille de la Marfée.

Il était fils de César duc de Choiseul du Plessis Praslin, maréchal et pair de France qui commanda neuf armées, assiégea et prit cinquante-trois villes, assista à quarante-sept batailles et reçut vingt-deux blessures. Sur ce maréchal, aussi célèbre sur les champs de batailles que dans les négociations, on peut lire une intéressante notice dans la biog. univ.

Tel fut le siège de 1640, (1) l'un des plus célèbres de nos annales militaires. En effet trois maréchaux de France, tous remarquables à plus d'un titre, investirent Arras et ne purent s'en emparer que grâce aux secours que du Hallier leur conduisit. C'est que les habitans se défendirent vaillamment et prouvèrent qu'ils étaient les dignes descendans de ces bourgeois si fiers qui, sous d'autres étendards, avaient fait triompher la royauté dans les plaines de Bouvines.

(1) Les faubourgs eurent beaucoup à souffrir du voisinage des armées Françaises, ainsi on lit dans un mémoire sur procédure entre quelques habitants d'Achicourt et messire François de Vendœville, Marotel, seigneur de ce lieu, « Comme les armées de S. M. vinrent essayer les ville et cité d'Arras, « le 13 » juin 1640 et les réduisirent en son obéissance, le jour de St-Laurent 10 » août, le peu qui avoit été semé cette année fut entièrement perdu. »

VII.

1654.

Depuis quatorze ans que la ville d'Arras avait été prise par les Français, elle n'avait rien perdu de son attachement aux rois d'Espagne, dans lesquels elle ne voyait que les successeurs de ses comtes. Il faut le dire aussi, ses nouveaux maîtres n'avaient rien fait pour s'en attacher les habitants; des hommes durs et hautains avaient reçu le gouvernement de cette place, et par leur conduite scandaleuse ils s'étaient aliéné les bourgeois; tantôt c'était un rapt avoué, tantôt un luxe effréné pour lequel ils exigeaient de lourds impôts durement prélevés (1). Arras n'avait plus d'atelier monétaire (2), et si cette ville gardait encore ses autres privilèges, il était clair pour tous, que

---

(1) Voyez notre chapitre sur les gouverneurs d'Arras.

(2) Voy. l'hist. monétaire d'Artois par Hermand, pag. 350.

les embarras seuls de la cour de France n'avaient point permis au premier ministre de tourner ses vues de ce côté.

De grands troubles divisaient en effet le royaume, et sous la dénomination de Frondeurs et de Mazarins, des ambitieux l'avaient inondé de sang; partout on trouvait la guerre civile, et l'Espagnol seul, qui regrettait toujours les discordes de la ligue, s'était réjoui de cette confusion. Plusieurs fois on en vint aux mains, et le canon Français gronda contre des Français; mais tout s'était calmé, et Mazarin avait repris son pouvoir; Condé, n'espérant plus soulever en sa faveur un peuple si inconstant, s'était jeté dans les rangs des ennemis de la France, et leur prêtait l'appui de son nom et de sa gloire. « Mais, comme
» le dit Voltaire, devenu général des armées Espagnoles, il ne
» put relever un parti qu'il avait affaibli lui-même, par la des-
» truction de leur infanterie, aux journées de Rocroi et de Lens.
» Il commandait avec des troupes nouvelles dont il n'était pas
» le maître contre les vieux régiments Français qui avaient ap-
» pris à vaincre sous lui, et qui étaient commandés par Tu-
» renne (1). »

Cependant les Espagnols avaient profité des troubles de la Fronde pour reprendre une partie des conquêtes faites par les Français, et leur enlever tout le fruit des victoires de Rocroi, de Lens et de Nordlingen. Ainsi ils étaient rentrés dans l'importante place de Dunkerque, dans Casal en Italie, et avaient chassé les Français de Barcelonne. Mais lorsqu'en 1653 le calme fut rétabli en France, Mazarin résolut de poursuivre l'œuvre de Richelieu, l'affaiblissement de la puissance Espagnole.

(1) Siècle de Louis XIV, édit. de 1768, tom. 1, pag. 317.

Le roi était alors à Reims pour y être sacré, aussi fut-il décidé qu'on formerait le siège de Stenay. Cette ville, située sur les frontières de la Champagne, appartenait au prince de Condé, et peut être Louis XIV avait-il eu surtout en vue de punir un sujet révolté. Bien plus, il voulut que cette place ne fut assiégée que par les seules troupes de sa maison et par quelques corps tirés de l'armée des maréchaux de Turenne et de la Ferté. Ces deux chefs devaient protéger les mouvements et empêcher toute attaque imprévue de la part de l'ennemi (1).

Aussitôt qu'il apprit cette nouvelle, le prince de Condé (2) jura de se venger, et dès lors il excita les Espagnols à attaquer une des villes les plus fortes du roi, afin d'obliger les Français à partager leurs troupes. Cet avis fut écouté, et le siège d'Arras

---

(1) Le bourg de Stenay, (département de la Meuse, arrondissement de Montmédy), appartenait au prince de Condé, qui l'avait obtenu en 1646, de Louis XIV. Précédemment cette place avait appartenu à Charles IV de Lorraine, mais ce duc avait été contraint de l'abandonner à la France par un traité fait en 1641 avec Louis XIII. Lors de la paix des Pyrénées, Stenay fut restitué au prince de Condé.

Sur le siège de Stenay, voy. Bazin, hist. de France sous le ministère du cardinal Mazarin, tom. 2, pag. 384.

(2) Louis II, prince de Condé, l'un des plus grands généraux que la France ait produits, naquit à Paris en 1621. Il fut d'abord appelé le duc d'Enghien et c'est sous ce nom que nous l'avons vu faire ses premières armes au siège d'Arras en 1640. Loin de nous la pensée de présenter de cet illustre guerrier une biographie même sommaire, car sa vie est trop connue de nos lecteurs. On sait en effet ses glorieuses victoires, son exil lorsqu'il porta les armes contre sa patrie, sa réputation de capitaine aussi brave qu'expérimenté. Condé mourut en 1686.

résolu. Ce fut le 3 juillet 1654 que l'armée ennemie vint assiéger cette place ; dès le matin à huit heures le comte de Ligniville (1), à la tête des troupes du duc de Lorraine, parut devant la ville et prit ses quartiers entre la Scarpe et le Crinchon. L'armée qu'il commandait comptait environ quatre mille cavaliers et deux mille fantassins. Le soir même arriva également le prince de Ligne (2) qui vint se loger avec toute la cavalerie

(1) La famille de Ligniville, connue d'abord sous le nom de Rozières, était une des quatre de la grande chevalerie de Lorraine dont il fallait descendre par les femmes pour avoir entrée dans les états de Lorraine. Nous pensons qu'il est ici question de Philippe-Emmanuel de Ligniville, comte du Saint-Empire, de Tumejus, lieutenant-général des armées de l'empereur, généralissime des armées de Charles IV, duc de Lorraine, « Philippe-Emmanuel, dit M. de » la Chesnaye-des-Bois, fut heureux dans toutes les batailles qu'il donna, et » dans tous les sièges qu'il forma. M. de Turenne fit souvent l'éloge de son » habileté. » Dict. de la noblesse, 2e édition, tome 9, pag. 33.

(2) « Claude-Lamoral, prince de ligne, d'Amblise et du St-Empire, mar» quis de Roubaix et de Lille, comte de Fauquemberghe et de Neghin, souve» rain de Faigneules, baron de Verchin, seigneur de Baudour, Monstreuil, etc, » premier ber de Flandres, pair, sénéchal et maréchal de Hainaut, grand d'Es» pagne, chevalier de la Toison-d'Or en 1647, après avoir été général de la ca» valerie des Pays-Bas, ambassadeur extraordinaire du roi catholique en An» gleterre, vice-roi et capitaine-général de Sicile, fut nommé le 16 août 1673, » gouverneur-général de l'état et duché de Milan, où il fit son entrée le 8 juil» let 1674. Etant près d'avoir achevé son temps, il fut déclaré, le 17 octobre » 1678, membre du conseil-d'état et privé du roi d'Espagne, et mourut à Ma» drid peu de temps après son retour de Milan le 21 décembre 1679. » Dict. de la noblesse par de la Chesnaye-des-Bois, 2e édit. tom. 9, pag. 17. Voy. aussi le blason des armoiries de l'ordre de la Toison-d'Or par Jean-Baptiste Maurice, pag. 451.

Espagnole à la ferme de Court-au-Bois et au village de Tilloy qui n'en était séparé que par la chaussée Brunehaut. Le prince de Condé parut le lendemain et se porta entre Beaurains et Agny : il avait sous ses ordres dix mille cavaliers Français et Allemands. Aussitôt des détachements furent échelonnés pour bloquer entièrement la ville et empêcher toutes communications avec le dehors. Dès le troisième jour, il arriva un renfort de douze mille fantassins Espagnols; ils conduisaient avec eux l'artillerie, le bagage et les munitions. Les assiégeants comptaient environ quarante-cinq mille hommes. Dès lors, et sans retard les travaux de circonvallation furent entrepris et continués avec soin par huit mille pionniers qu'on avait réunis dans la châtellenie de Lille, et qu'on avait armés de fusils.

Quelques jours après, l'arrivée de l'archiduc (1) modifia cet ordre, et au lieu de trois quartiers généraux, il y en eut quatre. L'archiduc se campa près de la cense de Court-au-Bois, ainsi que le prince de Ligne général de la cavalerie; le comte de Fuensaldagne (2) se posta entre Athies et St-Laurent. Le

---

(1) Léopold-Guillaume, archiduc d'Autriche, évêque de Passau et de Strasbourg, etc., grand-maître de l'ordre teutonique et gouverneur des Pays-Bas, naquit le 16 janvier 1614. Elevé dans les dignités ecclésiastiques, Léopold s'illustra également par sa bravoure, et depuis 1639 jusqu'en 1656 qu'il se démit du gouvernement des Pays-Bas, il fut toujours à la tête des armées Espagnoles, et lutta avec courage contre la fortune de la France. Il mourut le 20 novembre 1662. Voy. le supp. au dict. de Moréri publié à Basle en 1745, tom. 3, pag. 193.

(2) Alonso-Perez de Vivero, comte de Fuensaldagne, vivait vers le milieu du 17ᵉ siècle. Il servit dans les Pays-Bas sous le général Piccolomini et sous

comte de Garcies (1) maître-de-camp général près de Roclincourt ; don Fernando de Solis (2), grand maître de l'artillerie, près du Mont St-Eloy. Les troupes Lorraines reliaient ces quartiers aux corps du prince de Condé qui s'étendait jusqu'au chemin de Bapaume. Il y avait encore le duc de Wirtemberg qui s'était établi depuis ce chemin jusqu'au village de Tilloy, et le chevalier de Villeneuve (3) qui s'était retranché dans le vallon au bas du quartier de Fernando de Solis. Les comtes de Fuensaldagne et de Garcies jetèrent aussitôt des ponts sur la Scarpe pour faciliter leurs communications.

Dès qu'il avait vu paraître les ennemis, de Mondejeu, qui avait alors le gouvernement d'Arras, était sorti pour les re-

l'archiduc Léopold-Guillaume, et s'illustra par la prise d'Ypres et de St-Venant. Après que Turenne eut délivré Arras, Fuensaldagne empêcha les Français de profiter de leurs avantages. Il fut ensuite nommé gouverneur du Milanais et s'y distingua également. Après la conclusion de la paix des Pyrénées, Philippe IV l'envoya comme ambassadeur à la cour de France où il resta jusqu'aux discussions survenues à Londres en 1661 pour la préséance entre les ambassadeurs de France et d'Espagne. Fuensaldagne mourut la même année à Cambrai.

(1) La famille de Garcies ou Garcias est une des plus anciennes de la Castille à qui elle donna des comtes avant l'an mil.

(2) La famille de Solis, l'une des plus anciennes de la Castille, fut aussi illustre dans les sciences que dans les armes ; c'est d'elle qu'est sorti don Antonio de Solis l'un des plus célèbres historiens d'Espagne.

(3) On peut voir sur la famille de Villeneuve de curieux renseignements dans le tom. 3 du nobiliaire de Provence de l'abbé de Brianson, et dans le supp. au dict. de Moréri, publié à Basle en 1745, tom. 3, pag. 955-961.

connaître ; il avait espéré même pouvoir escarmoucher avec eux mais comme les troupes Lorraine n'avaient fait aucun mouvement, il avait été contraint de se retirer. Cependant, pour être plus à même de surveiller les ennemis et profiter de leur moindre négligence, il fit camper son infanterie hors de la ville (1). Il plaça également cinquante cavaliers pour défendre les buttes qui se trouvaient à la demi portée du canon des assiégés, et à égale distance des quartiers occupés par le prince de Condé. Le reste de sa cavalerie fut posté en ville près du cimetière de St-Jean (2) sous le commandement du Sr de Voignon, et ce chef reçut l'ordre d'organiser chaque nuit des patrouilles. Puis, comme il savait le peu d'attachement que les habitans portaient à la France, Mondejeu fit plu-

(1) « Mondejeu fit alors revue de la garnison qui se trouva composée de
» son régiment d'infanterie Allemande, de trois compagnies de celui d'Artois,
» de celui de Rohan, de deux compagnies des gardes-suisses et de la compa-
» gnie des gardes-suisses à pied, faisant en tout trois mille deux ou trois cents
» fantassins, et trois cents et quelques chevaux. De Vienne, hist. d'Art. 5e part. pag. 193 et 194.

(2) Le cimetière ou place de St-Jean était situé entre l'église de ce nom et la rue St-Jean-en-Ronville. Ce cimetière fut probablement fermé par suite de l'établissement de l'âtre de St-Nicaise en 1292 par Simon de Noyon, chanoine de la cathédrale. Voy. le *Progrès du Pas-de-Calais*, 5 novembre 1843.

L'église St-Jean, dont on ignore le premier établisssement, fut reconstruite pendant les années 1744 et 46. Elle était à trois nefs, en carreaux de pierre blanche, avec piétement en grès, voûtée en briques avec arcs doubleaux en pierre de taille et couverte en tuiles. Extrait du procès-verbal d'estimation dressé par Gayant, architecte du district d'Arras le 16 janv. 1792. Archives départementales, district d'Arras, domaines nationaux.

17.

sieurs visites pour s'assurer qu'ils n'avaient point d'armes cachées chez eux. Il ordonna ensuite qu'on lui rendît compte des munitions tant de guerre que de bouche qui existaient soit dans les magasins soit chez les bourgeois, et fabriqua de la poudre avec le salpêtre qu'il avait ramassé en grande quantité; de plus, il fondit plusieurs cloches pour faire des grenades. Il était d'une activité extraordinaire, et surveillait tous les travaux. Dès le premier jour il régla les rations des soldats de sa garnison, disant qu'il voulait ménager ses munitions, parce qu'il était déterminé à refuser toutes les propositions qu'on pourrait lui faire et qui aurait pour but la remise de la place que le roi avait confiée à sa garde. Il voulut inspecter lui-même les fortifications (1), et comme on lui observait, en face de la porte de Ronville, que la contrescarpe située entre la demi-lune et le fossé de la place avait besoin de quelques travaux, tels qu'une lunette ou une tenaille (2), il répondit qu'il se garderait

(1) « Arras étoit une grande ville dont les remparts ne valloient rien, les
» murailles en étoient vieilles, et d'une maçonnerie précipitée, et avec cela de
» difficile garde. Les travaux des dehors en étoient aplanis ou très mal réparés,
» depuis la prise que nous avions faite de cette place sur les Espagnols en 1640
» par MM. de la Meilleraie et de Châtillon. Le comte de Mondejeu n'avoit eu
» le temps que de faire relever et terrasser les nouvelles fortifications et d'en
» revêtir très peu, en travaillant à remplir les magasins qu'il avait trouvés vui-
» des, à faire du monde, et à exercer sa garnison par de fréquentes sorties qui
» déterminèrent les ennemis à ce siége, pour se mettre à couvert de la petite
» guerre qu'il leur avoit déclarée sans relache, et qui désoloit leurs frontières. »
Vie manuscrite de M. le maréchal de Schulemberg, comte de Mondejeu. Bib.
com. d'Arras.

(2) On appelle généralement lunettes des ouvrages à peu près triangulaires

bien d'y toucher, car ce serait montrer aux Espagnols la faiblesse de ce point. Il ajouta qu'au contraire il était préférable de travailler aux endroits les plus forts afin de tromper les ennemis. Dès le soir même, il perça des rigoles à la tête de la contrescarpe située près de la corne (1) de Guiche, c'est-à-dire du côté le plus fort, et pendant la nuit en garnit le bord de palissades. Cette ruse eut un plein succès; les assiégants, en effet, étaient divisés sur le point contre lequel ils dirigeraient leur principale attaque, et dans le conseil tenu à cet effet, les uns opinaient pour la porte de Ronville, tandis que les autres penchaient pour la corne de Guiche. Les travaux de Mondejeu réunirent les avis du conseil, car il pensa que le gouverneur d'Arras craignait une attaque de ce côté. Peut-être aussi le prince de Condé, qui y commandait, désirait-il avoir la direction des principales opérations. Néanmoins, Mondejeu était d'une adresse peu commune, et l'histoire de sa vie que l'on conserve manuscrite

composés de deux faces qui forment un angle saillant vers la campagne et qui se construisent auprès des glacis ou au-delà des fossés ; on donna aussi ce nom à des espèces de places d'armes retranchées ou entourées d'un fossé et d'un parapet qu'on construit quelquefois dans les angles rentrants du fossé des bastions et des demi-lunes. La tenaille ou mieux le tenaillon est une pièce de fortification construite sur les lignes de défense, tout proche de la courtine et faite d'un bastion détaché avec une double contre-garde. On dit qu'un ouvrage est tenaillé quand il est composé de saillants et de rentrants à peu près à angles droits.

(1) On appelle corne un flanc bas qui tient lieu de tenailles pour la défense d'un fossé.

à la bibliothèque communale d'Arras, renferme un grand nombre de ruses qui réussirent. En voici une, entr'autres, qui suffira pour le faire apprécier. Mondejeu, s'étant aperçu que les assiégeans avançaient leurs travaux avec célérité, donna ordre aux canonniers de la ville de ne mettre qu'une demi charge de poudre, afin que, la distance de la portée étant moins longue, les ennemis pensassent que les canons étaient d'un calibre inférieur. Les assiégeants, ne soupçonnant aucune tromperie, avancèrent en effet leurs lignes très près de la place. Grand fut leur étonnement lorsque, sur l'ordre de Mondejeu, les artilleurs remirent la charge accoutumée ; les troupes alliées durent reculer, tirer des traverses (1), et élever des épaulements pour protéger leurs lignes déjà faites.

La garde avancée, que de Mondejeu avait placée entre le quartier du prince de Condé et la ville, gênait beaucoup les assiégeants ; aussi dès le premier jour l'attaquèrent-ils vaillamment. De Chouilli, à qui le commandement en avait été confié, était un jeune officier, qui soit par défaut de temps, soit par inexpérience, ne s'était pas encore posté d'une manière avantageuse ; aussi le prince de Condé n'eut-il point de peine à porter le désordre dans ses rangs. Mais il ne put mettre en défaut la vigilance du Sr de Voignon. Celui-ci, à la vue de ce mouvement, accourut à toutes brides à la tête de quelques volontaires, et rétablit facilement le combat. Bien plus, comme il vit que ce poste était avantageux aux assiégés ; il y commanda la garde pendant deux jours et deux nuits, et ne se

(1) Le mot traverse est facile à comprendre ; on appelle épaulement une espèce de rempart fait de fascine, de terre, etc., et dont le principal but est de mettre à couvert soit une batterie, soit des ouvrages.

retira qu'après avoir ôté aux Espagnols tout espoir de s'y loger. Le prince de Condé fit alors avancer un détachement de sa cavalerie jusque sous la contrescarpe de la place comptant enlever quelques bourgeois, car ces derniers venaient chaque jour fourrager dans l'espace laissé libre entre la ville et le poste avancé. S'il eût réussi, Condé en aurait tiré d'utiles indications sur l'état intérieur de la place, les forces des assiégés et les fortifications, mais de Voignon y vint aussitôt, et le força de se retirer; ce dernier ne fit que quatre prisonniers qu'il envoya au gouverneur.

Cependant la place n'était pas tellement investie qu'aucun secours ne pût y pénétrer; ainsi dès qu'on apprit ce siège, le colonel de St-Lieu reçut l'ordre de faire entrer dans Arras, sur peine de vie, le régiment de croates qu'il commandait; on disait en effet, que par sa négligence, ce colonel n'avait pu l'année précédente introduire un secours dans Rocroi, et empêcher ainsi la prise de cette place. Il avait en outre sous ses ordres le régiment de cavalerie de Puimarest, un détachement de celui de Bouillon, en tout trois cents cavaliers. St-Lieu, à leur tête, se précipita dans le quartier du prince de Condé, mais il fut si rudement chargé qu'il n'entra dans la place qu'avec bien peu de monde; il réunit sur la contrescarpe ceux qui avaient échappé à l'ennemi, et n'en put compter que cent quarante, dont quatre-vingts à peine étaient sans blessures et en état de combattre. Plus heureux que lui, le colonel d'Esquancourt, maître de camp, parvint à entrer dans Arras, vis-à-vis la corne de Baudimont, avec trois cent cinquante chevaux, après avoir repoussé les troupes Lorraines qui s'étaient opposées à sa marche. Néanmoins cent-vingt prisonniers, parmi lesquels on voyait le capitaine de Verderonne ainsi que les colonels de Sancerre et de Beauvilliers, tombèrent au pouvoir des assiégeants (1).

Le comte de Broglia, gouverneur de La Bassée, fit entrer le 9 juillet quelques compagnies du régiment de Picardie, et vingt-cinq officiers de sa garnison. Deux jours auparavant le chevalier de Créqui, qui plus tard par sa bravoure mérita le bâton de maréchal de France, avait pénétré dans la place avec un courage digne d'éloges. Il avait été détaché du camp Français qui se trouvait près de Péronne, et on lui avait donné la mission de jeter dans Arras quatre cents cavaliers parmi lesquels on comptait cent vingt officiers. Le chevalier de Créqui (2), sans se

(1) « Le sieur d'Averhout, capitaine, qui commandait les coureurs, s'en acquitta en homme intrépide et sans peur, dont le surnom lui resta. Le sieur de Verderonne, capitaine de mérite, fut tué. Le sieur de Mesle, capitaine et major fut fait prisonnier avec la Viéville et Boulainvillers, lieutenant, et deux maréchaux-des-logis, outre quatre-vingts maîtres tués ou retenus prisonniers. » Vie manusc. du maréchal de Schulemberg.

(2) La vie manuscrite du maréchal de Schulemberg dit que ce fut le quartier des Italiens et des Walons. Elle ajoute en parlant du chevalier de Créqui, « son cheval fut tué sous lui, et étant aperçu par son cornette parmi les enne-
» mis, ce cornette poussa jusqu'à lui, et ayant mis pied à terre, il remonta le
» chevalier de Créqui et sacrifia pour lui sa liberté, car il resta parmi les prison-
» niers, après avoir été blessé pour dégager son colonel. Cette action reçut les
» éloges qu'elle méritoit, et fut comme le premier fondement de l'élévation pro-
» chaine du chevalier de Créqui et de son cornette. »

François de Créqui reçut le bâton de maréchal de France en 1668. Il s'illustra par des prodiges de valeur lors de la défaite de Consarbrick en 1675 ; puis,

laisser effrayer par le voisinage des troupes Espagnoles, examina avec soin les travaux de circonvallation, et après être resté quarante heures à cheval, se précipita sur un corps de deux cents Lorrains, le défit, et ayant traversé les lignes ennemies pénétra heureusement dans la place, sans avoir perdu plus de quarante de ses officiers. Puis, le lendemain, lorsqu'on le pensait encore accablé de fatigue, il fit une vigoureuse sortie, et tua plus de six cents pionniers. Cependant quelques-uns de ses cavaliers furent pris et envoyés à Valenciennes. Cette sortie était déjà la seconde que faisaient les assiégés. Sur ces entrefaites, le lieutenant du roi, nommé de Montplaisir (1), qui [était absent de la ville lorsqu'elle fut investie, parvint aussi à y rentrer (2).

échappé à grande peine de cette déroute, il courut se jeter dans Trèves et préféra y être pris à discrétion que de capituler. Il mourut en 1687 ; on prétendit qu'il aurait pu remplacer Turenne lorsque l'âge aurait modéré son impétuosité.

(1) Le lieutenant du roi commandait dans la place en l'absence du gouverneur. Notice de l'état ancien et moderne de la province et comté d'Artois, pag. 250.

Le premier lieutenant de roi à Arras fut de Montplaisir : jusqu'à la réunion de cette ville à la France, le magistrat avait joui en effet de presque toute l'autorité militaire. Voy. supp. aux Mém. du P. Ignace, pag. 670.

De Montplaisir mourut le 13 juin 1684.

Sur la famille Colnet de Montplaisir, voy. l'armorial de France, rég. v, part. 1re et le dict. de noblesse de la Chesnaye-des-Bois, 2e édit. tom. 4, pag. 55.

(2) « Outre ces trois secours de cavalerie on fit un détachement de dix com-
» pagnies du régiment de Picardie qui furent envoyées de La Bassée pour se

Néanmoins les travaux de circonvallation avançaient, et dès le dix de juillet ils furent terminés. Les lignes comptaient deux lieues de moins d'étendue que celles faites par les Français lors du siège de 1640. Elles avaient deux toises de largeur par haut, et neuf de profondeur; de plus pour élargir le parapet, on creusa un second fossé, et l'artillerie fut placée dans les embrasures. Pour s'opposer aux sorties que pouvait faire la cavalerie des assiégés, les Espagnols percèrent des trous aux têtes de lignes et armèrent ces lignes ainsi que les doubles fossés de piquets longs et aigus, couchés et enfoncés diagonalement; ils tirèrent également une ligne de circonvallation depuis Anzin jusqu'au bord de la Scarpe, et enfin, pour se protéger tant contre l'artillerie de la ville que contre une attaque extérieure, ils élevèrent à la demi-portée, de mousquet les uns des autres, une grande quantité de forts *terrassés, fraisés, pallissadés* et défendus par des épaulements et des redoutes, surtout depuis la Court-au-bois jusqu'au ruisseau d'Agni qui était le côté le plus ordinaire des attaques. Quant aux principales tranchées des assiégeans, elles se terminaient à celles qui

» jeter dans Arras par le marais du côté d'Estrun ; mais ce secours fut coupé
» et battu si rudement qu'il n'en entra pas un dans la place, et que tout en
» fut tué ou blessé, ou fait prisonnier et conduit à Tournai. On avait aussi en-
» voyé de Bapaume un détachement considérable de cavaliers, pour se jeter
» dans la place, mais ce secours commandé par Messieurs de Castelnau, de
» Navailles et de Beaujeu s'égara, se perdit et fut dissipé dans les bois et dans
» les marais, faute de guide, quoique les feux de l'armée qui n'étoient qu'à
» quatre lieues eussent dû suffisamment servir d'adresse et de guide. » Vie manusc. du maréchal de Schulemberg.

étaient parallèles à la courtine en face de la porte de Ronville.

Les assiégeants n'avaient eu d'autre perte importante à déplorer que celle du comte de la Tour, maître de camp de cavalerie. Un boulet lancé au hazard emporta la cuisse de ce vaillant officier qui était alors de garde, et il ne survécut que quelques heures à sa blessure. Rempli de bravoure et d'expérience, il eût pu rendre de grands services à l'armée Espagnole.

Ce fut dans la nuit du 14 au 15 juillet que la tranchée fut ouverte ; les chefs avaient employé cet intervalle pour faire venir de l'artillerie de Tournai. Sur ces entrefaites aussi, le duc François de Lorraine arriva au camp suivi de son fils aîné (1). Pour arrêter les travaux des assiégeans et les forcer à lever le siège, de Mondejeu résolut de multiplier les sorties. Une des plus importantes fut dirigée contre les troupes Lorraines, et elle fut si terrible qu'elle jeta l'effroi dans les lignes Espagnoles. Les Français culbutèrent tout ce qui s'opposa à leur passage, et les Lorrains repoussés se jetèrent en toute hâte dans leurs retranchements ; sur ces entrefaites un corps de cavalerie supérieur en nombre à celle des assiégés s'avança avec tant de précipi-

(1) Nicolas-François de Lorraine, appelé communément le duc François de Lorraine, naquit le 6 octobre 1609 et fut nommé cardinal en 1629. Il quitta depuis l'état ecclésiastique et le duc Charles son frère aîné se démit de ses états en 1634, il mourut au mois de janvier 1670.

Ferdinand-Philippe-Joseph-François-Ignace-Dominique-Gaspard, dit le prince Ferdinand de Lorraine, son fils aîné, naquit le 30 novembre 1639 et mourut à Paris le 1er avril 1659. Dict. de la noblesse par M. de la Chesnaye Desbois, 2e édit., tom. 9, pag. 143.

tation qu'elle leur eût coupé le retour en ville, si Mondejeu, qui avait prévu cette manœuvre, n'avait fait appuyer cette sortie par de l'infanterie. Il avait en effet recommandé à ses fantassins de ne faire aucun mouvement et de se tenir couchés par terre jusqu'à ce qu'il leur eût ordonné de faire feu. Quand il vit avancer la cavalerie Espagnole, il donna le signal, et son infanterie se relevant n'eut pas de peine à jeter l'effroi dans les rangs ennemis. Les assiégés en profitèrent pour rentrer en ville, sans avoir éprouvé d'autres pertes qu'un capitaine, un cornette et environ vingt officiers ; plus de deux cents hommes des troupes Lorraines étaient restés sur la place (1).

Le prince de Condé était d'une activité extraordinaire : il veillait à tout, dirigeait des attaques continuelles du côté de la corne de Guiche qu'il croyait être l'endroit le plus faible de la place (2), faisait ouvrir de nouvelles tranchées et les forti-

---

(1) « Il n'en coûta aux Français que la perte de Bonvarte, capitaine au ré-
» giment de Créqui, d'un cornette de St-Lieu et d'environ vingt maîtres, tant
» cavaliers que gens d'armes, tués, blessés ou faits prisonniers, mais les assié-
» geants perdirent plus de deux cents Lorrains. » Vie manusc. de Mondejeu,
pag. 138 et 139.

(2) « La grande corne de Guiche consiste en une courtine flanquée de deux
» demi-bastions bornés et soutenus, à leur défaut, chacun d'une face pro-
» longée en s'approchant du côté de la place. Cet ouvrage avait en tête sur la
» droite un bonnet à prêtre qui consiste en un angle saillant, flanqué de deux
» angles aigus de même, dont les côtés extérieurs prolongés s'unissent presque
» du côté de la place. Ce même grand ouvrage à corne était couvert d'une
» queue d'hirondelle avancée au-devant d'un ravelin, vis-à-vis la courtine
» principale. Cet ouvrage, je veux dire la queue d'hirondelle, est un terrain

fiait avec soin (1). Des forts s'élevaient par ses ordres, et sous son inspection ; on eût voulu croire qu'il était le seul chef des armées alliées et qu'il devait répondre sur sa tête du succès de l'entreprise. Mais il luttait contre des gens vaillants et courageux, des officiers que l'ardeur ne laissait jamais prendre en défaut. Condé avait dressé une batterie de six pièces de canon sur la contrescarpe de la grande corne de Guiche, espérant ainsi forcer les assiégés de brûler leurs ouvrages extérieurs, car il ne pensait pas qu'ils eussent encore eu le temps de s'y retrancher. Il ordonna ensuite de tenter un logement sur la contrescarpe d'une fortification qui protégeait la principale défense et qu'on appelait un *bonnet à prêtre* (2); mais le chevalier de Créqui et le sieur de St-Lieu avaient reçu l'ordre de Mondejeu de veiller sur les mouvements des Français qui se trouvaient dans les rangs ennemis ; à la tête de six cents hom-

» élevé en-dedans, faisant trois angles, un aigu rentrant au milieu des deux
» autres dont les côtés extérieurs sont parallèles, ou s'écartent l'un de l'autre
» dans leur prolongement. » Vie manusc. de Mondejeu, pag. 139 et 140.

(1) « Ce prince (Condé) voulant faciliter les attaques par des tranchées
» multipliées, en fit faire une du côté d'Agny, qui s'avançait du côté de la
» demi-lune des Capucins, et fit communiquer ces deux nouvelles tranchées
» par des traverses élevées, et par différents autres travaux en demi-sape de
» front, bordant le boyau et diverses lignes de communication qui s'éten-
» doient jusqu'aux tranchées des Espagnols entre-coupées de places d'armes
» sur les angles et appuyées de plusieurs forts de distance en distance. » Id.
pag. 140 et 141.

(2) On appelle *Bonnet à Prêtre* une pièce détachée qui forme à la tête trois angles saillans et deux rentrants.

mes de pied de la garnison et de toute la cavalerie, ils chargèrent les assaillans et les repoussèrent avec tant de violence que ceux-ci se retirèrent jusque dans leurs forts. Lorsqu'il vit la déroute de ses troupes ; Condé fit avancer un corps de douze cents cavaliers, puis ayant rallié les fuyards, il les divisa par pelotons, y joignit les secours qui lui arrivaient, et les ramena à l'ennemi. Les assiégés résistèrent, et pendant près d'une demi-heure le combat se maintint sans que personne reculât. Alors le chevalier de Créqui et de St-Lieu, voyant de nouveaux renforts appuyer les ennemis, donnèrent le signal de la retraite. Elle s'exécuta d'abord en bon ordre, mais les troupes alliées étant revenues à l'attaque, les assiégés se retirèrent au plus vite, et ne s'arrêtèrent que lorsqu'ils furent à l'abri sous le canon de la place. De part et d'autre l'on éprouva de grandes pertes et St-Lieu lui-même fut blessé au menton ; quelques jours après, le chevalier de Créqui eut le même sort au moment où il descendait dans le fossé de la corne de Guiche ; mais comme son ardeur belligérante lui avait attiré beaucoup d'envieux, on crut généralement que le coup était parti de l'intérieur de la place.

Cependant le prince de Condé n'avançait que bien lentement, et chacun de ses succès lui coûtait de grands sacrifices d'hommes. Le *bonnet à prêtre* et une autre petite fortification qui le défendait, nommée *la Queue d'hirondelle*, ne purent être emportés qu'après onze jours de luttes sanglantes. Quand les assiégeants s'y furent logés, ils se croyaient presque maîtres de la place ; grand fut leur étonnement lorsqu'ils virent devant eux, entre les deux demi-bastions de la grande corne de Guiche, une redoute en pierres, à l'épreuve du boulet, et sur laquelle les assiégés avaient dressé trois batteries de six canons qui leur nuisaient beaucoup. Cet ouvrage ne put être emporté qu'après dix autres jours de peines, de fatigues et de travaux.

Sur ces entrefaites le Tellier (1), secrétaire d'État, le même qui plus tard fut nommé garde-des-sceaux, fut envoyé de Sédan à Péronne (2) pour veiller à ce que rien ne manquât aux armées qui devaient forcer les lignes Espagnoles. Son pouvoir était très-grand, car il possédait toute la confiance du cardinal Mazarin. Dès qu'il fut arrivé, Turenne (3) lui rendit compte

(1) Michel Le Tellier, secrétaire d'état au ministère de la guerre (1641), chancelier et garde-des-sceaux en 1677, naquit à Paris en 1603. Il mourut dans la même ville en 1685 après avoir puissamment contribué à la révocation de l'édit de Nantes. Bossuet prononça son oraison funèbre.

« De Sédan, dit Aubery, le roi envoya Monsieur Le Tellier, secrétaire d'é-
« tat à Péronne, pour entretenir de là une étroite liaison et correspondance
» avec nos généraux et leur fournir ponctuellement les choses dont ils auroient
» besoin, pour empêcher l'insulte et la prise d'Arras. Son pouvoir étoit très-
» ample. On laissait à sa prudence d'expédier et de signer tels ordres qu'il ju-
» geroit à propos pour le service du roi et le bien de l'État dans la conjoncture
» présente. C'était sans doute un emploi qui n'avait pas moins de solidité que
» d'éclat, et qui demandoit une application et des soins tout extraordinaires. Il
» s'en acquitta en perfection, et satisfit exactement à l'attente et aux désirs de
» la cour. » Hist. du card. Mazarin, tom. 4, page 71.

(2) Sur le camp que Turenne établit à Buire, près de Péronne, voy. l'hist. de sa vie, par Ramsay, tom. 1, pag. 300 et 301.

(3) Henri de la Tour d'Auvergne, vicomte de Turenne, maréchal de France, né à Sedan, le 11 septembre 1611, fut l'un des plus grands capitaines des temps modernes. Les actions d'éclat qui lui valurent cette réputation sont trop

de ce qu'il avait fait, des divers secours qu'il avait jetés dans la place, et lui dit qu'il croyait urgent de s'approcher des ennemis ; il fut décidé qu'après avoir opéré leur jonction avec les troupes du maréchal de la Ferté (1), les Français viendraient établir leur camp dans les environs d'Arras (2).

Sitôt que les chefs assiégeans apprirent cette nouvelle ils se réunirent en conseil de guerre ; Condé prit d'abord la parole : il dit qu'il fallait aller au-devant des Français, et les attaquer avant qu'ils pussent se retrancher. Il ajouta que d'ailleurs la prise prochaine de Stenay permettrait à Louis XIV de réunir toutes ses forces contre eux ; mais le comte de Fuensaldagne combattit cette opinion. Il représenta au conseil qu'ils ne pouvaient aller au devant des troupes de Turenne sans abandonner quelques-unes des conquêtes qui leur avaient tant coûté ou s'affaiblir sur un point qui serait exposé aux sorties des assiégés. Il remontra qu'ils étaient suffisamment pourvus de vivres ainsi que de munitions et défendus par des lignes et des contre-lignes bordées d'un double fossé que des piquets, ou

connues pour que nous ayons besoin d'en présenter l'analyse. Joignant aux talents militaires toutes les qualités de l'homme privé, Turenne mourut en 1675, frappé d'un boulet de canon et pleuré de la France entière. Louis XIV ordonna que ses restes fussent inhumés à St-Denis, dans la chapelle consacrée à la sépulture des rois. Son oraison funèbre fût prononcée par Mascaron et Fléchier ; le président Lamoignon fit son éloge dans un discours de rentrée du parlement et Mme de Sévigné écrivit sur sa mort plusieurs lettres pleines de sensibilité.

(1) H. de Sennecterre, duc de la Ferté, naquit à Paris en 1680 ; il défit le comte de Ligniville à la bataille de St-Nicolas en 1650, fut fait prisonnier à Valenciennes en 1655 et racheté par le roi. Il mourut en 1681.

(2) Le P. Ignace, additions aux mém. tom. 2, pag. 776.

des trous fortifiaient en les mettant ainsi à l'abri de toute attaque. Il termina en disant que l'on devait compter sur le dévouement du gouverneur de Stenay, et qu'Arras serait pris avant qu'il eût songé à capituler. Cet avis fut celui qui prévalut.

Le vicomte de Turenne, ayant opéré sa jonction avec l'armée du maréchal de la Ferté, se retrancha entre le village de Monchy-le-Preux et la Scarpe (1). Ses travaux furent tels qu'il ne

(1) « Dès que le gouverneur d'Arras eut connaissance de l'arrivée des trou-
» pes Françaises, il fit faire de grandes réjouissances dans la ville et ordonna
» des distributions d'argent et de vin aux soldats afin de redoubler leur zèle
» pour les travaux à confectionner, et c'était aux cris de *vive le roi !* que cha-
» cun s'empressait aux contre-scarpes, aux barricades, aux caponnières, aux
» galeries, aux gabions et à tous les autres travaux de fortification. Il fit part
» aux officiers et aux soldats de la garnison que les généraux Français lui
» avaient offert d'introduire du secours dans la place ; mais qu'il n'avait pas
» jugé à propos de leur répondre, attendu qu'il voulait les consulter sur ce su-
» jet, parce qu'ayant connaissance que les troupes du roi, avant de faire lever
» le siège, pouvaient aller surprendre quelques villes de Flandres qui se trou-
» vaient sans défense, puisque les Espagnols étaient occupés sous les murs
» d'Arras. S'étant assuré qu'ils pouvaient encore tenir six semaines, il pensait
» que c'était le cas de leur laisser faire cette diversion, d'autant mieux que
» pendant cet intervalle l'infanterie ennemie s'affaiblirait au point qu'elle ne
» serait plus difficile à battre.

» Ces motifs spécieux, entièrement de l'invention du gouverneur, réussirent
» parfaitement. Tous les officiers et les soldats se rangèrent avec enthousiasme
» de son avis. Il feignit d'aller rendre réponse aux généraux, et, pendant le
» cours du siège, il ne manqua ni de finesse, ni de subterfuges pour entretenir
» le courage de ses troupes en leur donnant la meilleure espérance d'être se-

vait être attaqué que de front; il jeta ensuite des ponts sur la rivière et coupa ainsi les communications des assiégeans, car ils tiraient de Douai une partie de leurs convois. Ses lieutenants-généraux, Lillebonne et Broglia, reçurent l'ordre de se porter vers Lens et vers Pernes pour intercepter toutes les communications. Quant au maréchal de la Ferté, il se fortifia à Pelves sur la rive droite de la Scarpe, et s'appuya contre les marais de Vitry et de Fampoux, de sorte qu'on pouvait difficilement l'y attaquer. Il rangea sa cavalerie sur deux lignes, l'une composée de vingt-quatre escadrons, et l'autre de dix-huit, et plaça son infanterie entre deux; le corps de réserve comptait sept escadrons. De plus, il établit sur la Scarpe de larges ponts, de manière à pouvoir faire des courses sur le territoire qui appartenait à l'Espagne. Les Français mirent également garnison à Biache, Neuville-Vitasse, et dans d'autres châteaux.

Cependant la ville de Stenay n'avait pu soutenir longtems le siège, et le roi, qui désirait délivrer Arras, envoya au secours de Turenne toutes les troupes qui y étaient occupées. Le commandement en fut donné au maréchal d'Hocquincourt (1) dont la bravoure était connue, et qui alors combattaient encore

» courus. » Notice sur le siège d'Arras, par les Espagnols, etc., par M. Buissart, pag. 13, 14 et 15.

Cette notice a été lue en partie à la séance publique de la société royale d'Arras, le 23 août 1824, et publiée d'abord dans ses mémoires.

(1) Charles de Mouchy, connu sous le nom de maréchal d'Hocquincourt, était d'une noble et ancienne famille de Picardie. Il se signala dans un grand nombre de combats, commanda l'aile gauche de l'armée Française à la bataille

dans les rangs Français. A la tête des gens d'armes et des chevaux legers du roi, des gardes du cardinal Mazarin, et même des officiers de sa maison, des gardes Suisses et Français, d'Hocquincourt vint établir son camp à Rivière. Ce lieu situé à la source du Crinchon avait déjà vu les Français s'y retrancher lorsqu'en 1595 ils avaient ravagé l'Artois sous la conduite du duc de Biron. Mais Rivière était très rapproché des lignes ennemies, et l'on pouvait craindre que les Espagnols n'attaquassent les Français avant qu'ils eussent eu le temps de s'y fortifier; aussi Turenne envoya au maréchal d'Hocquincourt cinq escadrons de cavalerie sous le commandement de d'Espence. Puis il sortit de son camp, prêt à lui porter secours au premier mouvement des ennemis.

Sur ces entrefaites les Français apprirent que le comte de Boutteville était sorti des lignes avec mission d'aller au devant d'un grand convoi venant de Lille et que devaient escorter quatre ou cinq cents chevaux. Comme la route de Lens était occupée par les troupes Françaises, le convoi devait passer par St-Pol. Aussitôt les généraux résolurent de marcher à sa rencontre, et ayant laissé dans le bois de Bucquoi, sous la garde de l'infanterie, leurs bagages et leur artillerie, ils s'avancèrent vers Aubigny. Là ils firent quelques prisonniers, et surent d'eux

---

de Réthel en 1650, et obtint le bâton de maréchal de France. Plus tard cependant, il changea de parti et fut tué devant Dunkerque, 1658, en allant reconnaître les lignes Françaises. Mme de Motteville, dans ses mémoires, en a tracé ce portrait : « C'est, dit-elle, un homme vaillant et de grand cœur, un franc Picard, un bon ami, mais léger, facile à dégoûter, et surtout incapable de maîtriser son penchant pour les femmes. »

que le convoi n'avait pas encore paru, et que sans doute il était resté à St-Pol. Alors Turenne envoya prévenir son infanterie de le rejoindre à Estrée - Wamin sur l'ancienne chaussée Romaine qui allait de St-Pol à Thièvres ; puis il proposa de se retirer à Avesnes-le-Comte pour être plus à même de lui porter secours dans le cas où elle serait attaquée, mais sur de nouveaux renseignements l'ordre de la marche fut changé, et les généraux se rapprochèrent de St-Pol. Dès que l'infanterie fut arrivée, ils attaquèrent un corps de cinq cents cavaliers démontés qui se rendirent à discrétion. Ces prisonniers leur dirent que le comte de Boutteville avait reçu l'ordre de laisser le convoi à Aire, et qu'il s'était contenté de réunir le plus grand nombre de cavaliers qu'il avait pu. Les maréchaux résolurent donc de se rapprocher des lignes et de s'en rapporter, pour arrêter le convoi, aux garnisons Françaises qu'ils avaient jetées dans les châteaux de Camblin-Châtelain, Divion, Houdain (1) et Auzin. Déjà en 1638 le maréchal de la Meilleraie, après l'affaire de Polincove (2), avait établi un campement sur le territoire de

---

(1) M. Harbaville, mém. tom. 1, pag. 332, dit que ce château fut ruiné par les Flamands en 1303, et qu'il n'en reste aucune trace.

(2) Polincove (canton d'Audruick) eut plusieurs fois à souffrir des ravages des Français; ils pillèrent en effet l'église au mois de mai 1595 ; en mai 1637 un détachement de la garnison d'Ardres brûla plusieurs maisons du village. L'année suivante (8 juillet) pendant le siège de St-Omer formé par Châtillon, ce lieu fut témoin d'un combat entre les Français et les Espagnols, remarquable surtout, dit M. Piers, par la cavalerie qui s'y trouva engagée. Pour plus de détails, voy. petites histoires du canton d'Audruicq, par cet auteur, pag. 54 et suiv.

cette commune, et y était resté tout le mois de septembre. Cependant comme l'armée retournait à Aubigny, Turenne, qui commandait l'avant-garde, ayant aperçu quelques fourrageurs ennemis, marcha contre eux, et en les poursuivant s'avança jusque près d'Etrun au lieu dit le camp de César. Il crut utile d'y établir un retranchement, et dans ce but il poussa la reconnaissance jusqu'à la jonction des deux ruisseaux. Puis, ayant fait avertir le maréchal d'Hocquincourt, il n'eut pas de peine à le déterminer à choisir ce lieu pour s'y établir et à abandonner le poste de Rivière. L'armée Française avait ainsi en effet une retraite sûre dans le cas où l'attaque ne réussirait pas; elle pouvait reprendre les postes qu'elle croirait bons, ou couper les convois, ou enfin se loger sur les montagnes qui en étaient voisines, et par leur artillerie forcer les Espagnols d'abandonner leurs lignes.

L'abbaye de St-Éloy, qui, nous l'avons déjà vu, avait été fortifiée en 1413, était un des points les plus élevés; aussi les Espagnols s'en étaient emparés et don Fernando de Solis y avait posté un corps d'environ cinq cents hommes. Mais le maréchal d'Hocquincourt, s'y étant porté avec un nombreux détachement, força l'enceinte, et les obligea de se rendre à discrétion. Les Français se retirèrent ensuite dans leurs retranchements.

Sur ces entrefaites aussi, on apprit que le convoi si vivement poursuivi par Turenne était heureusement entré dans le camp des assiégeans. Le comte de Boutteville (1), à la fa-

---

(1) La terre et seigneurie de Boutteville ou Châtillon Boutteville dans le Gatinois, a long-temps appartenu, avec le titre de Comté, à la maison de Coligui. Angélique-Elisabeth de Montmorency, douairière de Gaspard IV

veur de la nuit, passa entre deux corps de Français qu'on avait postés pour lui couper le passage. Ce convoi était d'un grand secours pour les Espagnols, car ils commençaient à manquer de munitions, et dans le conseil on avait même renouvelé la proposition de lever le siège.

En retournant dans ses retranchements de Monchy-le-Preux, Turenne résolut de reconnaître les lignes ennemies. Déjà il s'était approché du quartier de Condé, à la tête d'un escadron des gardes; mais ce prince avait donné l'ordre au duc de Wirtemberg de lui couper la retraite. Turenne ayant vu cette manœuvre, s'était retiré en toute hâte après avoir compris que de ce côté les fortifications étaient trop bien gardées pour espérer les forcer. Le duc de Joyeuse (1) y avait été blessé au bras d'un coup de carabine, dont il mourut peu après. Cette fois Turenne poussa sa reconnaissance du côté du Nord; il s'approcha des lignes à la demi-portée du canon et les côtoya pendant deux heures sans être effrayé par le feu soutenu que les Espagnols dirigeaient contre lui. Du reste ce chef avait prévu qu'ils ne tenteraient aucune sortie. Comme on lui faisait remarquer un corps de cavalerie d'environ quinze escadrons qui pouvait facilement l'envelopper, il se contenta de répondre : « Je n'en ferais pas tant si j'étais près des lignes de Condé, » mais je connais les Espagnols, je suis sûr que Fernando

de Coligni, duc de Châtillon, l'ayant eu dans ses reprises, en fit don à son neveu Paul-Sigismond de Montmorency, qui fut créé duc de ce nom en 1696 ; dict. de noblesse, par la Chesnaye-des-Bois, nouv. édit. tom. 3, pag. 84.

(1) Il est ici question de Louis de Lorraine, duc de Joyeuse, grand chambellan de France et colonel général de cavalerie. — Hist. de Turenne préc., tom. 1, pag. 313, not. 1.

» de Solis n'oserait rien entreprendre sans en prévenir le comte
» de Fuensaldagne, que le comte ira avertir l'archiduc qui
» priera le prince de Condé de venir délibérer dans un con-
» seil sur ce qu'il doit faire, et pendant ce temps j'aurai mis à
» exécution mes projets. »

Sur ces entrefaites les Espagnols attaquèrent la corne de Baudimont, que Mondejeu avait négligé de défendre suffisamment; lorsqu'ils s'en furent emparés, comme ils ignoraient quelle était son importance, ils se contentèrent d'y mettre une garde composée de Lorrains, mais de Mondejeu, ayant fait ouvrir la porte de la ville, se précipita sur eux avec tant d'impétuosité qu'il les renversa et les passa tous au fil de l'épée. Et pendant ce temps Voignon, à la tête de quelques soldats d'élite, exécutait, avec le même succès, une autre sortie contre les Walons.

Néanmoins le prince de Condé continuait d'entretenir des intelligences parmi les habitans d'Arras, et il leur envoya un espion pour les prévenir qu'il donnerait un assaut général lorsqu'ils se soulèveraient, les priant de lui indiquer à peu près l'époque afin qu'il pût tout disposer pour ce moment. Un Franc-comtois se chargea de pénétrer dans Arras, et d'en rapporter la réponse des bourgeois. Conduit devant Mondejeu, il dit qu'il était chargé par un espion de Turenne de lui remettre quelques dépêches. Ces lettres avaient été écrites par le prince de Condé et faites si adroitement, que le gouverneur, malgré sa défiance, se laissa prendre à cette ruse. Le Franc-comtois raconta alors la frayeur du Français qui ne savait pas assez d'Espagnol pour traverser les lignes ennemies, et ce récit ôta toute crainte, même aux plus défiants. Déjà muni d'une réponse pour Turenne, dans laquelle Mondejeu décrivait l'état de la place, il allait quitter les murs, lorsqu'arriva un autre envoyé du camp Français. Celui-ci portait des preuves si convaincantes, que l'on commença à suspecter la bonne foi du Franc-Comtois. Cependant comme rien ne prouvait encore qu'il n'avait pas été également envoyé par Turenne, on se contenta de l'enfermer. Mais peu après une agitation sourde régna dans la bourgeoisie, l'on acquit la preuve que le Franccomtois n'était qu'un faux espion, et on le pendit.

Il y avait déjà longtems que Mondejeu soupçonnait la fidélité des bourgeois; on lui avait redit qu'ils tenaient, dans les églises et dans les monastères, des assemblées séditieuses où ils cherchaient les moyens de livrer la ville aux troupes Espagnoles. Cette fois il résolut de frapper un grand coup et de punir les révoltés dans leurs chefs; il ordonna en effet à tous les capitaines de la ville de se trouver sur la place avec leurs compagnies. Nul ne bougea. Alors Mondejeu vint trouver Voignon qui, nous l'avons dit, était posté près du cimetière de St-Jean, et lui demanda trois escadrons de cavalerie. A leur tête, il se rendit sur la grande place où était la maison du premier capitaine de la garde bourgeoise, et ayant fait enfoncer sa porte, il ordonna qu'on le saisît et qu'on l'amenât devant lui. Comme il ne pouvait expliquer sa désobéissance, Mondejeu fit appeler un prêtre ainsi que le bourreau, et dresser le gibet.

Dès que les bourgeois surent ce qui se passait, ils accoururent en toute hâte, ayant leurs capitaines en tête; plusieurs des principaux se mirent à genoux pour demander la grâce du condamné. Mondejeu ne parut pas même les entendre, mais il donna, à voix haute, l'ordre à Voignon de ranger ses cavaliers sur deux rangs, de faire défiler les habitans quatre par quatre, et de les conduire à l'abbaye de St-Vaast. Les soldats devaient fendre la tête de quiconque s'écarterait, et au premier mouvement de révolte les saisir tous. Lorsqu'ils furent arrivés dans l'abbaye, on referma les portes et l'on forma des corps de garde de quinze hommes chacun pour veiller sur eux. Pendant ce temps on faisait de nouvelles perquisitions dans les maisons, mais on n'y trouva que des enfants, des vieillards et des infirmes. Une seule menace de Mondejeu avait suffi pour effrayer ces bourgeois si fiers et si hautains.

Néanmoins quelque temps après les portes s'ouvrirent pour les échevins (1) et les principaux officiers de la ville. Mondejeu, toutefois, exigea d'eux un nouveau serment, par lequel ils s'engageaient, non seulement à être fidèles au roi de France, mais à avertir le gouverneur de tout ce qui serait préjudiciable à ses intérêts. Ils demandèrent alors la grâce de leur premier capitaine qui pendant ce temps était resté sur la place, entre le prêtre et le bourreau. Mondejeu la leur accorda, à la condition qu'il serait enfermé pendant le siège. Avant de lui faire ôter la corde que le bourreau lui avait déjà placée autour du cou, il usa d'une cruauté sans exemple dans l'histoire moderne, car il fit marquer à la figure de ce malheureux capitaine une fleur

---

(1) Les échevins d'Arras en 1654 étaient Jacques Denis, Vincent Venant, Jacques-Etienne Descouleurs, Philippe Hourdequin, avocat, Florent Crignon, Guillaume Morguet, Antoine Marchand, Jean-Adrien Mullet, avocat; ces quatre derniers avaient été nommés par la ville. Alard La Dienné, François Gosson, Ignace Marconville et Pierre-Ignace de Beauffort, étaient échevins pour la deuxième année.

de lys, disant que puisqu'il ne l'avait point dans le cœur, il était juste qu'il l'eût sur la joue, et cet ordre fut exécuté.

De plus, Mondejeu résolut d'utiliser, pour la défense de la place, les mesures qu'il venait de prendre contre les habitants en état de porter les armes; il les retint enfermés, puis chaque jour il les faisait sortir par détachement de douze à quinze, et les forçait de travailler à réparer les brèches ou à de nouveaux retranchements; le soir ils recevaient un salaire convenable et rentraient dans l'abbaye. De cette manière, le gouverneur épargnait beaucoup de fatigues à ses soldats qui n'avaient plus à remplir que les fonctions purement militaires. Mondejeu était en effet d'une activité extraordinaire : c'était lui qui réglait la pitance des troupes, lui encore qui décernait les récompenses aux plus braves et aux plus vigilants; aussi ses soldats lui étaient-ils dévoués, et prêts au moindre signal à voler au combat (1).

(1) « Une autre précaution était de faire distribuer tous les soirs, avec
» proportion aux officiers et soldats de garde, des tonneaux de vin et d'eau-
» de-vie pour les soutenir, et pour conserver leur vivacité et leur feu, sans les
» abattre, ni par les travaux ni par les veilles......

» Avec ces dispositions d'un général tout à fait exemplaire, ce n'était pas
» qu'il ménageât sa bourse; elle étoit ouverte pour tous ceux qui se dis-
» tinguaient par quelqu'action de valeur ou de sagesse; on a su que ses seules
» libéralités, pendant le siège, montaient à plus de cinquante mille écus......

» La subsistance de la place, tout le temps que dura le siège, était ainsi ré-
» glée : Un capitaine avait une livre et demie de viande, qui était presque tou-
» jours du mouton, un demi-pot de vin, qui fait la pinte de Paris, et un pot de
» bierre, avec un pain du poids de vingt-quatre onces. Un lieutenant, avec au-

Cependant le siège d'Arras n'avançait pas, et les Espagnols s'épuisaient chaque jour dans des efforts infructueux. Les sorties continuelles des assiégés, les attaques réitérées des maréchaux de France, les escarmouches incessantes que se livraient les postes avancés des deux partis, en un mot, cette foule de combats si multipliés, que nous avons dû omettre les moins importants, harassaient les troupes alliées et y jetaient le découragement. On prétend que plusieurs fois Condé lui-même dut frapper de son épée, et même en percer des soldats lâches et mutins qui refusaient de marcher au combat. Ce fut sur ces entrefaites qu'il résolut de relever le courage des siens par une manœuvre hardie. Dans ce but, il attaqua la grande place d'armes des assiégés, et donna l'ordre d'avancer contre la barrière de la porte de Ronville. Le combat fut rude : Condé avait choisi ses meilleurs grenadiers, et en avait confié le commandement aux officiers les plus expérimentés. Néanmoins elle n'eut aucun résultat, car Voignon y accourut, et par son exemple encouragea les siens à bien combattre. Les ennemis ne laissaient pas d'approcher, et ils étaient à la portée du pistolet. Alors Voignon fit avancer trois escadrons de cavalerie qui n'avaient pas encore chargé, et les assiégeants furent repoussés avec perte.

» tant de pain, n'avait qu'une pinte de vin, un pot de bierre et une livre de
» viande. Un sergent avait la ration de pain double avec trois pintes de bierre,
» et trois quarterons de mouton ou de bœuf. Le soldat avait une demi-livre de
» viande, un pain et demi, un demi-pot de bierre et du sel ; la cavalerie à pro-
» portion, sans les distributions extraordinaires, avant et après les sorties, et
» lorsqu'on était de garde. » Vie manuscrite de Mondejeu, pages 161, 162 et 163.

Dès le lendemain, le combat recommença, et une fausse attaque fut dirigée contre la traverse qui couvrait l'un des deux ouvrages près de la corne de Guiche. Elle réussit, et les Espagnols se rendirent maîtres de la traverse et d'une galerie faite dans le fond du fossé. Bien plus, ils s'étaient déjà assuré un logement sur la pointe du demi-bastion de la corne de Guiche, lorsque parut le terrible Voignon. A la tête de trente-deux hommes d'élite, il se glissa dans le fossé, et l'épée à la main, rompit la galerie. Du haut des remparts, de Mondejeu encourageait, du geste et de la voix, son fidèle lieutenant; il lui montra la traverse que les Espagnols venaient d'emporter, et Voignon, malgré un feu terrible, s'élança pour la reprendre. Il y réussit, mais vingt-cinq de ses compagnons restèrent sur le champ de bataille.

Condé, ne voulant pas laisser à ses troupes le temps de se décourager, les ramena la nuit suivante (7 août) à l'attaque de la corne de Guiche. Deux mines qu'il avait préparées jouèrent si heureusement qu'il put s'y loger, sans avoir perdu plus de deux cents hommes. La perte fut plus grande du côté des assiégés, et depuis le commencement du siège ils n'en avaient pas éprouvé de si terrible. Le prince de Condé profita de sa victoire pour avancer contre la place; il forma des galeries souterraines et dressa des batteries: l'ouvrage, dit la petite corne de Guiche, fut emporté après onze jours de peines, de fatigues et de combats; souvent, en effet, on luttait corps à corps, et plusieurs mineurs furent poignardés au moment où ils allaient mettre le feu à leurs mines.

Les assiégés avaient aussi éprouvé des pertes sensibles; les sorties quotidiennes avaient affaibli leur garnison, et les chefs se trouvaient dès lors obligés de contribuer aux gardes et aux patrouilles. Mais de Mondejeu et Voignon semblaient se multiplier, et leur audace paraissait croître avec leur faiblesse ; toujours exposé aux périls, arrêtant les ennemis par des attaques imprévues et inopinées, Voignon avait acquis une célébrité qu'il justifiait chaque jour. Cependant Mondejeu ne pouvait doubler ses forces, et il pressait le maréchal de Turenne de tenter l'attaque des lignes (1). Ce chef avait su en effet imposer aux ennemis, et s'en faire craindre par ses escarmouches continuelles : ainsi le 13 août, l'archiduc Léopold, étant sorti de ses retranchemens pour s'emparer du château de Souchez, se hâta d'y rentrer, à la nouvelle que Turenne marchait à sa rencontre (2).

(1) « Les maladies qui commençaient à faire du ravage dans la place obli-
» gèrent le comte de Mondejeu de chercher les moyens de faire hâter les secours
» qui lui étaient nécessaires. Il engagea, par une généreuse récompense, un
» nommé Latour, soldat hardi de la garnison, à se charger de porter un billet
» au vicomte de Turenne. On lui fit avaler ce billet dans une balle de plomb
» préparée. Le soldat traversa le camp des ennemis, pendant la nuit, sans être
» aperçu, et il tomba heureusement dans le quartier du maréchal de la Ferté,
» auquel il fut aussitôt présenté ; mais comme il ne fut pas en son pouvoir de
» donner son billet, que ce maréchal voulait voir sur-le-champ, il ne put d'a-
» bord expliquer que de vive voix ce qu'on lui demandait, touchant les dispo-
» sitions de la place. On était sur le point d'éventrer ce soldat par ordre du
» maréchal, si son apothicaire n'eut promis de tirer plus doucement la balle où
» était le billet du gouverneur, par le secours d'un remède. La peur, dont fut
» saisi le pauvre Latour, prévint l'effet de ce remède. »
Vie manusc. de Mondejeu, pag. 181 et 182.

(2) Relation insérée dans les add. aux mém., manusc. du père Ignace, tome 2, page 476 et suiv.

Sur ces entrefaites, l'abondance était revenue dans le camp des Espagnols ; ils continuaient à avancer contre la place, et s'étaient bientôt rendus maîtres des divers travaux des assiégés à la corne de Guiche. D'un autre côté, la garnison diminuait chaque jour, et s'affaiblissait par des fatigues réitérées. Les maladies, en effet, sévissaient dans la ville, et Arras souffrait d'une épidémie meurtrière et pestilentielle qui y faisait de

Souchez, dont l'église, où l'on voit encore des restes d'architecture romane, a été récemment dessinée avec soin, et lithographiée chez M. Dutilleux, a été témoin de plusieurs campements.

L'an 1642, pendant que les Espagnols étaient occupés au siège de La Bassée, l'armée Française vint camper à Souchez, et y tint un conseil de guerre où il fut décidé qu'on tenterait de forcer les lignes ennemies. Cette entreprise échoua par la négligence des chefs qui ne s'étaient point pourvus d'outils, ni de munitions, et qui n'avaient avec eux que quatre pièces d'artillerie.

En 1658, le marquis de Créqui, gouverneur de Béthune, fut averti que la cavalerie Espagnole de Douai devait passer à Souchez pour opérer sa jonction avec des détachements de Valenciennes et d'Aire, et ensuite surprendre Hédin ; il résolut de s'opposer à la garnison de Douai, et mit ses cavaliers en embuscade non loin de Souchez ; le combat fut vif, mais les Espagnols furent forcés de plier.

Trois châteaux ont été construits dans ce lieu : le premier par les comtes de Lens, on en voit encore quelques vestiges ; le second par un seigneur de la maison de Boffles, et le dernier en 1720, par Jean-Guillaume Fruleux, qui avait hérité cette terre de N. de Raque, seigneur d'Ablain-St-Nazaire. Le château vendu, de 1801 à 1805, par les héritiers de la famille de Fruleux, appartient maintenant à la famille Lesergeant d'Hendecourt.

grands ravages (1). Sans connaître positivement la position de Mondejeu, Turenne savait qu'il ne lui restait que peu de poudre, et que, s'il n'était promptement secouru, il serait forcé de capituler, aussi voulait-il attaquer les lignes ; cet avis était partagé par le duc d'Yorck (2), qui, après avoir étudié l'art de la guerre sous les plus vaillants capitaines du 17me siècle, devait porter sur le trône d'Angleterre les connaissances qu'il avait acquises. Cette opinion était aussi celle du comte de Broglia ; mais la plupart des autres généraux regardaient ce projet comme téméraire. D'Hocquincourt et ses officiers voulaient qu'on se contentât de faire une simple tentative pour sauver l'honneur des armes Françaises, et qu'on se retirât ensuite. La Ferté allait plus loin, et déclarait cette entreprise insensée. Il envoya même à Turenne un trompette, qui, entrant brusquement dans la tente du maréchal, fit la description des lignes ennemies, et des fortifications qui les défendaient. C'était, disait-il, son maître qui l'avait chargé de

(1) Une épidémie meurtrière et pestilentielle fit beaucoup de ravages à Arras (1654), quoiqu'elle ne régnât alors dans aucune de nos provinces méridionnales. Encyclopédie moderne de Courtin, tom. 12 pag, 30.

(2) Jacques II, roi d'Angleterre, fils de Charles 1er et d'Henriette d'Angleterre, naquit en 1633 ; il servit successivement sous Turenne, Don Juan d'Autriche et Condé, et nous a laissé, sous le nom de duc d'York, des mémoires intéressants, qui ont été publiés par Ramsay, à la suite de son hist. de Turenne. Lors de la restauration des Stuart (1660), il fut nommé grand-amiral d'Angleterre. Il succéda en 1685 à son frère Charles II ; dès-lors, sa vie et ses malheurs sont trop connus pour être enregistrés ici. On sait, en effet, comment l'infortuné Jacques Stuart mourut sur la terre hospitalière de France, en 1701.

rapporter exactement ce qu'il avait vu, la hauteur des retranchements ennemis, la difficulté de traverser le fossé extérieur, et la force des alliés; il ajouta qu'ils avaient creusé plusieurs rangées de trous profonds, et que dans les intervalles ils avaient placé des pieux aiguisés. Turenne avait ce jour là réuni à sa table plusieurs officiers de son armée; il était donc de son intérêt de détruire aussitôt l'effet qu'avait produit la description effrayante du trompette; après lui avoir donné l'ordre de se retirer, disant que, sans le respect qu'il avait pour son maître, il le jeterait dans les fers (1), il finit par triompher de l'effroi de ses convives. Bien plus, il ne cessa de représenter aux généraux que leur gloire exigeait d'eux une attaque sérieuse, et qu'on pourrait, avec raison, leur reprocher d'avoir inutilement sacrifié leurs soldats dans une tentative dont ils auraient prévu le peu de succès. Il ajouta qu'en disposant plusieurs bataillons de front, on trou-

(1) Mém. du duc d'York, pag. LXXXIV.

« Ce fut pendant ce siège que le maréchal de la Ferté ayant trouvé un garde
» du vicomte (de Turenne) hors du camp, lui demanda comment il avait osé
» sortir des lignes, et sans attendre la réponse, s'avança sur lui, et le battit ru-
» dement. Le vicomte, à qui le garde tout en sang vint se présenter, lui dit :
» Il faut que vous ayez manqué à votre devoir, pour avoir obligé M. le maré-
» chal à vous traiter de la sorte et il le renvoya aussitôt par le lieutenant de ses
» gardes, qu'il chargea de dire au maréchal de la Ferté qu'il lui faisait excuse
» de ce que cet homme lui avait manqué de respect, et qu'il le remettait entre
» ses mains, pour en faire telle punition qu'il lui plairait. Toute l'armée fut
» étonnée, et le maréchal lui-même, surpris, s'écria : Cet homme sera-t-il tou-
» jours sage, et moi toujours fou ? » Hist. de Turenne, par Ramsay, tome 1,
page 323.

vérait infailliblement un endroit faible par lequel les troupes pourraient pénétrer dans les lignes, et où viendraient se rallier celles qui auraient été repoussées ; que d'ailleurs, pendant un combat nocturne, les alliés, craignant pour eux-mêmes, n'oseraient se protéger, et qu'à grande peine, chaque chef s'avancerait au secours de son plus proche voisin. Non content de ces soins, Turenne représentait aux officiers l'utilité de cette entreprise, il leur recommandait, dans le cas où elle aurait lieu, de maintenir le bon ordre dans les troupes confiées à leurs soins, de ne point laisser aux soldats la permission de se débander, ni de courir au pillage, ni enfin de s'avancer de suite vers la ville, mais de s'appuyer contre le fossé de défense creusé par les Espagnols, et de favoriser ainsi les autres attaques. Cependant Turenne n'avait point encore triomphé de toutes les répugnances, lorsqu'ils reçurent l'ordre de la cour de forcer les lignes. Louis XIV, après la prise de Stenay, s'était en effet avancé pour porter secours à ses maréchaux, et avait choisi Péronne pour y établir son quartier-général.

La nuit du 24 au 25 août fut fixée pour cette entreprise, et dès la veille Turenne fit une fausse reconnaissance au quartier du prince de Condé, afin d'induire l'ennemi en erreur (1). Il avait été en effet décidé par les maréchaux qu'ils formeraient trois fausses attaques, celle dont nous venons de parler, la se-

(1) Voyez aux pièces justificatives le récit, extrait des mém. du duc d'York, d'une escarmouche qui eut lieu à cette époque entre Condé et Turenne, relation trop longue pour être insérée entièrement dans les notes, et que nous avons cru devoir supprimer dans le récit, comme peu importante.

conde à la partie la plus reculée du quartier de Fuensaldagne et la troisième à celui du duc François de Lorraine. Des prières publiques furent faites à la tête de chaque corps, afin d'attirer bénédictions du ciel (1), et au coucher du soleil les Français reçurent l'ordre de se mettre en marche.

Turenne avait partagé ses troupes en huit corps, dont il avait donné le commandement aux lieutenants-généraux qui étaient sous lui. La droite de l'infanterie formée des régiments de Picardie et des gardes Suisses était conduite par le comte de Broglia (2); du Passage et les bataillons de la Feuillade formaient le centre; ceux du Plessis et de Turenne, commandés par le comte de Castelnau (3), étaient à gauche. Vingt-quatre

(1) « On fit des prières publiques à la tête de chaque bataillon et de cha-
» que escadron pendant plusieurs jours ; jamais il ne s'est vu dans une armée
» tant de marques d'une véritable dévotion, tant de confessions et de commu-
» nions. » Mém. du duc d'York, édit. préc. pag. LXXXIV.

(2) François-Marie de Broglia, comte de Revel en Piémont, marquis de Senonches, lieutenant-général des armées du roi de France, et gouverneur de La Bassée, se distingua par sa bravoure et obtint en 1652 le cordon de l'ordre du St-Esprit. Louis XIV lui promit, à cause de la bravoure avec laquelle il s'était distingué devant Arras, le premier bâton de maréchal de France qui serait vacant, mais il mourut à Valence, dans le Milanais, à l'âge de 56 ans. Voy. le p. Anselme, hist. général. tom. 7, pag. 693. et le supp. précité du dict. de Moreri, tom. 985.

(3) Jacques, marquis de Castelnau, se trouva aux sièges de Corbie en 1636, du Catelet en 1638, d'Hédin en 1639, d'Arras en 1640, d'Aire en 1641, de Fribourg en 1644, et assista à la bataille de Nordlingue, en 1644. Il obtint en 1647 le gouvernement de La Bassée, en 1648, celui de Brest, et le bâton de

escadrons de cavalerie devaient les soutenir ; de Bar avait l'aîle droite, le duc d'Yorck, la gauche, et d'Eclinvilliers le centre. De plus, Turenne forma deux corps de réserve, l'un de cavalerie, dont il donna la conduite au comte de l'Islebonne, et l'autre de trois bataillons d'infanterie, auxquels il préposa Roncherolles. A de Traci, avec six régiments de cavalerie, deux d'infanterie et deux pièces de canon, était confiée la fausse attaque. Le maréchal de la Ferté, qui se trouvait sur la gauche de Turenne, vis-à-vis les quartiers de don Fernand de Solis et de Fuensaldagne, avait formé une ligne de six bataillons commandés par Uxelles ; venaient ensuite deux autres de cavalerie et plusieurs escadrons de réserve sous les ordres du duc de Chaulnes. La Guillotière devait diriger la fausse attaque contre le quartier du comte de Fuensaldagne. Quant au maréchal d'Hocquincourt, pour induire les ennemis en erreur, il fit travailler à une traverse qui formait la clôture de son camp, tandis que des ponts étaient jetés sur la Scarpe pour faciliter l'attaque. De toute son infanterie il forma huit bataillons qu'il rangea sur deux lignes, et qu'il subdivisa en une foule de petits corps, dont le principal chef était le duc de Navailles commandant de la maison du roi (1). Quant à la cavalerie, il la mit dans un ravin, afin qu'elle fût à l'abri de la

maréchal de France, le 20 juin 1658. Il mourut la même année à l'âge de 38 ans.

(1) « La première des lignes de ce maréchal à la tête desquelles était le » duc de Navailles, (a) commandant la maison du roi, avec les grenadiers, les

(a) Philippe de Montault, duc de Navailles, pair et maréchal de France, naquit en 1619 ; à l'âge de 14 ans, il fut reçu page chez le cardinal de Richelieu,

19.

mousqueterie et du canon Espagnol. De ce côté la principale attaque devait être également dirigée contre le quartier de don Fernando de Solis, tandis qu'une fausse aurait lieu contre les Lorrains.

» travailleurs et les gens détachés à la tête de chacun des bataillons, disposa son
» attaque de telle sorte que le corps qui tenait la droite, était un bataillon des
» gardes-françaises, commandées par Vitermont, soutenu d'un autre sous les
» ordres de Loynac, et derrière lequel était un escadron que menait le colonel
» Lairé. A la gauche des gardes-françaises était le premier bataillon des gar-
» des-suisses, commandé par Molondin, et soutenu par l'escadron des gendar-
» mes et chevau-legers d'Hocquincourt, sous Cavois, maréchal-de-camp. Ce
» bataillon avait à sa gauche un régiment Irlandais ; les régiments de la ma-
» rine, de Limousin et d'Uxelles étaient à sa gauche, commandés par le jeune
» d'Estrées, soutenus par d'Elbeuf et la compagnie de Bapaume. Les batail-
» lons de La Meilleraie et de Bretagne l'appuyaient encore sous les ordres de
» St-Abre et de Godagne, aussi maréchaux-de-camp. La cavalerie légère était
» divisée en quatre corps, et commandée par Grand-Pré, lieutenant-général.
» Richelieu commandait le premier, et Despense le second ; le chevalier de
» Joyeuse et le fils du maréchal d'Hocquincourt, les deux autres. Les chevaux-
» légers étaient commandés par Montagu. Besemaun conduisait les gardes du
» cardinal Mazarin, et Rambure, à la tête de cent chevaux, formait le corps
» de réserve. Il y avoit dans ce dernier escadron soixante gentilshommes amis
» de Rambure. De Vienne, hist. d'Artois, 5ᵉ part. pag. 206 et 207.

et abdiqua peu après la religion réformée. Pendant les troubles de la France, il prit le parti de Mazarin. Il contribua à la conquête de la Franche-Comté en 1674, commanda l'aile gauche à la bataille de Senef et obtint divers avantages en Catalogne (1676). Il fut ensuite gouverneur du duc d'Orléans plus tard le régent, et mourut à Paris en 1684. Il a laissé des mémoires imprimés en 1701, in-12.

L'ordre ayant été ainsi arrêté, on attendit que l'obscurité permit aux troupes de s'avancer, sans être vues des ennemis. Turenne avait abandonné dans son camp ses bagages, et n'avait laissé à leur garde que les convalescents. A la tête de chaque bataillon on voyait les pionniers; chaque cavalier portait devant lui deux fascines, et les mousquetaires reçurent l'ordre de cacher la lueur de leurs mêches. La lune, après avoir jeté quelque temps une lumière douteuse, disparut derrière un nuage obscur et un vent aigu qui soufflait du camp des assiégeants les empêchait d'entendre le bruit des Français. Tout se réunissait donc pour assurer le succès de cette entreprise; Turenne et la Ferté se trouvèrent à l'endroit dont ils étaient convenus, et à une demi-lieue à peine des lignes, sans que les Espagnols eussent eu aucun soupçon. Aussitôt, et sans attendre le maréchal d'Hocquincourt, ils marchèrent simultanément contre les points indiqués. Mais les alliés connurent bientôt leurs mouvemens par le grand nombre de lumières qu'ils aperçurent de différents points; c'étaient les mêches des mousquetaires, dont le vent excitait la flamme, et dont la lueur brillait d'un éclat encore plus vif, à cause de la profonde obscurité de la nuit. Aussitôt, trois coups de canon retentirent presque simultanément, et des fallots furent allumés le long de la circonvallation.

Les Français n'en poursuivirent pas moins leur entreprise, et afin d'ôter aux ennemis le temps de se concerter entre eux, ils s'avancèrent contre les lignes avec toute l'activité possible. Les honneurs de la journée furent pour les troupes du maréchal de Turenne. Dans son ardeur belliqueuse, l'infanterie de la première ligne passa l'avant-fossé, arracha les palissades et couvrit les puits sans avoir été arrêtée par la résistance de l'ennemi. Parmi les plus braves, un capitaine du régiment de Turenne, Fisica, s'élance avant que le second fossé fût comblé, le franchit, et aux cris de vive Turenne, plante sur le parapet le drapeau de sa compagnie. Ce cri de victoire jette l'effroi parmi les alliés, en même temps qu'il encourage les Français ; tous s'élancent à l'attaque avec une nouvelle ardeur, forcent une barrière. Bellefonds (1), livre passage à la cavalerie ; Turenne, instruit de ce qui passe, pousse une nouvelle reconnaissance, et donne l'ordre à Esclainvillers de pénétrer dans les lignes à la tête de deux escadrons de son régiment. Le duc d'Yorck, dont l'ardeur a été trop longtemps contenue, s'élance, essuie une furieuse décharge de mousqueterie, mais repousse ceux qui s'opposent à son passage. Villequier d'Aumont (2), capitaine des gardes du corps, se signale aussi par sa valeur ; le premier il entre en ville, et apprend aux assiégés le triomphe de Turenne.

Moins heureux, le maréchal de la Ferté éprouva au quartier de Fuensaldagne une vive résistance qu'il ne put vaincre,

---

(1) Bernardin Gigault, marquis de Bellefonds, s'illustra par sa valeur qui lui fit obtenir, en juillet 1668, le bâton de maréchal de France ; deux ans plus tard il fut envoyé ambassadeur en Angleterre. Dès-lors, il commanda plusieurs fois les armées jusqu'à sa mort arrivée au château de Vincennes le 7 décembre 1694. Il était âgé de 64 ans.

(2) « Le marquisat d'Isles en Champagne fut érigé en duché-pairie sous le » nom d'Aumont par lettres de novembre 1665, en faveur d'Antoine d'Aumont, » maréchal de France, mort le 11 janvier 1669. » Dict. généal. hérald. etc., préc. tome 1, page. 145.

car l'archiduc s'était empressé de voler au secours de ce chef, et de lui conduire l'élite de ses soldats. Les Espagnols laissèrent les troupes du maréchal franchir l'avant-fossé, mais, quand elles furent sur le bord du second, ils firent un feu terrible qui porta le désordre dans leurs rangs. Malgré les efforts de leurs officiers, les Français furent repoussés avec perte, et coururent se mettre à couvert de la cavalerie que commandait le duc d'Yorck. Ce fut alors que ce prince, après les avoir ralliés, résolut aussi de pénétrer dans les lignes ennemies. Au moment où il allait profiter d'une barrière qui avait été déjà forcée par l'infanterie du maréchal de Turenne, les alliés y arrivaient également. Ils firent une décharge terrible de mousqueterie et refermèrent la barrière. Le duc d'Yorck se vit donc contraint de cotoyer la circonvallation, mais un officier Français ayant mis le feu à quelques-unes des tentes Espagnoles, ce chef put se guider à la clarté de l'incendie; il entra enfin dans les retranchemens, et suivit quelque temps la gauche du fossé de contrevallation, cherchant toujours un passage qui le conduisît à Arras. Il marcha ensuite jusqu'à la Scarpe, qui séparait les quartiers de Fernando de Solis de celui du duc de Lorraine. Voyant alors que personne n'avait encore pénétré dans celui-ci, il résolut de le faire à la tête de deux escadrons du régiment de Turenne : c'était ce qui lui restait de son escorte, car le reste s'était égaré pendant les ténèbres.

Le jour commençait à paraître, et les objets devenaient plus distincts. Arrivé près de la tente du duc François, le duc d'Yorck fit halte, car il avait aperçu, à la portée du mousquet, un corps ennemi rangé en bataille sur une hauteur. Aussitôt il donna l'ordre à l'un de ses soldats de prévenir Turenne de ce qui se passait, et de lui demander de la cavalerie. Le duc de Buckingham (1) s'approcha alors, et l'engagea à commencer le combat, disant qu'il fallait avant tout poursuivre ses succès, car il était à craindre que les soldats ne se débandassent pour piller ; le duc d'Yorck répondit qu'il ne voulait pas compromettre l'attaque par une témérité que rien ne justifiait, que d'ailleurs on ignorait quelles étaient au juste les forces des ennemis, que peut être ils avaient des renforts sur le revers de la hauteur où ils étaient postés, que dans tous les cas il était préférable pour lui de maintenir sa position, puisqu'il ne pouvait être attaqué sur les flancs, qu'il empêchait les ennemis de couper les ponts et d'assurer leur retraite. Buckingham résista encore, mais il ne put rien obtenir.

Cependant, comme il l'avait prévu, le désordre ne tarda point à se mettre dans les rangs Français. Quelques soldats abandonnèrent leur poste et pillèrent la tente du duc François. Au son de l'argent qui s'y trouvait en grande quantité, car il avait près de lui la solde d'un mois de ses troupes, les autres cavaliers voulurent partager ce butin, et malgré la défense de leurs chefs coururent rejoindre leurs camarades. La position du duc d'Yorck devenait à chaque instant plus périlleuse ; dans

---

(1) Georges Villiers, duc de Buckingham, naquit à Londres en 1627, et mourut en 1687 ou 1688, et non en 1720, comme le dit Moréri, suppl. édit. préc. Ambassadeur en France, Charles II, courtisan aimable, poète agréable, il publia sous le titre de *the rehearsal*, (la répétition) une comédie pleine de sel où Shéridan puisa le thème de la pièce intitulée : le critique. On lui doit le portrait du roi Charles II. Voy. le mém. curieux des meilleures pièces attribuées à M. de S. Evremond, tome 1, page 193, édit d'Amsterdam, 1726. Les œuvres de Buckingham ont été publiées à Londres, en deux vol in-4°, en 1715.

ces circonstances, il confia à Montailieur, l'un de ses principaux officiers, le commandement des troupes qu'il avait encore, et lui recommanda de ne point abandonner l'endroit où il se trouvait ; puis il alla au devant du secours qu'il attendait. Il trouva sur l'autre bord de la Scarpe quelques escadrons s'avançant vers la ville ; il se mit à leur tête, et avec eux traversa la rivière. Mais pendant ce temps la cavalerie, laissée pour faire face à l'ennemi, fut saisie d'une terreur panique, et se précipita avec un tel désordre qu'elle donna l'épouvante aux escadrons qui venaient de franchir la Scarpe. Le duc d'Yorck, se voyant encore abandonné, repassa le pont, dans l'espoir de rallier autour de lui les bataillons épars ; mais pendant ce temps d'Hocquincourt avait pénétré dans le quartier de Solis et de là dans celui du duc de Lorraine. Ce maréchal, après avoir été égaré pendant presque toute la nuit, était enfin arrivé près des lignes ennemies dans lesquelles il était entré presque sans résistance.

Les fausses attaques, du moins celles des maréchaux d'Hocquincourt et de la Ferté, réussirent, et le pillage du quartier de Fuensaldagne en est une des principales preuves. Celle de Turenne ne fut pas aussi heureuse; de Traci (1), qui la commandait, devait s'engager dans un chemin creux, et y rester jusqu'au moment où il entendrait l'attaque de Turenne. Il exécuta ponctuellement cet ordre, mais comme le vent était contraire, le bruit de la mousqueterie ne parvint pas jusqu'à lui.

(1) La famille d'Estut ou de Stut de Traci, est d'une ancienne noblesse originaire d'Ecosse, et établie en France depuis 1420. On peut en voir la généalogie dans le dict. généal. hérald. etc. précité, tome 2, pag. 81.

Quand le jour fut venu, il pensa que l'entreprise n'avait pas eu lieu, et comme il vit s'avancer plusieurs escadrons ennemis, il crut être découvert. Aussitôt il donna le signal de la retraite, et ordonna à son infanterie de se retirer dans le château de Neuville qui n'était pas éloigné. Quant à lui il prit avec sa cavalerie la route de Bapaume ; lorsque les Français reconnurent leur erreur, ils voulurent escarmoucher avec les ennemis, mais ils s'en approchèrent trop, et perdirent beaucoup de monde.

Condé n'avait appris qu'à cinq heures du matin l'attaque des Français (1) et la défaite de ses alliés ; aussitôt il s'élance à cheval, et à la tête de sa cavalerie, traverse la Scarpe, partie sur les ponts, partie à gué, pénètre dans le quartier de l'archiduc, à qui il dit de tout disposer pour la retraite, et s'avance dans celui de Fuensaldagne. Il le trouve plein de confusions, de tumultes et de frayeurs. Néanmoins, un moment il espère rétablir le combat ; il tombe sur les Français, que l'amour du pillage avait dispersés, et renverse tout ce qui s'oppose à son passage. En vain le régiment des gardes veut arrêter son impétuosité, il est culbuté et obligé de fuir. Puis Condé reforme ses rangs, dans l'espoir que les fuyards Espagnols viendront se ranger près de lui.

Le maréchal de la Ferté avait pénétré dans les lignes ennemies à la suite de l'armée de Turenne, et à la tête de quelques escadrons, s'était placé sur une éminence. Mais lorsqu'il vit le

---

(1) « Le vent et l'éloignement lui avaient dérobé le bruit de l'artillerie, et » Traci qui devait lui livrer une fausse attaque était demeuré immobile dans » un vallon. » Hist. de Louis de Bourbon, 2ᵉ du nom, prince de Condé, par M. Desormeaux, tome 4, page 41.

régiment des gardes repoussé, il crut qu'il était de son devoir de ne point rester plus longtemps dans l'inaction, et donna le signal de la marche. Turenne s'avançait alors vers la position que la Ferté quittait; à cette vue il dit à ses officiers qu'il regardait, comme presque certaine, la défaite du maréchal, et que lui-même aurait beaucoup de peine à se maintenir. Cette prédiction s'accomplit, car le maréchal de la Ferté, dès la première attaque, fut forcé de se retirer en désordre. De l'aveu même de Turenne, Condé eût rétabli le combat, s'il avait eu avec lui de l'infanterie, mais les maréchaux Espagnols occupés de leur propre salut, avaient déjà abandonné les lignes. Du reste, Turenne pressentit que Condé commandait le corps qui repoussa le maréchal de la Ferté, car tout autre eût poursuivi les fuyards, et Condé de son côté sut que la hauteur était occupée par son rival en gloire, car un autre général fût descendu dans la plaine pour soutenir les troupes défaites.

Cependant Turenne réunit quelques canons et en dressa une batterie qui nuisit au prince. D'ailleurs, de Mondejeu venait d'opérer une sortie à la tête de la garnison, et à lui s'étaient ralliés un grand nombre de Français épars dans les camps. Le prince de Condé donna alors le signal de la retraite; il y procéda avec tant d'ordre que Turenne n'osa descendre pour l'attaquer (1). Plus téméraire, le marquis de Bellefonds char-

---

(1) Quant M. le prince se retira, toute l'armée se mit à piller le camp des » ennemis; de sorte qu'on ne les suivit pas plus loin que leur circonvallation. » Mém. de Turenne, ins. dans l'hist. de sa vie par de Ramsay, tome 2, page CXIX.

gea l'arrière-garde, tandis qu'elle traversait la Scarpe, mais il fut contraint de se retirer avec grande perte. Condé, après une courte halte pour laisser à ses alliés le temps de se joindre à lui, marcha en bon ordre vers Cambrai. Cette retraite, l'une des plus belles que l'on connaisse dans l'histoire militaire, valut au prince Français une lettre flatteuse du roi d'Espagne. Mon cousin, écrivait-il, on m'a dit que tout était perdu, mais votre altesse a tout réparé. La reine Christine de Suède lui manda également qu'elle professait pour lui une estime si grande qu'elle avait envie de marcher à ses côtés avec l'écharpe rouge (1).

Parmi ceux qui s'étaient le plus distingués à la défense des lignes on doit également citer le comte de Marsin (2); à la tête de quelques escadrons, il avait soutenu les efforts du maréchal d'Hocquincourt et vaillamment défendu le passage du ruisseau qui séparait le quartier du prince de Condé du sien.

(1) Mi primo, he intendeto toto estava perdido. V. A. ha conservade toto. Hist. de Condé, par Desormeaux, tom. 4, pag. 45. — Vie du prince de Condé, par Turpin, tome 2, page 47. — Voltaire, siècle de Louis XIV, édit. préc. tom. 1, pag. 318.

Christine venait d'abdiquer le trône de Suède; on sait les aventures extraordinaires de cette reine, qui cultiva avec succès les sciences et les lettres; comment elle fit tuer à Fontainebleau son amant Monaldeschi, comment elle mourut à Rome en 1689, à l'âge de 63 ans. Elle a laissé plusieurs ouvrages que l'on trouve dans les mémoires sur sa vie, publiés par Archenhelz 1740, 4 v. in-4°.

(2) Jean-Gaspard-Ferdinand, comte de Marchin ou de Marsin, après avoir servi dans les troupes Françaises, passa au service de l'Espagne, et mourut en 1673. Cette famille était d'origine Liégeoise.

Son infanterie put ainsi se retirer en bon ordre, et prit la route de Douai. Alors le comte de Marsin, voyant qu'il allait être resserré entre les troupes d'Hocquincourt et celles de Mondejeu, opéra sa retraite, et se rallia au prince de Condé. Celui-ci, passa près des bagages que Turenne avait laissés presque sans garde dans son camp de Monchy-le-Preux, et non loin de ceux du maréchal de la Ferté, sans qu'aucun de ses soldats sortît de son rang pour aller les piller, tant ils marchèrent en bon ordre, dit un des narrateurs de ce siège (1).

L'armée Française perdit peu de monde, car à peine trois ou quatre cents soldats restèrent sur le terrain. Parmi les chefs, le comte de Broglia eut la cuisse cassée, le duc d'Yorck fut très-légèrement blessé, et Turenne, reçut d'un coup de mousquet, une contusion ; il eut aussi un cheval tué sous lui. Quant aux

Son fils Ferdinand obtint le bâton de maréchal de France, et périt lors de le défaite de Turin, en 1706.

(1) Victoires mémorables des François ou descriptions des batailles célèbres, sous les règnes de Louis XIII et de Louis XIV, tome 2, pag. 146.

Voyez encore sur cette attaque la relation de la levée du siège d'Arras, par la Mesnardière ; les mém. de Puységur, tome 2, page 179. Cet auteur, quoique témoin oculaire, est souvent inexact. Hist. milit. du règne de Louis-le-Grand, 14e du nom, etc., par M. Ray de St-Geniès, tome 1. pag. 252 et suiv., et les mémoires du marquis de Beauveau, pag. 127.

« Ce fut pendant le siège d'Arras que le luxe commença à s'introduire dans
» les camps. On vit pour la première fois de la vaisselle d'argent dans nos ar-
» mées, on servoit sur les tables des officiers-généraux, des entremets et des
» fruits réguliers, etc., etc. » Vie du prince de Condé par Turpin, tom. 2, pag.
50. Nous renvoyons à cet auteur pour plus de détails.

Espagnols ils perdirent près de trois mille hommes, compris les prisonniers, soixante-trois pièces de canon, six mille tentes, deux mille chariots, neuf mille chevaux, les équipages des officiers et les bagages de l'armée.

Turenne partagea avec Condé les honneurs de cette journée, et il reçut les lettres les plus flatteuses où l'on exaltait une victoire due principalement, disait-on, à son courage et à son habileté (1). Quant à lui toujours simple dans le triomphe, il écrivait le lendemain à sa femme, en présence de ces lignes qu'il avait forcées par sa valeur, cette lettre dans laquelle le héros se peint tout entier :

« Je vous écrivis hier par M. de Bellefonds, et suis fâché qu'on
» ne vous ait point envoyé quelqu'un aussitôt après l'action
» pour vous ôter de peine et ma sœur aussi. On a trouvé aujour-

---

(1) Lettre du Landgrave de Hesse au vicomte de Turenne.

Monsieur,

« Ces lignes ne serviront que pour témoigner à Votre Altesse, comme la
» nouvelle de cette fameuse levée du siège d'Arras, dont l'heureux succès est
» dû principalement à votre courage et conduite, n'est pas sitôt venue jusques
» à moi que j'en ai conçu une joie d'autant plus parfaite, que vous connaissez
» de longue main l'intérêt que je prends à ce qui vous touche et particulière-
» ment à la gloire que vous acquerez par vos belles actions. Je prie Dieu,
» Monsieur, que les suites qui les doivent couronner soient également heu-
» reuses et qu'elles continuent d'être aussi avantageuses pour le bien des af-
» faires de votre roi, que glorieuses à vous mêmes et à tous ceux qui ont
» l'honneur de vous appartenir. Je me dis de ce nombre par la qualité, Mon-
» sieur, de Votre Altesse, le très humble et très affectionné cousin et serviteur.
» Landgrave de Hesse. A Cassel ce 4 septembre 1654. » Preuves de l'hist. de Turenne, 2ᵉ part. pag. XXV dans l'hist. écrite par de Ramsay, tome 2.

» d'hui beaucoup plus de prisonniers qu'on en pensait, et la dé-
» faite bien plus grande. M. l'archiduc s'est sauvé avec 200
» chevaux ; M. le prince a fait sa retraite avec plus d'ordre,
» mais n'a emmené ni canon, ni bagage, et a trouvé le dé-
» sordre si grand qu'il n'a pu y remédier. Il n'est pas imagina-
» ble comme tout ce que l'on a concerté a réussi, et il a fallu
» que presque toutes les mesures n'ayent point manqué pour y
» avoir un succès aussi heureux. J'ai rendu grâce à Dieu de ce
» qu'une affaire qui me tenait tant à cœur m'a si bien réussi ;
» voilà bien des fois réussir..... on dit que le roi vient
» ici (1). »

Le magistrat, après avoir été visiter tour à tour les maréchaux qui avaient contribué à la délivrance d'Arras ainsi que le duc d'Yorck, sortit au devant du roi de France par la porte de Ronville, et le conseiller de ville reçut la charge de le féliciter. Bien plus, un dais avait été préparé pour cette entrée et devait être porté par quatre échevins issans c'est-à-dire sortant de charge. Mais Saintot, maître des cérémonies de France, leur représenta que cette solennité n'avait lieu que dans les glorieuses entrées, ce qui occasionnait de fortes dépenses tant à la ville qu'au roi, dépenses que Louis XIV n'avait pas voulu imposer à Arras vu l'état de détresse dans lequel cette

---

(1) Lettres et mémoires du maréchal de Turenne, in-f° Paris Nyon, tom. 1 page 230. Cette lettre, que nous devons à l'obligeance de M. Larroche, a été publiée en partie dans la Biographie universelle (art. Turenne); nous avons cependant cru utile de la reproduire ici pour mieux faire connaître le grand capitaine qui par sa modeste simplicité relevait encore son mérite. Turenne avait épousé en 1653 Anne de Nompar de Caumont, fille d'Armand, duc de la Force, maréchal de France, morte en 1666.

place se trouvait. Le magistrat fit alors observer qu'autrefois à l'entrée solennelle d'un prince, non seulement on le haranguait au dehors des portes, mais que le soir on allait de nouveau le féliciter dans l'abbaye de St-Vaast qui était son séjour ordinaire. Saintot répondit que cet usage n'existait point en France, que si les échevins voulaient faire au roi quelque présent de vin ou autre, ils devaient venir à St-Vaast pendant le souper de Louis XIV. Le magistrat en corps accompagné de six sergens à verges se rendit à cette abbaye, et en son nom le conseiller harangua la reine, le duc d'Anjou, ainsi que le cardinal de Mazarin ; néanmoins il ne fit aucun présent à cause de la pauvreté d'Arras. La cité s'était fait représenter par des députés, mais ils se joignirent aux échevins de la ville et ne prirent point la parole. Le conseil d'Artois vint aussi féliciter le roi, et les autres personnes de la cour (1). Au départ de Louis XIV (31 août), le magistrat alla encore le saluer et s'avança jusque sur les dégrès de l'église de Ste-Marie-Madeleine (2).

(1) Arc. municip. reg. mém. fol. 83 et 84.

(2) Voy. aux pièces justificatives un extrait du compte des commis aux honneurs pour l'année 1653-1654.

L'église Ste-Marie-Madeleine, située sur la place de ce nom en face du palais épiscopal, actuel avait été reconstruite en 1576.

Quelque temps après le magistrat d'Arras députa en cour M.ᵉ Antoine de Belvalet, écuyer, seigneur de Famechon, maieur et Charles Desmoncheaux, écuyer, seigneur de ce lieu pour obtenir dédommagement des dépenses que lui avait occasionnées l'abondance de la garnison lors du siège de 1654, (15 mai 1655). Arch. mun. reg. mém. fol. 71.

Le roi, qui s'était logé dans l'abbaye de St-Vaast, resta trois jours à Arras ; pendant ce temps il visita le théâtre des opérations de ce siège, et s'en fit rendre compte jusque dans les plus petits détails. Il donna à Mondejeu les plus grands éloges sur la conduite qu'il avait tenue ; plusieurs auteurs prétendent même qu'il lui promit le bâton de maréchal de France. Puis, après avoir ordonné de combler la circonvallation, ainsi que les tranchées et de réparer les brèches faites à la place, il retourna à Paris (1).

Tels furent les principaux évènements de la délivrance d'Arras par Turenne ; on frappa des médailles commémoratives (2), et une procession fut instituée pour éterniser la mémoire

(1) Le roi fit une seconde entrée à Arras en 1667.

(2) 1° La tête du roi avec cette légende :

Ludovicus XIIII, rex Christianiss.

Le revers représente deux victoires, qui sur un trophée de différentes armes posent une couronne appelée par les Romains *Castrensis* ou *Vallaris* (a), et dont ils honoraient ceux qui, les premiers, avaient forcé les retranchements des ennemis ou qui en avaient ouvert le passage en arrachant les palissades. On lit cette légende autour de la pièce :

Perrapto hispan. vallo castris direptis.

L'exergue porte : Atrebatum MDCLIIII.

Cette médaille a été reproduite dans les médailles sur les principaux évènements de Louis-le-Grand, etc. par l'académie royale des médailles et des inscriptions.

2,° Un jeton, qui ne fut frappé qu'en 1655, c'est-à-dire après la prise du Quesnoy et de Clermont. Cette légende entoure le buste du roi qui est couronné de lauriers.

L. XIV. F. E. N. monarcha. Hispa. vic. com. Artesiœ.

(a) Voy. Valer. Maxim. lib. 1 cap. 8 n. 6 et A. Gell. lib. V cap. 6.

de cette délivrance (1). Quant aux bourgeois d'Arras, qui avaient toujours été si attachés à l'Espagne, ils ne firent plus aucun mouvement, et la ville ne vit pas de révolte ensanglanter ses murs. Bien plus, ses privilèges furent enlevés, son organisation municipale changée, sans que les habitants osassent se plaindre, car le joug de la France pesait sur eux. Disons cependant, en fidèle historien, qu'il ne fallut rien moins que la sanglante révolution du dernier siècle, et les évènements qui la suivirent, pour attacher entièrement cette ville à la puissance Française.

C'est-à-dire Louis XIV monarque de France et de Navarre, vainqueur des Espagnols, comte d'Artois.

Le revers de cette médaille représente deux armées combattant, et plus loin, une ville sur laquelle est écrit *Arras*. Avec cette inscription :

  Hœ sunt prœludia pacis 1655.

Tels sont les préludes de la paix 1655.

3.° La même tête que sur le précédent jeton. Au revers, une ville dans le lointain, et sur le devant la victoire offrant une couronne au roi de France vêtu à la romaine. Devise :

  Liberatori debitam rependo.

C'est-à-dire : je donne au libérateur la couronne qui lui est due. Hist. métall. des Pays-Bas, par Gérard Van-Loon, tome 2, page 382.

(1) « Le 25 août 1655 on fit en cette ville une procession générale pour la » délivrance de la place à pareil jour l'année précédente : et le soir, on tira un » fort beau feu d'artifices. Ensuite le comte de Mondejeu, gouverneur, donna » une splendide collation aux principales dames. » Le P. Ignace. Add. aux mém. tom. 2, pag. 538.

La fête communale d'Arras ne date que de l'année 1812. Voy. Harbaville, mém. tom. 1, pag. 100 (en note) et nos pièces justificatives.

VIII.

1712.

Au commencement du XVIIIe siècle les discussions au sujet de la succession d'Espagne ranimèrent la guerre dans toute l'Europe, mais ce ne fut qu'en 1708 que la Flandre et l'Artois en devinrent le théâtre. C'était chaque jour des attaques nouvelles, des détachements qui escarmouchaient, des surprises tentées contre les villes. A cette époque, en effet, l'Artois était divisé entre la France et les armées Anglaises, Espagnoles et Hollandaises et une marche de quelques heures suffisait pour se rapprocher d'une place ennemie. Aire, Béthune, St-Venant et Douai avaient été pris par les alliés pendant cette campagne de 1710, si désastreuse pour Louis XIV, et ces villes entouraient presqu'entièrement Arras qui ne pouvait espérer de secours que de Bapaume. Cependant cette place n'avait pas eu à souffrir du voisinage des armées ennemies, si l'on en excepte une course qu'ils firent en 1708 (1).

Le 1ᵉʳ mars 1712 le comte d'Albemarle (2) résolut de tenter une entreprise sur Arras. Il sortit de Douai à la tête de la garnison et de deux mille travailleurs que lui avait fournis l'armée alliée campée alors sur les bords de la Scarpe. Il s'avança par Vitry et Fampoux où il opéra sa jonction avec quelques détachements des garnisons de Tournai, Lille et Béthune, et continua sa route vers la cense de Court-au-Bois près du village de Tilloy. Dès qu'il y fut arrivé, d'Albemarle rangea en bataille son armée qui comptait environ vingt-cinq mille hommes (3); il en appuya la gauche contre le Crinchon du côté d'Agny, la droite

---

(1) Pendant l'année 1708 la guerre ayant recommencé en Artois par suite des discussions qui avaient éclaté au sujet de la succession d'Espagne, l'armée impériale, après avoir mis à contribution l'hôpital de Vimy, s'avança jusqu'aux portes d'Arras et causa une grande frayeur dans cette ville. Cependant elle ne tenta aucune attaque, et se contenta de mettre le feu au faubourg de St-Nicolas. Voy. De Vienne, hist. d'Artois, 5ᵉ part. pag. 252.

(2) Arnold Juste de Keppel, lord Albemarle, naquit dans la Gueldre, en 1669 et fut d'abord page du prince d'Orange, plus tard Guillaume III. Il fut successivement chevalier de la Jarretière, chambellan et comte d'Albemarle. En 1702 il obtint le commandement de la première compagnie des gardes de la reine Anne. Plus tard les Hollandais le choisirent comme général de leur cavalerie. Malgré sa bravoure, Albemarle fut vaincu à Denain (1712) par le maréchal de Villars et même contraint de se rendre. Il mourut en 1718.

(3) « De plus, des détachements des garnisons de Menin, Courtrai, Ath, » Oudenarde et Aire se rendirent à Fampoux où ils restèrent pour garder les » ponts et être à portée. » Mém. Mss. du p. Ignace, tom. 2, pag. 142.

contre la Court-au-Bois, et donna l'ordre de tirer une parallèle pour se mettre à l'abri des attaques de la place. Ces travaux furent poussés sans obstacle à la faveur d'un épais brouillard qui cachait les projets des ennemis aux habitans d'Arras. Ceux-ci n'en eurent connaissance que sur les sept heures du matin.

Aussitôt qu'il eut appris l'arrivée des troupes alliées, Pierre de Montesquiou d'Artagnan (1) qui avait alors le gouvernement d'Arras, fit prendre les armes, aux garnisons de la ville et de la citadelle, et en détacha une partie qu'il mit sur les glacis situés entre cette forteresse et la porte de Ronville. Puis sur les huit heures du matin, il envoya quelques troupes d'élite reconnaître la position des ennemis. Ceux à qui ce soin avait été confié s'avancèrent jusqu'à l'extrémité du faubourg de Ronville où les alliés avaient posté trois cents hommes, et engagèrent une escarmouche assez vive ; ils perdirent un colonel, plusieurs officiers et un assez grand nombre de soldats (2), mais ils chassèrent les ennemis de la position qu'ils avaient prise. De retour

(1) Les provisions de d'Artagnan se trouvent aux arch. mun. reg. mém. fol. 130 ; elles sont datées de Versailles le 13 août 1693.

(2) « Il y eut une escarmouche assez vive des deux partis, ils perdirent quel-
» ques soldats dont neuf ou dix étaient de notre garnison ; un capitaine Suisse
» fut tué à la première décharge ; de Belzunce, colonel d'un régiment du même
» nom fut fait prisonnier de guerre et conduit à Douai, mais peu de jours après
» il revint à Arras sur sa parole. Le chevalier de la Chaize, capitaine au régi-
» ment de la Fère, d'une très bonne maison d'Anjou, eut la jambe cassée ; on
» fut obligé de la couper quatre ou cinq jours après qu'on l'eut rapporté dans
» la ville. Il mourut de sa blessure, fort regretté à cause de ses belles qualités;
» son corps fut enterré à St-Géry ; il était alors logé sur cette paroisse. » Le P. Ignace, supp. aux Mémoires.

en ville ils dirent, et les espions, ainsi que les transfuges vinrent confirmer leur récit, que les troupes alliées dressaient, entre le faubourg de Ronville et le chemin de Bucquoi, deux batteries, l'une de canons, et l'autre de mortiers, et que toutes deux étaient dirigées contre la partie de rempart qui s'étend entre la citadelle et la porte de Ronville ; on sut aussi qu'ils avaient à leur suite des chariots chargés de boulets, de bombes et d'autres artifices.

Dès qu'il eut ces divers renseignements, le gouverneur ordonna de diriger, contre les ennemis, un feu nourri tant de la ville que de la citadelle. A cette époque il y avait à Arras une grande quantité de foins que d'Artagnan avait réunie, et qui devait servir à l'armée Française ; un auteur prétend même que les meules avaient plus de soixante pieds de haut, de telle sorte qu'on les voyait au-dessus des remparts. Soit que les alliés n'eussent voulu que ruiner ces approvisionnements, soit qu'ils eussent conçu l'espoir d'effrayer les bourgeois par cet incendie, et de les forcer à capituler, ils dirigèrent leur artillerie vers l'Esplanade. Aussitôt d'Artagnan donna l'ordre à tous les corps de métier ainsi qu'aux ouvriers qui se trouvaient dans la place de se rassembler, sous peine corporelle, pour transporter le foin en lieu sûr, et éteindre le feu dans le cas où il prendrait à la ville ; les bourgeois s'y rendirent aussitôt. De plus un nombreux détachement sortit par la porte de Ronville et alla incendier le faubourg de ce nom ainsi que le village d'Achicourt, dans la crainte que les ennemis ne s'y logeassent de nouveau. Ensuite on cria à son de trompe que tout bourgeois, manant et habitant eût à éclairer sa maison pendant la nuit et plaçât à sa porte des cuves pleines d'eau pour éteindre l'incendie, s'il venait à se déclarer. Le gouverneur, en effet, quoique les espions et les transfuges lui eussent dit que les ennemis ne voulaient que détruire ses approvisionnemens de foin, persistait à croire qu'Arras allait être bombardé.

A cinq heures du soir les troupes alliées commencèrent un feu plus nourri et le dirigèrent principalement vers l'esplanade ; un quart du foin environ fut brûlé, malgré tous les soins qu'en prit la bourgeoisie (1) ; plusieurs boulets rouges et autres artifices (notamment pots à feu) tombèrent sur la ville, mais ils causèrent peu de dégâts (2). Une grande partie de la

(1) « A Roze Caron Catière payé par le sieur Viard cinq livres dix sols pour
» avoir fourni et livré une eschelle de 18 eschellions pour estindre le feu à l'es-
» planade, le dix mars aud. an 1712 au bombardement des ennemis, etc. »
Arch. municip. comptes des commis aux honneurs pour l'année 1712.

(2) « Il n'y eut que sept ou huit maisons endommagées, entr'autres, une
» dans la rue des Jésuites près le clocher de leur église appartenant à Simon
» Loise, avocat ; la bombe tomba sur le toit qu'elle creva, passa du grenier dans
» la chambre où trois enfans étaient couchés, perça le plancher ; elle creva
» dans la cuisine où tout fut brisé, aussi bien que les vitres de la maison voi-
» sine où demeurait Philippe Le Carlier, écuyer, sieur Dumetz, élu d'Artois.
» Une bombe tomba dans la rue du Puits-St-Georges, une dans celle de Saint-
» Denis, une sur la maison appelée la Tasse-d'Or, dont le pignon fut ren-
» versé ; cette maison est située rue St-Aubert ; une sur la maison nommée le
» Dragon, sur le petit marché ; la bombe perça plusieurs planchers sans faire
» d'autre dégât ; une dans la rue du Saumon, dont trois domestiques furent
» blessés, entr'autres une servante qui mourut quatre à cinq jours après pour
» avoir été presque toute brûlée de la poudre. Un boulet rouge entra par une
» vitre dans la cathédrale, mais il n'y causa aucun dommage, non plus qu'un
» éclat de bombe qui fracassa quelques tuiles sur l'extrémité de la couverture

garnison passa la nuit hors de la place pour veiller à la défense des ouvrages avancés.

Le lendemain matin, 3 mars, les ennemis se retirèrent ; ils croyaient avoir brûlé les magasins de foin (1). Ils emmenèrent avec eux plusieurs chariots remplis de leurs blessés ; quant à leurs morts ils les avaient enterrés près de l'endroit où ils avaient dressé leurs batteries. Ils laissèrent une grande quantité de bombes dont plusieurs étaient chargées ; prévoyant que la garnison d'Arras viendrait visiter leurs retranchements aussitôt qu'elle saurait leur départ, ils résolurent d'y mettre le feu au moyen d'une trainée de poudre. D'ailleurs ils assuraient ainsi leur retraite et empêchaient les Français d'inquiéter leur arrière-garde. Les bombes éclatèrent comme ils l'avaient es-

» de l'église des Carmes-Chaussés du côté de la rue Ronville. Les autres bom-
» bes et pôts à feu jetés sur la ville firent plus de frayeur que de mal. » Le P. Ignace, supp. aux mém.

(1) « Ils avaient jeté, tant sur la ville que sur la citadelle, 250 bombes et
» cent pôts à feu qui ne causèrent pas beaucoup de dommages. Un de ces pôts
» à feu étant tombé dans un cabaret sur le Marché-aux-Poissons, un soldat qui
» y étoit l'enfila avec son sabre et le porta dans le milieu du marché. Dans le
» temps que les ennemis s'occupoient de leur départ, un canonnier qui étoit
» sur la porte de Ronville, apercevant une grande marmite pleine de soupe que
» des soldats se disposoient à manger, la visa et tira si juste qu'il fit entrer de-
» dans le boulet qu'il y envoya. Ce petit évènement augmenta la frayeur des
» ennemis qui ne songèrent plus qu'à se retirer avec précipitation. Ils laissè-
» rent dans leurs retranchemens trois cents bombes. Il y eut cinquante mille
» rations de fourrage brûlées. Les alliés perdirent trois cents hommes dans
» cette expédition, et la garnison, cent. » Don de Vienne, hist. d'Artois, 5e part. pag. 289.

péré, mais elles ne causèrent aucune perte sensible ; seulement une partie de la garnison, saisie d'une terreur panique, s'enfuit en désordre dans la ville (1).

Peu de temps après (1713), la paix d'Utrecht (2) mit fin à la guerre, et permit à l'Artois de goûter un calme qui lui était si nécessaire après les longues et sanglantes guerres dont cette province avait été le théâtre.

(1) Bombardement d'Arras selon Lamberty.

Le p. Ignace, supp. aux mém. pag. 663, dit « que ce dernier article est » contre toute vérité, et contre les témoins oculaires. »

(2) Voy. arch. municip. Rég. mém. fol. 435.

COMPLÉMENT DES SIÈGES D'ARRAS.

Nous avons décrit les principaux sièges qu'Arras a essuyés, ses vicissitudes variées, et la fermeté avec laquelle cette place résista : pour être complets et justifier notre titre, nous devons énumérer succinctement les diverses attaques dont son territoire eut à souffrir. Qu'on ne s'attende cependant pas à trouver ici toutes les escarmouches que se livrèrent les armées ennemies sur le sol qui maintenant forme l'arrondissement d'Arras, l'énumération en serait trop longue, et nous ne ferions souvent que répéter ce qu'a dit un auteur versé dans l'histoire locale, dont l'ouvrage se trouve dans toutes les mains (1). Nous ne comptons enregistrer que les attaques dirigées contre les faubourgs de la ville d'Arras.

(1) Harbaville Mémorial histor. et arch. du département du Pas-de-Calais, 2 vol in-8°.

Pendant le règne de Philippe-Auguste (1213), et au moment où dans les plaines de Bouvines allait se livrer cette bataille si favorable à la royauté et si glorieuse aux milices communales, le territoire d'Arras et la province presqu'entière furent en proie à une soldatesque avide que le comte Ferrand avait soudoyée en tous lieux. Elle brûla le village de Souchez ainsi que celui de Fresnes-lez-Montauban ; tout le pays qui forme maintenant les cantons de Vimy, d'Arras (sud) et de Vitry devint la victime de ces ravages. On dit que la ville d'Arras eut à souffrir un siège et que ses murailles furent fortement endommagées; mais elle ne reconnut pas la loi du vainqueur (1).

Le commencement du XIVe siècle vit la France et le comté de Flandre se livrer une guerre sanglante ; Philippe-le-Bel vainqueur des Flamands leur avait imposé pour gouverneur un chef dur et hautain, qu'une intrigue de cour avait élevé à ce poste. Jacques de Châtillon, tel était son nom, souleva la Flandre par son administration ; de toutes parts la révolte s'organisa, et les Français furent égorgés. Aussitôt une armée conduite par le vaillant Robert d'Artois s'avança contre les factieux : la bataille s'engagea dans les plaines de Courtrai (1302) et la chevalerie Française éprouva le premier de ces échecs qui devaient diminuer sa force aux journées de Crécy, de Poitiers et d'Azincourt (2). Alors Philippe convoqua le ban et l'arrière-ban de ses sujets, et leur donna rendez-vous à

---

(1) Locrii chron. belg. pag. 376 et 377. Harb. ouvr. préc. tom. 1, pag. 64.

(2) On peut consulter avec fruit sur la bataille de Courtrai l'ouvrage de M. Voisin dans le Messager des Sciences Belgiques, imp. à Gand. Voy. Noblesse

Arras (1). Quatre-vingt mille hommes, dont vingt mille cavaliers, répondirent à cet appel, et le roi alla établir son camp à Vitry sur la route de Douai ; mais pendant ce temps le comte de Namur, qui commandait l'armée Flamande, avait su profiter de sa victoire. Après la bataille de Courtrai, il s'était avancé près du village de Brebières, et non loin du fossé de Boulenrieu qui servait de défense et de limite à la Flandre du côté de l'Artois. De ce poste les Flamands désolèrent cette dernière province et étendirent leurs ravages jusqu'à l'abbaye du Mont-St-Éloi (2) que ne défendait encore aucune muraille. On sait la fin de cette guerre, la victoire de Mons-en-Puelle remportée par les Français, l'acte par lequel Philippe, fatigué de lutter contre les Flamands, reconnut leur indépendance en 1305.

Le sage gouvernement de Charles V avait cicatrisé les plaies de la France et réparé en partie les désastres du traité de Brétigny ; les Anglais se voyaient chaque jour enlever quelques

---

et Chevalerie, par Roger, pag. 135 ; sur Jacques de Châtillon voy. notre notice sur Carenci : Jacques de Châtillon était en effet seigneur de cette commune.

(1) L'an 1383 Charles VI assembla également son armée à Arras et alla ensuite secourir le comte de Flandre que resserraient les Anglais. On sait que le roi de France fut vainqueur.

(2) L'abbé de St-Éloi était alors M⁰ Servais docteur en théologie, natif de Brabant et sacré abbé de cette abbaye par Guillaume, évêque d'Arras, comme successeur de M⁰ Etienne de Firomont, docteur en théologie. L'ordre des abbés du Mont-St-Eloi, (Mss. de la bibl. d'Arras) fait un pompeux éloge de Servais. Ce fut pendant son administration que la comtesse Mahaut fit plusieurs dons à ce monastère. Servais mourut le 27 janvier 1313, v. s.

places, et la Guyenne presqu'entière avait secoué leur joug. Bien plus, Charles V, ayant réuni ses pairs, avait prononcé en leur présence la confiscation de tous les fiefs possédés en France par Edouard d'Angleterre et leur réunion à la couronne. Et cet arrêt, Edouard savait que le roi de France était assez fort pour l'exécuter. Aussi fit-il passer la mer à une nombreuse armée pour porter secours aux troupes qu'il avait encore sur le continent. Robert Knolles (1) leur chef, débarqua à Calais (juillet 1730) et après avoir saccagé le comté de Fauquembergue (2) s'avança vers Térouanne, mettant sur son passage tout à feu et à sang. Mais comme cette place était bien défendue et munie de ce qu'il fallait pour soutenir un long siège, il n'osa l'attaquer, et s'approcha d'Arras, espérant être plus heureux contre cette ville. Il en trouva les barrières fermées, et, pour les défendre, Charles de Poitiers à la tête de nombreux arbalètriers. Après avoir détruit le faubourg des Allouettes ou de Ronville, les Anglais continuèrent leur route à travers la France, jusqu'à ce que du Guesclin eût dissipé leur nombreuse armée. Les frères mineurs ainsi que les religieuses de la Thieuloy furent les principales victimes de cette attaque et leurs couvents furent réduits en cendres.

(1) Robert Knolle, Knolles ou Canolle naquit en 1347 dans le comté de Chester et servit Edouard III avec bravoure et fidélité. Knolles se trouva au combat des Trente (1352), et vainquit l'armée française à Auray (1364). Moins heureux contre du Guesclin, il fut défait en 1370 près de Pontvillain. Robert Knolles mourut en 1406.

(2) Notice sur l'ancienne ville et comté de Fauquembergue par l'abbé Robert, pag. 43. Hennebert, hist. d'Art., tom. 3, pag. 229.

Charles V avait continué le cours de ses succès, et l'Angleterre voyait approcher le jour où elle ne posséderait plus aucune place sur le continent. La mort d'Edouard avait fait tomber la couronne sur la tête d'un enfant qui n'apportait que faiblesse, là où il eût fallu toute la vigueur du vainqueur de Poitiers. Néanmoins les Anglais firent de nouveaux efforts, et Thomas de Woostock, duc de Buckingham, fut chargé de conduire une armée au secours du duc de Bretagne révolté. Après avoir guerroyé quelques temps dans le Boulonnais et dans les environs de Térouanne, Buckingham n'osant assiéger cette ville, vint se ranger en bataille à la vue des remparts d'Arras ; cependant il ne tenta aucune entreprise contre cette place. D'ailleurs Enguerrand de Couci (1), à la tête de la noblesse Artésienne, surveillait ses mouvements (1380). Parmi les villages qui eu-

(1) Enguerrand de Couci, seigneur de Couci, de Marle, de la Fère et d'Oisy, fut regardé comme l'un des plus braves chevaliers de France. Envoyé en Angleterre comme ôtage du roi Jean après la dolente journée de Poitiers, il plut à Edouard III qui lui rendit la liberté et lui donna, avec la main de sa fille, les comtés de Bedfort et de Soissons. De retour en France et voyant qu'une nouvelle guerre allait éclater, il ne voulut point prendre les armes contre sa patrie ni contre son beau-frère et se retira en Lombardie. Mais Edouard III étant mort en 1375, Enguerrand renvoya au roi d'Angleterre l'ordre de la Jarretière et déclara qu'il s'attachait dès-lors à la France. Il se distingua par sa bravoure, et Charles lui offrit à la mort de Du Guesclin l'épée de connétable, mais il la refusa disant qu'Olivier de Clisson en était plus digne que lui ; il accepta cependant en 1384 la charge de grand-bouteiller de France. Il assista à la désastreuse journée de Nicopolis, et resta au nombre des prisonniers. Conduit à La Burse en Bithynie il y mourut de chagrin le 18 février 1397. On sait que Duchesne a fait l'hist. de la maison de Couci.

rent le plus à souffrir nous devons citer Souchez dont le château fut brûlé (1). Quant au duc de Buckingham il pénétra dans l'intérieur de la France où ne devait plus l'arrêter la

(1) « En la ville de Béthune avoit si grand'garnison de gens d'armes, chevaliers et écuyers, que le sire de Coucy, qui se tenoit à Arras, y avoit envoyés, tels que : le seigneur de Hangest, messire Jean et messire Tristan de Roye, messire Geoffroy de Chargny, messire Guy de Harcourt et moult d'autres. Si passa tout l'ost des Anglais à la vue de Béthune, à l'heure de tierce, tout outre, ni oncques ny firent semblant d'assaillir, et vinrent gésir à Sanchières. A heure de vespres vinrent le sire de Saint Pry et le sire de Fransures ; si se boutèrent en Béthune, et lendemain bien matin ils s'en partirent et chevauchèrent vers Arras ; et là trouvèrent le seigneur de Coucy qui les reçut liement, et leur demanda des nouvelles, et quel chemin les Anglois tenoient. Les chevaliers lui répondirent ce qu'ils en savoient et qu'ils avoient vu à Sanchières, et chevauchoient trop sagement, car point ne se déroutoient, mais se tenoient toudis ensemble. Donc, dit le sire de Coucy, ils cheminent par apparent ainsi que gens qui demandent bataille ; Si l'auront, si le roi mon sire m'en veut croire, ainçois qu'ils aient paracompli leur voyage. Ainsi disoit le sire de Coucy ; et le comte de Bouquinghem et tout l'ost cheminèrent ce jour depuis qu'ils furent partis de Sanchières ; et passèrent au dehors d'Arras moult arréement en ordonnance de bataille, bannières et panons ventilans, et tant que ceux qui étoient montés dedans les portes séet clochers les pouvoieut bien aviser. Si passèrent ce jour tout outre sans rien faire ; et vinrent loger à Avesnes-le-Comte et le lendemain à Miraumont, et puis à Clary-sur-Somme, car ils poursuivoient les rivières. Quand le sire de Coucy, qui se tenoit à Arras, entendit qu'ils prendroient ce chemin, si envoya le seigneur de Hangest à Bray-sur-Somme, et en sa compagnie trente lances, chevaliers et écuyers, et à Péronne messire Jacques de Werchin, sénéchal de Hainaut, et le seigneur de Haverech, et messire Jean de Roye, et messire Gérard de Marquelies et des autres chevaliers et écuyers de là environ... » Chron. de Froissart, tom. 2, page 98, édit du Panthéon.

redoutable épée de du Guesclin. Charles V suivit peu après dans les caveaux de St-Denis le fidèle Breton à qui il devait d'avoir recouvré ses états.

Pendant le XVᵉ siècle le territoire d'Arras eut à essuyer de nouveaux ravages ; nous avons redit en effet le siège de cette place par les armées Françaises commandées par le roi en personne, les attaques de Louis XI et sa cruelle sévérité à l'égard des habitants. Ce n'est point ici le lieu de compléter, par la publication de documents tirés soit de nos archives, soit de nos bibliothèques, de compléter, dis-je, ce que nous avons rapporté.

L'an 1415 sur la nouvelle que le roi d'Angleterre avait passé la Somme, le connétable, les ducs de Bourbon et de Bar et le comte de Nevers qui se trouvaient alors à Corbie lui envoyèrent proposer par leurs hérauts de combattre le jeudi suivant à Aubigny. Le roi accepta, mais au jour dit les Français l'attendirent en vain ; il s'était retiré vers Calais en passant par Beauquêne.

L'an 1486 Maximilien, archiduc d'Autriche, déclara la guerre à Charles VIII roi de France, côtoya d'abord la Lys, s'avança ensuite jusqu'à Lens, et y fixa son séjour. De là ses troupes, composées en grande partie d'Allemands et de Wallons, firent des courses nombreuses et ravagèrent le pays situé entre cette ville et Arras. Mais de Crévecœur força Maximilien de se retirer sans avoir tenté aucune entreprise importante.

En 1524 la ville d'Arras craignit un siège, et le couvent des Franciscains qui était situé près de la porte St-Nicolas fut détruit afin que les ennemis ne pussent s'y retrancher (1).

(1) Locrii, chron. belg. pag. 588.

Au mois de mars 1537 François 1ᵉʳ, à la tête d'une armée de trente mille hommes entra dans l'Artois et saccagea cette province. Ce fut pendant cette campagne qu'il s'empara des villes d'Hesdin, St-Pol, Pernes, Lillers et St-Venant (1).

En 1542 la guerre se ranima entre l'Espagne et la France ; Antoine de Bourbon, duc de Vendôme, eut ordre d'envahir l'Artois qui formait la frontière Espagnole dans le Nord. Il ravagea la province en plusieurs endroits et s'empara de tous les forts qui couvraient Arras, Béthune, Aire et St-Omer. Parmi ceux-ci on doit citer comme plus importants les châteaux de La Montoire (2) et de Tournehem. Mais deux ans plus tard, 1544, le traité signé à Crépy mit fin à cette guerre malheureuse et François 1ᵉʳ abandonna toute souveraineté sur la Flandre et l'Artois.

Vers la fin de l'année 1596 les villages de la gouvernance d'Arras eurent beaucoup à souffrir des ravages des troupes Françaises, qui, sous les ordres du maréchal de Biron, s'emparèrent de la ville de St-Pol et la livrèrent au pillage. Ce fut sur ces entrefaites que le marquis de Varembon, gouverneur de la province, fut fait prisonnier (3). Mais il n'y eut d'autre attaque dirigée contre Arras que celle conduite par Henri IV.

---

(1) Chron. belg. pag. 602. De Vienne. hist. d'Artois, 4ᵉ part. pag. 45 et s.

(2) Cette forteresse, bâtie par les comtes de Guines dans la commune de Nielles-lez-Ardres, présente, aujourd'hui encore, des ruines qui sont d'un grand intérêt archéologique.

(3) Dumées, ann. belg. pag. 348.

La vie de Charles de Gontault, baron de Biron, est trop connue pour être

Louis XIII, ayant, à l'instigation du cardinal Richelieu, déclaré la guerre à l'Espagne, envoya plusieurs armées dans les Pays-Bas. Ainsi en 1635, tandis que les Français triomphaient des Espagnols dans les plaines d'Aveins, un nombreux détachement conduit par le duc de Chaulnes, pénétra en Artois et y rasa quelques forteresses, entr'autres celles de Pas et d'Auxy-le-Château. Chaque année les Français et les Espagnols traversaient cette province, mais c'était surtout entre St-Omer et Aire qu'avaient lieu les principales opérations. Cependant en 1641 les Français vinrent investir Bapaume et s'emparèrent de cette place. Lens tomba l'année suivante au pouvoir des Espagnols. Selon le père Ignace une autre attaque aurait été dirigée contre Arras en 1642 (1).

rappelée ici. On sait en effet la bravoure qui valut à ce seigneur le bâton de maréchal de France, comment il trahit son roi et son bienfaiteur, comment enfin, cruellement sévère, Henri IV fit tomber sa tête en 1602.

(1) « La présence et le séjour que fit d'Harcourt en cette ville servirent beau-
» coup pour la conservation d'Arras par les ordres nécessaires qu'il y donna.
» Peu de jours après qu'il en fut sorti, dom Francisco de Mello, gouverneur-
» général des Pays-Bas qui y commandait les forces Espagnoles contre la
» France, s'appuyant sur quelques intelligences qu'il avait dedans la place, fit
» avancer les meilleures troupes qu'il avait. Elles se trouvèrent vis-à-vis et à
» portée d'être surprises, si on avait secondé dans l'intérieur la bonne volonté
» des soldats.

» Mais l'intrigue était découverte, le gouverneur avait fait arrêter la plu-
» part des personnes suspectes, il s'était saisi des amis de l'Espagnol, et les
» avait mis sous la clef; de Mello fut donc contraint de se retirer. » Extrait des additions aux mémoires et recueils du diocèse d'Arras par le P. Ignace, tome VIII, page 335.

Telles sont sommairement les entreprises tentées contre la ville d'Arras et sa banlieue. Le récit de toutes les marches militaires qui eurent lieu dans la contrée qui forma plus tard le Pas-de-Calais ne rentre point dans notre cadre et nous entraînerait trop loin. Disons seulement en terminant qu'il est peu de pays qui furent aussi souvent affligés des désastres de la guerre que ne le fut l'Artois jusqu'au milieu du XVIIIe siècle. Depuis cette époque cette province a joui d'un calme nécessaire après des guerres si longues et si multipliées, calme que sont venues interrompre, toutefois, les sanglantes horreurs de la révolution du siècle dernier (1)!

(1) En 1793 les Français établirent un camp à Gavrelle, mais leurs troupes ne se rendirent coupables d'aucun désordre.

PIÈCES JUSTIFICATIVES.

TRAITÉ D'ARRAS. [1]

1414.

Premier, pour ce qu'en temps passé sont advenues plusieurs pertes et dommages au royaume de France, contre le plaisir du roi et de son dit fils d'Aquitaine, en toute humilité, humblement supplient les dessus dits de Brabant et dame de Hainaut, et les dits députés au nom dudit de Bourgogne et comme ses procureurs, de lui fondés suffisamment, au roi et à son dit fils, que toutes choses où le dit duc de Bourgogne a défailli depuis la paix faite à Pontoise, où le roi et le duc d'Aquitaine peuvent avoir pris déplaisir, ils lui veuillent pardonner, et en leur bonne grace et amour le recevoir.

En outre, iceux traiteurs bailleront ou feront bailler au roi et au duc d'Aquitaine ou à leurs commis les clefs de la ville d'Arras et de la cité, et aussi de toutes bonnes villes et forteresses du royaume appartenant au duc de Bourgogne, èsquelles le roi ou son fils mettront baillis, capitaines et autres officiers tels et si longuement que bon leur semblera, sans pour ce enfreindre la paix.

En après fera le dit duc de Bourgogne délivrer au roi ou à ses commis le Châtel de Crotoy, et de fait le remettra en sa main.

Item, le dit duc de Bourgogne sera tenu d'éloigner et mettre hors

---

[1] Chroniques d'Enguerrand de Monstrelet, liv. 1er, chap. CXXXIV, édit du Panthéon, pag. 345 et 346.

aucuns de sa famille, lesquels sont en l'indignation du roi et du duc d'Aquitaine, sans plus les soutenir en nul de ses pays, et lui seront iceux déclarés et baillés par écrit en temps et lieu.

Item, toutes terres mises et prises en la main des vassaux, du roi. sujets et bienveillants alliés et favorisants dudit duc de Bourgogne, de quelque état qu'ils soient, pour l'occasion de cette guerre, seront mises et restituées à iceux ; et aussi tous bannissements et appellations faits à la cause devant dite seront mis à néant ; et pareillement si le dit duc de Bourgogne a mis ou fait mettre aucunes terres, seigneuries, ou biens quelconques en sa main, des sujets favorisants et bienveillants, ou de ceux qui ont servi le roi en cette présente année, de quelque état qu'ils soient, seront mis à pleine délivrance.

Item, combien que les dits traiteurs aient affirmé au roi et au duc d'Aquitaine que le dessus dit duc de Bourgogne n'a nulle confédération ou alliance aux Anglois, néanmoins, pour éviter tout soupçon, les dessus dits nommés promettront pour le dit duc de Bourgogne que dorénavant ne procédera ni fera procéder par manière d'alliance avecque les dits Anglois, si ce n'est par congé et licence du roi et de son fils, duc d'Aquitaine.

Item, quant à la réparation de l'honneur du dit duc de Bourgogne, pour ce que plusieurs lettres ont été faites, et en plusieurs lieux de ce royaume et dehors envoyées, lesquelles ledit duc de Bourgogne dit être à sa charge et déshonneur, et ainsi que, après cette paix faite, et que le roi sera à Paris, disposera aucuns de son conseil avecque aucunes gens du duc de Bourgogne, tels que lui plaira à commettre et aviseront ensemble, premier sauf l'honneur du roi, telles lettres que faire se pourront à la décharge et réparation de l'honneur dudit duc de Bourgogne.

Item, promettra le dit duc de Bourgogne que jamais ne fera ni procurera par lui être fait en apert ni couvert aucun mal détourbier ou empêchement aux vassaux, serviteurs bienveillants, officiers et sujets du roi qui en cette querelle l'ont servi, tant en personne comme sous autres capitaines de leur compagnie, ni aussi aux bourgeois de Paris, ni autres habitants par voie de fait, ni par aucune manière pour l'occasion du dit service, empêchement ne fera ni d'être fait ne procurera.

Item, le roi veut et ordonne, pour toujours tenir ses sujets en vraie obédience, comme ils doivent être tenus, que le traité de Chartres et autres traités qui depuis ont été faits soient fermement et sans corruption gardés, et que si aucune chose y a à parfaire et réparer, que de l'un et de l'autre les soit fait et réparé.

Item. pour la sûreté des choses dessus dites être fermement tenues et accomplies par le duc de Bourgogne, le dit duc de Brabant, la dame de Hainaut et les dessus dits députés jureront, tant en leurs noms et propres personnes comme eux faisants fort des prélats et gens d'église, des nobles et des bonnes villes et tous leurs pays ; c'est à savoir le dit duc de Brabant, la dame de Hainaut et les dessus dits députés jureront au nom du dit duc de Bourgogne, pour tout le pays de Flandre, que le dit duc de Bourgogne tiendra fermement et gardera perpétuellement cette bonne paix, sans désormais faire venir ou procurer par lui ou par autrui aucune chose au contraire. Et au cas que le dit duc de Bourgogne commenceroit aucune chose en apert ou en couvert contre la teneur et traité de cette bonne paix, iceux duc et dame ne lui feroient et donneroient aucune aide ni conseil de corps, ni de pecune, ni en quelque manière ; aussi que les seigneurs du sang du roi et autres prélats et nobles et bonnes villes de ce royaume feroient semblable serment. Et de ce les dessus dits bailleront bonnes lettres et compétentes à l'ordonnance du roi et de son conseil. Et avec ce promettent les dessus dits duc de Brabant, dame de Hainaut et les dessus dits députés qu'ils feront loyaument leur pouvoir à faire semblablement jurer et promettre par ceux d'Arras et par les nobles et autres qui sont dedans à tenir les choses dessus dites, et aussi ceux qui pour le présent sont en la compagnie du dit duc de Bourgogne et ès garnisons de ses villes et châteaux d'Artois, de Bourgogne et de Flandre, quand ils en seront requis de par le roi.

DOCUMENTS COMMUNIQUÉS A LA SOCIÉTÉ DES ANTIQUAIRES DE PICARDIE SUR LA PART QUE LA VILLE D'AMIENS A PRISE AU SIÈGE D'ARRAS DE 1414. (1)

Messieurs,

Les registres aux comptes de la ville d'Amiens contiennent une foule de traits qui placent sous le jour le plus avantageux le caractère de ses habitants, et cela a d'autant plus de valeur que ces faits honorables se produisent avec la plus grande simplicité et toute l'exactitude d'une opération arithmétique. En effet, Messieurs, avec des chiffres soumis à l'examen le plus sévère, on ne peut ni flatter, ni mentir. Le grand compteur, le maître des présents et le maître des ouvrages racontent les choses comme elles se sont passées et l'on n'a pas à craindre qu'ils y mettent du leur. Ce sont-là des historiens qui méritent toute confiance: ils ne croyaient pas écrire pour la postérité.

La tâche serait immense s'il fallait énumérer toutes les actions dignes d'être citées. Mais les circonstances me prescrivent un choix et je me bornerai à vous montrer les Amiénois au milieu des évènemens militaires.

En 1414, Charles VI assiégea la ville d'Arras défendue par le duc de Bourgogne; si cela ne servait à peindre les mœurs de nos ayeux, je ne vous parlerais pas des présents de *volaille*, des *cappons* de *haulte craisse* que l'échevinage d'Amiens faisait parvenir au canchellier de France étant en l'ost du roy nostre sire (2). Mais chose plus digne d'at-

---

(1) Nous devons cette note à l'obligeance de M. Lavernier et le prions de recevoir ici l'expression de notre sincère gratitude.

(2) 1413 à 1414 — reg. aux comptes n° XV. Y. 3. Dons et restitutions.

A Jehan Levair poullallier auquel des deniers de le ville dAmiens ont este paie et baillie et qui li estoient deu par icelle le somme de LII^s pour les causes chi apres declairies c'est assavoir pour XII cappons de haulte craisse et pour

tention et que je n'ai trouvée dans aucune histoire c'est que des habitans d'Amiens allèrent au siège d'Arras et que la ville les encouragea de ses deniers. Ce fait est consigné dans le registre aux comptes n° XV. Y. 3.

« 1413 à 1414. *Dons et restitutions*.

» A Mille Debery auquel des deniers de le ditte ville dAmiens ont
» esté bailliés et delivrées le somme de IIII l. XII s. p. et que ledit
» Mille par le commandement et ordenance de nos seigneurs maieur
» et eschevins dAmiens il a baillie et distribue à plusieurs habitans de
» le ditte ville jusque XX au nombre de IIII et VI ou environ lesquels
» au commandement de monseigneur le bailli dAmiens se partirent
» de le ditte ville pour aller au serviche du roy nostre sire au siege
» devant Arras et lequelle somme leur fu donnee pour ce qu'il estoient
» povres personnes, avoient peu ou nient de quoi vivre et si ne leur
» estoit rien baillié de par le roy nostre sire à leur département pour
» eulz aidier à vivre ou dit voyage sur leurs gages ne autrement, pour ce
» et par sanblable mandement rendu ycy donne le IX daoust l'an M.
» IIII c. et XIIII baillié comme dit est la ditte somme de IIII l. XII s. »

Cette conduite des habitants d'Amiens était d'autant plus patrioti-

quatre XIIes dautre poullale qui de par leditte ville ont este par lui accates menes en lost du roy nostre sire es parties de devers Arraz et presentes de par le dessus dite ville dAmiens a monseigneur le canchellier de France pour ce L X V I S et pour les despens de lui et de son queval pour six jours qu'il a vaquie tant en avoir aler sur le pais pour trouver a acater ledit poullale comme pour le avoir mene par devers ledit monseigneur le canchellier pour chacun jour VI^s sont XXXVI pour toutes ces parties paies et baillies audit Jehan par sanblable mandement rendu ycy.

Donne le penemltiule jour de juillet lan M. IIII^c et XIIII aveuc quittance attachee audit mandement.

1413 à 1414 — 15 Y 3. Dons et restitutions.

A Jehan Leclair poullalier pour quatre XII^{nes} de poullale a lui accates et par lui menees en lost du roy nostre sire devant Arras et qui pour le bien et honneur de le ville dAmiens ont este presentees a monseigneur le canchellier de France estant oudit ost pour chascune pieche XII^d sont XLVIII^s et pour les despens dudit Jehan Levair et de son queval par lui fais oudit voyage XII^s pour ces parties a lui paies par sanblable mandement rendu ycy donné le XIIIIe jour daoust l'an m. IIII^c et XVIII.

que que précédemment « le roy avoit tenu la ville d'Amiens, les bour-
» geois, manans et demourans en icelle pour quittés et dechargées pour
» non aler ne envoyer en son service ne envoier gens darmes ne de-
» vrait en icellui service a larrière ban que nagaires il avoit fait crier
» et publier en son roiame. » (1)

L'artillerie des assiégés était supérieure à celle du roi. Ce prince fit à ce sujet un appel à la ville d'Amiens qui s'empressa d'y répondre.

» Aoust l'an M IIIIe et XIIII ad flages le VIII jour pour II canes de

---

(1) 1413 à 1414. Voyages de le court de parlement et d'ailleurs.

A Jehan de le Faloise sergant a mache de le ville dAmiens pour les despens de lui et de son queval et pour les louages d'icellui queval pour sept jours quil a vacquie en ce que par le commandement et ordenanche de nos seigneurs maieur et eschevins dAmiens pour le bien et pourfit de celle ville il est allé a Paris et a impetré et obtenu lettres du roi nostre sire par lesquelles ledit seigneur a tenu et tient ladtte ville les bourgeois manans et demeurans en icelle pour quittes et dechargies pour non aler ne envoier en son service ne envoier gens darmes ne detrait en icellui service a larriere ban que naguaires il a fait crier et publier en son roiaulme pour chacun jour XII^d sont IIII^l IIII^sp. pour le scel du roy nostre sire mis aus dittes lettres que ledit sergant nous a afferme avoir paie LI^s p. pour maistre Pierre Nantrou secrétaire du roy nostre sire lequel fist et signa ledit mandement XVIII^s p. et a son clerc donne de courtoisie IIII^s pour toutes ces parties paies audit sergent pour sanblable mandement rendu ycy donné le VIIIe jour de mars lan M. IIII^c et XIII avec quittance atachée au dessus du mandement. . . . . VII^l XVII^s p.

1413 à 1414. Voyages de le court de parlement et dailleurs.

Audit Jehan de le Faloise pour les despens de lui sen varlet et deux quevaux et pour le louage diceux quevaux pour cinq jours qu'il a vacquie en ce que par le commandement et ordonnance de nos seigneurs maieur et eschevins dAmiens il est ale en le ville de Peronne par devers le roy nostre sire et son conseil qui y estoit et de lui a obtenu et impetre ses lettres par lesquelles ledit seigneur a attroie et accorde a leditte ville que monseigneur le capitaine et les bourgeois et habitans dicelle y soient demeurent et entendent a le garde dicelle ville sans aler au mandement ne au service du roy nostre dit seigneur nonobstant le cry qui pour chelle cause avoit este fait de par lui en laditte ville pour chascun diceulx cinq jours, attendu la chierete des vivres et le peril des chemins XXIIII^s sont VI^l et pour le scel et escripture dudit mandement XVIII^s pour ces parties à lui paiés par sanblable mandement icy donné le IIIe jour de juillet l'an m. IIII^c et XIIII aveuc quittance atachée audit mandement. VI^l XVIII^s.

» vin a II^s le cane donnees à Martin Demes et à plusieurs autres com-
» paignons qui avoient aidié à carquier sur un car le grand canon de le
» ville dAmiens que le roy nostre sire avoit mandé que on lui menast
» en son host quil avoit devant le ville dArras ou il avoit grant nom-
» bre de gens darmes pour ce. . . . . IIII^s. »

La ville d'Amiens envoya encore au service du roi des vivres, des maçons, des manouvriers et des tentes, comme on le voit par l'extrait que je vais faire du même compte de 1413 à 1414, article *ouvrage de painture*.

« A Coppin le paintre pour XXII XIIes de Pennonchiaux pour le
» quaroy qui mena vivre en lost du roy nostre sire devant Arras au
» pris de VI^d le pieche pour ce VI^l XII^s. »

» Item pour un long penon de toille armoié des armes de la ville pour
» les machons qui allerent oudist ost   II^s.

» Item pour un estandart dune aune de toille armoie comme dessus
» livrée aux manouvriers qui y allerent XVI^d et pour un autre penon
» des armes de la ville pour mener et conduire sur le quaroy tentes et
» paveillons menes oudit ost II^s. »

La ville avait prêté une de ces tentes à monseigneur le Bailli et deux au duc d'Orléans (1).

Les écus qui les décoraient étaient composés de la manière suivante :

« 1413 à 1414 *accas de drap et de tainture pour les escu des tentes de la ville*.

» A Guillaume le senescal Drappier pour une aune de blanquet
» qui fu taint en ganne aveuc cinq quartiers de drap bleu et cinq quar-
» tiers de vermeil emploies a faire douze escus mis aux tentes et pa-
» veillons qui furent rapportes de devers Bourges envoies devers le roy
» nostre sire a Soissous pour ce. . . . . XXII^s p. »

» A Mahieu Dumont tainturier pour avoir taint en ganne la ditte au-
» ne de blanquet pour faire les fleurs de lis diceux escus pour ce II^s. »

---

(1) 1413 à 1414. Despense pour le fait de la guerre.

A Thomas Hurtevent pour son sallaire et pour le paine travail et desserte de lui son car et quevaux desservi pour la ville dAmiens en lost du roy nostre sire es parties de devers Arras deux tentes et les abillements servans à icelle envoies de par icelle ville a hault et puissant prinche monseigneur le duc d'Orliens a lui paie par sanblable mandement rendu ycy donne le penultième jour de juillet l'an M. IIII et XIII. . . . . XXIIIY^s.

Si nos officiers municipaux ne reculaient devant aucun sacrifice dans les circonstances où l'honneur de nos armes était intéressé, ils n'étaient pas moins prompts à se réjouir dès que les affaires prenaient une tournure plus favorable.

Présens de vin — mil IIII^c XIIII VI$_e$ jour de septembre.

« A le maison Lambert Labateur pour 11 pos de vin a XX^d le pot » despences au devant de lui dicelle maison par nos seigneurs maieur » et eschevins et aucuns de leurs sergans et officiers et avoit on rap- » porté de nouvel le pais estre traittée et accordée entre nos sei- » gneurs. »

Tels étaient nos bons ayeux: toujours pleins de courage et de patriotisme. C'est vraiment un plaisir de les suivre. Ils ne quittent jamais le chemin de la gloire et de la taverne. La taverne! que ce mot ne vous effarouche pas! pensez à la ghilde et à ses festins. On buvait alors comme on se battait, pour le bien et l'honneur du pays.

LAVERNIER.

EXTRAIT DU COMPTE DE LA VILLE D'ARRAS DU 1ᵉʳ NOVEMBRE 1476
AU 31 OCTOBRE 1477.

VOYAIGES DE MESSAIGIERS.

A ung nommé Jehan Froidure et aultres messaigiers cy apres dénommez les sommes et parties cy apres declairies montans ensemble à la somme de 39 livres monnoie d'Artois a eulx payee pour les causes et comme il s'enssuit. Cest assavoir audit Froidure 48 sols pour avoir este a Hesdin a cheval vers monseigneur d'Esquœrdes lui signiffier le partement de mons. de Ravestain de ceste dite ville et pour lui requerre que son plaisir fust de venir en ceste dite ville le plus tost qu'il porroit où ledit Froidure vacqua quatre jours finis le 21ᵉ jour de janvier de cest an.

A Jehan Harle messaigier de piet 20 sols pour avoir este a Hesdin vers ledit sieur d'Esquœrdes pour le haster de venir en ceste dite ville ainçois que ledit sieur de Ravestain fust party où ledit Harle vacqua quatre jours à V sols pour jour.

A Jehan Duflos sergent royal 60 sols pour avoir este a Gand a cheval vers madame et mademoiselle de Bourgogne leur seigniffier la reddition de la ville d'Abeville en la main du roy où ledit Duflos vacqua cincq jours a XII sols pour jour.

A Collart de Rencourt aussy sergent royal 60 sols pour aussy avoir este a Gand vers lesdites dame et damoiselle leur seigniffier la venue des ambassadeurs du roy en ceste dicte ville pour parler audict sieur de Ravestain où il vacqua cincq jours finis le 22ᵉ jour dudit mois de janvier a 12 sols pour jour.

A ung nomme Barbelot aussy sergent LX sols pour avoir este a Gand vers les dites dame et demoiselle et mons. le chansselier leur seigniffier les sommacions et déclaracions faictes par lesdits ambassadeurs du roy audit seigneur de Ravestain et des responces faictes par ledit sieur de Ravestain a iceulx ambassadeurs où il vacqua cincq jours finis le 23ᵉ jour dudit mois de janvier.

Audit Jehan Duflos 48 sols pour avoir este a Boulogne vers ledit sʳ d'Esquœrdes adfin de le haster de venir en ceste dite ville pour conduire les gens de guerre estant en icelle ceste dite ville et expédier sur le fait de la guerre où ledit Duflos vacqua quatre jours à 12 sols pour jour.

A Collart Canefitte messagier de piet 32 sols pour avoir este a Gand et a Malines vers lesdites dame et demoiselle et ledit M. le chansellier leur seigniffier la venue des gens d'armes du roy allenviron de ceste dicte ville et que leur plaisir fust rescrire audit seigneur d'Esquœrdes qu'il venist en icelle ceste dite ville en l'absence dudit seigneur de Ravestain et ledit Canefitte vacqua 8 jours a 4 sols pour jour.

A Collart de Rencourt encoires 60 sols pour avoir este de rechief a Gand seigniffier auxdites dame et demoiselle et audit chansellier la reddition daucuns seigneurs de ce quartier et daulcunes fortresches voisines et qu'il estoit besoing qu'ils envoyassent des gens de guerre en ceste dite ville et de l'artillerie et des pouldres où il vacqua cincq jours finis le 28ᵉ jour dudit mois de janvier a 12 sols pour jour.

A Jacqmin Regnauld sergent à verghe dud. echevinage X sols pour avoir este a Lille vers ung nommé Guillaume de Libersart lieutenant de M. de Baillœul l'un des maistres conducteurs de l'artillerie de feu M. Charles duc de Bourgogne adfin qu'il envoyast en ceste dite ville des pouldres, des enghiens et autres provisions pour le fait de la guerre ce qu'il ne volt faire s'il n'avoit lettres et enseignes desdites dame et demoiselle et dudit sieur de Bailleul où ledit Jacqmin vacqua ung jour.

A Jehan Le Bouchier et Drienet Hore sergent a cheval 20 sols pour avoir este lun sur le chemin de Béthune et lautre sur le chemin de Lens audevant du seigneur d'Esquœrdes qui venoit en ceste dite ville pour le faire haster ainsi que rescript et mande lui estoit par lesdites dame et demoiselle de Bourgogne où ils vacquièrent chacun ung jour a X sols le jour a chascun etc...

Audit Collart ancoires 78 sols pour avoir ale incontinent sondit retour a Lille vers led. Guillaume de Libersart atout lettres dud. sieur d'Esquœrdes pour avoir lesdites provisions où led. Collart vacqua quatre jours finis le IIIIᵉ jour dudit mois de febvrier esquels 78 sols sont comprins 30 sols bailliez aud. Collart pour aulcuns chevaulx de louwaige par lui prins pour faire les voyaiges dessusdits par lui fais etc. ; et a icellui artilleur de ceste dite ville et pencionnaire dicelle XX sols pour avoir este a Lille pour recouvrer et avoir du fille a faire cordes darcqs darchiers et darbalestriers etc ;

Au poursuivant darmes du seig. d'Esqœrdes XXIIII sols pour estre venu de Peronne en ceste dite ville par lordonnance dud. sieur d'Esquœrdes estant illec atout lettres de lui adreschans a M. de Croisilles et a mesd. sieurs par lesquelles il faisoit sçavoirs que riens ne seroit emprins par les gens du roy sur les villes de citté ne dArras et pour ce le roy en avoit rescript a M. lAdmiral estant lors au Mont-saint-Éloy.

A Jehan Duflos sergent royal 24 sols pour avoir ale a Bappaume vers les ambassadeurs de madame et mademoiselle leur seigniffier la prinse de la ville de Lens par les gens du roy et les advertir des desrois que lesdits gens du roy faisoient sur le pays et aussy ceulx de nostre party où led. Duflos vacqua deux jours finis le XIe jour de febvrier à XII sols pour jour.

A Jehan Floury XVI sols pour avoir ale de piet a Peronne vers lesdits ambassadeurs pour savoir des nouvelles du roy et de son partement etc.

A le femme Gauwin Hourier IIII sols pour avoir este au Mont-St-Éloy vers led. M. l'Admiral pour obtenir sauf conduit pour aulcuns deputez de ceste dite ville lesquels advoyent este a Gand vers lesdites dame et demoiselle de Bourgogne par l'ordonnance de mesdits sieurs et des gens de guerre estans lors en ceste dite ville pour avoir leur advis comment on se reglerroit vers le roy et estoient lors retourné aud. lieu de Lille où ils avoient ja sejourné aulcuns jours etc ;

Aud. Jehan Duflos sergent royal VI livres pour avoir este de rechief a Gand vers lesd. dame et damoiselle de Bourgogne pour les advertir et semblablement les sieurs et gens de son conseil estant illec par lettres que mesd. sieurs et les gens de guerre estans en ceste dite ville leur envoyoient des grans dangiers que ce pays portoit et souffroit par les gens de guerre tant du party du roy comme de nostre party etc.... En faisant lequel voyaige ledit Duflos fut prins des Franchois et deulz batu et fusté et son cheval bleschic etc.

A ung nommé Lannoy trompette dud. sieur d'Esqœrdes 27 sols 6 d. pour avoir alé au Mont-St-Eloy pour obtenir de M. l'Admiral saulf conduit pour Guillebert de Canteleu, Robert Manchion, Collart de Ruit et Jehan George commis et esleux par le commun pour aler a Gand vers mademoiselle de Bourgogne et son conseil etc...

A ung nomme Hottois du Pire X sols pour avoir ale de cheval a Douay pour sçavoir et enquerir la verité des nouvelles qui couroyent lors entre aulcuns de M. le duc que on maintenoit estre vif ou il vacqua ung jour.

Aud. Josse Nox 16 sols pour avoir este a Lille vers les seigneurs y estans a tout lettres dud. seigneur d'Esquœrdes et de mesd. s^{rs} par lesqueles on leur requeroit eulx tirer en ceste dite ville a la journee des trois Estats ordonnee sy tenir pour communiquier ensemble pour le bien du pays ou il vacqua quatre jours a piet a IIII sols pour jour.

A Jehan de le Carterie dit Borgnet messagier de ceste dite ville 48 sols pour avoir ale a Mons en Haynau pour sçavoir et enquerre sil estoit vray que M. le duc eust perdu la journee devant Nampsy et y demoure de sa personne. Item LX sols pour avoir ale a Gand vers d^{elle}. de Bourgogne et son conseil lui seigniffier la reddition de la ville de St-Quentin au roy, ou il vacqua cincq jours finis le 20^e jour dud. mois au pris de 12 sols pour jour; etc. Item 65 sols pour avoir ale a Gand vers mad^{elle} de Bourgogne a tout lettres de mesdits s^{rs} et dud. s^r. d'Esquœrdes, duquel voyaige le dit Borgnet leur rapporta lettres de lad. dem^{elle}. par lesquelles elle leur seigniffioit de la mort de M. le duc etc... Item 50 sols pour avoir ale au devant des pouldres et aultres provisions que on avoit envoye querir a Lille etc. Item 40 sols pour avoir ale a Hesdin et a St-Omer tant devers les nobles comme les gouvereurs et officiers de justice estans esd. villes pour savoir sils envoyeroient a Gand au IIIe jour de febvrier de cest dit an pour estre a la journée illec assignee led. jour aux Estats des pays de pardeça et quel chose estoit de faire ou il vacqua quatre jours. Item 30 sols pour avoir ale vers le dit M. l'Admiral, led. s^r d'Esqœrdes et aultres cappitaines du roy pour avoir sauf conduit pour led. Borgnet adfin de posir aler vers les ambassadeurs de mademoiselle de Bourgogne pour les faire haster etc.; Item 20 sols pour avoir ale a Peronne vers led s^r d'Esquœrdes lui porter lettres de par ceste dite ville et led. s^r de Croisilles par lesquelles lon lui faisoit sçavoir la reddicion de la ville de Lens en Artois en lui requerant quil retournast hastivement ou il vacqua deux jours finis le IXe jour dudit mois de février etc. — Item au dit Borgnet et a ung nomme Pasquier Truye messagier de piet XLVI sols pour avoir este de rechief aud. Peronne vers l'ambassad. de mademoiselle de Bourgogne et led. s^r d'Esquœrdes leur seigniffier le partement de Charles de la Viefville capitaine de la Citté lez cette dite ville adfin de pourveir à la d. Cité etc..; Item aud. Borgnet 30 sols pour avoir este a Lucheu vers le roy pour obtenir saulf-conduit pour faire revenir de Lille les deputez de ceste dite ville y sejournans de leur retour de Gand ou ilz avoient este envoyez comme il est ci-dessus touchie et aud. Borgnet encoires 50 sols pour avoir este es villes de Bethune, Aire et St-Omer, Boulongne et Hesdin seigniffier aux trois Estats des dits quartiers venir en ceste dite ville pour communicquier ensamble sur le fait du traite du pays aveuc le roy en enssuivant le contenu es lettres de mad.^{elle} de Bourgogne rescriptes a ceste fin etc.

A Jacqmin Regnaut sergent a verghe dud. eschevinaige 30 sols pour avoir ale a Hesdin pour seigniffier et faire savoir aux s^{rs}. et gens estans en la dite ville le traicte faict par ceste dicte ville aveuc le roy ou il vacqua trois jours. Item a Drienet-Petit LX sols pour avoir ale es villes de Bethune Aire et St-Omer a tout le coppie et vidimus du dit traicte faict aveuc le roy pour ceste dite ville pour sçavoir se ceulx dicelles villes le vouldroyent tenir pour tant quil leur touchoit ou le dit Drienet vacqua cinq jours a cheval. Item a Jehan Le Bouchier sergent a cheval de la gouvernance de ceste dite ville 12 sols pour avoir ale a Lens en Arthois apres que les Franchois avoient rue sus ceulx qui gardoient le Pont a Wendin pour savoir sil ny avoit aulcuns prisonniers de ceste dite ville ou il vacqua ung jour. Item aud. Borgnet et a Pierre Gourdin VII livres IIII sols pour avoir ale ensemble vers mad^{elle}. de Bourgogne estant a Gand a tout lettres dud. s^r d'Esqœrdes et de ceste dite ville et coppie dudit traicte fait aveuc le roy pour surtout avoir son consentement et advis, de laquelle ils rapporterent lettres etc.; Item au dit Borgnet pour avoir ale a St-Pol vers M. le chansselier de France pour avoir led. traite seelé. Item a Lratme le brimberesse 12 sols pour avoir ale a Bouchain et a Cambray vers M. d'Arsy a tout lettres de mesdits sieurs par lesquelles ilz luy rescripvoient quil ne venist point en ceste dite ville pour y boutter garnison de par mad. dem^{elle}. de Bourgogne ne pour.vollior enfraindre led. traictie etc..... et a lun des religieux des freres prescheurs XVI sols pour pareillement avoir este en lost et armee du roy tant pour rapporter a mesd. sieurs nouvelles dicelle armee comme des gens d'armes du blancq fossé et s'il venoit secours de Flandres etc....

Aud. Drienet Hocq LX sols pour avoir ale a Amiens et a Therouwane pour enquerre et sçavoir es dictes villes se on porroit recouvrer argent a rente heritiere ou vyagiere pour aidier ceste dite ville et les bourgois, manans et habitans a furnir lassiette quil convenoit faire pour furnir le prest du roy etc ;.....

A Jehan Duflos aussy sergent royal LXXII sols pour avoir ale par lordonnance de M. le gouverneur du Daulphiné avecq Mgr. lescuier Mignon du roy vers le roy pour les besongnes et affaires de ceste dicte ville ou il vacqua six jours etc...

Audit Jehan Duflos XXIIII sols pour avoir ale vers led. greffier de parlement qui estoit a Lucheu pour sçavoir a lui comment on se reglerroit entre ceulx qui advoient enfans pere ou mere en party contraire et son plaisir estoit que on en surseist jusques a son retour ou ledit Duflos vacqua deux jours etc.....

A Martin de St-Aubin messaigier de ceste dite ville pour deux voyaiges par lui fais lun a Le Bassée pour conduire vivres etc...
et laultre aveuc maistre Jehan de le Vacrie conseillier de ceste dite ville que le roy mondit s^r avoit mandé aler devers lui pour lors quil estoit a Lens en Artois ou led. Martin vacqua pareillement trois jours, etc..... etc.....

Extrait des Archives départementales.

DÉCLARATION DU ROI LOUIS XI.

Contenant qu'ensuite de la remise faite par les Gens d'Église, Nobles, Mayeur, Eschevins, Corps et Communauté, Bourgeois, Manans et Habitans de la Ville d'Arras, des Clefs d'icelle ville, et la prestation de Serment de fidélité par eux faite à Sa Majesté, il leur a remis, pardonné et aboli tous les crimes et excès qu'ils pouvoient avoir commis durant les guerres et divisions qui ont été entre Sadite Majesté, et Charles le Hardy Duc de Bourgogne ; en consequence les a rétablis dans tous leurs Biens, Privileges, Franchises, Libertés, etc. qu'il confirme et ratifie par ladite Déclaration, ainsi que les Corps de metiers avec les Statuts et Ordonnances qui les concernent.

Donnée en la Cité d'Arras, au mois de Mars 1476.

LOUIS PAR LA GRACE DE DIEU, ROY DE FRANCE : Sçavoir faisons à tous présens et à venir : Comme tantost après le trépas de feu nôtre Frère et Cousin Charles, en son vivant Duc de Bourgogne, par l'avis et délibération de plusieurs Princes et Seigneurs de nôtre sang et lignage, Gens de nôtre Grand Conseil et de nôtre Cour de Parlement, ait esté ordonné prendre, saisir et mettre en notre main les Terres et Seigneuries de nôtredit feu Frère et Cousin, tenus et mouvans de Nous et de la Couronne de France, par défaut d'hommage et autres droits et devoirs non faits ; et mesmement le Pays et Comté d'Artois, ressorts et enclavemens d'icelui, tenus et mouvans de nous et de nôtre Couronne à foy et homage et en pairie ; pour laquelle nôtre main mise faire exécuter reaument et de fait ainsi que faire se doit, Soions venu en personne en cette nôtre Cité d'Arras, et soit ainsi que les Commis et députés de nos très-chers et bien amez les Gens des Estats dudit Pays et Comté d'Artois, et mesmement les Gens d'Église, Nobles, Mayeur, Eschevins, Corps et Communauté, Bourgeois, Manans et Habitans de la Ville d'Arras : Après plusieurs remontrances et communications eues à diverses fois entre aucuns des Gens de nôtredit

Grand Conseil, et eux soient venus devers Nous : Et connoissans ladite délibération, de prendre, mettre et saisir en nôtredite main ledit Pays et Comté d'Artois, ressorts et enclavemens d'icelui, par défaut d'homage et autres droits et devoirs non faits, avoir esté et estre raisonnable ; et que sous icelle notre main Nous pouvions et devions faire, traitter, regir et gouverner ledit Pays et Comté d'Artois, jusques à ce que lesdits foy et homage, et tous les autres droits et devoirs qui raisonnablement nous en appartiennent, peuvent et doivent compéter et appartenir, nous en aient esté faits ainsi qu'il appartient : Ait esté conclu, deliberé, appointé, promis et accordé entre nos Gens de nôtredit Grand Conseil à ce par Nous commis d'une part, et les Commis et Députés de tout le Corps et Communauté de ladite Ville d'Arras d'autre part, ce qui s'ensuit. C'est à sçavoir, que nosd. trèschers et bien amez les Gens d'Église, Nobles, Mayeur, Eschevins, Corps et Communauté, Bourgeois, Manans et Habitans de lad. Ville d'Arras, nous ferons plenière et entière obéissance comme raison est, pour laquelle obéissance mettre promptement à exécution et effet, nous ont cejourd'huy apporté et baillé entre nos mains les clefs de ladite Ville d'Arras, lesquelles nous avons prinses et reçeues agréablement, et après les avons baillées et délivrées soubs nôtredite main ausdits Mayeur et Eschevins de ladite Ville d'Arras : Lesquells Mayeur et Eschevins feront incontinent sçavoir ladite obéissance pleniere par eux faite aux autres Villes et Places d'Artois, afin que s'ils nous veuillent faire semblable obéissance, comme ils y sont tenus, ils y puissent estre par Nous reçeus : ce qu'ils feront dedans deux jours après ce qu'il leur sera signiffié, pour laquelle signification faire, ceux desdits Estats d'Artois envoieront gens propres devers les Gens desdites Villes et Places dedans bref temps, tel qu'il sera avisé, et viendront devers nous des Gens desdits Estats, tels et en tel nombre qu'il nous plaira, pour nous faire serment pour et au nom d'iceux Estats, et mesmement de tous les Gens d'Église, Nobles, Bourgeois, Habitans et de tout le Populaire des Villes et Places, et du plat Pays dudit Comté d'Artois : Par lequel serment ils promettront et jureront nous servir et obéir envers et contre tous ceux qui peuvent vivre et mourir, sans personne quelconque excepter, et jusques à la mort inclusivement, et tenir ledit Pays et Comté d'Artois, ensemble toutes les villes, Places, Châteaux et Forteresses étans en icelui Comté, en nôtre bonne, vraie, loialle et entiere obéissance, et autres tels sermens que nos bons et loyaux Sujets doivent et sont tenus faire envers Nous ; Et commettrons Officiers tels qu'il Nous plaira pour la garde des Places : c'est à sçavoir, Gouverneurs et Capitaines, aussi autres Officiers pour l'exercice de la Justice et Juridiction dudit Comté d'Artois ; et pour en recevoir les fruits et revénus tout ainsi que le pouvons et devons faire, jusqu'à ce que nôtre très-chère et très amée Cousine et Fillœulle de Bourgogne, nous en ait fait les foy et homage, et les autres droits et devoirs qu'elle nous doit et est tenue faire ; Lesquelles choses par elle faites et accomplies comme il appartient, nous leverons nôtredite main mise, et rendrons ladite Comté d'Artois à nôtredite Cousine de Bourgogne, pour par elle en jouir dez lors en avant soubs nôtre souveraineté, ainsi qu'il lui appartiendra. Et s'il advenoit que nôtredite Cousine de Bourgogne prist alliance par Mariage ou autrement, avec les Anglois nos anciens ennemis ou autres, qui ne nous voulussent faire ou fissent homage et obéissance, et les autres droits et devoirs qui raisonnablement nous sont deus : En ce cas, lesdits Gens des Estats d'Artois et mesmement de ladite Ville d'Arras, garderont et tiendront envers nous leur loyauté, foy, serment, et promesses, ainsi que cy-dessus est écrit ; sans jamais souffrir que ledit Comté d'Artois soit mis hors de nôtre main et obéissance, et comme bons et loyaux Sujets doivent et sont tenus de faire envers leur Roy souverain et naturel Seigneur : Et pour recevoir ladite pleniere et entiere obéissance, et le serment tel que dit est, de tout le Corps et Communauté de ladite Ville d'Arras, avons envoié en icelle, nôtre très-cher et très amé Cousin le Cardinal de Bourbon, Archevesque de Lyon, Oncle de nôtredite Cousine, nôtre amé et féal Chancelier, nos amez et feaux Conseillers, l'Évesque d'Arras, le Comte de St. Pol, Bailly de Vermandois, et le Sire du Boschage, nos Chambelans, Maistre Jehan Bourié Seigneur du Plessis, Maistre de nos Comptes, et Trésorier de France, et Guilleaume de Cherisay, Greffier de nôtre Cour de Parlement, et autres notables Gens de nôtredit Grand Conseil ; entre les mains et en la présence desquels, nos très-chers et bien amez les Gens d'Eglise, Nobles, Mayeur, Eschevins, Corps et Communauté, Bourgeois, Marchands, et autres Manans et Habitans de ladite Ville d'Arras, assemblés en la grande Salle, et depuis en l'Église de Monsieur St. Vaast d'Arras, nous ont fait pleniere et entiere obéissance de ladite Ville, et aussi les sermens tels et en la maniere qu'il est escrit cy-dessus ; moiennant lesquelles choses ainsi à Nous faites, promises, accordées et jurées par ledit Corps et Communauté de ladite Ville d'Arras, nous à tous les Habitans et autres Gens estans à présent en icelle Ville, de quelque estat, qualité, nation ou condition qu'ils soient , Avons aboli , remis , quitté et pardonné , et par la teneur de ces Présentes, Abolissons, remettons, quittons et pardonnons tous cas, crimes, excès, maléfices et délicts, soient crimes de leze-Majesté , ou autres crimes quels qu'ils soient, qu'ils pourroient par cy-devant, tant par avant que durant les guerres et divisions qui ont été entre Nous et feu nôtredit Frère et Cousin de Bourgogne, et jusqu'à présent avoir commis et perpetré en quelque maniere que lesdits cas soient ou puissent estre advenus, soit dedans ladite Ville ou dehors , et sans ce qu'il soit besoin en faire jamais autre specification, expression ou déclaration , ensemble toutes les peines, amendes et offenses corporelles, criminelles et civiles : En quoy pour raison desdits cas et autrement, ils pourroient être encourus envers Nous et nôtre Justice , en mettant au néant tous deffauts , bans et appeaulx, sentences, condamnations et tous autres exploits de Justice qui pourroient avoir été faits allencontre d'eux en general ou d'aucun d'eux en particulier ; et les Avons restitués et restituons à toutes leurs Terres, Seigneuries, Heritages et possessions quelconques quelque part qu'elles soient scituées et assises en nôtre Royaume ; et à tous leurs Biens-Meubles estans et qu'ils trouveront en nature de chose ; et si eux ou aucuns d'eux avoient esté par cy-devant condamnés ou taxés par nôtre Cour de Parlement ou autres , nos Juges et Officiers quelconques, ou par autre Justice quelle qu'elle soit, en aucunes amendes , reparations, ou autres choses ; Nous les leur avons données semblablement et quittées, Donnons et Quittons par cesdites Présentes : Et pareillement tous les restes qu'ils peuvent devoir à cause et par raison des imposts , tailles , dons ou autres subsides qui ont esté mis sus , et imposés par feu nôtredit Frère et Cousin de Bourgogne , et sans ce que aucune chose leur en soit ou puisse estre demandée pour le temps à venir. Et voulons et nous plaist que chacun desdits Habitans ou autres estans à present en ladite Ville d'Arras , aient lettres d'abolitions et restitutions particulieres de nous, si avoir les veuillent, ou que en prenant le double de ce présent article soubs le sçel de l'Eschevinage d'Arras, ils en jouissent entièrement par tout nôtre Royaume, comme s'ils avoient le vray original , et sans ce qu'il leur soit besoin en avoir en général ou particulier, expedition, verification et enterinement pardevant quelconques Juges que ce soient , fors seulement la lecture et publication en nôtre Grand Conseil , et sur ce imposons silence perpetuel à nos Procureurs presens et à venir, et à tous autres. Et deffendons et voulons estre publiquement deffendu à tous nos Sujets de quelque estat qu'ils soient, qu'ils ne soient tant osés ou hardis de faire aucun outrage, ne dire aucunes injurieuses parolles à aucuns des Habitans de ladite Ville d'Arras ; et ce sur peine de confiscation de corps et de biens : lesquels Habitans ensemble leurs femmes, enfans, serviteurs, possessions et biens quelconques, Nous avons pris et mis, et par ces Presentes prenons et mettons en nôtre protection et sauvegarde spéciale : Et voulons que tous les Gens d'Église retournent à leurs benefices, et en jouissent pleinement et paisiblement ; les Nobles, Bourgeois, Marchands et autres, à leurs Terres, Seigneuries et Heritages ; que les Marchands, leurs Facteurs et Serviteurs voient faire leurs marchandises ; les Enfans aux études, Universités et Escoles ; les Laboureurs à leurs Heritages, Maisons et Labourages, et universellement que les Gens de tous estats qui à present sont en ladite Ville, puissent aller par tout notred. Royaume à leurs négociations, affaires, voiages et pelerinages, et par tout ailleurs où bon leur semblera, tout ainsi que nos autres Sujets de nôtre bonne Ville de Paris, et des autres Cités et bonnes Villes de nôtre Royaume. Et pour ce qu'il y a plusieurs Bourgeois, Manans et Habitans de ladite Ville, qui à présent ne sont en icelle, Nous voulons qu'ils y puissent retourner toutesfois que bon leur semblera, dedans le premier jour de May prochain venant ; et que en faisant le serment tel que dessus, ès mains d'aucuns nos Officiers, ils jouissent entierement de tout l'effet et contenu en cesdites Présentes : Et outre Avons loué, confirmé, ratifié et approuvé, et par la teneur de ces Présentes, Louons, Confirmons, Ratifions et Approuvons tous les Privileges, franchises, libertés, prérogatives et préeminences, qui par cy-devant ont esté donnés, concedés et octroiés aux Mayeur, Eschevins, Corps et Communauté, Bourgeois, Manans et Habitans de ladite Ville d'Arras, par nos très-nobles Progeniteurs Roys de France, et par les Comtes et Comtesses d'Artois, tant pour le fait de l'Étaple dudit Arras, desd. Mairie et Eschevinage, comme pour tous les métiers de ladite Ville et pour chacun d'iceux ; ensemble tous les Statuts et Ordonnances desdits métiers, et sans ce qu'il soit besoin en cesdites Présentes faire autre plus ample specification ou déclaration desd. Privileges, Statuts et Ordonnances, et lesquels nous tenons icy pour tous exprimés et spécifiés tout ainsi que s'ils y estoient insérés ou incorporés de mot à mot. Et pour obvier à ce qu'aucunes noises ou débats n'adviennent entre les Habitans de nôtredite Ville d'Arras et nos Gens de guerre, nous avons en outre octroié et accordé ausdits Habitans de non mettre ou loger aucune Garnison de Gens de guerre en ladite Ville : Moiennant ce que tous lesdits Habitans d'icelle Ville d'Arras, Nous ont promis et juré solemnellement d'un commun accord qu'ils ne prendront, recevront, ne mettront aucune Garnison, ne aucuns Gens de guerre en ladite Ville d'Arras, de quelque estat, qualité, nation, ne soubs quelques Princes ou Princesses, Seigneurs ou Dame que ce soient : Et aussi Nous leur avons octroié, promis et accordé, et par la teneur de cesdites Présentes, Octroions, Promettons et Accordons que si aucuns Princes ou Princesses, Seigneurs ou Dame, Communautés, Capitaines de Gens d'Armes ou autres quelconques vouloient courir sus, ou faire aucune voie de fait ou violence à ladite Ville d'Arras, ou aux Habitans en icelle, ou autre chose quelle qu'elle fust, qui fust ou pust estre à leur desplaisir ou dommage, nous les en garderons et deffendrons envers et contre tous comme nos bons, loyaux et Obéissans Sujets et amis, et pour ce faire, emploierons nôtre personne et tout nôtre puissance sans rien y épargner, tout ainsi que ferions pour la tuition et deffense de nôtredite Personne, de nôtre bonne Ville de Paris, et de tout nôtre Royaume : Et afin que ladite Ville d'Arras soit mieux et plus seurement gardée, Avons octroié et Octroions à tous les Habitans de ladite Ville et Cité d'Arras, tenans Fiefs et Heritages, soit Nobles ou non Nobles, qu'ils ne soient tenus aller ne envoier en nos Armées, ne en nos bans et arriere bans en quelque maniere que ce soit, pourveu qu'ils se tiennent en bon et suffisant habillement en ladite Ville, et s'emploient à la garde, tuition et deffense d'icelle, comme bons et loyaux Sujets doivent faire : Et outre toutes les choses dessud. en faveur et contemplation de notre très-chère et très-amée Cousine et Filleulle de Bourgogne, esperant que bientost elle nous fera les foy et hommage et tous les autres droits et devoirs qu'elle nous doit et est tenue de faire, luy avons octroié et octroions qu'elle ait et prenne tous les profits, revenus et émolumens dudit Comté d'Artois, tels qu'elle les auroit et prendroit, si elle nous en avoit fait les droits et devoirs, et ce par les mains des Receveurs, que y Avons commis et Commettrons par descharge de nôtre Trésor, en en ensuivant l'ordre de nos finances. Sy Donnons en Mandement à nôtre amé et feal Chancelier et Gens de nôtredit Grand Conseil, que de tout l'effet et contenu en cesdites Présentes, ils et chacun d'eux en droit soient facent, souffrent et laissent lesdits Gens d'Église, Nobles, Mayeur, Eschevins, Corps et Communauté, Bourgeois, Manans et Habitans de ladite Ville d'Arras, et autres qui y sont à présent, et semblablement ceux de ladite Ville qui en sont absens, et y retourneront dedans ledit premier jour de May, ainsi que dit est, jouir, et user pleinement et paysiblement, sans leur souffrir estre fait, mis ou donné aucun ennuy, destourbier ou empêchement en corps, biens, heritages, marchandises, labourages ne autrement, en quelque maniere que ce soit ; lequel si fait, mis ou donné leur avoit esté ou estoit, facent incontinent et sans délay reparer et mettre au premier estat et deu ; nonobstant quelconques confiscations jugées et non jugées, et tous dons, vérifications ou expeditions et toutes autres choses qu'on pouroit alleguer, dire ou obvier contre cesdites Présentes : Lesquelles confiscations, dons, verifications ou expeditions, et tout ce qui s'en est ou pouroit être ensuivi, et qui pouroit faire ou porter aucun préjudice ou domage ausdits Habitans d'Arras ou à aucun d'eux en particulier, nous, de nôtre pleine puissance et authorité Royale, Avons révoqué, cassé et annullé, Revoquons, Cassons et Annullons, et Mettons du tout au néant : Et pour ce que de cesd. Présentes, l'on pourra avoir à besogner en plusieurs et divers lieux, Nous voulons qu'aux vidimus d'icelles, faits soubs scel Royal ou sous le scel de l'Eschevinage d'Arras, foy soit adjoutée comme à ce présent Original, et afin que ce soit chose ferme et stable à toûjours, Nous avons fait mettre notre grand scel à cesdites Présentes. Donné en nôtre Cité d'Arras, au mois de Mars l'an de grace mil quatre cent soixante seize, et de nôtre Regne le seizième. Ainsi signé sur le reply au-dessus par le Roy en son Conseil auquel Monseigneur le Cardinal de Bourbon, le Comte de Beaujeu, Mons. L'Evesque d'Arras, le Sire de Logeac marechal de France, le Comte de St. Pol, le Gouverneur du Dauphiné, le Sire du Boschage, Maistre Jehan Bourié Tresorier de France, et autres estiez. De Cherisay, et au-dessous Visa : Leues et publiées au Grand Conseil tenu en la Cité d'Arras, le premier jour d'Avril mil quatre cens soixante seize. Ainsi signé A. Disome.

1597.

ATREBATUM NOCTURNIS INSIDIIS TENTATUM. (1)

Nocte per insidias Atrebatia mœnia Francus
Subdere tentavit, subruit ausa deus.
Cessere effractis eversa repagula portis,
In præcinctu aderat rex animare suos
Ad strepitum, bonus excubitor clamavit ad arma.
Lampades accensæ, tympana rauca sonant.
Æramenta boant e turribus; undique cives
Exciti stratis obvia tela ferunt.
Fistula crebra vomit claudes, et sulfur, et ignem.
Obyciunt pro aris corpora proque focis.
Illi obices pergunt convellere, cominus instant,
Parietibus tecti qua via facta cavis
Contendunt parili certamine, cura salutis
Excitat hos, illos preda opulenta movet.
Vim vis exsuperat, fervoremque obruit ardor
Haud penetrare valent; agmina prima cadunt :
Optimus atque manu promtissimus ante alios ut
Quisque ruit, sic et corruit ictus humi
Dii, non Iliaci de queis nugatur Homerus,
Vires ingeminant auxiliumque ferunt.
Verùm exercituum deus intus agitque repletque
Vi secreta animos fessaque membra novat.

(1) Ce petit poème dont on ignore l'auteur a environ 80 vers, et n'a jamais été publié. Il est dédié à l'Archevêque de Cambrai et se termine par ce chronographe :

CathoLICoregI faVIt GVntrannVs et Ipse
ReX sanCtVs pepVlItqVe MaLos
FranCos Attrebatio in tenebrIs (28 Martii an. 1597).

Ce mss. de la bibl. d'Arras porte le n° 404.

FONCTIONS DU MAGISTRAT D'ARRAS PENDANT LE SIÈGE DE 1640.

« Et auroient promptement reparty et donnez aucunes charges aux
» eschevins issans et issus, gentilzhommes et plus qualifiez bourgeois
» de cette ville et lexecution des ordonnances dud. conseil de guerre;
» pour suppleer a ce que ledit magistrat ne pouvoit faire en per-
» sonne pour estre dailleurs empesché depuis le matin jusque au soir
» et le plus souvent y passoit la nuit, le tout a l'advenant que la né-
» cessité pressoit, les uns auroient esté commis pour retenir les noms
» et surnoms des estrangers paisans lieux de leur residence et d'un.
» Ils estoient autres pour assister les quatre commis aux ouvrages
» ayant ledit conseil de guerre mis pris aux vivres après qu'aucuns
» notables bourgeois se seroient informez de leur valeur, autres pour
» visiter les greniers et cognoistre la quantité des grains et après les
» distribuer à un chacun en ayant besoin a proportion de son mes-
» nage et contraindre chacun en ayant les mestre en vente, autres a
» faire faire fascines palissades ponts et autres ouvrages de fortifica-
» tions autant que faire se pouvoit tant des arbres fruitiers et autres
» provenans des jardins de la dicte ville et faubourg; autres a vaquer
» pour retenir chariots charrettes et hommes tant aux portes qu'ail-
» leurs a estat de mener gazons sur les rempartz et autres lieux qui
» leur estoient désignez; autres pour avoir esgard a l'advancement des
» ouvrages de dehors, autres a faire faire lutteaux pour les batteries
» faire recherche et provision de pail foin et autres semblables a tel es-
» tat que tous les plus qualifiez avoient chacun leurs fonctions et les
» autres emploiez a faire la garde jour à aultre et le jour qu'ils n'es-
» toient de garde le matin et l'apres midi ils ont tousiours travaillé, a
» savoir au commencement du siège, au démolissement des faulbourgs
» affin d'y faire pour tout une esplanade pour découvrir plus facile-

» ment les mouvemens des assiégeans et les esloigner de la ville à quoy
» la bourgeoisie se porta avec tant de promptitude et diligence qu'en
» moins de quatorze ou quinze jours elle fit ce que l'on croiait im-
» possible estre fait en six sepmaines sans faire aucune reflexion sy
» les maisons leur estoient propres ni a la beauté des edifices non plus
» qu'aux cloistres et eglises de grande valeur, encore bien qu'aucuns
» soldatz de la garnison y auroient voulu donnez empechement pendant
» lequel aucun des bourgeois auroient esté tuez en s'acquittant du
» commandement ; li avont put par le magistrat ce qui à cause que au-
» cunes maisons seroient demeuree droictes toutes lesquelles ont fa-
» cilité les approches et reduit la ville à des extremités quelle n'eust
» deub craindre de longtemps sans néanmoins avoir obmis aucune
» chose pour réduire les demi lunes de dehors avec les contres carpes
» en bonne deffense selon qu'a esté fait nonobstant toutes les empes-
» chemens donnez par les assiegeans et depuis ne à este donné ordre
» la fortification des rempart et gardes d'icelle. » Arch. municip. reg.
mém. fol. 45.

DÉMOLITION DU COUVENT DE LA THIEULOYE.

Marie de Moncheaux, abbesse de la Thieuloye, raconte ainsi la démolition de ce couvent.

« Le lendemain le baron d'Erre, gouverneur, fut pour la 2e fois
» cette année, trouver la prieure Marie de Moncheaux et lui dit que
» l'ennemi paraissait et qu'il était temps qu'elle se retirât au refuge.
» La moitié de la communauté s'y rendit le jour même et le reste s'y
» sauva le lendemain, jour où la ville fut investie, c'est-à-dire le 3^e
» juin.

» Les Français travaillèrent assez long-temps à leurs lignes ; du-
» rant ce temps-là on fit abattre toutes les maisons du faubourg qui
» étaient en grand nombre et dont la plupart appartenaient à des bour-
» geois comme maisons de campagne et à des gentilhommes de la pro-
» vince.

» Le conseil de guerre ordonna aussi la démolition des monastères
» des Dominicains, des Trinitaires, des Augustines et de la Thieuloye.
» Ce dernier étoit le plus beau et le plus grand. Il passait pour avoir
» autant d'étendue que la ville de Bapaume. Il y avait un vaste jardin
» bien planté garni de haies et de longues allées. On y avait bâti de-
» puis quinze ans un grand corps-de-logis ; les religieuses présentè-
» rent inutilement des requêtes au conseil de guerre pour conserver
» leur couvent, disant qu'étant situé dans un fond il ne pouvait pré-
» judicier à la ville en cas de siège.

» Elles prirent donc le parti de le faire démolir à leurs dépens ; de
» Moncheaux, prieure y alloit tous les matins avec 7 ou 8 religieuses,
» mais comme on y travailloit lentement au gré du magistrat, parce
» que la prieure faisoit tout transporter à la ville, il envoya à deux re-
» prises une ou deux compagnies bourgeoises composées de 5 à 600
» hommes conduits par leurs capitaines pour achever de détruire en-
» tièrement ce couvent. Les religieuses promirent d'y faire travailler

» plus efficacement, et les capitaines s'étant contentés de leur parole,
» les compagnies rentrèrent en ville. On les y renvoya une 3e fois. Il
» y'eut un choc à cette occasion, comme les soldats qui étaient logés
» au faubourg n'avoient plus d'autres retraites que ce couvent. Jus-
» que-là que les Irlandais d'O'Neil y logeaient, leur omonier disoit la
» messe sur la table du réfectoire où il les prêchaient. Ils se prirent
» de querelle avec les bourgeois qui vouloient les contraindre de sortir;
» 3 bourgeois furent tués, un dans le monastère, un autre mourut à la
» porte Saint-Nicolas, et le 3e de sa blessure. Cet accident indisposa
» beaucoup le peuple contre les religieuses, on crut qu'elles avoient
» animé les soldats contre les bourgeois. Elles furent menacées de sa
» fureur si elles revenoient à la ville. Un capitaine de cavalerie se
» chargea de les y amener. A mi-chemin un officier vint lui dire que
» le peuple étoit attroupé pour les insulter. Le capitaine fit alors en-
» vironner les religieuses par ses cavaliers et leur dit : *Je vous con-*
» *duirai en sûreté dans votre maison.* Le colonel de ce régiment fut avec
» le gouverneur les recevoir hors de la porte. Le baron d'Erre descen-
» dit alors de cheval, et marcha à pied au milieu d'elles. En passant
» aux portes les plus mutins du peuple leur dirent quelques injures ;
» la présence du gouverneur arrêta les autres. Il conduisit les reli-
» gieuses en sa maison qui étoit près de la porte Ronville ; elles y
» restèrent jusqu'au soir. A la fin du jour il les mena dans leur refuge
» et les fit garder toute la nuit dans la crainte de nouvelles insultes
» ou même de feu tant la populace étoit irritée.

» Des qu'elles furent sorties de leur couvent, plus de 2,000 person-
» nes, tant bourgeois que paysans, hommes, femmes et enfants, l'a-
» battirent entièrement ; ils apportèrent en ville les matériaux et les
» vendirent à leur profit. Les religieuses rachetèrent des soldats et
» autres quelques grosses poutres et sommiers qu'elles mirent en dé-
» pôt à Saint-Vaast. Pour les payer, elles furent contraintes de vendre
» une partie de leur argenterie, entr'autres choses, un petit encen-
» soir, un réchaud, un plat, deux aiguières dont on se servait pour
» faire la cène le jeudi saint. »

Voy. le p. Ignace, supp. au mém. pag. 98 et 153.

COMBAT DU 2 AOUT 1640.

Toute cette action (combat du 2 aout) s'est passée glorieusement et heureusement, à l'avantage des armes du roy. Le maréchal de Chastillon se portant partout aux lieux mesmes les plus dangereux, et animant tout le monde par sa présence, eut son cheval tué sous luy d'un coup de canon, ayant auparavant receu une mousquetade à lespaule, qui encore qu'il n'eust point darmes, n'entra pas, ayant rencontré le nœud de son écharpe, mais ne laissa de luy faire grande douleur, par la grande meurtrisseure que ce coup luy fit. Le comte de Guiche y a parfaitement bien fait, suivant ses bonnes coustumes, n'ayant espargné sa personne ny ses soins, et ayant eu grand jugement et adresse dans sa conduite. Le marquis de Praslin et le comte de Grancey s'y sont employez avec grande vigueur et affection. Les mestres de camp des vieux régimens y ont triomphé aussi. Le marquis de Fors y a esté blessé au bras, faisant parfaitement bien ; sa blessure est plus douloureuse que dangereuse. Le marquis de Senescey y a esté plus heureux, car il a librement exposé sa personne, et n'a esté blessé. Le Vidame s'est aussi porté fort vaillamment à la teste de son régiment, qui a fort bien fait, comme celuy de Bourdonné, officiers et soldats. Dandelot entrant des premiers dans le fort, lorsque nous le regagnasmes, tua un officier Espagnol d'un coup d'espée ; il y fut blessé légèrement à la main, et receut un grand coup de mousquet sur ses armes. Ainsi chacun a fait son devoir, à qui mieux mieux. Les officiers et soldats des gardes du roy ont donné l'exemple de bien faire à tous. Il parut quelque estonnement parmy une partie de la soldatesque, lorsque les ennemis vindrent donner jusques aux barrières du retranchement du quartier de Ramzau, et à la maison où la personne dudit Ramzau estoit. Ses gens l'enlevèrent en diligence, blessé et incommodé comme il est, et empescherent qu'il ne tombast entre les mains des ennemis : lesquels prirent leur retraite en fort bon ordre, excepté l'infanterie du fort, qui se retira en désordre et diligence, et couvrirent leur marche de douze ou quinze gros escadrons de cavalerie, et demeurèrent derrière des hauteurs qui n'estoient qu'à une demie lieue de nostre camp, jusques à dix heures du soir pour prendre haleine et faire repaistre hommes et chevaux. A la faveur de la nuit ils marchèrent et se retirèrent vers Sailly, qui est le premier quartier qu'avoit pris Lamboy, lorsque le mareschal de la Meilleraye mit si bien en désordre sa cavalerie.

Cette journée a esté remarquable en toute sorte. Les ennemis ont fait un effort extraordinaire, toutes leurs forces jointes ensemble, et pris leur temps très à propos, que deux généraux et des troupes choisies estoient allées au devant de l'armée commandée par M. du Hallier. Les ennemis ont esté en présence depuis la pointe du jour jusques sur les dix heures du matin, qui sont plus de six heures sans oser donner.

Sur les dix heures et demie, lorsqu'il y avoit moins d'apparence qu'ils le dussent faire, ils commencèrent l'attaque du fort de Ramzau qui dura plus de deux heures, devant que les troupes parties du camp fussent arrivées, quelque diligence qu'elles fissent dès qu'elles eurent receu avis de l'attaque.

Il fallut donc que celles que le mareschal de Chastillon avoit, soutinssent tout l'effort durant ce temps-là.

Depuis le renfort arrivé, les ennemis ne firent que languir, bien qu'ils gardèrent le fort une bonne heure entière.

Leur opiniatreté leur fit perdre beaucoup de gens, à cause que nos batteries redoubloient par l'abondance des munitions de guerre qui furent portées très à propos.

Lors que l'avant-garde de l'armée de M. du Hallier commença à filer derrière le quartier de Ramzau, les ennemis ayant sujet de croire que nous pouvions avoir dessein de faire une grande sortie, pour les engager à un combat général hors de nos lignes, ne songèrent plus qu'à faire retraite. Aubery, mémoires pour l'hist. du card. de Richelieu, tom. 4, pag. 642.

CAPITULATION D'ARRAS.

Articles accordés à Messieurs les Députés des ecclésiastiques, nobles, magistrats, corps et communautés des ville et cité d'Arras, par les Généraux de l'armée du roy suivant le pouvoir qu'ils en ont, et qu'ils promettent faire ratifier par Sa Majesté.

I. Que toutes offenses et actes d'hostilité commises devant et après le siège, seront entièrement oubliés et pardonnés.

II. Que la liberté de conscience sera permise dans lad. ville et cité, fauxbourgs et banlieue d'icelles, ains la foy catholique, apostolique et romaine seule maintenue et conservée, et le roy sera supplié de n'y établir aucuns gouverneurs, officiers et soldats d'autre religion.

III. Que le saint cierge, et toutes les autres reliques, ne seront transportés hors de ladite ville et cité.

IV. Que tous les bourgeois et habitans de ladite ville et cité, présens et absens, et autres réfugiés, ou enfermés, de quelle qualité et condition qu'ils soient, ecclésiastiques ou autres officiers de Sa Majesté Catholique, ou non, pourront continuer leur demeure dans ladite ville et cité, l'espace de deux ans prochains venans, sans y être recherchés, ny inquiétés, pour chose que ce soit, pourvu qu'ils vivent en toute modestie et fidélité pour pendant lesdits deux ans se résoudre, s'ils veulent continuer leur demeure, ou sortir, et en cas de départ, le pourront librement faire quand bon leur semblera, en prêtant serment de fidélité.

V. Qu'audit cas leur sera permis la propriété et jouissance de tous leurs biens, pour en disposer, les transporter, donner, vendre, aliéner, changer, engager comme ils trouveront à propos, ou bien les faire recevoir et administrer par tels qu'ils voudront ordonner, et venans à mourir, hors, ou dedans ladite ville et cité, sans avoir fait testament ou autre disposition, telle qu'elle fût, en ce cas leurs biens suivront ceux qui seront leurs héritiers, ou leurs plus proches parens respectivement.

VI. Qu'aux ecclésiastiques, bourgeois, et habitans qui sont absens et résidens ailleurs, leur sera concédé liberté de retourner en ladite ville, avec leurs femmes et enfans, dedans trois mois d'huy, pour après délibérer sur le demeure, disposition de biens ou sortie, dedans deux ans.

VII. Que les bourgeois et habitans desdites ville et cité, gouvernance et ressort, seront exemps de la gabelle du sel, et pour les autres impositions seront traités comme tous les autres sujets du roy, et ne sera mise aucune imposition, que par convocation, consentement et assemblée des états, conformement à leurs privileges.

VIII. Que les nobles, et autres possédans fiefs esdite ville, cité et gouvernance, seront déchargés du ban et arriere ban, suivant leurs anciens privileges.

IX. Que lesdits bourgeois et habitans ayans prêté serment de fidélité, ne pourront être envoyés hors de la ville pour faire colonnie.

X. Que l'evêque, chapitre, comme toutes autres personnes indifféremment, tant ecclésiastiques, religieux avec leurs supposts, beneficiers, reguliers ou seculiers, pasteurs, collège des peres de la société, les cloitres, hopitaux, pauvretés : comme aussi toutes autres personnes de quel état, condition, dignité, qualité, ordre, ou fonction que ce soit sans en excepter aucun, même ceux du patronage de France, pourvûs tant devant que depuis cette présente guerre, ou autrement, demeureront et seront maintenus en possession paisible de tous leurs états, droits, rentes, revenus, dignités, privileges, franchises, libertés, exemptions, seigneuries, juridictions, collations de prebende, benefice, office, fonctions, administrations, usages quelconques sans exception, et comme tous et chacun les ont, cy devant et jusqu'à maintenant tenus, possedés et usés sans qu'à personne soit en iceux fait obstacle, dommage, ou empêchement, le tout en prêtant serment de fidélité.

XI. Sera pourvu à la prélature des abbayes en la manière accoûtumée.

XII. Que la nomination faite à l'evêché d'Arras tiendra, pourvû que dans un an, celui qui y a été nommé vienne prêter serment de fidélité au roy.

XIII. Que les présidens et gens du conseil d'Artois, officiers fiscaux et supposts, seront maintenus en ladite ville avec leurs immunités, auctorités, jurisdictions, prérogatives et autres privilèges à eux attribués par l'érection du conseil.

XIV. Que tous les privilèges, tant généraux que particuliers, dont jouissent lesdits bourgeois, leur seront de point en point maintenus et gardés, et en jouiront à l'avenir comme devant, et les députés ordinaires des états maintenus en leurs charges, honneurs, émolumens et gages, en la forme accoutumée.

XV. Que toutes personnes indifféremment de quelle qualité et condition qu'ils soient, officiers du roy, des seigneurs particuliers, ou autres, seront conservés en leurs dits états et offices, avec tous les mêmes droits, privilèges et émolumens, dont ils ont toujours joui et jouissent à présent.

XVI. Les corps et communautés des métiers de ladite ville seront maintenus et conservés en leurs anciens privilèges.

XVII. Que les rentes dues par les États au quartier d'Arras seront conservées, pour survenir au payement desdites rentes.

XVIII. Toutes les debtes et rentes faites et contractées tant durant ce siège qu'auparavant iceluy, sous le nom de Sa dite Majesté Catholique, jusqu'à présent, seront payées et acquittées de ses domaines au quartier d'Arras.

XIX. Que toutes les debtes et rentes contractées par ladite ville et cité demeureront et seront payées des deniers tant du domaine que des fortifications d'icelles.

XX. Que les receveurs des États et argentiers des dites ville et cité, ne pourront être inquiétés ny recherchés pour les deniers de leurs entremises et administrations, pour quelque cause que ce soit, ny leurs comptes sujets à aucune revue par les officiers de Sa Majesté, que par les députés ordinaires et magistrats des villes; et les receveurs des états demeureront indemnés des obligations qu'ils ont passées en leurs noms privés par le passé, de quoy les états ont profité.

XXI. Que lesdits habitans seront remis en leurs biens, au cas qu'ils eussent été confisqués durant la guerre comme aussi les paysans avec leurs familles, bestiaux, et ustenciles de labeur, pourront retourner chez eux.

XXII. Que toutes les rentes et debtes dues tant par les seigneurs particuliers, qu'autres, hypotecquees, ou non, sur tel bien que ce soit, seront conservés en leurs force et vertu, comme aussi toutes autres debtes de bourgeois ou marchands.

XXIII. Que tous les ecclésiastiques, gentils-hommes, nobles, officiers royaux, magistrats régnans et issans, et commis aux chartres, seront exempts de logemens de gens de guerre.

XXIV. Que les soldats logés ès maisons de bourgeois se contenteront du logement et des ustenciles, comme il se pratique en France.

XXV. Que toutes les personnes indifféremment, étrangers ou autres ayans biens ressortissans médiatement ou immédiatement audit conseil d'Artois, les pourront vendre, donner, engager, céder, ou transporter, du tout, ou en partie, même les faire régir et administrer par autres, en telle forme et manière que bon leur semblera, et ce dedans deux ans, sans que lesd. ventes, donnations et engagemens, cessions, transports et administrations, puissent cy après être débatus de nullité ou collation, ny sujets à confiscations ou annotations pour quelque prétexte que ce soit, sans qu'il soit besoin d'en obtenir aucune permission, ou octroy.

XXVI. Que tous les états qui ont été inféodés par ladite Majesté Catholique et autres princes, demeureront aux propriétaires en payant le relief en cas de mort, et droits seigneuriaux en cas de vente, selon qu'il est contenu par les lettres d'inféodation.

XXVII. Que le mont de piété, bagues, joyaux, pierreries, meubles y engagés et ceux appartenant aux surintendant et officiers, seront pris en la protection du roy, et y maintenus avec les privilèges et prérogatives à eux accordés par leur institution et du depuis, sans aucune innovation, tant au regard de leurs personnes, rentes ou autrement, signament en l'exemption des gens de cour et de guerre.

XXVIII. Que les chartes, titres, comptes, papiers et enseignemens concernant la ville, domaine, conseil, états, et pays d'Artois, demeureront en leurs archives.

XXIX. Que les biens des bourgeois qui sortiront de ladite ville ne pourront être visités en aucune façon.

XXX. Tous les canons, munitions de guerre et de bouche, qui sont dans les magazins et sur les remparts y demeureront.

XXXI. C'est ce que Messieurs les Généraux de l'armée du roy, ont promis d'exécuter de point en point, et promis de faire ratifier à Sa Majesté, dans quatre jours, cependant lesdits députés ont promis sur leurs corps, de faire ouverture de leurs portes, et de les remettre présentement entre les mains de tels maréchaux de camp, qu'il plaira à mesdits seigneurs les Généraux d'ordonner.

Fait au camp devant Arras, le neuvième août mil six cent quarante.

Signé: Chaulnes, Chastillon, la Meilleraye, F. Jean de St-André, abbé de Marœuil, Philippe de Hamel, G. de Lauretan, P. le Bailly, J. Duval, P. Sellier, De Douay, Duflos, Crugeot, J. Mullet, le Mercier, P. Lesoing.

Le roy ayant vû et lû les articles ci-dessus transcrits accordés par les sieurs maréchaux de Chaulnes, de Chastillon, et de la Meilleraye, lieutenans généraux pour Sa Majesté en ses armées d'Artois, aux députés ecclésiastiques, nobles, magistrats, corps et communautés des ville et cité d'Arras pour la reddition d'icelle en son obéissance, Sa Majesté a agréé, approuvé et ratifié, agrée, approuve et ratifie lesdits articles et tout le contenu en iceux, promet de les tenir fermes et stables de sa part, et de les faire garder, observer et entretenir, sans permettre qu'il y soit contrevenu en aucune manière, à condition de prêter présentement par tous les bourgeois et habitans de ladite ville et cité d'Arras et gouvernement d'icelle, de quelque qualité qu'ils soient, le serment de fidélité dû à Sa Majesté, et de se conduire comme ses bons et fidels sujets, conformément aux dits articles. En témoins de quoy elle a voulu signer la présente ratification de sa main, et icelle fait contresigner par moy son conseiller secrétaire d'Etat et de ses commandemens et finances à Amiens, le 12e jour d'août 1640. Signé: Louis et plus bas Sublet.

Collationné à l'original reposant aux archives de ladite ville d'Arras, par le greffier d'icelle soussigné: Bacler.

Nota. Il existe un autre exemplaire de la présente capitulation sortant de l'imprimerie de Gérard de Raisme, à Arràs, à l'enseigne de l'imprimerie 1640.

A Arras, chez Urbain-César Duchamp, imprimeur.

ARTICLES ACCORDÉZ A DOM EUGENIO ONEILL MAITRE DE CAMP D'UN RÉGIMENT IRLANDOIS, COMMANDANT LES GENS DE GUERRE POUR LE SERVICE DE SA MAJESTÉ CATHOLIQUE DE LA VILLE D'ARRAS.

Premièrement, que ledit maistre de camp dom Eugenio O'Neill et tous les capitaines, officiers et gens de guerre de cavalerie et d'infanterie et autres qui sont à la solde de sa dite Majesté catholique, ecclésiastiques et séculiers sortiront dez ce soir dans les dehors.

Qu'ils sortiront demain de la dite ville avec armes, bagages, tambour battant, enseignes déployées, balle en bouche et mèche allumée par les deux bouts, et qu'ils seront conduits en toute sureté avec leurs chevaux et meubles jusques en la ville de Douay.

Qu'il leur sera permis d'emmener quatre canons, sçavoir deux de seize livres de balle et deux de six, et un mortier et leur seront donnez pour escorte deux cents chevaux françois naturels, avec un officier pour la garde de la personne dudit maistre de camp dom Eugenio O'Neill, pour seureté de laquelle ils laisseront ostages.

Leur sera aussy permis de laisser des meubles en telle maison qu'ils verront bon estre avec toute seureté, et leur sera donné passe port pour les faire conduire par cy-après où bon leur semblera, mesme aux blessez et autres qui voudront sortir de la dite ville.

Que tous les prisonniers qui auront esté faits pendant ce siège, seront de part et d'autre mis en liberté, notamment M. le duc de Wirtemberg.

Que ceux qui sont au service de sa dite Majesté catholique tant présents qu'absents, ayant quelques biens, meubles et immeubles en la dite ville, auront un an pour soigner à leurs biens et les faire vendre par procureur, mesme y pourront retourner s'ils veulent, pendant les six premiers mois, et jouyront lors du mesme privilège que les bourgeois, en prestant serment de fidélité.

Et sera permis aux gens de guerre qui sont mariez en la dite ville, d'y laisser leurs femmes l'espace des trois premiers mois pour donner ordre à leurs affaires.

Qu'on ne pourra visiter aucuns bagages ni coffres, et particulièrement ceux de M. le comte d'Isembourg, sy aucuns y a, et sera son bagage et celuy de ses domestiques transporté en toute seureté jusques en la ville de Douay.

Que le dit colonel asseurera qu'il n'y a aucuns François cachez ny aucunes armes et munitions.

Qu'on ne pourra répéter ne demander aucuns chevaux, armes, habits et autre butin pris durant et devant le siège, ains que le tout demeurera en la possession de ceux qui l'auront pris et achepté, selon les lois ordinaires de la guerre.

Qu'aucuns soldats ne pourront estre arrestés pour debtes particulières.

Fait au camp d'Arras, le 9 aoust 1640.

Signés : DE CHAULNES, CHASTILLON et LA MEILLERAIE.

ATTREBATVM EXPVGNATIO.

CARMEN. (1)

Insanos depone, ferox Hispania, fastus:
Hactenus imperii te movit ad arma libido,
Successusq; dedere animos, diversaque mundi
Occidui sceptra, et solido coëuntia tractu,
Quœ divisa tenes, sperasti jungere regna.
At dubio jam Marte tuos defendere fines
Discito, et eversis propera succurrere terris.
Bellorum compesce faces, quibus undiq; fumant
Quicunque Austriaco nituntur nomine muri,
Quas nostrœ sparsere manus: Rhenumque Padumque
Servitio, et jamjam stringentibus eripe vinclis
Mœrentis Vogesi captivas assere rupes:
Ecce cruore rubet Sicoris, Scaldinque sub ictu
Jam victor Lodoicus habet, pavidusq; remittit
Nunc humiles Leo Belga jubas, dum mœnia cernit,
Quis modo tutus erat, sibi fata extrema minari.
Ah quantò graviora manent! mœrentia cerno
Stagna Tagi, Hesperioque undantem sanguine Bœtim.
Ac tandem stimulat Lodoico vindice gentes
Libertatis amor: Mauras detrectat habenas
Cantaber, et versis mox nostra Calabria fatis,
Fortior Hispani frœnos moderabitur orbis.

    At tu dum tantos sperabis, Musa, triumphos,
Hesperiamque potens Lodoici dextra labantem
Impellet, jam tende chelyn, tantoque labori
Aspira, instantisque aude primordia cladis.

---

(1) Format in-4° Parisis MDCXLI; ce poeme signé Petrus Hallé est dédié à Pierre Séguier chancelier de France.

Un exemplaire existe dans la bibl. de M. Larroche qui a eu l'extrême obligeance de le mettre à notre disposition.

Mœnia Liligero Attrebatum cane reddita sceptro,
Scarpique hostili mutatos sanguine fluctus.
Te vocat iste labor, quœq ; hoc in pulvere virtus
Claruit, ascrœos digna est haurire liquores.

     Tempus erat, metam Phœbusque pulsat Eoam,
Primaque vicinâ pallescunt sydera luce :
Vix benè sera quies Lodoici invaserat artus,
Blandaque sopierant graviores vincula curas :
In sommis ecce ante occulos apparuit ingens
Gallia divinos vultus formosior auxit
Majestas, gemmarum undantem lumine mithram
Sustinet immortalis apex : per lactea colla
Flavet cœsaries, et mixta monilia pendent.
Aurea cœruleo accendunt subtemine pallam
Lilia : dextram implet sceptrum, quo protegit arces
Tarpeias, sedemque Dei : Byzantia quondam
Cui cessere freta, et palmas porrexit Idume. etc.

SIÉGE DE 1654.

RÉCIT D'UNE ESCARMOUCHE.

Deux jours auparavant (31 juillet) quelques-uns d'eux qui avoient diné dans la tente de M. d'Humières avec M. de Turenne où se trouvoit aussi le duc d'Yorck, demandèrent de voir les lignes des ennemis ; M. de Turenne monta à cheval et fut à peine hors de ses lignes, qu'on aperçut un parti qui en poursuivoit un des ennemis qui étoit tombé sur les fourrageurs qui retournoient au camp : M. de Turenne les ayant observé, ordonna à ces Messieurs de se mettre entre les fuyards et leurs lignes pour les couper, et commanda en même temps à la garde avancée de les soutenir ; mais les ennemis étant bien montés gagnèrent leurs guides avant qu'on put les joindre, et comme on les suivoit toujours, ils rentrèrent dans leur camp et abandonnèrent quelques soldats qui coupaient des fascines dans un petit bois à demi portée de canon et qu'on fit prisonniers. M. de Turenne se servit de cette occasion pour reconnoître cet endroit de leurs lignes qu'il n'avoit pas encore vu ; mais il ne put y arrêter long-temps, à cause du grand feu de leur canon et de la diligence avec laquelle on les vit monter à cheval : c'étoit le quartier du prince de Condé. On se retira ; on marcha vers le château de Neuville-St-Vaast, éloigné d'une lieue, dans lequel on avoit de l'infanterie, et en descendant la hauteur on aperçut à environ une lieue l'escorte des fourrageurs qui étoit de douze escadrons commandée par M. de l'Islebonne qui retournoit au camp, et voyant en même temps de la cavalerie sortir des lignes, M. de Turenne se détourna un peu de son chemin et marcha vers M. de l'Islebonne à qui il envoya ordre de venir à lui avec toute la digilence possible, espérant si les ennemis avançoient de pouvoir les régaler, car outre l'escadron de la garde il avoit encore avec lui environ 70 officiers et volontaires, mais les ennemis restèrent sur le haut de la montagne à la portée du canon de leurs lignes. Le prince de Condé y vint lui-même avec environ quatorze escadrons, et M. de Turenne voyant qu'ils ne suivoient pas plus loin, envoya l'ordre à M. de l'Islebonne de retourner au camp, renvoya l'escadron de la garde à son poste, et s'en alla avec les officiers et volontaires au château de Neuville. Il n'eut pas fait beaucoup de chemin qu'il se détacha plusieurs coureurs de la hauteur où le prince de Condé étoit encore pour gagner le haut d'une autre éminence sur laquelle marchoit M. de Turenne, afin de découvrir quelles forces il avoit derrière lui ; ce qu'ayant remarqué, et ne voulant pas que les ennemis pussent voir qu'il n'étoit soutenu de personne, il ordonna à une dixaine de volontaires d'aller à eux : MM. Germain, Berklei, Biscara, Trigomar étoient de ce nombre : le reste de la troupe escadrona sur la montagne et fit face à l'ennemi : mais les jeunes volontaires ne s'étant pas contentés de faire ce qu'on leur avoit ordonné, suivirent ces cavaliers écartés plus loin qu'ils ne devoient, jusqu'au fond qui étoit entre eux et les ennemis. Le prince de Condé détacha aussitôt un escadron qui étoit le régiment d'Estrées à la tête duquel étoit le duc de Wirtemberg pour leur couper la retraite, ce qui obligea M. de Turenne de détacher son petit escadron pour les dégager : il fit courir de rechef après M. de l'Islebonne pour lui ordonner de venir à lui, et envoya le même ordre à l'escadron de la garde. Ce fut tout ce qu'on put faire pour débarrasser les volontaires, mais pour les sauver il falloit charger le duc de Wirtemberg dont on défit l'escadron, malgré l'inégalité du nombre. On le poursuivit en bas dans une petite prairie et sur une petite hauteur, où ses cavaliers faisant volte-face, il firent une décharge de leurs carabines qui arrêta un peu les poursuivans, dont il y eut quelques-uns de tués. Les ennemis reprirent courage et chargèrent une seconde fois avec tant de vigueur que le petit escadron plia, fut poussé et obligé de tourner le dos. L'escadron de la garde, qui en retournant à son poste avait vu le commencement de l'action, arriva au secours ; aussitôt le duc d'Yorck et M. de Joyeuse se mirent à leur tête pour charger l'ennemi en flanc, mais à peine eurent-ils commencé que tout l'escadron s'enfuit et les laissa engagés avec deux ou trois de leurs domestiques : dans le même moment M. d'Arci gentilhomme de qualité ayant eu son cheval tué sous lui, on tacha de le dégager: le duc d'Yorck l'appela, mais voyant un cheval qui n'était point monté, il fit ce qu'il put pour l'attraper, et y perdit tant de temps que bien que ce prince et M. de Joyeuse fissent leurs efforts pour le mettre à couvert, ce fut en vain, et pour s'y être opiniatrés trop long-temps ils furent en grand danger d'être pris, ne se sauvèrent qu'avec peine et M. de Joyeuse eut le malheur de recevoir un coup de mousquet au travers du bras, dont il mourut ensuite. Le duc d'Yorck se tira d'affaire sans aucun mal; Milord Germain pensa être pris en tachant de sauver un gentilhomme nommé Beauregard dont le cheval avoit été tué; il voulut le prendre en croupe sur le sien; mais le cheval ne voulant point porter double, se cabrant et bondissant, il fut jeté bas. Germain lui dit de se tenir à son étrier, et le tira quelque peu hors des ennemis, mais étant poursuivi de trop près, il fut obligé de le laisser et Beauregard fut fait prisonnier. M. Berklei aida à sauver M. de Castelnau, dont le cheval ayant reçu cinq coups, ne le tira qu'à peine des mains des ennemis, ce que Berklei ayant remarqué il descendit de son cheval qu'il lui donna, monta celui du page de Castelnau et eut beaucoup de peine à se sauver. On fut poursuivi une demi-lieue par les ennemis, jusqu'à ce que M. de l'Islebonne arriva enfin avec ses douze escadrons; les ennemis qui l'apperçurent eurent le temps de se retirer sans être obligés de courir. Outre d'Arci et Beauregard il y en eut d'autres fait prisonniers et presque tous les pages qui portaient les manteaux de leurs maîtres, mais il y eut peu de tués et de blessés.

Extrait des mémoires du duc d'Yorck, page LXXXIV et suiv., édit. par de Ramsay, 2e vol. de l'hist. de Turenne.

DEVERS TRAVAUX DE MONDEJEU POUR METTRE LA VILLE EN ÉTAT DE DÉFENSE ET ÉTAT DESCRIPTIF DES FORTIFICATIONS DE LA PLACE A LA PRINCIPALE ATTAQUE.

De son côté, le comte de Mondejeu faisait travailler activement à fortifier les dehors des fronts les plus menacés ; il fit palissader les chemins couverts, fraiser ceux des ouvrages extérieurs qui n'étaient pas revêtus, établir des coupures, le long de leurs branches et disposer dans les fossés des coffres ou traverses blindées, pour mieux en assurer le flanquement ; il réunissait en même temps par des mesures prévoyantes et énergiques toutes les ressources intérieures que la ville pouvait offrir pour une résistance qu'il se proposait de rendre opiniâtre.

Le bastion de la porte de Ronville et celui des Capucins, autrement dit de la porte de Bourgogne, étaient réunis par une courtine d'environ 510 mètres de longueur ; à sa partie centrale, cette courtine était en retirade sur une longueur de 180 mètres, et bien qu'il résultât de cette supposition deux flancs supplémentaires de 15 à 20 mètres de longueur, le fossé du corps de place n'en était pas moins fort imparfaitement flanqué. Le fond de ce fossé était marécageux. Les escarpes étaient environnées de parapets terrassés ; leur hauteur variait de 12 à 14 mètres. Cette hauteur était de 9 à 10 mètres seulement pour la partie rentrée de la courtine, vieux reste de l'ancienne enceinte d'Arras ; là le revetement était assis sur une benne élevée de 6 à 7 mètres au-dessus du fond ou fossé du corps de place, ce qui facilitait les moyens d'y faire une brèche accessible après la prise des ouvrages extérieurs.

Ceux-ci consistaient en deux espèces de contregardes, couvrant les bastions de Ronville et des Capucins. La courtine était couverte par un ouvrage désigné dans son ensemble sous le nom de corne de Guiche et dont voici la description : en face de la retirade était un ouvrage à cornes retranché intérieurement au moyen de deux coupures faites le long des branches et appuyées au fossé d'une demi-lune formant réduit ; cet ouvrage était appelé la petite corne ; son front extérieur, long d'environ 130 mètres, était enveloppé par un ouvrage de même espèce, d'un front plus étendu et dont les branches se rattachaient par des retours en forme de flancs à celles de l'ouvrage en arrière, en laissant toutefois des coupures entr'elles; ce retranchement plus extérieur était appelé la grande corne.

Ces devers ouvrages n'étaient pas revêtus, mais ils étaient tous fraisés et la qualité du sol qui est d'une nature de craie avait pu permettre de roidir beaucoup les inclinaisons des talus d'escarpe et de contre-escarpe ; les fonds de leurs fossés étaient secs et relevés de 3^{m}50 environ au-dessus de celui du corps de place ; partout il était défendu par des traverses pleines ou blindées.

Tout le long des fossés des ouvrages extérieurs régnait un chemin couvert également palissadé et protégé par des places d'armes en forme de tenailles et de bonnet de prêtre. Une des tenailles placée devant la courtine de la grande corne avait pour réduit un petit ravelin en maçonnerie de briques.

Les communications de l'intérieur de la place à l'extérieur, se faisaient à la fois par la porte Ronville et par une poterne qui débouchait du flanc gauche du bastion des Capucins (1).

Deux attaques furent simultanément entreprises ; celle de gauche, dite du prince de Condé, partait des jardins d'Achicourt du côté de la rive droite du Crinchon ; elle s'appuyait au marais que formaient les eaux de ce ruisseau ; celle de droite, dite des Espagnols, commençait à la ligne de contrevallation menée par les assiégeans le long du rideau de Ronville ; elle partait du point où cette ligne rencontrait le chemin de Beaurains. Ces deux attaques, soutenues l'une et l'autre par des gardes de cavalerie, s'avançaient par des tranchées tracées en crémaillères ou en zigs-zags, épaulées et flanquées de distance en distance par de petites redoutes.

Extrait d'une notice sur le siège de 1654, par M^{xxx}.

(1) Ce flanc est aujourd'hui tout ce qui est resté du bastion, c'est à son angle d'épaule gauche que vient aboutir la communication qui de ce côté relie la place avec la citadelle construite 16 ans après ce siège ; la partie droite de l'enceinte qui y faisait suite a été démolie ; le marais qui existait en avant a été desséché et a servi à asseoir la basse ville et l'esplanade de la citadelle. Quant à l'escarpe de la courtine du front attaqué elle est conservée à peu près dans l'état où elle était pendant le siège, et elle porte encore les traces des boulets ennemis. La corne de Guiche a été rasée et remplacée par un ouvrage d'un autre tracé (des tenailles qui présentent quatre trouées sur le corps de place.)

COMPLÉMENT DES OPÉRATIONS MILITAIRES.
1654.

Dans la nuit du 14 au 15 juillet le prince de Condé ouvre la tranchée.

Le 19 les assiégés font une sortie.

Le 20 les alliés établissent deux batteries pour combattre les feux de la place ; la première composée de huit canons était dirigée contre la porte de Ronville et la deuxième qui n'en avait que cinq contre le bastion dit de Bourgogne.

Le 21 réunion des deux attaques par une tranchée prolongée sur la gauche en forme de parallèle.

Le 22 tentative contre les palissades du Bonnet-à-Prêtre qui formait l'angle de gauche du chemin couvert de la corne de Guiche; cette tentative échoua.

Le 23 établissement d'une batterie de trois pièces dirigée contre le ravelin rabattu.

Le 24 les alliés commencent à couvrir le chemin couvert.

Le 25 attaque dirigée contre la gauche de la corne et sortie des assiégés qui renversent les gabions et les fascines déjà posés contre la palissade.

Le 26 attaque des contrescarpes.

Le 27   id.

Le 28 les alliés font leurs logemens sous la contrescarpe.

Le 29 et le 30 continuation de ces travaux.

Le 31 ils dressent une batterie de quinze pièces entre le ravelin et le Bonnet-à-Prêtre de la pointe droite de la corne pour réunir les défenses de la partie droite du front d'attaque.

Le 1er août ouverture des puits pour marcher souterrainement contre les deux saillants de la corne de Guiche.

Le 4 attaque de la grande place d'armes qui couvrait la porte de Ronville.

Le 7 le feu est mis à la mine et les deux saillants de la grande corne sautèrent avec leurs défenses ; assaut immédiat des deux côtés.

Le 8 les travaux d'approche étant poussés jusqu'à la contrescarpe, l'ennemi tenta d'enlever la petite corne.

Le 9 il franchit le fossé et monta jusqu'aux palissades, mais il fut repoussé et se vit contraint de venir par-dessous le fossé comme à la grande corne; mais les assiégés renversèrent les galeries poussées contre les deux saillans et l'effet fut nul.

Le 14 deux attaques infructueuses sont dirigées l'une contre la petite corne et l'autre contre le chemin couvert du bastion des Capucins.

Le 15 les alliés établissent une batterie dans le chemin couvert de la branche gauche.

Le 16 une nouvelle batterie est dressée sur la courtine de la grande corne pour faire brèche à la petite. De leur côté les assiégés font une sortie contre la tranchée que les ennemis minaient du côté des Capucins.

Le 17 pendant la nuit les assiégés font deux sorties l'une sur la même tranchée et l'autre qui approchait des palissades du fossé.

Le 18 les assiégeans se logent sur la petite corne; ils attaquent le chemin couvert de la contregarde des Capucins et en sont repoussés.

Le 19 ils attaquent le chemin couvert de la demie-lune et sont repoussés.

Le 20 nouvelle attaque repoussée.

Dans la nuit du 20 au 21 ils dressent une batterie de deux pièces sur la courtine de la petite corne.

Le 21 ils établissent deux batteries sur l'avant chemin couvert de la contregarde pour en ruiner les défenses et celles de la contrescarpe.

Le 22 et le 23 les cheminements sont continués.

Le 23 (à trois heures du matin) les assiégeans font jouer une fougasse sur la pointe de la queue d'hirondelle qui couvrait le saillant du chemin couvert de la contregarde; il en résulta une brèche aux palissades par laquelle ils s'introduisirent pour gagner le chemin couvert, mais ils furent repoussés et obligés de rentrer dans leurs tranchées qu'ils continuèrent à pousser en avant.

Dans la nuit du 24 au 25 août (42e et dernière du siège), ils réunirent deux mille hommes pour attaquer à la fois les contrescarpes de la demi-lune et celles de la contregarde; après un combat opiniâtre ils ne purent gagner que les points de cette dernière; ils y ont perdu au moins 200 hommes; la perte de l'assiégé fut d'environ 70 hommes, tant tués que blessés. On sait que ce fut pendant cette nuit que les armées Françaises forcèrent les lignes alliées (1).

(1) Outre les auteurs déjà mentionnés dans le récit de ce siège, nous avons puisé les élémens de ce travail dans un manuscrit assez répandu et rapportant jour par jour les diverses attaques et surtout dans l'excellente notice précitée. Nous n'avons fait souvent que copier ce guide éclairé.

EXTRAIT DES COMPTES DES COMMIS AUX HONNEURS.

Le vingt nœufviesme desd. mois et an (juillet 1654) mesdits sieurs ont assisté au *Te Deum* chanté en leglise de Nostre-Dame en action de Grace du sacre du roy, pourquoy est deub à mesdits sieurs officiers permanens argentier et quatre commis aux ouvrages à chacun un lot de vin faisant compris les deux lots d'abondance ausdits commis vingt quatre lots et à l'argent XXXI l. IIII s.

Aux six sergeans ayans conduits mesdicts sieurs esté paié III l.

Ledict jour au soir at esté faict un feu de joye devant l'hostel de ville en réjouissance dudit sacre du roy à raison de quoy est deub à mesdicts sieurs maieur eschevins officiers permanens et argentiers à chacun un lot de vin faisant avecq les deux lots d'abondance ausdits comis vingt lots et à l'argent XXVI l.

A Nicolas de Mailly et George Dignoart aians carillonné et bondy la cloche joyeuse durant ledict feu at esté payé XXX s.

Le vingt cinquiesme d'oust dudict an messieurs ont esté saluet en corps monseigneur le mareschal de Thurenne general des armées de Sa Majesté estant en l'hostel de monsieur le gouverneur, pourquoy leur est deub aux officiers permanens argentier et quatre commis aux ouvrages faisant avecq les deux lots d'abondance ausd. comis vingt quattre lots et à l'argent, XXXI l. IIII s.

A trois sergeans à verges Vacheux, Doresmieux et Barly ayant conduits mesdits sieurs XXX s.

Ledict jour mesdicts sieurs ont assisté au *te deum* chanté en l'église de Nostre-Dame en action de grâce pour la délivrance d'Arras pourquoy leur est deub aux officiers permanens argentier et quatre comis aux ouvraiges chacun un lot de vin faisant comprins les deux lots d'abondance ausd. commis vingt-quattre lots et à l'argent XXXI l. IIII s.

Six sergeans aiant conduits mesdits sieurs III l.

Ledict jour mesdicts sieurs ont esté saluer monsieur le mareschal

Docquincourt général des armées de Sa Majesté pourquoy et suivant la résolution leur est deub aux officiers permanens argentier et quattre commis aux ouvraiges chacun un lot de vin faisant comprins les deux lots d'abondance ausdicts commis vingt-quattre lots et à l'argent, XXXI l. IIII s.

Six sergeans aiant conduits mesdits sieurs III l.

Ledict jour mesdits sieurs ont esté saluer en corps monsieur le mareschal de la Ferté quoyque ne l'ayant trouvé leur est deub suivant la résolution la somme de XXXI l. IIII s.

Aux six sergeans à verges aians conduits mesdits sieurs III l.

Le vingt-sixiesme d'aoust le duc d'York, frère du roi d'Angleterre, estant en ceste ville messieurs du magistrat en corps l'auroient esté salué en l'hostel de monsieur le gouverneur, pourquoy leur est deub aux officiers permanens argentier et quattre commis aux ouvraiges chacun un lot de vin faisant comprins les deux lots d'abondance ausdicts commis vingt-quattre lots et à l'argent XXXI l. IIII s.

Aux six sergeans à verges aiant conduicts mesdits sieurs III l.

Le vingt-huitiesme desdicts mois et an messieurs sont sortis en corps hors de ceste ville et le roy estant arrivé à la porte de Ronville l'auroient salué, pourquoy suivant la résolution de mesd. sieurs leur est deub aux officiers permanens argentier et quattre commis aux ouvraiges à chacun trois lots de vin faisant comprins deux lots d'abondance ausdicts commis soixante-huict lots et à l'argent IIII^{xx} VIII l. VIII s.

Aux six sergeans aians conduicts mesd. sieurs, VI l.

Ledict jour au soir at esté faict un feu de joye devant l'hostel de ville en réjouissance de l'entrée du roy en ceste ville pourquoy est deub à mesdicts sieurs officiers permanens et argentier chacun un lot de vin faisant avec les deux lots d'abondance ausd. commis vingt lots et à l'argent, XXVI l.

A Nicolas de Mailly et George Dignoart aians carilloné et bondy la cloche joyeuse devant ledict feu et à l'entrée du roy III l. X s.

Le vingt neufviesme jour desdicts mois et an messieurs seroient allez en corps saluer monsieur le duc d'Anjou frère du roy estant en l'abbaye de St-Vaast à raison de quoy leur est deub aux officiers permanens argentier et quattre commis aux ouvraiges à chacun deux lots de vin suivant la résolution de mesdits sieurs faisant comprins deux lots d'abondance ausdits comis quarante-six lots et à l'argent, LIX l. XVI s.

Aux six sergeans à verges aians conduicts messieurs III l.

Ledict jour la reine mère du roy estant aussy audict abbaye de St-Vaast, mesdicts sieurs du magistrat en corps l'auroient salué à raison de quoy leur est deub aux officiers permanens argentier et quatre commis aux ouvraiges à chacun deux lots de vin par mesme résolution faisant, comprins deux lots d'abondance ausdits commis, quarante-six lots et à l'argent, LIX l. XVI s.

Aux sergeans à verges ayans conduicts mesd. sieurs, III l.

Ledict jour monseigneur le cardinal Mazarin estant venu avecq Sa Majesté en ceste ville mesdicts sieurs en corps l'ont salué en l'hostel de monsieur le gouverneur pourquoy leur est deub aussy à chacun deux lots de vin suivant leur résolution portant en argent L. IX l. XVI s.

Ausdits sergeans à verges ayans conduicts mesdicts sieurs III l.

Le mesme jour mesdicts sieurs furent trouver en corps monsieur le Tellier chez le sieur Morguet pourquoy leur est deub aux officiers permanens et quattre commis aux ouvraiges à chacun un lot de vin faisant avecq les deux d'abondance ausdicts commis vingt-quattre lots et en argent, XXXI l. IIII s.

Aux six sergeans à verges ayant conduicts mesdicts sieurs III l.

Le trente-uniesme d'aoust dudict an au partement du roy messieurs du magistrat se sont représentés en corps sur les degrés de l'église de Ste-Marie-Magdelaine et y firent la révérence à Sa Majesté à raison de quoy leur est deub aux officiers permanens argentier et quatre commis aux ouvraiges à chacun ung lot de vin faisant, comprins les deux lots d'abondance ausd. commis, vingt-quattre lots et à l'argent XXXI l. IIII s.

Extrait du compte des Commis aux honneurs 1653-1654 (1).

(1) Qu'il me soit permis de témoigner ma gratitude à l'égard de M. Maurice Colin, maire de la ville d'Arras, pour l'obligeance avec laquelle il m'a permis de fouiller dans les Archives municipales, ainsi qu'à M. Forêtier, directeur de ces Archives, qui a mis à ma disposition, avec le zèle éclairé qu'on lui connait, les précieux documents confiés à ses soins.

SIÈGE D'ARRAS DE 1654.

« Le 9 janvier 1657, de Beaulieu, ingénieur du roi, eut l'honneur de présenter à leurs Majestés, c'est à dire à la reine mère Marie Anne d'Autriche et à Louis XIV, à M. Philippe d'Orléans frère unique du roi et au cardinal Mazarin à Paris, le plan (1) du mémorable siège d'Arras et du secours qui le fit lever, lequel avoit été dessiné sur les lieux par ordre exprès du roi, qui, aussi bien que son éminence, témoigna que ce travail de la plus grande dépense et du plus curieux dessin qui se soit vu pour lors en son espèce, lui étoit fort agréable, et répondoit parfaitement au désir qu'il avoit eu de le voir ainsi achevé, depuis cette grande action si glorieuse à ses armes et si utile au repos de son état. » Le p. Ignace add. aux mémoires, tom. 2 pag. 566.

L'Académie d'Arras a mis au concours la délivrance de cette ville par Turenne; le prix en a été remporté par M. Ch. de St-Maurice, de Paris, voy. mém. de l'Acad. d'Arras, tom. 2 pag. 58-63.

(1) Nous devons encore citer les plans insérés par de Ramsay dans son hist. de Turenne et par Desormeaux dans l'hist. du prince de Condé. Mais aucun n'approche pour la beauté de celui in-folio fait pour le siège de 1640 et publié à Paris chez Tavernier. Ce plan est remarquable par l'exécution, la netteté et la précision du dessin. Nous en avons fait une réduction qui sera publiée dans notre notice sur l'organisation militaire de la ville d'Arras.

On doit à M. *** un plan rectifié du siège de 1654.

Il existe encore 1°. *le plan du camp des armées du roy très chrétien Louis XIII commandées par les mareschaux de Turenne et de la Ferté-Senetaire (sic) pour le secours de la ville d'Arras assiégée par l'armée Espagnole en l'année 1654. A Paris, par le s^r de Beaulieu ingénieur, ord^{re} du roy avec privil.*

2°. Plan des attaques faites à la corne de Guiche de la ville d'Arras par les armées Espagnole et Impériale, commandées par l'archiduc Léopold, deffendue par M. le comte de Mondejeu, gouverneur de la dite ville et la levée du siège le 25 d'aoust en l'année 1654.

Pour être complets, nous nous croyons obligé de donner le commencement d'un petit poème intitulé :

LE COMBAT

DONNÉ DANS LES LIGNES PRÈS D'ARRAS PAR L'ARMÉE DU ROI EN 1654.

EN VERS BURLESQUES,

Inséré dans le 28° vol. du Recueil des diverses pièces d'état du temps du cardinal Mazarin et reproduit par le p. Ignace dans ses add. aux mém. et rec. tom. 8 pag. 205 et suiv.

Tandis que je me sens en train
Et que j'ai la plume à la main
Achevant de parler en prose
D'une fort agréable chòse :
A savoir du salut d'Arras,
Malgré ce monstre à tant de bras,
Qui pensoit en faire sa proye,
Il faut, pardienne que je voye
Si pour un peu me délasser,
Je pourrai de même en tracer
Deux ou trois petits mots en rimes
Soient-elles basses ou sublimes.
Car aussi bien étant jeudy
Nous approchons du samedy
Où la muse heroï-comique
Doit au Monarque LUDOVIQUE
Montrer son soin accoutumé,
Bien que je sois fort enrhumé
Et puis, comme on dit d'ordinaire,
Chose faite n'est plus à faire.

Ainsi que par un coup de vent
Comme il arrive assez souvent
Un vaisseau pensant jeter l'anchre,
Ou sur le poinct même qu'il anchre,
Près d'une Isle en est écarté
Et rapidement transporté
A je ne sçais combien de lieues
Par des routes violettes et bleues,
De même en saine vérité
Les sieurs Espagnols ont été
Éloignés de la dite ville
Lorsqu'il pensoient selon leur style,
Estre tout prets de s'en saisir
(Dont je n'ai pas peu de déplaisir)
Non par aucun coup de fortune
Venu de la part de Neptune,
Car ils n'étaient point dessus l'eau,
Ni dans navire, ni dans vaisseau,
Ni dans galère, ni dans galéasse
Ou Dieu pardon point ne me fasse,
Oins en terre ferme emboëtez,
Tous fantassins que gens montez
Ainsi que sont en leurs coquilles
Les limaçons et non chenilles.
Ce fut donc par un noble effort
Que de Turenne, preux et fort,
Le grand la Ferté-Senneterre
Et d'Hocquincourt si brave en guerre
Firent dans leurs retranchemens
L'jour vingt cinq, si je ne mens
Après quelque avis ou mémoire
Qu'on m'a donné de cette histoire.

MÉMORIAL ADMINISTRATIF DU PAS-DE-CALAIS.

N° 162.

VENDREDI, 7 AOUT 1812.

PRÉFECTURE DU PAS-DE-CALAIS.

MAIRIE D'ARRAS.

Programme de la fête communale qui aura lieu à Arras, les 23, 24 et 25 août 1812.

Un usage antique, qui nous a été transmis par nos pères, avait établi des fêtes annuelles dans les villes des ci-devant provinces de Flandres et d'Artois ; elles rappellaient toutes quelques grands évènemens qui avaient tourné à l'avantage de leurs habitans : elles ont été religieusement conservées jusqu'à ce jour chez nos voisins. Arras seul, a négligé, depuis environ 40 ans, cette commémoration dont le sujet chez elle avait pris naissance dans un siècle d'ignorance et de barbarie ; il ne pouvait plus sans exposer au ridicule ses partisans, continuer d'être le prétexte d'une fête : la partie religieuse qui en faisait la pompe avait été supprimée par le prélat qui était alors à la tête du diocèse et celle profane le fut de suite par l'opinion.

Mais d'autres évènemens, dont le souvenir sera toujours précieux pour les habitans de cette ville, ne peuvent-ils le remplacer ? Pourquoi ne rattacherions-nous pas cette institution à l'époque, où devenus Français, il fut ordonné en cette ville, une procession annuelle et solennelle qui continue à se faire le dimanche le plus près du 25 août, jour célèbre où par la levée du siège de cette ville, nous avons été pour toujours délivrés du joug Espagnol ?

S'il était besoin d'attacher un héros à cette solennité, Turenne serait celui que nous chercherions à personnifier, et nous conduirions son image en triomphe comme étant celle de notre libérateur ; mais, toute précieuse que doit nous être sa mémoire, notre reconnaissance nos chants d'allégresse ne doivent, en ce moment et pour toujours, ne s'adresser qu'au héros du 19e siècle ; à celui qui, réunissant tous les genres de gloire, a effacé celle que s'était particulièrement acquis ceux dont l'histoire nous a transmis les noms.

La France entière célèbre le 15 août, l'anniversaire de la naissance de ce monarque : nous joignons en ce jour nos vœux aux vœux universels, à ceux qui s'élèvent de tous les points de ce vaste empire ; célébrons-en particulièrement l'octave le 23 août. Rapprochons en ce jour deux époques bien chères, en y joignant celle où nous avons acquis pour toujours le nom de Français.

Nous payerons en même temps une dette que nous contractons tous les ans envers nos voisins, qui s'empressent à l'envie de nous faire participer à leurs jeux et à leurs plaisirs, que chaque citoyen, en ce jour, accueille l'étranger qui se rendra dans cette cité, avec la franchise douce et honnête des habitans de Béthune et de Cambrai, l'hospitalité généreuse de ceux de Douay et l'aimable gaîté de ceux de Lille. Que chacun d'eux choisisse en ce jour une nouvelle famille parmi nous, dans laquelle les mêmes habitudes établiront une entière confiance et la liberté nécessaire pour jouir des plaisirs que nous désirons leur offrir.

Le commencement de la fête sera annoncé le 23 août, à six heures du matin, par des boîtes, le son de la cloche Joyeuse et le carillon du beffroi.

On continuera de tirer des boîtes d'heure en heure, pendant la fête.

A onze heures, procession solennelle pour perpétuer le souvenir de la levée du siège d'Arras.

A quatre heures après-midi, ouverture des jeux aux promenades et sur l'esplanade, savoir :

JEU DE LONGUE PAUME.

Chaque partie sera composée de cinq joueurs.

Premier prix : Une médaille d'argent et cinq paires de boucles d'argent, plaquées en or.

Second prix : Une médaille d'argent.

Il sera donné des mouchoirs aux marqueurs.

JEU DE BALLE.

Premier prix : Une balle d'argent et cinq couverts d'argent.
Second prix : Cinq paires de boucles d'argent.
Les marqueurs recevront des mouchoirs.
Chaque partie, pour le jeu de balle, devra être composée de cinq joueurs.

CIBLE HORIZONTALE AU FUSIL.

Le premier prix sera un très-beau fusil à deux coups.
Le second prix sera un fusil simple.

TIR A L'OISEAU AU FUSIL.

Le prix sera un beau fusil à deux coups.

CIBLE HORIZONTALE A L'ARC.

Le prix pour la partie gagnante sera d'une cafetière d'argent.

TIR A L'OISEAU A L'ARC.

Les prix pour les joueurs qui abattront un des trois oiseaux, sont :
Premier prix : Un service d'argent.
Second prix : Un gobelet d'argent.
Troisième prix : Une tabatière d'argent.
Il sera élevé deux mâts de cocagne, garnis d'effets d'habillement.
Il sera établi des jeux de bagues, de boule, etc., etc.
A cinq heures, courses à pied dans l'avenue de la Citadelle.
Il sera délivré des prix convenables aux meilleurs coureurs.
Un orchestre nombreux sera placé aux Promenades, et chacun des jours de la fête il y aura bal champêtre.
A sept heures, spectacle à la salle ordinaire par la meilleure troupe de l'arrondissement théâtral.
A dix heures, bal paré dans les salons de la Mairie.
La façade de l'Hôtel-de-Ville et les édifices publics seront illuminés.
Les habitans des maisons situées sur la place du roi de Rome sont invités à illuminer la façade de leurs maisons.

Le Lundi 24 Août.

A neuf heures du matin, joûtes sur le Rivage, suivies de la chasse aux canards.
Chacun des joueurs de la partie gagnante recevra pour prix une cravate brodée.

A une heure, concours de musique sur la place du Roi de Rome, auquel sont invités tous les corps de musique des villes voisines.

Chaque musique exécutera trois morceaux.

Les prix offerts aux corps de musique, qui, d'après la décision du jury, auront le mieux exécuté ces trois morceaux, seront, savoir :

Premier prix : Une médaille d'or de la valeur de 120 francs.

Second prix : Une médaille d'argent.

Troisième prix : Une médaille d'argent.

Ces prix sont donnés par M. le général Baron de Lachaise, préfet du département du Pas-de-Calais.

Avant le concours un déjeûner sera offert, au nom de la ville à MM. les Membres de tous les corps de musique.

A quatre heures, ascension d'un aérostat, dirigé par M. Augustin, artiste avantageusement connu par le succès constant de ses expériences.

Le départ de M. Augustin sera précédé de plusieurs expériences intéressantes, relatives à son art, telles que ballon d'essai, explosion d'un ballon, descente d'animaux en parachûte, etc.

A quatre heures, bal champêtre et continuation des jeux aux Promenades et sur l'Esplanade.

La nature et le nombre de ces prix seront déterminés d'après le nombre des concurrens qui se seront fait inscrire au secrétariat de la Mairie, avant le 19 août.

A six heures, spectacle, suivi d'un grand bal de nuit à la salle des Spectacles.

Le Mardi 25 Août.

A huit heures du matin, course de chevaux.

Premier prix : Une médaille de la valeur de cent francs.

Second prix : Une médaille d'argent.

Aucun cheval ne sera admis aux courses, s'il n'a été préalablement examiné et jugé capable de concourir.

Après les courses, il sera établi dans la plaine du manége un jeu de bague à cheval, auquel ne seront admis que les chevaux qui auront concouru.

Le prix sera d'une médaille d'argent.

A onze heures, grand concert vocal et instrumental, à l'Hôtel de la Mairie.

A trois heures après-midi, continuation des jeux aux Promenades et distribution solennelle des prix aux parties gagnantes.

A six heures, spectacle à la salle ordinaire.

A neuf heures, il sera tiré un grand feu d'artifices sur la place du roi de Rome (1).

A dix heures, redoute parée dans les salons de l'Hôtel de la Mairie.

La fête sera terminée par l'ascension d'un ballon portant une étoile lumineuse, au centre de laquelle sera le buste de Sa Majesté l'Empereur et Roi, dessiné en feux de couleurs.

Les amateurs qui désireront prendre part au concours de musique et à l'un des jeux de longue paume, balle, cible horisontale à l'arc, joûtes, course à pied, course de chevaux, devront se faire inscrire au secrétariat de la Mairie. avant le 19 août.

Toutes personnes qui prendront part aux jeux, seront tenués de se conformer aux règlemens publiés pour chacun de ces jeux; il sera délivré des exemplaires de ces règleméns à ceux des joueurs qui en feront la demande au secrétariat de la Mairie.

Il sera fait chaque jour de la fête une distribution extraordinair de secours aux indigens.

(1) Petite-Place.

ENTRETIEN DE JACQUELINE AVEC COLAS,

sur la fête d'Arras de 1812.

AIR : *V'la c'que c'est qu'd'avoir du cœur.*

Iras-tu vir el'fête d'Arras ?
Disait Jacq'line au gros Colas,
Tu sins bien que j'ni manq'rai pas ;
    Pour eun'si bell'fête
    J'viens d'faire implette ;
J'ai acaté in biau capieux
Car el'miun étot rempli d'treux.

Chés bien pinsé, j'ai fait comm'ti ;
Ayant vindu mes œufs verdi,
Tout in m'in r'nallant, je m'sus dis :
    Cha m'est nécessaire,
    I'm'faut ch'la pour plaire,
J'ai acaté in bieu bindon,
Nia longtemps que je n'avos b'zon.

Mi j'nai morsiu pon cor poyu
R't'nir combien qui gni avot d'jus,
Gn'ien a tant qu'ein n'en s'ra réyus.
    Su mon Diu, mon âme,
    Si j'in cros ch'progrâme,
D'puis l'dimench'jusqu'au mardi,
In y s'ra pir qu'in paradis.

Tu peu être asseuré, m'na'mi,
Qu' nous y prindrons gramin d'plaisi
A ches jus d'arc, ches jus d'fusi ;
  Nous irons insanne
  Raviser ches cranes :
Nous les voyerons tout comm' des cauts,
Miler pour abatt'ech' l'ojeau.

I' faut qu'cha seuch' ein fier lurron
Ch'tila qui montra dins ch'ballon.
Quant eim'barrot ein bell'mason
  Pour faire des voyages
  Comm'li dins ches nuages,
Je n'voudros pon m'y hasarder,
J'auros peur ed'dégringoler.

In daut planter in grand queuvron
Qui s'ra incraché tout du long,
In y achroq'ra des patalons
  Et pis des bayettes,
  Des cauch' et des guettes ;
Ti qu'in vot toudis si adrot,
Tu n's'ra pon gêné d'grimper lau.

Mi j'sus fameus'min amateu
D'aller beyer tous ches joûteux ;
Quand gnien a un qui quait dins l'ieu
  I fait inn'grimache,
  In aut'l'rimplache,
Leus corps pinchés, leus bras tindus,
Is'donnent d'fameux apoyus.

Comm' tous ches gens sont avuris
Ed'vir pour disputer ches prix,
Des musiques d'tous les pays,
  Faire in tel tapage,
  In si biau ramage,
Qui faudrot être d'fer ou d'bos
Pour n'pon s'tremousser à chaqu'cot.

Si tu n'a pon cor vu Colas,
Ch'fu d'artifich' t'abanira,
Combien d'bell'causé in y vaurra !
  Des fusés qui pêt'
  D'zétoil', des comètes,
Des soleils, des bomb', des pétards,
Qui s'tortign't'au d'sus d'ches béyards.

Ainsi Jacqu'lin' chez décidé,
Surtout qu'cha seuch' bien asseuré,
Si tu n'v'not pon, j'in s'rau fâché.
  J't'avertis d'avanche
  Que j't'artiens pour l'danche ;
Va cha ira bien din Arrau ;
Adiu Jacqu'line, adiu Colau.

INDEX. (1)

A.

	Pages.
ABBEVILLE. — Lettre du roi Louis XI, datée d'Arras, adressée aux bourgeois d'Abbeville, leur ordonnant d'envoyer des pionniers à Arras pour démolir le rempart qui protégeait la ville contre la cité.	91
ACHICOURT (village),	107-250
ACQS (village),	9
ADAM (voyez Maître-Adam).	
AGNEZ (village),	64
AGNY (village),	255-264-267
AILLY (N. d'), épouse de Honoré d'Albert duc de Chaulnes,	157
ALBEMARLE (Arnold-Juste de Keppel, lord), note biographique,	306
ALBERT (cardinal),	144
ALBRET (Charles d') connétable,	47
ALENÇON (le duc d'),	60
ALLOUETTES (faubourg des) ou de Ronville,	315
AMBRINES (le bâtard d'),	50
AMFREVILLE (officier),	208
AMIENS (porte d'),	145
— (rue d'),	170
ANCHIN (les religieux d') rentrent dans leurs biens,	99
ANCRE (Florent d')	50

	Pages.
ANZIN (village),	264-274
AQUITAINE (le duc d'),	47
ARCHERS ET ARBALÉTRIERS exilés d'Arras par Louis XI,	94
ARDENTS (confrérie des),	73-196
ARGENTERIE non sacrée empruntée aux églises d'Arras par les échevins pour le paiement de la solde des troupes Allemandes. — Lettres d'emprunt des 6 et 9 décembre 1492,	124-126
ARIOVISTE (prince germain),	7
ARLEUX (Toussaint d') marguillier de St-Nicolas sur les fossés	127
ARLEUX-EN-GOHELLE (village),	175
ARMAGNAC (le duc d'),	49-50
— (le comte d'),	60
ARQUEBUSES ou canons à main (Usage de ces armes au siège de 1414),	42-43
ARRAS Siége de 1198,	31
— Siége de 1414,	39
— Siége de 1477,	63
— Surprise de 1492,	97
— Tentative de 1597,	142
— Siége de 1640,	155
— Siége de 1654,	251
— Tentative de 1712,	305
— Complément des siéges,	312

(1) Cette Table a été dressée par les soins de M. L. Madelin, Employé aux Archives Départementales du Pas-de-Calais.

	Pages.
ARRAS Pièces justificatives,	323
— Traité de 1414,	323
— Lettre de M. Lavernier sur la part que la ville d'Amiens a prise au siége de 1414. — Extrait du Compte de la ville d'Amiens,	326
— Exil des habitans par Louis XI,	94
— Inscription sur une des portes de la ville,	87
— Extrait du Compte de la ville d'Arras, de 1476-1477,	331
— Déclaration du roi Louis XI, contenant qu'ensuite de la remise à lui faite des clefs de la ville il pardonne aux habitants leurs crimes et excès, les rétablit dans leurs biens, privilèges, etc.... Donnée à Arras au mois de mars 1476,	337
— Députation envoyée par la ville vers Maximilien,	129
— Procession faite dans le but d'obtenir la mise en liberté de Pierre de Ranchicourt, évêque d'Arras,	123
— Procession instituée pour immortaliser la belle défense des habitants d'Arras en 1597. — Lettres du roi autorisant cette procession,	149-150
— Procession faite à l'occasion de la paix signée entre les rois de France et d'Espagne, le 7 juin 1598,	154
— Tableau représentant la tentative de Henri IV sur Arras, en 1597, existant encore au Musée,	149
— Atrebatum nocturnis insidiis tentatum 1597,	344
— Sonnet sur cette tentative, par Gilles Surelles bourgeois d'Arras,	151
— Combat du 2 août 1640,	349
— Sommation faite à la ville d'Arras le 3 août 1640 par les Maréchaux de Chaulnes, de Châtillon de la Meilleraie et du Hallier,	213
— Capitulation d'Arras (9 août 1640) 230 et suiv. —	351
— Ratification de cette Capitulation par Louis XIII,	241-355
— Articles accordés à dom Eugenio O'Neill, maistre de camp d'un régiment Irlandais, cammandant les gens de guerre en la ville d'Arras. — (Capitulation d'Arras de 1640),	356

	Pages.
RRAS Serment de fidélité prêté au roi de France par les habitants d'Arras, après la prise de cette place en 1640,	244
— Lettres du cardinal de Richelieu aux maréchaux de la Meilleraie, de Chaulnes et de Châtillon,	193
— Lettre de M. de Noyers adressée aux mêmes,	246
— Fonctions du magistrat d'Arras pendant le siège de 1640,	345
— Démolition du couvent de la Thieuloye,	347
— Attrebatum expugnatio. Carmen (poème),	358-359
— Lettre de M. de Turenne à sa femme,	300
— Lettre du Landgrave de Hesse au vicomte de Turenne,	300
— Entrée et séjour de Louis XIV à Arras après la délivrance de cette ville en 1654,	301-302-303
— Médailles frappées en mémoire de cette délivrance,	303-304
— Procession instituée pour éterniser la mémoire de cette délivrance,	303
— Siége de 1654. — Récit d'une escarmouche,	360
— Divers travaux de Mondejeu pour mettre la ville en état de défense, et état descriptif des fortifications de la place à la principale attaque,	363
— Complément des opérations militaires. — 1654,	365
— Extrait des comptes des commis aux honneurs. — 1653-1654,	367
— Indication des plans du siége de 1654, dont l'un a été dressé par M. de Beaulieu, ingénieur du roi,	370
— Le combat donné dans les lignes près d'Arras par l'armée du roi en 1654 (en vers burlesques),	371
— Programme de la fête communale d'Arras de 1812,	373
— Chanson de la fête d'Arras de 1812 ou Entretien de Jacqueline avec Colas,	378
— Domaine de la ville,	237
— Comptes des revenus et dépenses de la ville,	237-238
— (Bourse commune des pauvres à),	233
— Beffroi,	105-196
— (Grande place),	91

	Pages.		Pag
ARRAS (Marché d'),	111	AVESNES-LE-COMTE (bourg),	47-1:
— (Place Notre-Dame)	111		116-2"
— (Etats de la Cité),	129		

B.

— (Prévôté d'), (note sur cette prévôté),	220		
— Armes de la cité,	199	BAILLEULMONT (village),	2(
ARSY (Philippe de Potière seigneur d'),	83-85-335-361-362	BAR (le duc de),	46-60-289-3:
ARTAGNAN (Pierre de Montesquiou d') gouverneur d'Arras,	307	BARBAU (Jehan), marguillier de l'église de St-Jean-en-Ronville,	1:
ARTOIS (États d'),	223-225	BARBELOT, sergent royal,	3:
— (Conseil d'),	234-302	BAUBARDE (maison de le) en la rue St-Aubert,	1
— (Élus d'),	245		
— (Impositions de la province d'),	231	BAUDART ou BOUDART (Martin de) licencié ès-lois,	127-1:
ATHIES (Ce village est brûlé),	137	BAUDUIN-LE-CHAUVE, comte de Flandre,	25-:
ATRÉBATES (Tapisseries des),	18-99	
— (Armures des)	11	BAUDUIN-LE-COURAGEUX,	:
ASSET, sergent royal de Louis XI,	81	BAUDUIN IX,	:
	BAUDUIN comte de Guînes,	:
— (Note biographique sur la famille. — Ses armoiries,	83	BAUDUYN (Philippe), marguillier de l'église Ste-Marie-Madelaine,	1:
ASSON, évêque d'Arras,	44	BAVIÈRE (le duc de),	4
AUBIGNY (bourg d'),	248-273-275-318	BEAUDIMONT (faubourg),	
AUBY (le seigneur d'),	85	BEAUDIMONT (porte),	150-2
AUGUSTINES (couvent des), au faubourg St-Sauveur,	45-169-170	— (pétards attachés à cette porte),	144-1
AUMONT (Antoine d'), maréchal de France,	191-292	BEAUFFREMETZ (Louis de) échevin d'Arras,	
AUSSYMON (le sieur),	225	BEAUFFORT (Philippe seigneur de) surnommé à la Belle Barbe, Capitaine de la ville d'Arras,	45-
AUTRICHE (Léopold-Guillaume archiduc d'), Note biographique,	255	
AUXY (le seigneur d'),	85	BEAUFFORT (Jehan de), échevin d'Arras.	1
— (le baron d') gouverneur du Ponthieu,	85	
	BEAUFFORT (Pierre-Ignace de) échevin d'Arras,	2
AVERHOUT (capitaine),	262

	Pages.
BEAUFORT (Hugues de), échevin d'Arras,	293
BEAUFORT (le duc de),	132-133-208
BEAUJEU (le sire de),	71
BEAUJEU (de),	264
BEAULIEU (ingénieur du roi),	370
BEAUMONT (le comte de),	168-229-239
BEAURAINS (village),	255
BEAUREGARD,	362
BEAUVILLIERS (le colonel de),	262
BEAUVOIS (Luc), marchand de bois,	212
BECK (officier),	249
BEFFROI D'ARRAS. (Délibération relative à la construction du),	105
BÉGHIN (Jehan),	102
BÉGUINES (voy. Filles-Dieu),	143
BEHAIGNON (Simon de),	50
BELLAY (le bâtard de),	50
BELLEFONDS (Bernardin-Gigault marquis de),	202-297-300
BELLEFORIÈRES (Philippe de),	107-115-116
BELLEMOTTE (château),	48-49-50
BELLEBRUNE (Blondel de), gouverneur d'Hesdin, (note biographique),	188-189
BELZUNCE (de), colonel,	307
BELVALET (Antoine de), écuyer, seigneur de Famechon,	302
BENEVILLE (Berneville),	132-133
BENOIT (Jean),	139
BERKLEI,	361-362
BERLES (officier),	216
BERNOULT, sergent,	217-219-241
BERTHOUL (Martin),	122

	Pages.
BERTOUL (Jacques), échevin d'Arras,	126
BÉTHUNE (Jeanne de), Vicomtesse de Meaux,	46
BEUVRIÈRE (Beaugois de la),	50
BIACHE (village),	272
BIGNON (Antoine), écuyer, échevin d'Arras,	239
BINAUT,	186
BIRON (Charles de Gontault, baron de), Maréchal de France, note biographique,	143-319
BLANGY (village),	163-230
BISCARA,	361
BOFFLES (maison de),	284
BOIS-LE-DUC (ville de Hollande),	221
BONYER (Jehan) dit de le Souyterie,	126
BONIFACE (Jean), argentier de la ville,	245
BONNIÈRES (Guillaume de), gouverneur d'Arras,	45-48
BONNIÈRES (Philippe-Albert de), chevalier, seigneur de Souastre,	168-219-220
(note biographique),	169
BONVARTE, (capitaine au régiment de Créqui),	266
BORGNE (Gaspard Le), échevin d'Arras,	126
BORGNE (Simon Le),	126
BORSELEM (Wolfart de), seigneur de la Weer,	69
BOS (Messire Gastelin du),	47
BOSCHAGE (le sire du),	71-74
BOSSU (Albert-Maximilien comte de), lieutenant-colonel,	187
BOUCAULT (Jehan), échevin	

25.

	Pages.		Pages.
d'Arras,	126	(note biographique),	136
BOUCHET (Jehan),	127	BRIMEU (Jacques de),	54
BOUCHIER (Jehan Le),	332	BRIMEU (Guy de), seigneur de Humbercourt,	69-70-80
BOUDOT (Paul), évêque d'Arras, (note biographique),	173	BRION (premier écuyer du duc d'Orléans),	201
BOUILLON (le colonel de),	177	BRISON,	103
BOULAINVILLERS, lieutenant,	262	BROC (Pierre de), évêque d'Auxerre, fils de François et de Françoise de Montmorency,	164
BOULENRIEU (fossé),	314		
BOUQUINGHEM (le comte de),	317		
BOURBON (le duc de),	46-47-49-52-54-59-318	BROGLIA (le comte de), gouverneur de La Bassée,	262-272-299
BOURBON (Louis, bâtard de), amiral de France,	53-54-64-67-71	(Note biographique),	288
		BRUAY (château-fort),	163-167
BOURBON (le Cardinal Charles de), archevêque de Lyon, abbé de St-Vaast,	74-95	BRUGES (Louis de), seigneur de la Gruthuyse,	69
Mort en 1488,	136	BUCÉ (enseigne),	190
BOURGOGNE (Antoine, bâtard de),	72	BUCKINGHAM (Thomas de Woostock, duc de),	316
BOURS (le seigneur de),	84-91		
— (Maillotin de),	85	BUCKINGHAM (Georges Villiers duc de), (Note biographique)	294
— (Armoiries de la famille de),	85		
BOUTTEVILLE (le comte de),	274-275	BUCQUOI (bois de),	273
BRABANT (Antoine, duc de),	55-85	BUCQUOY (voy. Longueval),	146
BRACQUET (Guillaume et Claude),	196	BUFFALINI (officier), prisonnier,	242
BRAY (hameau près St-Éloi),	165	BUIRE près Péronne (Camp établi à) par Turenne,	269
BRÉAUTÉ (Pierre IIe du nom sire de), (note biographique),	180	BUIRETTE (Lyon),	102
		BUSSI (Louis de),	54
BREBIÈRES (village),	314	BUSSY (Oudart de), procureur-général d'Artois et conseiller au Parlement de Paris,	81
BRETEL (Nicolas), s^r de Gremonville,	245		
BRIÇONNET (Guillaume), cardinal de St-Malo),	136	— décapité,	83
BRIÇONNET (Robert), administrateur de l'abbaye de St-Vaast, archevêque de Reims et chancelier, frère, de Guillaume,		## C.	
		CAFFÉ (Ernoul), bailli d'Arras en 1303,	237

CAMBLAIN-CHATELAIN (village),	274
CANEFITTE (Colart) messager,	332
CANLERS (Bauduin de) échevin d'Arras,	81
CANTELEU (Guillebert de),	333
CANTELMO (don André) maître de camp général,	183-204-249
CAPUCINS (couvent des),	142
— (rue des),	105
— (demi-lune des),	267
CARDON (Jean),	103
CARENCY (le sieur de),	64
CARLIER (voy. le Carlier).	
CARMES-CHAUSSÉS ou Grands-Carmes (couvent des),	44-84-112
Ce couvent est détruit,	118
CARQUELEVANT, capitaine français,	110-114-115
CARTERIE (Jehan de le) dit Borgnet,	334
CASSEL (Denis) ministre et restaurateur de l'ordre des Trinitaires,	170
CASTELNAU (de),	364-362
CASTRUM NOBILIACUM,	20-25-30
CAULIER (Jehan) échevin d'Arras,	126
CAULIER (Pierre),	129
CAVOIS, maréchal de camp,	290
CÉRISAY (Guillaume de), gouverneur d'Arras en remplacement du seigneur du Lude,	93
CHABLE (Roland de), receveur général des Aides d'Artois,	118
CHAIZE (le Chevalier de La),	307
CHANSON servant de signal aux troupes bourguignones,	108
CHAPELETTE au jardin (église)	143
CHARGNY (Geoffroy de),	317
CHARIOT (Jean de), bourgeois d'Arras, fondateur de la maison des Chariottes,	143
CHARIOTTES (maison des), fondée en 1361,	143
CHASSÉ (Pierre), marchand de soie à Arras,	223-225
CHASTEL (Simon du), seigneur Caurins,	101
CHATEL (Pierrechon de)	90
CHATILLON (Jacques de), gouverneur de la Flandre,	313
CHATILLON (Gaspard de Coligni) Maréchal de France (Note biographique),	157-158-160-163-164 et suiv.
CHAULNES (Honoré d'Albert duc de), Note biographique,	157-158-160-163-164 et suiv.
CHAUNY (François),	103-105
CHIVOT (Jacques), président du conseil d'Artois, note biographique,	168-169
— (Antoine), échevin d'Arras,	245
CHOUILLI (de), officier,	260
CHRÉTIEN, ancien sergent de la ville,	118
CINQ-MARS, grand écuyer, favori de Louis XIII,	201
CLARISSES (Couvent des) en cité,	91-143-170
CLAVERIE (régiment de La),	176
CLÈVES (Adolphe de), seigneur de Raveinstein, Note biographique,	67

	Pages.
COETMAN (Olivier). Voy. Quatreman,	98
COHEM (M. de),	64
COISLIN (Pierre-César du Cambout marquis de). Note biographique,	179-180-203-209-249
COMMYNES (Philippe de),	66-67
COMIUS,	12
CONDÉ (Louis II, prince de),	253-255 257-259 et suiv.
CONGNET, Chevalier français,	53
CONTAY (le sieur de),	64
— (Philippe de), seigneur de Forest,	107-114-119-123
COPPIN, peintre,	329
CORDELIERS (église des) Voy. Frères mineurs.	43
CORNAILLE, chanoine de la cathédrale (ôtage),	229
COTTEBRUNE, chef des Bourguignons,	52
COUCI (Enguerrand de). Note biographique,	316-317
COURCOL (Robert) échevin d'Arras,	126-129
COURONNEL (Clérembaut de), seigneur de Mernes,	72-82
COURONNEL (Robert de), avocat-général du conseil d'Artois,	82
COURONNEL (Armoiries de la famille de),	82
COURT-AU-BOIS (ferme de),	255-264-306
COURTAU (pièce d'artillerie),	113
CRÉQUI (le chevalier de) maréchal de France,	262-266-267-268
CRÉQUI (marquis de), gouverneur de Béthune,	284
CRESPILLY (le sieur de),	225
CRÈVECOEUR (Philippe de), seigneur d'Esquerdes, (Note biographique,	67-68-70-74-76-80-88-100-101-112-114-130-132-133-140-331 et suiv.
CRÉVECOEUR (Antoine de), seigneur de Thiennes, frère de Philippe,	93
CRÉVECOEUR (Jean de),	103
CRIGNON (Florent), échevin d'Arras,	279
CROATES ou CRAVATES (Cavalerie légère allemande),	174
CRUGEOT (Jean), sieur de Willemant, échevin d'Arras,	240-245

D.

	Pages.
DAILLON (Jean de), seigneur du Lude, (Voy. Lude).	84
DAINVILLE (village),	64-130-132
DANDELOT, fils du maréchal de Châtillon,	208-211
DANQUESNES (Pierre), prieur de l'abbaye de St-Vaast,	92
DARAT, valet des œuvres.	138
DAUCHEL (Laurent), marguillier de St-Nicolas-sur-les-Fossés,	127
DEBERY (Mille),	327
DELAIN (lieutenant-colonel baron),	180-181
DESMONCHEAUX (Charles), écuyer,	302
DEMONCOURT (maison de),	87
DENIS (Jacques), échevin d'Arras,	279
DE QUENNES, vicomte de Poix.	60

	Pages.
DESCOULEURS (Jacques-Étienne) échevin d'Arras,	279
DESLIONS (Antoine),	151
DIENNÉE (Alard de La), échevin d'Arras,	279
DINANT (J. de) évêque d'Arras, fondateur de l'église St-Nicaise,	113
DIVION (village),	274
DODILO, abbé de St-Vaast,	24
DOMINICAINS (Frères prêcheurs ou) dits Bonnes nouvelles,	43-142-169-170-190
DORESMIEULX (Jacques) écuyer, Conseiller de la ville d'Arras,	239
DORESMIEULX (François) abbé de St-Éloi,	244
DOUAY (Charles de), sieur de Courvillers,	240-245
DUBOIS (Jean) écuyer, échevin d'Arras,	239
DUCLERCQ (Jean) oncle de Jacques,	137
DUFLOS (Cyprien) échevin d'Arras,	168-169-240-245
DUFLOS (Jehan), sergent royal,	331-333-336
DUISANS (village),	64
DUMONT (Mahieu),	329
DUPONT (Guillaume),	127-128
DUPUICH (Jean) vicaire de St-Vaast,	94
DUPUICH.	239

E.

ECLINVILLIERS (d'),	289-292
ÉCOIVRES (village),	9
ÉGENFELT (le baron d'),	176

	Pages.
ELBEUF (d'),	290
ENGHIEN (le duc d'),	194-203
ESPENCE (d'),	273-290
ESQUANCOURT (le colonel d'), maître de camp,	261
ESQUERDES (Philippe de Crévecœur, seigneur d') Voy. Crévecœur.	
ESTAMPES (Jacques d') voy. la Ferté-Imbaut.	
ESTUT ou STUT (famille de),	295
Voy Traci.	
ESTRÉES (le seigneur d'),	84-290
ESTRÉES (Jean et Antoine d'), grands maîtres de l'artillerie,	85
ESTRÉES (Armoiries de la famille d')	85
ESTRÉE-WAMIN (village),	274
ÉTRUN (abbaye),	13
ÉTRUN (village),	264-275
EU (Charles d'Artois comte d')	52

F.

FABERT (Abraham de) Maréchal de France en 1658. Note biographique,	193
FALOISE (Jehan de Le), sergent à masse de la ville d'Amiens,	327
FAMPOUX (village),	273-306
FAUQUEMBERGUE (le comte de),	168-239
FERDINAND fils de Philippe III roi d'Espagne, (Note biographique)	182
FERTÉ-IMBAUT (Jacques d'Estampes dit le Maréchal de La), (Note biographique),	200-201
FERTÉ (H. de Senneterre duc de La) Maréchal de France,	270-271-272-285-289 et suiv.

	Pages.
FEUILLADE (de la),	288
FIEF (Nicolas du), évêque d'Arras, (Note biographique),	234
FILLES-DIEU ou Béguines, depuis Augustines (couvent des) (voy Augustines),	143
FISICA, capitaine,	292
FLAVY (Hector de),	85
FLOURY (Jehan),	333
FOREST (le sieur du) voy. Contay.	
FOU (Jehan du), conseiller et chambellan du roi,	84
FOURMESTREAUX ou FOURMENTREAUX (Note biographique sur la famille de), Armoiries,	218
FRANCHISE (Nom donné à la ville d'Arras par Louis XI, après l'exil de ses habitants),	96-99
FRANCISCAINS (le couvent des) situé près la porte St-Nicolas,	318
FRANSURES (le sire de),	317
FRÉMICOURT (village du canton de Bapaume),	186
FRÈRES MINEURS ou CORDELIERS, (couvent des),	115-142
FRESNES-LEZ-MONTAUBAN, (village),	313
FROIDURE (Jehan), messager,	331
FRULEUX (Jean-Guillaume),	284
FUENSALDAGNE (Alonzo-Perez de Vivero Comte de). Note biographique,	255-256-277-289 etc.
FURNES (Charles de) marguillier de l'église St-Maurice,	127-218

G.

	Pages.
GALIOT (Ansel),	127
GARCIES (le comte de),	256
GASSION (Jacques de), maître des requêtes du roi de Navarre, eut pour enfants 1° JEAN, Marquis de Gassion ; 2° JACOB, seigneur de Bergère ; 3° JEAN, Maréchal de France; 4° PIERRE évêque d'Oléron ; 5° ISAAC et deux filles,	167-168
Note biographique sur JEAN DE GASSION, Maréchal de France,	179-203
GAUCHIN (Pierre de),	127-128
GAVRELLE (Camp établi à) en 1793,	321
GEOFFROY (Jean), évêque d'Arras,	121
GEORGE (Jehan),	334
GESVRES (Potier marquis de),	180
GOSSON (Jehan), lieutenant d'Arras,	118
— (François), échevin d'Arras,	270
GOURDIN (Pierre),	335
GRANCEY (Jacques de Rouxel de Médavy comte de), note biographique,	186-189-208 et suiv.
GRANDPRÉ (Charles-François de Joyeuse comte de),	177-290
GRANTSON (Guillaume de),	46
GRENET (Jehan), argentier et échevin d'Arras,	120-126
GRISARD (Jean Lemaire dit)	101-103-104-105-107 et suiv.
Sa maison,	130
Son épitaphe en l'église St-Jean-en-Ronville, (voy. Lemaire).	131
GUEMAIN (Renard de),	107
GUÉRIN (Jean), maître d'hôtel du roi,	98

	Pages.
GUICHE (le comte de),	160-186-204 et s.
GUILLOTIÈRE (la),	289
GY (Pont du),	16-64-210

H.

HABARCQ (village),	64-248
HABART (de) Bourguignon,	115
HAGERUE (porte),	101-105-106-122-123
HALEWIN (Josse de),	70
HALLIER (François de L'Hospital connu sous le nom de Du). Maréchal de France. — Note biographique,	200-201-202-203-209-211-212 et suiv.
HALIOT (Guillaume),	126
HAMEL (Pierre du),	90
HAMEL (Mathieu du), chanoine d'Arras,	71-79
HAMEL (Philippe de),	240
HANGEST (le seigneur de),	317
HARCOURT (Guy de),	317
HARLÉ (Jehan), messager,	331
HATTON (Jacques),	72
HAVERECH (le seigneur de),	317
HAYNIN (le seigneur François de),	101
HERBOULT, sergent-major du baron de Wesmaël,	168
HERVIN (Cense d'),	137
HOCHART (Antoine),	196
HOCQ (Drienet),	335
HOCQUINCOURT (Charles de Mouchy, Maréchal de) (Note biographique,	272-273-285 et suiv.
HONORÉ (Messire-Nicole), receveur de l'évêque d'Arras,	119
HOOSTRATH (hôtel de) Voy. Ste-Aldégonde.	118

	Pages.
HOSPITAL (de L'.) Voy. Hallier.	
HOTEL-DIEU en la cité d'Arras, fondé en 1224,	78-79-143
HOUDAIN,	274
HORE (Drienet), sergent,	332
HOTTOIS DU PIRE,	334
HOURDEQUIN (Philippe), avocat, échevin d'Arras,	279
HOURIER (Gauwin),	333
HUGONET (Guillaume),	69-80
HUGY (Voy. Gy.)	
HUMBERCOURT (Guy de Brimeu, comte de Mehem, seigneur de),	69-70-80
HURTEVENT (Thomas),	329

I.

ITIER, ménétrier,	73
ISEMBOURG (le Comte d'), Gouverneur d'Artois,	161-243
ISLEBONNE (le comte de L'),	289
JACOBINS (église des),	43
JÉSUITES (collége des) à Arras,	232
— (rue et église des),	309
JOUTES à Arras et aux environs,	52-53
JOYEUSE (Louis de Lorraine duc de),	276

K.

KNOLLES (Robert) ou CANOLLE, chef anglais,	315

L.

LABATEUR (Lambert),	330
LABBÉ, (valet de chambre de Robert de Melun),	114

LAIRÉ (colonel), 290	12 janvier 1505, 129-130
LALLART (Pierre), nommé Mayeur d'Arras en 1518, 129-130	LEMAIRE (Jean), abbé de Cercamp, 244
LAMBOI, (général espagnol), 178-181-182-183, etc.	LEMAIRE (Jehan), 127
LANNOY (Lamon de), 51	LEMERCHIER (Alexandre), procureur de la ville, 168-169-240
LANNOY (Jean de), seigneur de Mingoval, 107-119	LESCHELLE (de), 185-187
	LESOING (P.) 240
LANNOY (Pierre de), seigneur de Fresnoy, 107	LEVAIR-POULALLIER, 327
LANNOY, trompette du s^r d'Esquerdes, 333	LEWATTIER (Jehan), premier clerc du buffet de St-Vaast, 93
LAURETAN (le prévôt de), 219-240	LIEUTENANT du roi à Arras, voy. Montplaisir.
LAVAL (André de), seigneur de Labeac, amiral et maréchal de France, 84	LIGNE (le prince de), note biographique, 254
	LIGNIVILLE (le comte de), note sur cette famille, 254
LE BAILLI (Jean), président du Conseil d'Artois, (Note biographique, 168-174-219-240	LILLEBONNE (lieutenant-général), 272
	LILLERS. 160-163
LECARLIER (Antoine), Échevin d'Arras, puis Conseiller au Conseil d'Artois, 239	LOBIEL (Jehan de), maître serrurier chargé de faire les clefs des portes d'Arras, 101-102-103-104-105 et suiv.
LE CARLIER (Philippe), s^r du Metz, Élu d'Artois, 309	
LEFEBVRE (Guillaume), échevin d'Arras, 72	LONGUEVAL (Charles de), comte de Bucquoi, général de la cavalerie espagnole, 145-146-183-186
LEGRAND (Gilles), marguillier de l'église St-Géry, 127	LORRAINE (Charles III duc de) 183-203-204-209 etc.
LEGRAND (Antoine), sieur de Brugalant, échevin d'Arras, 245	LORRAINE (Nicolas - François duc de), 265
LEJOSNE (Jean), mayeur d'Arras, 72	
LESERGEANT D'HENDECOURT, 284	LORRAINE (Ferdinand prince de) 265
LEMAIRE (Jean) dit Grisart. — Voy Grisart nommé mayeur de la ville le 12 janvier 1493, 128-129-130	LOUEUS (Jacques de), échevin d'Arras, 126
	LOUEZ-DIEU (religieuses des) 143
LEMAIRE (Louis), fils de Jean nommé mayeur par lettres du	LOUVELET DE MAINQUEHEM, écuyer du duc de Bourgogne, 54

LOYNAC.	290
LUCHEUX (village),	51-335
LUCINET, lieutenant-colonel du régiment de Champagne,	189
LUDE (Jean de Daillon seigneur du),	84-86-90-91-92-93
LUDOVIC, chef des croates,	177
LUXEMBOURG (Jean de) comte de Ligni,	45-49-60
LUXEMBOURG (Walerand de), comte de St-Pol et de Ligny,	50
LUYNES (Louis-Charles d'Albert duc de) voy. Albert (d'),	203

M.

MAILLY-RAMBURES (Antoinette de),	81
MAITRE-ADAM (porte),	35
— (pouvoir),	48
MANCHION (Robert),	333
MANNE (la sainte) portée processionnellement,	154
MARCHAND (Antoine), échevin d'Arras,	279
MARCHAND (Jacques),	127
MARCHE (le comte de la),	47
MARCONNELLE (Ignace), échevin d'Arras,	279
MARILLAC (Louis de), comte de Beaumont maréchal de France. Note biographique,	155
MARLE (le comte de),	47
— (le maréchal de),	71
MAROEUIL (village),	64
— (l'abbé de),	219-220-240-244
MARQUAIS (Robert de),	136
MARQUELIES (Gérard de),	317
MARSIN ou MARCHIN (le comte de),	298-299
MASSUE, ingénieur chargé de fortifier la cité d'Arras,	175
MATHON (Denys), beau-frère de Jehan de Lobiel,	101-102-107 et suiv.
MÉAULENS (faubourg),	48-74
— (porte),	94-228
Pétards attachés à cette porte,	145-150
MAZARIN (le cardinal de), en l'abbaye de St-Vaast d'Arras,	302
MECHEM (le comte de),	168
MÈGHE (le comte de),	244
MEILLERAIE (Charles de La Porte duc de La), maréchal de France. Note biographique,	156-157-158-160 et suiv.
MELLO (dom Francisco de), gouverneur général des Pays-Bas,	320
MELUN (messire Robert de),	101-102-106-109-116-119-136-138
MELUN (Jean de),	107
— (François de), frère de Robert, évêque d'Arras,	136-137
MERCOEUR (le duc de),	208
MESLE (le sieur de) capitaine et major,	262
MEYER (Antoine et Philippe) administrateurs du collége d'Arras,	232
MILLON (Armand), maître des œuvres de l'artillerie et de l'armée du duc de Bourgogne,	76-94
MINGOVAL (Jean de Lannoy seigneur de),	107
MINGOVAL (hôpital),	44
MIRAUMONT,	317
MOFFLAINES (bois de),	85

MOLEMBAIS (M. de),	101
MOLONDIN.	290
MONCHY-LE-PREUX (village),	177-271-276-299
MONDEJEU (de), gouverneur d'Arras,	256-257-258-259 etc.
MONSAY (Alardin de),	53
MONSTREUL (Jehan de),	126
MONTAGU (Jean de Neufchâtel sire de),	52
MONTAGU (Jean de) évêque de Sens,	59 — 290
MONTAILIEUR (officier),	295
MONBERTAUT (receveur des domaines d'Arras et de Bapaume en 1391,	237
MONT-DE-PIÉTÉ d'Arras,	172
MONTÉNÉGRO (gouverneur d'Amiens,	144
MONTESPAN (le marquis de) 1er gentilhomme de la chambre du roi,	201
MONTIGNY (Gracien de), marguillier de l'église de Ste-Marie-Madelaine,	126
MONTMORENCY (Henri duc de) maréchal de France, note biographique,	156
MONTOIRE (château de la) en la commune de Nielles-les-Ardres,	319
MONTPEZAT (le marquis de),	131
MONTPLAISIR (de) lieutenant de roi à Arras,	263
MONT-St-ÉLOI (village),	164-177-192-212-256
— (abbaye),	23-45-67-115-116-275
MOREL (Madelaine), femme de Thomas Thieullier,	149
MORGUET (Guillaume) échevin d'Arras,	279
MORY (Jean de) échevin d'Arras,	245
MOULLART (Mathieu) évêque d'Arras, successeur de Jean Richardot,	143
Note biographique,	145
Ses armoiries,	146
MUETTE (Beaudrin), fils de Florent Muette, greffier de la ville d'Arras,	128
MULLET (Jean), échevin d'Arras,	169-240-279

N.

NAGU (voy. Varenne.)	
NASSAU (le comte de) gouverneur général du pays de Flandre,	101
NAVAILLES (Philippe de Montault duc de) pair et maréchal de France,	264
Note biographique,	289
NAVES (Albert seigneur de) et de Chiracourt. Ses Armoiries,	83
NÉDONCHEL (village),	163
NEMETACUM-NEMETOCENNA (ancien nom d'Arras),	12
NÉMOURS (le duc de),	194-203 etc.
NEUFCHATEL (Jean de) Sire de Montagu,	52
NEUVILLE-St-VAAST (château de),	360
NEUVILLE-VITASSE (village),	272
NORMAN (Pierre) ménétrier,	73

NOX (Josse),	334
NOYELLES (le sire de), dit le Blanc chevalier,	46
NOYERS (de), intendant des finances, voy Sublet.	
NOYERS (M. de) fils,	166
NOYON (Simon de), chanoine d'Arras,	113

O.

OBERT (Jacques-Guislain), écuyer, Sʳ Desmazures,	245
OLIVAREZ (le comte-duc), ministre d'Espagne,	203
OLIVIER, (barbier de Louis XI,	82
O'NEILL (don Eugénio), colonel Irlandais,	168-169 etc.
ORANGE (Henri-Frédéric de Nassau prince d'),	158-159 etc. 248
ORIOLE (Pierre), Chancelier de France,	71
ORLÉANS (pièce de canon appelée Chien d'),	86
ORNANO (Jean-Baptiste d'), Maréchal de France, Note biographique,	155

P.

PASLYART, abbé de Marœuil, Note biographique,	224
PASSAGE (du),	288
PELVES (village),	272
PERCEVAL-LE-GRAND (homme d'armes),	49
PERNES,	160
PETIT-ABBÉ (Soldat Bourguignon),	131-132-133-134 etc.
PETIT-GÉRARD, capitaine,	115-116
PETIT-RICHARD,	116
PISANI (Charles d'Agennes marquis de Rambouillet et de) Vidame du Mans,	187
PLESSIS (Voy. Praslin.)	
POISSON, poète d'Arras,	131
POITIERS (Charles de),	315
POLINCOVE (village),	274
PONT-A-VENDIN (village),	19-81-335
POSTEL (Alard), échevin d'Arras,	245
POT (Guiot), bailli de Vermandois,	71
POTIÈRE (Philippe de), seigneur d'Arsy,	83-85
POTIERS (Placette des), à Arras,	170
POULETÉS (Jean des), receveur des domaines d'Arras et de Bapaume en 1394,	237
PRASLIN (marquis de),	204
PRASLIN (Plessis), maréchal de camp, fils de César duc de Choiseul, Note biographique,	249
PRESSY (Jean de), receveur des domaines d'Arras en 1399,	237
PUGNOY (le comte de), grand Sénéchal de Flandre,	183
PUYSÉGUR,	212

Q.

QUATEMAN ou COETMAN, conseiller et chambellan du roi, lieutenant en la ville d'Arras. (Olivier),	98
QUESNES (Nicaise du), marguillier de l'église de St-Maurice,	127-128

R.

RAAZ, capitaine,	190

	Pages.
RAB (lieutenant-colonel),	179
RAMBURE,	290
RANCHICOURT (Pierre de), évêque d'Arras, fils de Jean seigneur de Ranchicourt,	69-121
— Prisonnier par les troupes Bourguignonnes,	122
— Mis en liberté,	124
RANTZAU (Josias comte de). Maréchal de France, (Note biographique.) — Son épitaphe,	165-166-182
RAOUL, le Pieux, abbé de St-Vaast,	25
RAVEINSTEIN (Adolphe de Clèves, seigneur de),	67-331 etc.
REGNAULD (Jacqmin), sergent à verge,	332-335
RENCOURT (Collart de), sergent royal,	331
REUTZ (Eustache de), Conseiller-Pensionnaire de la ville, député vers Maximilien,	129
RIBAUDS (rois des),	82
RICHEMONT (le comte de),	47
RIETZ (Hiérosme du) seigneur de Willerval,	218
RIVIÈRE (village d'Artois),	143-207-273-275
ROBELIN (Claude),	245
ROBILLART (Colart),	127
ROCLINCOURT (village),	256
ROENVILLE,	132
ROHAN (le prince de),	156
ROMAGNON, autorisé à tenir table de prêt à Arras,	171
RONCHEROLLES (officier — famille,	207
RONT (le sire de),	46
RONVILLE (faubourg),	43-47-170-307
— (Rue),	118
— (Porte),	258-301
RONY (De), capitaine,	139
ROQUELAURE (quartier de),	204
ROSE, président du Conseil-d'État.	183-203, etc.
ROSE (Jehan),	50
ROUSSY (le comte de),	47
ROYE (Jean et Tristan de),	317
RUIT (Colart de),	333
RUYSTRE (Nicolas Le), évêque d'Arras,	137

S.

SAILLY-EN-OSTREVENT, (quartiers du Maréchal de la Meilleraie établis près de),	164-178
St-ABRE, maréchal-de-camp,	290
Ste-ALDÉGONDE (hôtel de), appelé depuis Hoostrath occupé par les Carmes après la destruction de leur couvent,	118
St-AUBERT (paroisse),	143
St-AUBIN (Martin de),	336
Ste-CATHERINE-LEZ-ARRAS,	243
Ste-CHANDELLE D'ARRAS, (Chapelle érigée sur la Petite-Place),	73-89-154
Ste-CROIX (Paroisse),	127-143-170
— (Rue),	115
St-ÉTIENNE (Paroisse),	143
St-GÉRY (Paroisse),	127-143
Le guet se fait dans la tour de cette église,	105

	Pages.
Sᴛ-GÉRY (rue),	114-131
Sᴛ-JEAN-EN-LESTRÉE, hôpital fondé en 1178 par Philippe d'Alsace,	143
Sᴛ-JEAN-EN-RONVILLE (église et cimetière),	126-131-143-257
Sᴛ-LIEU (le colonel de),	261-266 etc.
Sᴛᴇ-MARIE-MADELAINE (église),	126-302
Sᴛ-MAURICE A ARRAS (église bâtie en 1064),	127
Guetteur de cette paroisse,	109
Sᴛ-MICHEL (Prévôté),	170
Sᴛ-MICHEL (fort),	119-212-215
Sᴛ-MICHEL (porte),	60-91-146-175
Sᴛ-NICAISE A ARRAS (église et cimetière.) L'église bâtie en 1254. Le cimetière fondé en 1292	113-143-257
Sᴛ-NICOLAS-EN-LATRE (paroisse),	143
Sᴛ-NICOLAS-SUR-LES-FOSSÉS, (paroisse),	127-143-170
Sᴛ-NICOLAS (faubourg),	118-175
Sᴛ-NICOLAS (porte),	60-115-175-191-197-215
Sᴛ-POL (Jacques de),	64
Sᴛ-POL (Jean de),	107
Sᴛ-PREUIL (De), gouverneur de Doullens,	188-191-245, etc.
Sᴛ-PRY (le sire de),	317
Sᴛ-SAUVEUR (paroisse),	143-189-190
Sᴛ-SAUVEUR (faubourg),	43-44-84
Sᴛ-VAAST A ARRAS (abbaye de)	20-22-26-28-73-75-76-87-89-91-92-93-94-120-123-134-136-137-142-223, etc.
Sᴛ-VAAST (religieux de),	72-74-89-92-129-135, etc.
— (Religieux de), exilés,	93-95
Sᴛ-VAAST (évêque),	20
— (Reliques de),	22-24-73-89-154
Sᴛ-VAAST (place de),	89
Sᴛ-VINCENT (faubourg), depuis appelé Ronville),	170
Sᴛ-VINDICIEN (reliques de),	73
SAINTOT, maître des cérémonies de France,	301
SALEZAR,	84-85
SALIS (Hercule),	190
SALIS (Rodolphe de), lieutenant réformé,	190
SANCERRE (le colonel de),	262
SAQUESPÉE (Antoine),	72
SARIS (Martin de), beau-frère de Clérembaut Couronnel,	82
SAUGEON (officier),	208
SAVEUSE (Philippe de),	51
SAVEUSE (Hector de),	51
SAVION, lieutenant des gardes,	211
SCHAMBURG (capitaine),	139
SCHAUWEMBERG (le comte de),	107
SELLIER (Philippe), échevin d'Arras,	229-240-245
SENESCAL (Guillaume Le), drapier,	329
SERPENTINES (gros canons),	113
SERVAIS (abbé de St-Eloy),	314
SIÉGES. (Voy. Arras),	00
SOLIS (don Fernando de), grand-maître de l'artillerie,	256-275-276, etc.
SOUASTRE (le seigneur de),	72
SOUCHEZ. (Note sur le village de),	283-284-313

	Pages.		Pages.
STENAY (bourg du département de la Meuse),	253-272	TIROT (Renaud) marguilllier de la paroisse de St-Géry,	127
SUBLET (François),seigneur des Noyers baron de Dangu, intendant des finances. — Note biographique),	158-160, etc.	TONGRES (Jean de) chanoine.	139
		TORLEMONT, capitaine à Arras,	109
		TOUR (le comte de la) maître-de-camp de cavalerie, tué au siége de 1654,	265
SURELLES (Gilles), bourgeois, auteur d'un sonnet sur la tentative des Français sur Arras en 1597,	151	TOURNEHEM (château de),	319
		TRACI (de),	289-295
		TRAITÉ DE PAIX D'ARRAS de 1435.	77
SYLVA (don Philippe de), général de l'armée espagnole,	183-203-204, etc.	TRAITÉ D'ARRAS de 1414	323
		TRAITÉ DE PAIX signé à Étaples entre la France et l'Angleterre,	112

T.

		TRAITÉ DE PAIX, entre Charles VIII, roi de France et Maximilien, roi des Romains, signé à Senlis, le 13 mai 1493,	140
TAPISSERIES (Voy. Atrébates).			
TAUVEL (Jehan),	126		
TELLIER (Michel de) secrétaire-d'État,	269	TRAITÉ DE PAIX signé à Vervins entre la France et l'Espagne, le 7 juin 1598.	154
TEMPLIERS (Château des), au faubourg Ronville,	47		
TÉROUANNE,	16-17-19	TRINITAIRES, ou RELIGIEUX DE LA RÉDEMPTION DES CAPTIFS (couvent des), établi au faubourg St.-Sauveur, depuis au faubourg Ronville,	45-140-170 169
TERRIMINIL, gouverneur d'Arras,	217		
THIEULOYE (Jean de la),	170		
— (Couvent de la),	43-84-443-179-170-90		
Démolition du couvent,	347	TRUYE (Pasquier), messager,	334
THIÉVRES (village)	274	TURENNE (Henri de La Tour d'Auvergne, vicomte de)	269 et suiv.
TIEULLIER (Thomas), tailleur d'imaiges, à Arras, (Tableau peint par lui représentant la tentative de Henri IV sur Arras en 1597),	148-149		

U.

UXELLES,	289

V.

TILLOY (village près Arras),	255-256 306	VAL (Jacques du), sieur de Wavrans,	220-240

	Pages.
VAL (Nicolas du), sieur du Natoy,	220
leurs Armoiries,	220
VAN-EFFEN, échevin d'Arras, surintendant de l'Abbaye d'Anchin,	168-169-245
VAQUERIE, VACRIE (Jean de la), 1er président du Parlement de Paris,	67-92-336
VAREMBON (le Marquis de),	187
VARENNE (Roger de Nagu, Marquis de). Note biographique,	209
VARLET (Jehan), peintre et doreur, à Arras,	148-149
VAUDREY (Louis de), capitaine Bourguignon,	106-109-114-131-139, etc.
VENANT (Vincent), échevin d'Arras,	279
VENDOME (duc de),	163
VERDERONNE (le capitaine de),	262
VERGY (le seigneur de),	84
VERVINS (le marquis de), 1er maître d'hôtel du roi,	201
VIENNE (le sire de),	46
VIEFVILLE (Charles de la), capitaine de la cité d'Arras,	335
VIÉVILLE (la), officier,	262
VIGEAN (le baron de),	192
VILLENEUVE (le chevalier de),	256 et s.
VILLERS-CHATEL (village),	47
VIMY (hôpital de),	306
VION (Pierre),	11
VITERMONT,	290
VITRY (village),	272-306-313
VITRY (quartiers du Maréchal de la Meilleraie établis près de),	164
VOIGNON (le sieur de),	257 et suiv.

W.

	Pages.
WAGNONLIEU (village),	64
WAILLY près Arras (village),	47-64
WANCOURT (village),	47
WANQUETIN. (Ce village est la proie des flammes, 75 personnes y périssent).	137
WARGNIES (Louis de),	51
WARLINCOURT (Jérome de), abbé de St.-Eloi, successeur de François Doresmieulx,	244
WARTEL (Pierre), peintre de Béthune,	103-105-106 et suivantes.
WATELET (Tassart de), greffier d'Arras en 1639,	151
WEDERGRAET (Roland de), 1er échevin de Gand,	70
WERCHIN (Jacques de), sénéchal de Hainaut,	317
WESMAEL (baron de),	168
WEZ-D'AMAIN, place à Arras,	114
WIGNACOURT (de), prévôt de l'abbaye de St-Vaast,	93
WILLEMAN (voy. Crugeot),	169
WILLERVAL en Artois, érigé en comté en 1612. — Voir Rietz (du),	210
WIRTEMBERG (le duc de), fait prisonnier. (Note biographique sur les ducs de),	242-256 et suiv.

Y.

YORCK (Jacques II, roi d'Angleterre, connu précédemment sous le nom de duc d'),	285 et suiv.
YPRES (le grand bailli d'),	70

TABLE

DES

AUTEURS ET DES OUVRAGES CITÉS OU MENTIONNÉS DANS CE VOLUME.

A.

	Pages.
ALBUM ARTÉSIEN,	89
ANNALES BÉNÉD., tome 3,	22-24
ANNUAIRE du Pas-de-Calais de 1844,	52
ANSELME (le P.) hist. généal. de France, tome 1-3-4-5-6-7 8-9 pages 46-47-51-55-68-85-137-180 187-189-288	
ARCHIVES DÉPARTEMENTALES. Extrait du compte de la ville d'Arras de 1476-1477,	133
— Comptes de la ville d'Arras de 1590-1591,	142
— Contrat de vente de 1609,	149
— Registre aux résolutions des Assemblées des États d'Artois de 1578-1602,	154
— Testaments de Mathieu-Moulart et de Paul Boudot, évêques d'Arras,	145-174
— Reg. aux Commissions du Conseil d'Artois,	172-210-236
— District d'Arras, domaines nationaux,	257
ARCHIVES MUNICIPALES D'ARRAS. Registres mémoriaux,	45-48-72-78-91-93-94-106-121-124-128 129-139-140, etc., etc.
— Registres au renouvellement de la loi,	86-130
Mss. de Doresmieulx (voy. ce mot.)	
— Juridiction,	100-238
— Comptes des Commis aux bonneurs,	149-196-302-309-367
— Résolutions et actes les plus curieux faits au Conseil d'Artois,	151
ARCHIVES DU NORD DE LA FRANCE, nouv. sér., tom. 3,	83-112
— Anc. sér.,	102-111-122-144
AUBERY, mém. pour l'hist. du Card. de Richelieu, tome 4,	158-161-163-185-191-203-207-210-211-215, etc.
AUBERY, hist. du Card. duc de Richelieu, tom. 2, p. 182-183-189 etc.	
AUBERY, hist. du Card. Mazarin, tom. 4,	269
AUBROMETZ (d'), Épitaphier des Églises d'Arras, (manusc.),	44
ARDRES (Lambert d') (Le siège de St-Omer),	36-38

B.

BALDERICI. Chron. Cam. édit. Leglay,	19-28

27.

	Pages.
BARANTE (de) Hist. des ducs de Bourgogne,	43-56-61-76
BASSOMPIERRE (Mémoires de) édit. Michaud et Poujoulat,	181-187
BAZIN (Histoire de Fr. sous Louis XIII, tom. 4),	162-242
— Histoire de France sous le card. Mazarin, tom. 2,	253
BEAUVEAU (Mémoires du marquis de),	299
BIBLIOTHÈQUE DE LA VILLE D'ARRAS (Manuscrits de la),	23-66-67 73-76-102-168-344 etc.
BIBLIOTHÈQUE DE LA VILLE DE BOULOGNE (Manuscrit de la),	167
BIBLIOTHÈQUE DE LA VILLE DE TOURNAI (Mélanges sur Tournai par Du Fief, manusc.),	234
BLANCHARD (Catalogue de tous les Conseillers de Paris),	67
BODEL (Jehan), hist. littéraire de la France,	73
BOLLANDISTES. Acta sanctorum tome 1,	20-23-24-244
BORIAMY (Mém. sur les sièges de Paris par les Normands),	23
BRETON (Guillaume Le), trad. de Guizot,	35
BULLETINS de la Soc. de l'hist. de France,	102-109-132
BULTEL, Notice sur l'Artois,	218-223- 231-245-248
BUISSART, Notice sur le siège d'Arras de 1654,	272
BUZELINI, (annales),	17-19-30-146

C.

	Pages.
CAPEFIGUE (Essai sur les invasions des Normands dans les Gaules),	21
CAPEFIGUE (hist. de Philippe-Auguste), — édit. Charpentier,	36
CAYET (chron. nov. de Palma),	147
CHATILLON (le maréchal de), auteur d'une relation sur le combat du 2 août 1640 devant Arras, etc. (Voy. Aubery, mém. p. l'hist. du Card. de Richelieu),	215
CHÉRIN (Abrégé Chronologique),	13
CHRONICON-ELNONENSE,	28
CHRONIQUE de la ville d'Arras,	78-100- 111-231-234-236-237
CLÉMENT (P.) Diction. de la conversation,	65
COMMYNES (Mém. de Ph. de), édit. de Mlle Dupont,	64-66-80
COURTIN (Encyclop. moderne),	285

D.

DANIEL (le P), hist. de France, édit. d'Amst. 1720,	34-42-43-57-112
DAUFFAY (Jean), auteur,	66
DEPPING (Hist. des expéd. marit. des Normands), édit. de 1844,	21-23
DESLYONS (Dissertation sur le pays des Atrébates),	11-12
DESORMEAUX (hist. de Louis de Bourbon, 2me du nom, prince de Condé), tome 4,	296-298
DESROCHES (hist. anc. des Pays-Bas),	18

DEVIENNE (Dom), histoire d'Artois, 25-30-45-78-130-145-168-212-257-290-306-310-319
DILLY (F), Puits artésien, 85
DINAUX (A), Trouvères Artésiens, 18-62
DORESMIEULX (manuscrits de), arch. munic., 82-102-152-239-246
DUCANGE (Glossaire), 46-132,232
DUCHESNE (hist. de la maison de Béthune), 30-34-46
DUCLERCQ (J), (Mémoires), 113
DUCLOS (histoire de Louis XI, preuves), 65
DUSEVEL (Bullet. de la Soc. de l'hist. de Fr.) 102-133
— Hist. de la v. d'Amiens, 144
— Extrait du 54ᵉ reg. aux Comptes de la ville d'Amiens, 71
DUMÉES (Annales Belgiques),97-162-319
DUNCAN (Marc), Relation du siège d'Arras, 214
DUPONT (Mˡˡᵉ), édit. de P. de Fenin. Voy. Fenin, 47-49

E.

ESTOILE (P. de L'), Journal de Henri IV, édit. Michaud et Poujoulat, 143

F.

FENIN (P. de), édit. de Mˡˡᵉ Dupont, 49-52-54-55-59
FENIN (P. de), édit. Michaud et Poujoulat, 54-59
FERRIÈRE (Dict. de), 218

FLODOARD, 27-28
FONS (de la), baron de Mélicocq, (Une Cité Picarde), 43-45-87-91
FONTEAU (l'abbé de), mémoires de l'Académie des Inscriptions et Belles-Lettres, tome 10, 13
FORETIER, archiviste de la ville d'Arras. (Note communiquée par M.) 106
FROISSART (chroniques de), édit. du Panthéon, 317

G.

GACHARD (bulletins de l'Acad. roy. de Bruxelles), tom. 6, 80
GAGUIN (Robert), hist. fr., 82-90
GASSION-BELGRÉ (de), Recueil des choses les plus remarquables faites ès armées du roy très-chrestien et signament en la prinse d'Arras, l'an 1640, 167-185-189
GAZET (hist. ecclés. des Pays-Bas), édit. d'Arras, 23-137
GIRARD (Antoine), mémorables journées des Français, 167
GODIN (Bibliot. de M. A.) 83-172-220-239
GRIFFET, histoire du règne de Louis XIII, 156-194
GUYSE (Jacques de), Histoire de Hainaut, édit. du marquis de Fortia d'Urban, t. 3-5-6-13, p. 7-10-13 16-17-19-36

H.

HARBAVILLE, Mémoires des Antiquaires de France, tom. 5, 13

— Mémorial historique et archéologique du Pas-de-Calais, 13-50-143-162-178-274-304-312
HARDUIN, Mém. sur Arras et l'Artois, 72-78-80-81-93-94-96-121-141
HÉNAUT (le président), 28
HENNEBERT (histoire d'Artois), 3-10-13-17-19-30-35-43-48-315
HÉRICOURT (A. d'), Notice sur Etrun, *Puits artésien*, 13
— Manuscrit de Jehan Dauffay, décrit dans l'*Echo du Monde Savant*, du 15 février 1844, 66
— Notice sur La Vaquerie, (almanach du Pas-de-Calais, 1845) 67
— Notice sur J. Duclercq (id. id.) 138
— Notice sur Carenci, 314
HERMAND (hist. mon. d'Artois), 251
HIBON (manuscrit de M.) 102
HISTOIRE de Marie de Bourgogne, imp. à Amsterdam, 82-84

I.

IGNACE (Manuscrits du P.) 43-44-67-163
IPERII chronic, 21

L.

LA CHESNAYE-DESBOIS, (Dictionnaire de la Noblesse), 2ᵉ édit., 181-193-254-263-265-276
LAMBERTY, (bombardement d'Arras), 311

LANCELOT, (Mémoires pour servir à l'hist. de Robert d'Artois, 66
LARROCHE (Documents communiqués par M.), 301-358
LAVALLÉE (Th), histoire des Français, tome 1, 18
LAVERNIER (Note communiquée par M.), 326
LEBAS (Dict. encyclopédique), 77
LECLERCQ (Vie du Cardinal duc de Richelieu, nouv. édit.), 202
LEGLAY, Notice sur Comius, édit. de Baldéric, 12
— (Baldérici, chron. Cam. édit.), 19-28
— Not. sur Maximilien, 97
— Not. sur Marguerite d'Autriche, 98
LEGLAY (Edw.), Rom. de Raoul de Cambrai, 25
— Hist. des comtes de Flandre, tome 1, 26-27-30-33-38
LE LABOUREUR (Hist. de Charles VI), 54-57-58
LÉONARD (Recueil des Traités de paix), 98-112-141
LEPETIT (Jean - François), chron. de Hollande, 109
LEROULX DU CHATELET, (Manuscrits de M.), 43-45
LEROUX (théâtre de la noblesse), 218
LEVAILLANT, (Chronique manuscrite de St-Eloi), 23-145
LE VASSOR (Michel), hist. du règne de Louis XIII, 164-184-185-187-210-230

	Pages.
L'HERMITE SOULIERS, (Eloges des 1ers présidents du parlement de Paris),	67
LOCRII, chron.,	30-32-99-109-113-130-178-313-318-319
LOUANDRE (Bulletins des armées de Louis XI adressés aux offic. munic. d'Abbeville),	92

M.

MAILLART (Coutumes d'Artois),	234-235
MARTIN (H), hist. de France, nouv. édit.,	65-112-148
MATHIEU (le P.) Hist. de Louis XI,	82
MATHON (Denis), prise d'Arras de 1492, (manuscrit),	102-114-116
MESNARDIÈRE (La), relation de la levée du siège d'Arras,	299
MEYERI, (annales), édit. d'Anvers 1561,	19-27-30-32-33-34
— édit. de 1580,	50
MICHAUD (Biograp.),	49-55
MICHELET, (Hist. de France),	37-70
MOLINET (Jean), (Chroniques),	70-102-104-110-111-116-122-134 etc.
MONDEJEU (Vie manuscrite de M. le Mal de Schulemberg, comte de),	258-262-264-266-267-281 etc.
MONDELOT (le vieil et le nouvel Hesdin),	189
MONSTRELET (Chron. d'Enguerrand de), édit. du Panthéon,	43-48-54-59-323

	Pages.
MORÉRI, Dict. des grands hommes,	46-85
— Édit. de Basle,	181
— Édit. de 1740,	243
— Supp. au dict.,	255-256
MOURONVAL (l'abbé), Notice manusc. sur les Augustines d'Arras,	172
MOUSKES (Chron. de Ph.) publiée par le baron de Reiffenberg,	21
M.D.L.C.D.B Dict. généal. hérald.	207-209-292-295

O.

OUDEGHERST (annales d', édit. de Lesbroussart),	21-26-28-29-35

P.

PAQUOT, notice sur Jean Leclercq,	202
PARENTY (l'abbé), histoire de Ste-Angèle,	79-170-244
— Note communiquée par M.	167
PEREFIXE (Hardouin de), édit. de la soc. rep. des B.-L.	146
PIERS, (Hist. du cant. d'Audruicq),	274
PLANCHER (hist. de Bourgogne),	46
PLOUVAIN (Notes hist. relat. aux officiers du Conseil d'Artois),	82-83-169
PURE (l'abbé de), hist. du maréchal de Gassion,	180
PUYSÉGUR (Mémoires de),	185-193-211-212-299

R.

RAMSAY (histoire de Turenne), tom. 1, 269-276-286-297-300
RAOUL DE CAMBRAI (Roman de), édit. Edw. Leglay, 25
RAY DE St-GENIÈS (hist. milit. du règne de Louis-le-Grand, 14ᵉ du nom), 299
REIFFENBERG (baron de), voy. Mouskes, 21
— Notice sur Jacques Duclercq, 138
RHEIMS (J. de), hist. de la ville de St-Omer, 101
RIGOLLOT (Bull. de la Soc. de l'hist. de Fr.) 102
ROBERT (Dom Gérard), manuscrit, 64-73-76-77-87-89 et suiv.
ROBERT (Notice sur l'ancienne ville et comté de Fauquembergue, par l'abbé) 315
ROGER (Noblesse et Chevalerie), 52-313
ROQUEFORT (Glossaire de la langue romane), 46-83-125-126-127
RYMERY Fœdera, 33
RYMER, 112

S.

Sᴛᴇ-MARTHE (Frères de), Gallia Christiana, 23-25-44-47-224
Sᴛ-REMY (Mém. de), édit. du Panthéon, 43-52-53-61
SAUVAGE (Denys), chron. de Flandre, 34-59
SCHAYES, (hist. des Pays-Bas), 8
SECOUSSE (Ord. des rois de Fr.) 236
SIÈGE DE 1640. — Relation du combat donné devant Arras, 1640, 214
— La prise de la ville d'Arras sur les Espagnols, 214
— Relation du siège et de la reddition d'Arras, 1640, etc., etc., 214
SIROT cité par Le Vassor, 202-214

T.

TAILLIAR (Notice), 235
TAVERNE (Antoine de la), journal de la paix d'Arras de 1435, avec des notes de Jean Collart, 77
TERNINCK (A.) 5ᵉ promenade sur la chaussée Brunehaut. 20-197-243
THIERRY (Am.) histoire de la Gaule, 8
THOU (de), Mémoires, édit. Michaud et Poujoulat, 147
TOUL (Hugues de), cité par J. de Guyse, tom. 4, 16
TOURS (Grégoire de), 19
TROYES (Chroniques de Jean de) édit. Michaud et Poujoulat, 76-83
TURPIN (Vie du prince de Condé) tom. 2, 298-299

U.

URSINS (Jean-Juvenal des), hist. de Charles VI, édit. du Panthéon, 56

V.

VALLET DE VIRIVILLE, (Archives hist. du dépt. de l'Aube) , 99
VAN-LOON (Gérard), hist. métal. des Pays-Bas, tom. 2, 304
VAUBLANC (le vicomte de) , la France au temps des croisades, 132
VICTOIRES MÉMORABLES DES FRANÇAIS sous Louis XIII et Louis XIV, 299
VILLE (Antoine de), hist. du siège d'Hesdin, 157
VOLTAIRE, Siècle de Louis XIV. (Édit. de 1768,) tome 1 , 252-298

W.

WAESTROEM (Dissertation sur l'origine et le but des expéd. marit. des Scandinaves), 21
WARNKŒNIG, (histoire de Flandre, traduite par Gheldolf, tome 1), 18-38

Y.

YORK (Mémoires du duc d') insérés dans l'Hist. de Turenne par Ramsay, 286-288-362 etc.

Arras : Imp. de J. Degeorge.

www.ingramcontent.com/pod-product-compliance
Lightning Source LLC
Chambersburg PA
CBHW071903230426
43671CB00010B/1459